谨以本书庆祝

中华人民共和国成立75周年
中国人民政治协商会议成立75周年

临沧文史资料选辑第十七辑

我们
一起走过

中国人民政治协商会议临沧市委员会　编

中国文史出版社

图书在版编目（CIP）数据

我们一起走过：临沧文史资料选辑第十七辑／中国人民政治协商会议临沧市委员会编.

北京：中国文史出版社，2024.9. -- ISBN 978 - 7 - 5205 -

4775 - 8

Ⅰ. K297. 43

中国国家版本馆 CIP 数据核字第 2024PK7628 号

责任编辑：程　　凤

出版发行：**中国文史出版社**

社　　　址：北京市海淀区西八里庄路 69 号　　　邮编：100142

电　　　话：010 - 81136606　81136602　81136603　81136605（发行部）

传　　　真：010 - 81136655

印　　　装：北京地大彩印有限公司

经　　　销：全国新华书店

开　　　本：787 × 1092　1/16

印　　　张：26. 25

字　　　数：348 千字

版　　　次：2025 年 3 月北京第 1 版

印　　　次：2025 年 3 月第 1 次印刷

定　　　价：98. 00 元

编辑委员会

序 言

那金华

《我们一起走过》，作为礼赞祖国 75 周年的文集，这一书名充满深情、向度，它不仅是对区域、个体那些经历过的情怀和感悟的深刻表达，是边疆人民与伟大祖国共同经历时光的美好记述，更蕴含着对国家深深的认同情愫，充满着临沧政协人矢志赓续的守望。

临沧，这片位于滇西南一隅濒临澜沧江的钟灵毓秀之地，新中国成立以来便是"党的光辉照边疆，边疆人民心向党"的鲜活样板，展现了"不负韶华舞流年"的风采。在各级党委政府领导下锐意进取，经济社会发展取得了显著成就，各族人民生活水平不断提高，各行各业均演绎出日新月异的岁月华章，涌现出可歌可泣的动人诗篇。手捧《我们一起走过》的书稿，读来不禁让人想起一首现代诗句所言的我们与祖国一起"走过万水千山，走过春夏秋冬，走过风霜雪雨，明媚了陌生花开，也芬芳了指尖流年。"感到临沧市政协站在回望新中国成立 75 周年的向度，串联起临沧 75 年中翻天覆地变化的史话，特别是边疆各族人民向祖国和党中央的深情告白，看到的是一个上下同心努力、主动作为进取的优秀政协团队。品读《我们一起走过》的书稿，这部汇集新时代临沧政协人心路历程的佳作，让我们通过"小切口"的笔触，洞察临沧 75 年来的巨大成就，感受 75 年中临沧与祖国共同成长的奋斗历程，聆听一代代政协人同心协力、积极有为的奋进脉搏。有三个方面让人印象深刻：

一是较高的史料价值。75 年光阴荏苒，宛如白驹过隙。《我们一起走过》以细腻的书写，描绘了临沧从贫穷落后走向繁荣富强的壮丽历程，一幅边民富、边关美、边境稳、边防固的美丽画卷展现于世人之前。通过《我们一起走过》回顾这段尚存余温的历史，从不同层面深刻体会和感知临沧的昨天、今天的变迁，洞悉到临沧绚丽的明天，他们见证的不仅是临沧政治、经济、文化、社会、生态方方面面的巨变，也见证着临沧政协事业的全面发展和进步。它以理服人，讲出了临沧文明发展的深度。用历史事实、"三亲"故事明理，用权威的数据佐证，使中国特色社会主义的科学性在临沧故事中得以昭示，使中国特色社会主义制度具有的强大生命力和巨大优越性在临沧实践中得以彰显。它以言近人，讲出了历史厚度。让人们看得见历史的踪迹，听得到历史的回音，真情实感直触人心。它以情动人，讲出了情感温度。文章中的真情流露，朴实入心，渗透不变的家国情怀、人民情怀。全书分为"综述""三亲""感怀"三个部分，将宏观背景与微观故事、真实情感融为一体，为地方、基层见证祖国发展的历史留存了极为珍贵的第一手资料，是文史资料"存史、资政、团结、育人"的生动体现，展现了临沧各族各界人士坚韧不拔、自强不息、奉献牺牲的奋斗故事，同时，也进一步弘扬了以爱国主义为核心的民族精神和以改革创新为核心的时代精神，铭记历史、感怀岁月、接续情怀、传播精神，具有难以替代的历史性的价值意义。

二是充分体现"三亲"的价值。"历史是记忆的生命"。一炬星火催生了中国千年的辉煌，江山如画中留下历史的足迹。75年的两万多天，新中国在岁月的年轮上镌刻下道道深深的印记，走过了不平凡的岁月，挑战了一个又一个的不可能，巨变的程度之深、范围之广、影响之大，前所未有、世所罕见，亿万人民奋进在实现伟大梦想的康庄大道。《我们一起走过》通过临沧各级政协委员、各界人士的一个个小故事，让读者得以感受到一波波亲切的、深刻的"回忆杀"，用充满时代感的文字激活起我们的集体记忆，往事如昨、历历在目，可谓往事并不如烟，书中流淌着对美好时光感怀的悠远之情。对于我们来说，那个物质匮乏年代的记忆已经远去，新生活在应接不暇中扑面而来，普通人民群众的感受是生动而具体的，获得感、幸福感、安全感影响和改变着临沧这片土地上无数普通人的生活甚至是命运，这一切都离不开党和国家的每一个重大决策、坚定决心与有力举措。这些亲历、亲见、亲闻的第一手资料或者小故事，发挥了记述一个人、温暖一群人、团结一片人、教育一代人、影响几代人的积极作用，体现了临沧市政协扩大统一战线团结面、联系面的实际做法，反映了临沧市政协通过"以书结友"开展统一战线工作的得当举措。全书读来可感、生动、鲜活，有一气品读、难以释卷之意，让人能够了解到云南边疆地区不同层面、不同工作、不同战线的真情实景，以及小视角反映大背景下不同角色的使命担当，以具体的事实丰富了云南地方史料。参与书稿撰写的人士来自各条战线、各个领域，他们的经历经验、努力贡献、所作所为等等，无不反映的是云南人、临沧人的时代精神，读来不仅令人动容、感人至深，也极具教育功能。

三是积极回应大局之需。习近平总书记在庆祝中国人民政治协商会议成立 75 周年大会上强调："着力画好强国建设、民族复兴的最大同心圆。人民政协要完善发挥统一战线凝聚人心、汇聚力量政治作用的工作机制，多做强信心、聚民心、暖人心、筑同心的工作……向世界讲好中国故事、中国人民民主故事。"2024 年，临沧与全国人民共同迎来新中国 75 周年庆典。时代是出卷人，"重要事件节点"是政协文史资料征编工作的重大选题，早在年初，临沧市政协就以"我们是答卷人"的姿态，紧锣密鼓地谋划和推进《我们一起走过》的编纂，把征集各党派团体、各界委员和各族各界人士史料的过程，升华为增进理解、促进团结的契机，折射出文史资料彰显人民政协作为专门协商机构独特优势的基础支撑作用，这在云南 16 个地州市政协里是独具唯一性的。临沧市政协总能通过他们敏锐、务实的履职触手，通过不同渠道、不同路径去实践探索，搭建起团结各界、服务大局、参政议政的建设性平台，发挥凝聚人心、凝聚共识、凝聚智慧、凝聚力量的独特作用。《我们一起走过》将这些珍贵、散落的智慧和启示聚合成精神财富宝典，通过文字留存于世，有助于服务现实，有助于惠及后人，有助于发挥政协委员、社会各界人士记述史实的重要作用，也有助于人民政协画出最大"同心圆"。

"大漠孤烟直，长河落日圆。"读《我们一起走过》，能从临沧的小地域映照祖国的大发展，"以小见大"地感受到中华人民共和国成立的 75 年，是党的光辉照边疆的 75 年，是临沧各族人民心向祖国、心向党，与人民共和国一起走过的 75 年，也是见证祖国波澜壮阔、气势恢宏发展历程的 75 年。在庆祝新中国成立 75 周年、人民政协成立 75 周年的重要历史节点上，临沧市政协精心编纂的《我们一起走过》即将付梓，这不仅是对临沧在党的领导下天翻地覆发展历程的深情回顾，更是对临沧各族各界群众奋斗精神的颂扬。"市列珠玑，户盈罗绮，竞豪奢。"一部生动的祖国边疆发展的历史长卷，正缓缓展开在世人面前，感佩、欣喜之余，在书中笔墨里读见临沧个中的"春华秋实里，岁物丰成"景象，也预见着临沧更加锦绣美好的未来！

目录

| 综述篇 |

| 三亲篇 |

| 感怀篇 |

综述篇

临沧文史资料选辑第十七辑

我们一起走过

临沧 75 年巨变

75 年来，在中国共产党全心全意为中国人民谋幸福、为中华民族谋复兴的伟大征程中，带领临沧各族人民不懈奋斗，创造了开天辟地以来临沧大地前所未有的人间奇迹。通过百折不挠地浴血奋战，推翻帝国主义、封建主义、官僚资本主义这三座压在人民头上的"大山"，彻底终结极少数剥削者统治广大劳动人民的历史，打碎腐朽、"吃人"的旧世界，建立起代表广大群众的各级人民政权，缔造出新兴、为民的新社会，实现广大临沧群众从政治上"站起来""强起来"。通过广大党员干部群众自力更生和奋发图强，在原始落后的临沧大地进行了社会主义"三大改造"，建立起现代化经济社会的框架，取得了改革开放和社会主义现代化建设的伟大成就，创造出新时代中国特色社会主义的临沧奇迹，人民生产生活水平不断改善，实现了广大临沧群众从经济上"站起来""富起来"。短短75年就实现了临沧各族人民几千年来梦寐以求的幸福生活，绘就了临沧大地村美民富、政通人和、安宁幸福的时代画卷，展现了生机勃勃、日新月异、愿景可期的巨大潜力，中国共产党正带领临沧人民阔步走向"强起来"。

一、经济变迁：从一穷二白到全面小康

——经济建设创造奇迹

进入近代，中国原有的封建经济运行模式受到西方资本主义列强的摧

残,一系列战争赔款总额达到当时数百年税收的天文数字,海关税收、矿产开采权、铁路经营权、货币发行权相继被侵华国家所把持,加上中国大大小小割据军阀的层层搜刮,从 1840 年到 1949 年共 109 年的漫长时期内,不仅中国民族资本经济难以发育成长,反而催生了以蒋介石等"四大家族"所把持的反动官僚资本主义经济体系,与侵华帝国主义共同吸吮中国劳动人民的经济"髓膏",这种经济模式的哑舌掠夺,从当时临沧人民中间流传下来的一个事件就可窥见一斑。在解放前的耿马等地,盐巴要从很远的普洱磨黑盐矿用马帮跋山涉水贩运过来,就连小小的缝衣针也要从国外通过滇越铁路进口,以致少数民族群众要用 1 驮茶叶(约 50 市斤)才能换取 1 市斤的盐巴,要用 1 背篓紫胶①(约 20 市斤)才能换取 1 小包缝衣针。

中华人民共和国成立后,经过 75 年来的接续探索实践,找到了中国特色社会主义市场经济的科学道路,既牢牢坚持和巩固了全民所有制的社会主义基本经济制度,又充分发挥了市场在资源配置中的决定性作用,建立起市场决定生产资源要素配置这只"看不见的手"、党和政府纠正市场经济盲目缺陷这只"看得见的手"相得益彰的社会主义市场经济体制,创造了临沧与全省、全国一道实现经济长时间的快速、高质量发展奇迹,迈上了更高质量、更有效率、更加公平、更可持续、更为安全的经济社会发展道路。从 1949 年②至 2023 年,临沧的地区生产总值③从 0.71 亿元飙升至 1050.23 亿元,年均增长达 10.52%。人均生产总值从 1949 年的 87 元飙升至 2022 年的 44700 元,年均增加 603 元④。创造了临沧这一边疆民族地区

---

① 紫胶为紫胶虫吸食所寄生树液后的分泌物干品,属化工、轻工、医药、军工、机电等重要原料。

② 1949 年临沧尚属于国民党云南省政府统治,当年 12 月 9 日临沧属于云南临时军政委员会管辖。1950 年 2 月 24 日始临沧属云南新成立的云南人民政权管辖。1950 年 2 月至当年 11 月,现临沧市所辖的各县(区)先后获得解放。1952 年 10 月建立临沧专区。1971 年改称临沧地区。2004 年改设临沧市。

③ 本文所列举的生产总值均为当年现价。

④ 本文的 1949 年数据出处均为《临沧奋进六十年》,临沧市统计局等编,2010 年 10 月第 1 版。2022 年所有数据均出自《2023 临沧领导干部手册》,临沧市统计局,2023 年 7 月印。2023 年生产总值出自《"十四五"主要经济指标参考》,临沧市统计局、国家统计局临沧调查队编,2024 年 2 月印。上述数据出处后文不再逐一注明。

前所未有的经济腾飞奇迹。

——家庭经济生活美梦成真

摆脱饥饿、寒冷、疾病无钱医治、地主官家层层盘剥、土匪恶霸抢掠蹂躏的悲惨生存状况，过上能吃饱、能穿暖、有钱看病、劳动能够养活家庭、不再受到恶人敲诈勒索的日子，一直是数千年间临沧各族人民世世代代的美好愿望，直到有了中国共产党的领导，跟着中国共产党一步步走上革命、翻身、建设、改革、发展的道路，千千万万临沧各族人民的美好生活愿望才一步步得以实现。临沧各族群众，不论是对一二十年前后生活条件的对比，还是对五六十年、七八十年前后的生活对比，无一例外都会由衷感叹：现在的好生活，过去连想都不敢想，发展得真快！群众对于生活条件巨变的例子数不胜数：从过去的吃不饱，到后来的能吃饱，再到现在想吃什么就吃什么；从过去的穿不上衣服，到后来的穿厚补丁衣服，再到现在各式各样、绚丽多彩的衣着打扮；从过去住杈杈房、窝棚房，到后来的土木房、砖木房，再到现在住洋房；从过去人背马驮、交通靠走，到后来的先后普及自行车、摩托车，再到现在的城乡家家标配小轿车……75年来，从最早可查到的统计记录资料起算，临沧农村居民人均可支配收入① 从1965年的56元飙升到2022年的15194元，城镇居民人均可支配收入从1965年的429元（以当年城镇职工年平均工资代替）飙升到2022年的35021元；按照统计学上衡量人们生活质量水平的"恩格尔系数"指标（即人均食物支出占消费总支出的比重），在1949年以前临沧各族群众普遍长年累月拼死劳作也吃不饱饭、几年才能添置一身新衣（食物支出几乎占据总消费支出的100%），1996年临沧农村居民的食品支出占比下降到71.8%、除食品以外的消费支出占比上升至28.2%②，1996年临沧城镇居

---

① 先后经历过"农民人均纯收入""农村常住居民人均可支配收入"两个统计指标，虽然二者的统计口径有一定差异，但均为反映农村群众人均收入水平的关键指标，故不对二者进行统计意义上的区分。

② 数据出处：《临沧五十年 临沧地区经济统计年鉴》，中华书局，1999年5月第1版。

民的食品支出占比下降到 51%、除食品以外的消费支出占比上升至
49%①，2022 年临沧农村居民的食品烟酒支出占比下降到 38.1%、除食品烟
酒以外的消费支出占比上升至 61.9%，2022 年临沧城镇居民的食品烟酒支出
占比下降到 35.4%、除食品以外的消费支出占比上升至 64.6%；临沧的社会
消费品零售总额从 1949 年的 0.07 亿元猛增到 2022 年的 413.08 亿元，年均
增长 13%②。家庭经济和群众生活一步步实现了富足、富余、富裕。

——现代产业兴旺发达

解放以前，临沧各族人民的生产长期处于刀耕火种、零散粗放状态，
"春播一片坡，秋收一土锅"现象很普遍，除简陋低下的农业种植产业以
外，工业、商业、服务业等与人民群众息息相关的产业普遍缺乏。从 1950
年 11 月临沧各县全部获得解放后，随着社会主义革命和经济社会五年建设
发展计划的快速推进，临沧大地首次实现由小农业经济、自然经济向社会
主义大生产大发展的历史飞跃，产业科技化、规模化、高值化获得长足发
展，特别是 2012 年进入社会主义新时代以来，临沧市加快构建"一县一
业""一园一主导""两型三化"（指开放型、创新型，高端化、信息化、
绿色化）产业发展新格局，"糖、茶、果、菜、牛、咖、药"等优势产业
有了长足发展，形成了符合"创新、协调、绿色、开放、共享"新发展理
念的独特产业支撑体系，全市"三品一标"认证达 422 个、基地 941 万
亩。第一产业方面，从 1949 年到 2022 年，临沧的农业生产总值从 0.55 亿
元猛增至 307.3 亿元。茶园面积从 0.45 万公顷猛增至 12.4 万公顷，茶叶
产量从 0.1 万吨猛增至 16.6 万吨；甘蔗种植面积从 0.02 万公顷猛增至 6.3
万公顷，甘蔗产量从 0.5 万吨猛增至 499 万吨；油菜种植面积从 0.09 万公
顷猛增至 1.07 万公顷，油菜产量从 0.02 万吨猛增至 2.4 万吨；畜牧业肉
类产量从 0.18 万吨猛增至 29.2 万吨。从 1952 年到 2022 年，临沧粮食播

---

① 计算依据：《临沧奋进六十年》，临沧市统计局等编，2010 年 10 月第 1 版。
② 1949 年、1965 年、1996 年数据均出自《临沧奋进六十年》，临沧市统计局等编，2010 年 10 月
第 1 版。

种面积从13.2万公顷猛增至29万公顷，粮食产量从24万吨猛增至109万吨。另有核桃、烤烟、橡胶、坚果、咖啡、水果、蔬菜等作物也实现了从种植面积到产量产值的上百倍增长。第二产业方面，从1949年到2022年，工业和建筑业增加值从0.03亿元猛增至262亿元。茶厂精制茶产量从1952年的0.05万吨猛增至2022年的3.08万吨，工业成品糖产量从1949年的零猛增至2022年的107.2万吨，发电量从1949年的0.01万度猛增至2022年的179万度，铁合金产量从1949年的零猛增至2022年的3.1万吨，硅产量从1949年的零猛增至2022年的3.8万吨，水泥产量从1949年的零猛增至2022年的488.4万吨，工业纸浆产量从1949年的零猛增至2022年的1.97万吨，颗粒胶产量从1949年的零猛增至2022年的12.2万吨，"澳洲坚果"加工商品产量从1949年的零猛增至2022年的1.9万吨，啤酒产量从1949年的零猛增至2022年的1.1万升，诸如此类不胜枚举。第三产业方面，从1949年到2022年，第三产业生产总值（当年现价）从0.14亿元猛增至431亿元。公路货运周转量从1949年的零猛增到2022年的32.3亿吨公里，公路旅客周转量从1949年的零猛增到2022年的2.8亿人公里，航空客运量从1949年的零猛增到2022年的24万人次，铁路旅客运输量从1949年的零猛增至2023年前三季度的322万人次，铁路货物运输量从1949年的零猛增至2023年前三季度的62万吨，进出口贸易总额从1949年的零猛增到2022年的40.6亿元，金融机构存款余额从1949年的零猛增到2022年的897亿元，金融业增加值从1949年的零猛增到2022年的34.5亿元，保险业保费收入从1949年的零猛增到2022年的21.3亿元，另有住宿、餐饮、房地产、快递等均实现数亿倍的增长。

短短的75年，不论是临沧的整体经济体量，还是各族群众家庭生活的收入支出水平，不论是工业、农业、商业、建筑等支柱产业的产量产值，还是衣、食、住、行、用、医疗、教育等与人民群众息息相关的服务行业发展，都实现了从无到有、从少到多、从小到大、从低到高、从多到好的接续巨变，大多数产品的数量和产值都实现了几千倍、几万倍的增长，实现几十万倍增长的产品也比比皆是，这有力地说明了中国共产党带领人民探索出社会主义市场经济体制所具有的巨大优越性，是社会主义基本经济制度在临沧大地开花结果的实实在在体现。

二、政治变迁：从三座大山压迫统治到广大人民当家作主

——中国共产党挽救临沧各族人民前途命运

从古代一直沿袭到近代①，临沧因地处偏僻，加之经济、社会发育程度较低，历朝历代遭受中原朝廷"以夷制夷"流弊祸害和当地土著酋长统治，临沧各族人民世代生活在与饥饿、寒冷、疾疫等苦苦抗争的困境之中。进入近代以后，由于帝国主义对中国的全面入侵，反动军阀、国民党反动政府、地方恶霸武装、土匪、英国驻缅甸的殖民军队等纷纷加入欺压剥削临沧人民的行列之中，套在临沧各族劳苦大众身上的政治枷锁变得愈加沉重，加重了针对临沧各族劳苦大众的经济剥削和经济压榨。以镇康县木厂乡烈神堂村为例，1948 年的苛捐杂税名目多达几十种，包括大门户负担、征缴粮食、兵役钱折价、拜年钱、镇公所开支、保公所开支、保长薪水、甲长薪水、马夫费、学款、甲内招待费、大烟苛、损耗烟、苛尾烟等，全村除保长、甲长两户以外的其他 19 户群众，每户交纳的税捐达 188 块大洋，这样的税捐折合当时 4—5 个长工的全年收入。在这样的压榨之下，临沧广大群众年复一年辛苦劳动，却世世代代过着食不果腹、衣不蔽体的悲惨生活。流传到解放初的一首民歌就是那时普通临沧群众的真实生活写照："一年耕种半年粮，放下镰刀就讨荒②。棕片麻布当铺盖③，山茅野菜做主粮！"在压迫和苦难面前，临沧各族劳苦大众先后发动拉祜族农民反清起义、回民反清起义、双江象山收回主权斗争、班洪抗英斗争等，

---

① 历史学一般以 1840 年鸦片战争爆发为跨入近代的划分标志。
② "讨荒"意为拉饥荒，指缺粮吃不饱饭。
③ "铺盖"指褥子和被子。

英勇反抗封建腐朽统治和帝国主义侵略，但因为缺乏科学的思想武器和强大的领导力量，临沧各族劳苦大众依然无法改变食不果腹、衣不蔽体、深受奴役压迫的悲惨境遇。

久旱期盼甘霖，苦难向往光明。临沧的伟大历史转机发端于 1930 年中共地下党员进入临沧撒播革命火种，经长期地下酝酿发酵，1949 年临沧大地终于盼来中国共产党领导的革命队伍，迅速点燃临沧大地的革命烈火，临沧各族人民世代积压的革命激情喷涌而出，阿佤山根据地屹立不倒并 3 次取得反"围剿"胜利，"小井冈"平村牢牢扼守滇南根据地西大门，圈控人民建立由 6 种民族群众联合参加的革命队伍。短短的一年时间，临沧大地就形成了 4 块革命根据地沿着澜沧江、小黑江流域南北呼应的革命奇观，临沧各族人民破天荒登上政治斗争的历史舞台。1950 年，随着云南解放步伐，中国共产党带领临沧各族人民建立了各级人民政权，几千年来广大临沧人民第一次坐上了政权主人的位置，纷纷欢欣鼓舞庆祝翻身解放，跟着中国共产党完成剿匪、土地改革、城市手工业改造等任务，临沧各地迅速完成了从原始社会、封建领主社会、封建社会向社会主义社会的巨大飞跃，临沧各族劳苦大众从此走上欣欣向荣的社会主义康庄大道，深刻改变了一代又一代临沧儿女的前途命运。时至今日，中国共产党领导的红利、人民胜利的红利、社会主义制度的红利仍然在滋养哺育着 224 万[①]临沧儿女。

——马克思主义中国化时代化道路激发临沧强大发展创造活力

坏的制度扼杀人类创造力，阻碍社会向前发展乃至打断社会向前步伐，甚至让社会发展出现倒退和反复；好的制度能够让人勇于创造、乐于创造、善于创造，强有力地推动社会向前飞跃发展。近代中华大地国家蒙辱、人民蒙难、文明蒙尘，既谈不上发展，更谈不上创造，归根结底就是当时的主义和道路无法挽救中国，经过整整 109 年，直到 1949 年中国共产党带领中华民族创建中华人民共和国，建立起社会主义基本制度，中华大

---

① 2022 年末数据，出自《临沧领导干部手册 2023》，临沧市统计局编，2023 年 7 月印。

地才重新充满强大的发展创造活力。自从临沧大地走上中国特色社会主义道路以来，始终坚持中国共产党的领导、人民当家作主、依法治国有机统一，在中国化时代化的马克思主义指引下，中国特色社会主义制度的活力在临沧大地激荡，广大临沧群众的创造激情空前高涨、创造力量空前迸发、创造成果空前丰富。在激发民主政治建设活力方面，人民代表大会制度让临沧各族人民充分行使了管理重要事务的权利，不仅由人民代表大会任免国家机关工作人员、审议经济社会发展"五年计划"、审议人民政府工作报告等，而且制定了《临沧市南汀河保护管理条例》《临沧市城市绿化管理条例》《临沧市集中式饮用水水源地保护条例》《临沧市鲁史古镇保护条例》等一批地方性法规；政治协商制度组织临沧各民主党派和各界人士进行参政议政、民主监督，构建起政协协商、基层协商同向发力的工作格局，"边寨协商""协商在基层"等工作品牌叫响全国；统一战线政策凝聚起临沧最广大人民的统一意志、统一行动，构筑了临沧224万群众齐心协力投身中国式现代化建设的强大阵线。在激发经济发展创造活力方面，按照党和国家探索出来的社会主义市场经济框架，临沧一方面毫不动摇巩固和发展公有制经济，另一方面又毫不动摇鼓励、支持、引导非公有制经济发展；一方面充分发挥市场在资源配置中的决定性作用，另一方面又不懈追求更好地发挥人民政府对于计划、管理、引导等宏观的职能作用，创造了国有、集体、民营3种经济成分并驾齐驱、互为补充、相得益彰的经济奇观，3种不同所有制经济共同为临沧的发展巨变作出了决定性贡献。2022年，临沧的公有制经济产值达528.5亿元，公有制经济产值占地区生产总值的53%；非公经济增加值达471.7亿元，占地区生产总值的47%。在科技创新创造活力方面，中国特色社会主义制度所创造的科技飞跃，是历史上任何时期、任何一个资本主义国家都无法比拟的。列举3个例子加以说明。第一个例子，1987年临沧地区全面加大农业良种良法试验推广力度，特别是推广示范玉米地膜覆盖播种技术，大大提高了山区玉米种植的出苗率、成活率以及产量，在8个县进行试点的结果表明，地膜覆盖播种的试验组平均亩产达390千克，比对照组平均亩产245千克多产145千克，平均亩产增幅达59%。第二个例子，1991—2000年的10年间，临沧地区全面推广"两杂"高产种子（指杂交水稻和杂交玉米）、农田"小水窖"工程等，使临沧地区的粮食产量呈几何倍数增长，2000年总产达76万吨，比1991年净增16万吨，年均增长3%，基本实现了全区粮食产量的产需平衡和基本自给，彻底解决临沧大部分群众的"吃饱"问题。第三个例子，2019年5月国务院批复同意临沧建设国家可持续发展议程创新示范区后，临沧市采取高位推动、政策促动、项目拉动和创新驱动"四动发力"，建立新型研发机构3个，建成国家企业技术中心1个、国家锗材料高新技术产业化基地1个、国家"众创空间"1个、国家级"星创天地"3个，孵化国家级高新技术企业47户，建立省农业科技园区2个、工程技术研究中心4个、省院士（专家）工作站27个、省众创空间5个、省级"星创天地"9个，设立国家级坚果类检测重点实验室、澳洲坚果工程技术研究中心、云南省木本油料（核桃）全产业链创新研究院、临沧可持续发展示范区创新研究中心、朱有勇院士林下有机中药材科创示范基地等平台。在蔗糖产业上实现了"一根甘蔗吃干榨尽"全产业链创新发展，在茶产业上推动了功能性茶叶新产品研发，在核桃产业上实现了建链、延链、补链、强链的全链条创新发展。2015—2021年期间，临沧市共实施国家、省、市各级科技计划项目203项，共投入财政科技经费2.95亿元，先后突破关键技术11项、实现科技成果转化16项、研发新产品43个，取得了"兆瓦级高倍聚光化合物太阳电池产业化关键技术""高效率太阳电池用锗单晶及晶片产业化""蔗糖全产业链关键技术创新研究及应用""临茶产业提质增效关键技术研究及装备研发""核桃全产业链科技创新关键技术研究与应用示范"等一批技术成果，获得国家专利授权392件，获得云南省科学技术奖励项目21项①。

---

① 数据来源：《新时代临沧十年》，中共临沧市委党史研究室编，2023年12月第1版。

——中国特色社会主义制度优势造就临沧全面崛起

相较于外国资本主义和中国历史上的封建主义,中国特色社会主义制度的优势很多,其中最根本的优势包括能够集中力量办大事、民族团结进步方针、人类命运共同体下的外交道路等,这些巨大的制度优势、制度红利不仅为临沧飞跃发展创造了十分有利的环境条件,而且为临沧的社会主义建设注入了强大的物质和精神力量。在集中力量办大事方面,列举两个例子。一是耿马地震救灾重建。1988 年耿马发生 7.2 级"澜沧—耿马"双主震余震型地震灾害后,整个耿马县城毁于一旦,全县广大农村和沧源县部分地方受灾十分严重,为支援耿马县灾后救援和重建工作,从中共中央、国务院开始,各级紧急投入应急救灾专款 4077 万元,各级党委政府和社会各界先后投入重建资金达 7.55 亿元,仅用 4 年时间就在废墟上重新建起一座漂亮的耿马县城,而 1992 年临沧地区的财政总收入仅 1.03 亿元。二是合力取得临沧脱贫攻坚胜利。在 2015—2019 年的 5 年间,共有 7 个中央和国家部委直属机构、东西部扶贫协作单位上海市崇明区、21 家省级定点帮扶单位、120 家市级定点帮扶单位、277 户民营企业参与临沧市脱贫攻坚,先后有 34165 名干部职工结对帮扶 94357 户建档立卡贫困家庭,据不完全统计,5 年共投入资金 250 亿元,平均每年投入资金接近 50 亿元,最终完成了临沧市 8 个县(区)28 个贫困乡镇 562 个贫困村 9.4 万个建档立卡家庭 36.9 万人口的脱贫攻坚。如果没有中国共产党和国家的强大组织动员能力,如果没有四面八方的鼎力支援,仅凭临沧一己之力、仅凭群众自力更生是无法在短短 5 年内完成这样浩大的脱贫攻坚任务的。在落实民族团结进步方针方面,临沧各级党委政府和各族各界群众深入落实"团结第一,工作第二""共同团结奋斗、共同繁荣发展""决不让一个兄弟民族掉队,决不让一个民族地区落伍""各民族都是一家人,一家人都要过上好日子""全面实现小康,一个民族都不能少"等路线方针,从政治、经济、生产、文化教育、卫生医疗、社会管理等各个方面对少数民族群众实行系列特殊政策,进行特殊地照顾和扶持,创造了边疆民族地区经济、社会、文化持续飞跃进步的人间奇迹，彻底终结解放前临沧各民族之间存在的严重歧视、互相对立、积怨较深、互不交往、时常械斗等恶劣关系，全面开创了平等、团结、互助、和谐的社会主义民族关系。党的十八大以来，临沧各民族群众的中华民族共同体意识空前高涨，民族团结进步示范区"十百千万示范创建工程"深入推进，"6 + n"创建活动广泛开展，市内各民族地区之间、各民族之间共同团结奋斗、共同繁荣发展的思想观念空前牢固，"三个离不开""四个认同"等观念不断深入人心，双江"六个共同"民族团结进步经验广为流传，各民族之间一直像石榴籽一样紧紧抱在一起，临沧市成功创建为第十批"全国民族团结进步示范区"，为临沧的持续跨越提供了坚实的群众基础、优良的社会环境和巨大的力量源泉。在人类命运共同体外交道路方面，由于有了中国共产党和中华人民共和国的和平共处五项原则、睦邻友好政策、人类命运共同体外交道路等，有了亲诚惠容和与邻为善、以邻为伴的周边外交方针，所以临沧与缅甸等南亚东南亚国家的政府和民间机构都始终保持密切友好交流合作，取得了中缅印度洋新通道常态化规模化运行、进出口贸易昌盛、边民互市贸易繁荣、每年举办中缅边境贸易交易会、每年举办亚洲微电影艺术节等互利互惠成果，为临沧的中国式现代化建设提供了良好的外部环境和发展机遇。

如今的临沧大地，处处呈现民族团结、社会小康、人民幸福、城乡美丽、边疆安宁、生机勃发的大好局面，这是临沧无数仁人志士用抛头颅、洒热血换取得来的，是几千年来临沧各族群众祖祖辈辈梦寐以求的美好生活，我们一定要始终清醒地知道临沧人民的祖祖辈辈是怎么走过来的，始终清醒地认识中国共产党为什么能、马克思主义为什么行、中国特色社会主义为什么好，始终懂得倍加珍惜、倍加拥护中国共产党的领导和社会主义制度。

三、文化变迁：从文化桎梏到文化繁荣

——文化首次真正服务人民大众

近代以来，清政府、各路军阀、国民党反动政权因维护自身剥削统治地位的需要，一直奉行封建腐朽的文化衣钵，利用封建腐朽文化禁锢人民思想、麻痹人民斗志、捆绑人民"手脚"，加之世界侵华殖民思想的奴役，人民群众深受封建腐朽文化和帝国主义殖民思想迫害，长期对封建腐朽文化和外来殖民思想深恶痛绝，新文化运动、五四运动、毛泽东《在延安文艺座谈会上的讲话》等顺应民意，成为那个时代人民向封建腐朽文化和外来殖民思想宣战的"长枪大刀"。1949 年开始，随着中华人民共和国中央人民政府的成立和全国各地的解放，中国人民实现了文化上的"站起来""富起来"，大踏步走向文化"强起来"，临沧就是这一伟大历史变革的鲜活实践和具体见证。首先，人民立场的意识形态阵地得到建立和巩固。临沧各级党委始终牢牢掌握意识形态工作的领导权，在临沧大地全面开展为国家立心、为民族立魂工作，持之以恒构建以人民为中心的文化体系、话语体系和宣传体系，凝聚起充满正能量的主流思想舆论，发挥了推动改革、推动发展、服务人民的强大舆论力量。其次，拼死为民的价值取向得到广泛弘扬。以伟大建党精神为源头的中国共产党精神谱系在临沧大地得到广泛宣传，佤山革命斗争、班洪抗英、班老回归等家国情怀历久弥新，邓炳荣夫妻烈士、张从顺张子权父子"一门两忠烈"、"时代楷模"鲍卫忠等英模事迹广为流传，建设好美丽家园、维护好民族团结、守护好神圣国土的"三好"崇高使命激励着一代又一代临沧人民拼死奋斗。再次，文化惠民工程满足了人民群众丰富多彩的精神需要。临沧广大文化创作者坚持以人民为中心的创作导向，积极彰显"双为双百"方针（为人民服务、为社会主义服务，百花齐放、百家争鸣），城乡文化阵地设施不断得到丰富和完善，活动室、娱乐室、排练室等文艺场馆在全市实现全覆盖，以文化

站、文化服务中心、文化活动场所为支撑的基层文艺阵地不断扩展。据"十三五"末统计，临沧市共有乡（镇、街道、农场）综合文化站85个（国家一级站6个、二级站13个、三级站17个），共有行政村（社区）文化活动室和综合性文化服务中心940个、村民小组活动场所4149个，基层文化阵地基本实现所有乡镇、行政村（社区）、村民小组的全覆盖。

——优秀传统文化实现创造性转化和创新性发展

马克思主义文化观揭示了文化的时代性、阶级性、民族性、独立性等，强调了文化的生命在于传承与发展。在中华民族文化史中，既有天人合一、天下为公、自强不息、厚德载物、以民为本、为政以德、革故鼎新、与时俱进、实事求是、知行合一、群策群力、以德立人、以诚待人、讲信修睦、清廉从政、俭约自守、求同存异、居安思危等优秀传统文化，又有封建的、僵化的、腐朽的"糟粕"和"毒草"，中国共产党带领中华儿女不仅成功进行文化上的去恶留善、去伪存真，而且成功实现中华优秀传统文化的创造性转化和创新性发展，成功开创了中国特色社会主义文化，它既来源于中华优秀传统文化，又超越了中华优秀传统文化，它融合了马克思主义文化、中华优秀传统文化、中国革命文化的精髓，是中华优秀传统文化的脱胎换骨。解放以来，临沧历届党委政府始终坚持把以人民为中心的发展思想落实到文化工作的方方面面，始终坚持文化事业的社会主义公益属性，既大力实践马克思主义文化的基本立场、观点、方法，又大力继承发扬中华优秀传统文化，还大力传承激荡人心、鼓舞斗志的红色革命文化。人民报刊、人民广播电台、红色经典电影、黑白及彩色电视节目等广泛走入临沧各族群众中间，临沧地区译制的傣语《铁道游击队》《新仇旧恨》、佤语《禁烟枪手》《缉毒战》、拉祜语《关东大侠》等305部少数民族语电影先后放映1.78万场，观众达95.98万人次。党的十八大以来，临沧市持续开展"党的光辉照边疆，边疆人民心向党""学回信、见行动、办实事""心向总书记、心向党、心向国家"等教育实践活动，"收信人宣讲团""火塘少数民族语宣传小分队""佤山青年宣讲团"带着党的创新理论走入临沧大地的村村寨寨、千家万户，深入弘扬社会主义核心价值观，富强、民主、文明、和谐、自由、平等、公正、法治、爱国、敬业、诚信、友善的观念深深植入临沧各族各界群众心中，大力实施"文化润临""枝繁干壮""润土培根""石榴红""红旗飘飘"等工程，把马克思主义民族理论同临沧各族人民世代相传的国家观、历史观、民族观、文化观、宗教观深度融合起来，广泛发挥了社会主义文化培根铸魂和导向带动的强大功能，催生了一批又一批群众喜闻乐见的本土文化"大餐"。仅"十三五"期间，临沧市就创作出歌曲102首、舞蹈节目47个、声乐节目11个、说唱节目13个、歌舞剧9个、快板9个、广场舞5个、民族茶艺节目3个，其中《我家临沧》《党的光辉照边疆》《千古临沧茶王国》《勐相耿坎》等作品深受群众喜爱；连续举办的亚洲微电影艺术节、中缅群众文化展演、临沧市民族民间歌舞乐展演、临翔土陶文化节、双江勐库（冰岛）茶会、凤庆红茶节、云县"五彩澜沧江"文艺晚会、永德芒果节、耿马泼水节、沧源佤族司岗里狂欢节等文化盛会广受群众欢迎。据不完全统计，"十三五"期间临沧市共开展文化惠民演出2684场次，观众达261.1016万人次。在少数民族文化保护传承和创新发展方面，从1956年中国科学院以沧源县岩帅佤语语音为标准音、以巴饶克方言为基础方言拟定《卡佤文字方案（草案）》并创立佤语文字发轫，临沧少数民族文化的保护、传承、发展方兴未艾，依托35项国家级、省级非物质文化遗产项目和50名传承人，培养了47名民族民间文化优秀传承人，打造了120个少数民族文化精品项目，佤族甩发舞、布朗族蜂桶鼓舞、拉祜族芦笙舞、傣族象脚鼓舞、傣族白象及马鹿舞、傣族武术傣拳、彝族鼓吹等一大批少数民族传统表演艺术得到发扬光大，《哦迪咔》《UP耿马》《摩托舞》《加林赛》《族印·司岗里》《傣族女创拳》等一大批少数民族演艺节目红遍大江南北和互联网，傣族造纸、滇红茶制作技艺、象脚鼓制作技艺、彝族俐侎人葫芦笙舞、"阿数瑟"传统音乐等少数民族非遗文化传承有声有色，佤族"摸你黑"狂欢节、佤族新米节、傣族泼水节、彝族俐侎人"桑沼哩"节等少数民族节庆文化展现出强大的影响力，少数民族文化传承发展与时俱进、大放异彩，既为临沧少数民族群众的团结奋斗提供了强大的内生精神动力，又创造了少数民族地区文化产业的可观经济效益。

——社会文明程度大幅提升

解放前，不仅中华大地到处陷于"人间地狱"，而且由于封建统治阶级造成边疆地区各民族之间的长期隔阂，临沧广大少数民族地区的文明发育程度远远低于内地汉族地区。自从走上社会主义道路，中国共产党带领临沧各族干部群众持之以恒推进文明培育、文明实践、文明创建工作，取得了临沧社会文明接续跨越发展的人间奇迹，边疆少数民族共同置身于"人间天堂"般的文明社会。临沧大地一建立人民政权，各级党委政府就将培养文明习惯、提升文明程度作为边疆民族地区的重要工作任务，纷纷派出民族工作队，长期驻扎在各少数民族村村寨寨开展"手把手"帮扶工作，普及现代科技常识、文化常识、卫生常识等，不遗余力改变少数民族群众落后的思想观念和生产生活习惯，首次实现各地教育、卫生、科技历史"零"的突破。1950 年 7 月刻木结绳记事的临沧县（临翔区旧称）南美拉祜族人民有了第一所小学，1956 年镇康县军弄哈里德昂族人民终结了没有识字人的历史，1956 年耿马县小学由解放初的 1 所发展到 22 所，1958 年沧源县小学由解放前办办停停的几所发展到 142 所，1958 年耿马、沧源、双江均填补了没有中学的历史空白，耿马县疟疾病人从 1953 年的 17618 人下降到 1960 年的 424 人，解放后沧源县的地方病发病率直接下降了 34%。在高起点、强推进下，临沧市始终抓住提升群众文明素质和社会文明程度两大目标，持之以恒深化移风易俗、立德树人、好家风好家训推广等，在创建文明村镇、文明单位、文明校园、文明家庭方面取得了长足发展，"感动临沧"年度人物、思想道德教育先进教师家庭青少年等评选发布影响广泛，全市精神文明建设暨未成年人思想道德建设现场经验交流卓有成效。截至 2022 年末，临沧市共创成各级文明单位 553 个、文明村镇 658 个、文明校园 376 所、文明家庭 436 户，集中打造"温度临沧""有一种叫云南的生活"等少数民族文化旅游品牌,临翔区南美乡、云县村头村、凤庆县安石村、永德县忙蚌自然村、镇康县大坝村、耿马县芒团村、双江县允俸村、沧源永和新村等一大批新时代文明乡村扮靓边疆,现代文明之花盛开临沧大地。

中国特色社会主义文化在临沧大地产生了广泛而深远的历史影响,这是中国特色社会主义道路的必然结果,是中国共产党领导下的又一制度红利,必将伴随着临沧大地全面建成社会主义现代化而走向更加繁荣的未来,必将为临沧各族群众提供更加美好的精神家园。

四、社会变迁:从"吃人"社会到大同社会

——实现全面建成小康社会伟大梦想

"小康"一词最早出自《诗经》中的《大雅·民劳》"民亦劳止,汔可小康",最初含义是指生活达到安宁稳定、衣食无忧、具足保障的状态,是中华民族从周朝开始就世代向往的理想社会状态。1979年邓小平首次提出了建设"小康社会"的战略构想。1982年召开的中共十二大将小康生活目标写入大会报告,在中华民族3000年来赋予"小康"一词含义的基础上,提出了量化衡量目标,即从1981年到20世纪末的20年,力争使中国工农业总产值翻两番,城乡人民的收入成倍增长,人民物质生活达到小康水平,这时的"小康"意指大多数家庭跨入世界中等收入水平,成为"中产家庭",过上世界中等水平的物质及精神生活。1987年召开的中共十三大正式将实现小康列为"三步走"发展战略的第二步目标,2002年召开的中共十六大提出了全面建设小康社会的奋斗目标。2012年召开的中共十八大提出夺取全面建成小康社会决胜阶段伟大胜利的目标,围绕"两不愁、三保障"(即稳定实现农村贫困人口不愁吃、不愁穿,义务教育、基本医疗、住房安全有保障),铺开轰轰烈烈的脱贫攻坚。临沧市从2014年全面打响脱贫攻坚人民战争开始,到2019年临沧市脱贫攻坚完美收官,圆满完

成"六个一批"任务（指易地搬迁新建一批、原址拆除重建一批、改造加固除危一批、保护修缮提升一批、进城定居一批、政府兜底一批），共有9.4 万个家庭 36.9 万人口摘掉了贫困"帽子"，佤族、拉祜族、布朗族等6 个"直过民族"整族脱贫，完成了 23 万户农村危房改造，率先在全省消除了农村危房，全市 50 万户群众无一例外住上安全稳固住房，建档立卡贫困人口 100% 参加基本医疗保险、大病保险及基本养老保险，义务教育阶段学生 100% 无辍学，100% 杜绝初中、高中毕业生因贫无法继续就学深造的情况，累计建成 2200 万亩高原特色农业产业基地，所有建档立卡贫困户人均拥有 5 亩以上产业基地，累计建成硬化农村公路 1.6 万公里，937 个行政村（社区）全部通硬化公路，全市 945 个行政村（社区）100% 达到通自来水、通电、通硬化公路、通移动 4G 通信网络等生产生活条件，村学校、村卫生室、小组活动场所、小组硬化公路等焕然一新并全部达标，困难残疾人生活补贴、重度残疾人护理补贴、特困家庭人员医疗救助、临时救助、兜底保障均实现 100% 覆盖，临沧成为云南省率先实现整市脱贫的州市之一，千百年来困扰边疆人民的区域性整体贫困和绝对贫困问题得到了历史性解决，罗宇鹏、刀华萍、李敬等 16 名干部英勇牺牲在脱贫攻坚一线。至 2022 年，临沧市脱贫攻坚成果得到进一步巩固提升，全市常住居民人均可支配收入达 22502 元，其中农村常住居民人均可支配收入达15194 元、城镇常住居民人均可支配收入达 35021 元，临沧各族群众无一例外生活在幸福美满的甜蜜日子之中，真正实现了几千年来祖祖辈辈对于小康生活的美好憧憬。

——建立起现代化基础设施网络

1949 年以前，由于历史发展水平限制和历朝历代统治政权腐朽无能，临沧大地始终没能改变交通闭塞、生产落后、生活条件恶劣的状况。直到有了中国共产党的领导，在临沧延续数千年的封闭落后状况才得以全面改变，现代化基础设施在临沧大地绘就了日新月异的生动历史画卷。

综合立体交通网络建设方面。临沧虽然在抗日战争时期修筑过滇缅铁路，但在即将修筑完成的关键时刻却因战局突变而不得不将其全线炸毁，同期还在耿马勐撒、永德德党等地修筑并使用过抗战简易飞机场，但也仅仅在抗战时短期用于军事后毁弃。解放时，临沧仅有孟定遮哈连接弥渡的一条残缺便道和保山连接凤庆的一段79公里公路，临沧广大地区整体上还没有汽车、火车、飞机等现代意义上的公共交通设施，区域交通和人民群众生产生活仅仅依靠山间驿道和人背马驮。解放伊始，临沧的交通运输事业就被提上了社会主义建设的重要日程。1953年，南大公路（南涧至孟定大水井，也称海坝庄至孟定公路）全线开工建设，1954年该公路先后通至云县草皮街和临沧专区所在地，1957年南大公路全线通车。1959年，云县至保山公路全部修复通车，经过1年时间紧张施工的临沧至景谷县罗村口公路也于同年竣工通车。1962年双江至沧源公路建成通车，1968年云县羊头岩至镇康南伞公路修通，1974年临沧至耿马县城公路建成通车。2001年临沧民用飞机场建成通航，2008年祥云至临沧二级公路全线通车，还先后实施了通县二级公路建设工程、建制村通畅工程（村村通工程）、省道319线临翔过境公路改造工程、省道313线德党至勐堆二级建设工程、保山施甸至孟定二级公路（含振清线）建设工程。2011年6月，临沧市8条（段）二级公路建设全部完工，标志着临沧市首次形成了市县"4小时经济圈"。2016年，沧源佤山飞机场建成通航，阿佤山群众实现了世代期盼的"坐飞机梦"。2017年，全长17公里、总投资约23亿元、双向四车道、设计时速80公里的临沧机场高速公路建成通车，临沧高速公路综合交通建设大会战结出首项成果。2018年，长30公里、投资24.58亿元的临清高速公路（临翔至清水河口岸）孟定国门段建成试通车，为全省"五出境"国际大通道建成在临沧市内取得的首项成果。2020年，长52公里的云县城至凤庆县城高速公路建成试通车，成为临沧市"县县通高"工程的首个硕果。2020年12月30日，全长202公里、设计时速160公里、总投资151亿元、桥隧比达87%的大临铁路（大理州至临沧市铁路）胜利建成通车，临沧各族人民实现了世代期盼的铁路梦想，临沧成为云南省第四个同时拥有飞机、动车、高速公路、水运综合交通体系的州（市），临沧至昆明耗时从原来的9个多小时缩短至3个半小时。2021年1月13日，长240公里、总投资420亿元、双向四车道、桥隧比达61%的墨临高速公路（普洱市墨江县至临沧市临翔区）建成并正式并网试通车，临沧至昆明公路里程缩短140公里，临沧市成功融入"滇西2小时经济圈""滇中4小时经济圈"。2021年7月，长34公里、设计时速80公里、双向四车道、总投资57亿元的镇清高速公路建成通车（镇康县南伞至耿马县清水河），实现了镇康县南伞口岸和耿马县清水河口岸之间的高速连通。2023年，凤庆通用飞机场建成通航，临沧市一举成为云南省首个"一州市三机场"的州市；临翔至双江高速公路全线通车，云县至临翔高速公路羊头岩至临沧城段、临翔至清水河高速公路南美至清水河段先后连通并投入使用，临沧"218"高速公路网规划取得丰硕成果（"2"即昆明至玉溪至临沧、昆明至大理至临沧高速公路进临沧，"1"即临沧至清水河高速公路达边境，"8"即8个县区通高速公路），临沧市"飞燕型"立体综合交通网络正在加快形成。从党的十八大至2023年，临沧市共开工建设12条（段）751公里的高速公路，实现了高速公路从零到建成468公里、通车运营361.7公里的重大跨越。截至2023年末，临沧市公路通车里程达到2.2万公里以上，乡镇、建制村公路通畅率均达100%。同时，积极推动"一带一路"中缅大通道建设，于2012—2014年支援缅甸建设完成中国清水河至缅甸登尼二级公路共106公里，于2020—2021年支援缅甸重建新滚弄大桥，临沧至清水河铁路已列入国家"十四五"规划，于2021年8月25日成功打通"一带一路"中缅印度洋新通道，首批60个集装箱1500吨货物从缅甸仰光港途经临沧后到达成都火车站。2023年末，中缅印度洋新通道海、公、铁联运集装箱突破1万个，带动进出口货运量353.9万吨，带动贸易额125.6亿元。

　　水利设施网络建设方面。1949年以前，临沧大地除少数小水塘、小水坝以外，现代化的水利基础设施处于一片空白。解放后，临沧轰轰烈烈拉开现代化水利基础设施建设序幕，仅 1958—1960 年的 3 年间，全区共投入水利建设劳动工日 1981 万个，建成引水、蓄水工程 2.8 万件，农田有效灌溉面积猛增到 64 万亩。其中：1958 年分别修建成蓄水 220 万立方米的双江芒糯大浪坝水库、蓄水 3 万立方米的耿马弄巴水库以及勐董水库，耿马县还兴修了耿宣幸福水库、孟定芒畔水库、勐永金线河水库等 5 座水库；1959 年建成蓄水 107 万立方米的凤庆勐佑浪坝河水库；1960 年建成的博尚水库蓄水 556 万立方米、灌溉农田 5212 亩，当年还建成蓄水 120 万立方米的云县涌宝平河水库。"二五"末开始普遍改变历史上"雷响田""靠天吃饭""田地多水田少"等农业生产限制。"三五"以后水利基础设施建设一直是临沧社会主义建设的重要内容。从党的十八大至 2022 年，临沧市全面实施《临沧市水利基础设施空间布局规划》《临沧市干热河谷水资源保障规划》《临沧市水安全战略保障规划》等，全市共开工水源及连通工程 49 件，耿马大型灌区、云县幸福勐底、永德县永康坝、耿马县孟定坝和凤庆县郭大寨水库等中小型水库先后开工建设，共竣工验收水库 26 座（其中竣工中型水库 6 座、竣工小一型水库 20 座），共新增蓄水库容 18741 万立方米，共完成水利固定资产投资 252.46 亿元，共争取到上级水利资金 144.81 亿元（其中中央 61.22 亿元、省级 83.59 亿元）。截至 2022 年 6 月，临沧市水库总库容达 6.1 亿立方米，农田有效灌溉率上升到 55.3%；累计建成农村饮水工程 10937 件，其中集中供水工程 5255 件，覆盖 77 个乡镇 908 个行政村，让 183.2 万群众喝上了安全水；沿澜沧江、怒江、小黑江、黑惠江建成码头 10 座和民间渡口 33 道，共有百吨级以上客货运泊位 17 个。

现代通讯及数字网络建设方面。1949 年以前，临沧对外通讯主要依靠邮寄、电报和人力传递，官用电话仅开通至凤庆、云县、镇康（含永德）、耿马且时断时续，民间尚未使用电话通信，因邮寄耗时较长、电报限于内容简短且费用昂贵，现代通信手段尚未进入临沧各族群众的生产生活之中，广大群众主要还是依靠捎带口信的方式来传递信息。解放后，通讯基础事业成为临沧社会主义建设的重要组成部分，不仅城乡邮政投递网点、线路大量增多，而且民用电报业务也逐渐被广大群众运用于日常生产生活。固定电话及传真方面，1952—1960 年，临沧专区先后开通了临翔、云县、凤庆、镇康、耿马、沧源、双江的长途电话业务，首次形成以临翔为中心的长途电话线路网络，全区首批长途电话线路达 51 路。1978 年，临沧首台固定电话自动交换机（纵横制式 HJ905 型 200 门）在沧源县城投入使用，临沧首次开通自动交换电话。1987 年 2 月 1 日，临沧地区首次开通发往省内的真迹传真业务。1994 年，临沧地区 8 县县城及南伞、孟定两个省级口岸全部开通可长途直拨的程控自动电话。1992—1997 年临沧地区的固定电话装机从 0.32 万部剧增至 5.03 万部，1999 年临沧地区市话普及率升至 29 部/百人。互联网方面，1995 年临沧地区首次建成宽带多媒体通信网，互联网开始蓬勃兴起。移动通信方面，1997 年临沧地区 8 个县城及孟定镇、南伞镇 2 个口岸全部开通 "139" 数字移动通信网络，当年实现了临沧地区乡镇 100% 开通程控电话和数字传输业务，手机开始逐步成为临沧各族群众人人标配的随身用具。党的十八大以来，随着脱贫攻坚的全面胜利，不仅临沧的每一个角落都处于移动网络信号的覆盖之下，而且还让国境外邻近地区广大群众享受了中国移动通信和互联网发展的成果，移动通信、移动互联网消除了数千年来存在于人与人之间的信息鸿沟，特别是 2020—2023 年临沧 5G 基站实现了从 1 个到 4261 个的飞速发展，"数字临沧" 及数字经济建设全面铺开，临沧各族群众与全国人民一道率先进入数字信息化时代。

能源网络建设方面。1949 年以前，临沧虽有个别煤油发电机，但一直没有公共发电站，被誉为第二次工业革命标志的电力被阻隔在临沧大地之外。1956 年，临沧建成首座电站——西河水电站，装机容量为 56 千瓦。"二五" 期间，临沧共建成临沧南河电站、沧源贺南电站等 5 个水电站，总装机容量达 281 千瓦，其中装机容量最大的南河电站为 160 千瓦。"工业学大庆" 期间，临沧又兴建装机 200 千瓦的耿马火电厂、装机 4800 千瓦的耿马县河底岗电站、装机 2400 千瓦的凤庆县挂篮子河电站、装机 1900 千瓦的沧源县永安河电站、装机 1500 千瓦的云县南河电站、装机 1000 千瓦的双江县小黑江电站、装机 960 千瓦的永德县秧琅河电站、装机 640 千瓦的临沧县细嘎电站、装机 250 千瓦的镇康县凤尾河电站等，全区大大小小的水电站数量达到 200 多个。进入 20 世纪 90 年代，临沧依托得天独厚的澜沧江水力资源，大力推动和服务澜沧江阶梯水电站建设，累计搬迁电站移民 3.3 万人，先后建成漫湾、大朝山、小湾 3 个大型水电站，总装机容量达到 722 万千瓦，其中小湾电站总装机容量 420 万千瓦、漫湾水电站总装机容量 167 万千瓦、大朝山电站总装机容量 135 万千瓦，临沧成为实施"西电东送"战略的主要基地。党的十八大以来，临沧市实施"风光水储一体化"多能互补基地建设，先后开工建设光伏发电站 14 座、风力发电站 1 个，其中建成光伏发电站 5 座，截至 2023 年临沧市电力总装机容量增加到 952 万千瓦，临沧始终是云南能源基地和能源网络的重要组成部分。

——实现人的全生命周期都有保障

1949 年以前，临沧各地瘟疫肆虐流行，当时的人民群众普遍受到各种瘟疫疾病的残酷威胁，虽然那时也有少数几个地方办有卫生院、医疗所和医药堂，但由于缺乏专业医生、缺乏西药品和药品价格昂贵等原因，广大各族群众还是只能凭借民间传统草药来医治频发的各种疾病，俗语"谷子黄，病倒床，闷头摆子似虎狼""只见娘怀胎，不见儿赶街""要下云州坝，先把老婆嫁""要往耿马走，先把棺材买到手"（摆子指疟疾，云州即云县，云县、孟定等坝区曾长期是疟疾等流行病重灾区），就是那时临沧各族群众饱受瘴气瘟疫之苦的真实写照，更无全民医疗、全民保险、全民保障之说，广大群众世代处于老幼无养、疾病无医、困难无助的苦海之中。解放后，各级党委政府坚持"以人民健康为中心"，大力发展人民卫生事业，相继建立专区和各县人民医院、乡村卫生院、妇幼保健站，设立专区和各县疟疾防治所、防疫站（组）等流行病防治机构，分别在临沧县蚂蚁堆、凤庆县郭大寨建立麻风病防治所和麻风村，彻底告别了解放前临沧大地疾病肆虐的惨状。改革开放以后，特别是党的十八大以来，临沧锲而不舍推进医药、医疗、传染性疾病防治、全民保健等体制改革，全面深化医、药卫生体制改革，县、乡、村三级医疗卫生机构全部达到基本医疗有保障的目标，新型农村合作医疗保障制度（简称"新农合"）全面推行，城乡基本养老保险、城乡"低保"、大病医疗救助等全面覆盖，织起了从出生到死亡的全生命周期社会保障网络。2020—2022 年新冠疫情全球肆虐期间，临沧市始终守牢"外防输入、内防反弹、严防输出"的底线，党政军警民日均 1.8 万人牢牢坚守在 290.8 公里边境线上，有力、有序、有效打赢边境疫情防控阻击战，自始至终取得了"五个管住""五个全面""稳堵防管"等成果，为全国全省疫情防控作出了重要贡献。解放前，全中国人均预期寿命在 35 岁左右，2012—2021 年，临沧市人均预期寿命由 70 岁提高到 75 岁。2021 年，临沧市孕产妇死亡率下降至 10.35/10 万，婴儿死亡率下降至 4.66‰，5 岁以下儿童死亡率下降至 6.68‰，每千人口拥有医疗卫生人员 7.38 人（其中每千人口拥有执业医师 2.1 人、每千人口拥有执业护士 3.35 人），传染病总体发病率、突发公共卫生事件起数、波及人数、死亡人数等均处于较低水平，实现了 HIV 感染者发现率、治疗率、治疗有效率"三个 90%"和消除经输血传播、母婴传播"两个消除"总目标，进一步降低了艾滋病新发感染率和病死率①。2022 年，临沧市基本医疗保险参保人数达 228.62 万人，参保率达 102.38%（按照常住人口计算），共支付（报销）参保人员医、药费用 24.01 亿元，居民个人卫生支出占卫生总费用比例降至 25.24%②，真正解决了群众"看病难""看病贵"问题。与此同时，基本养老保险、工伤保险、生育保险、失业保障等涵盖广大城乡群众。2022 年，全市养老保险参加人数达 163.4 万人（其中

---

① 2021 年卫生数据出自《新时代临沧十年（2012—2022 年）》，中共临沧市委党史研究室编，2023 年 12 月第 1 版。

② 2022 年医保数据出自《中共临沧市委执政纪要 2022》，中共临沧市委党史研究室编，2023 年第 1 版。

城乡居民参保 140.7 万人、城镇职工参保 22.7 万人），全年社保基金共收入 33.8 亿元、共支付 31.7 亿元，惠及全市参保人员及家属共计 36.7 万人，真正实现了老有所养、工伤有补偿、生育多报销、失业有救助目标。

75 年以前，临沧各族人民群众还生活在一个处处充满黑暗压迫的"吃人社会"之中；75 年后的今天，临沧大地处处展现各族人民安居乐业、幸福生活的美好场景，呈现一派繁荣安宁的大同气象。75 年的历史，充分诠释了临沧大地由乱到治、由衰到盛、由落后到先进的根本密码，这就是中国共产党的领导和中国特色社会主义制度。

五、生态文明变迁：从漠视生态环境到生态文明高地

——习近平生态文明思想深入人心

1949 年以前，临沧大地虽然遍地水清林密，但是广大群众依旧世代存在靠山吃山、靠水吃水的朴素认识，在大自然面前还没有摆脱"靠天吃饭"、靠运气生存的被动局面，对生态环境系统的科学认识尚处于空白。中国共产党在带领人民探索中国特色社会主义建设道路的过程中，逐步深化了对人与自然共生关系的科学认识，诞生了极具科学高度、时代高度、文明高度的习近平生态文明思想，成为 21 世纪人类医治生存环境"巨瘤"的良方、集体自救的希望。在学习领悟践行习近平生态文明思想的进程中，临沧 224 万干部群众坚持不懈用习近平生态文明思想武装头脑、指导实践，理解感悟"绿水青山就是金山银山"的深刻辩证关系，以打好"世界一流绿色食品、绿色能源、健康生活目的地"三张牌为抓手，合力推动临沧生态文明建设大纵深推进、大系统转变、大面貌改观，高原特色建设"绿美 +"经济、打造西南生态安全屏障、澜沧江流域保护发展、南汀河流域保护发展等取得长足发展，绘就了临沧大地天蓝地绿、城乡美丽、山川绚丽的崭新画卷，在争当生态文明建设排头兵上迈出了坚实步伐。截至 2020 年，临沧市共建成森林面积 165.8 万公顷，占全市辖区面积 236.2 万

公顷的三分之二以上（达 70%）；森林覆盖率升至 70.2%，比全省高出 5
个百分点，比全国高出 46 个百分点。

——生态功能体系形成高效良性循环

1949 年以前，临沧各族群众与自然环境之间缺乏良性互动、和谐共生
的循环关系。解放后，临沧大地开始保护森林、植树造林、兴修水利、农
田坡改梯、划定自然保护区、实行水源地保护等，在临沧大地开启了积极
探索人与自然和谐发展道路的序章。改革开放以后，经济建设与生态环境
保护之间的矛盾逐步凸显出来，经过积极探索实践，追求科学发展、可持
续发展成为临沧群众的普遍共识。党的十八大以来，在习近平生态文明思
想指引下，临沧一体推进山、水、林、田、湖、草、沙系统治理，以建设
世界一流"三张牌"基地和"滇西南澜沧江—怒江流域碳汇造林"为突破
口，降碳、减污、扩绿、增长一体推进，不遗余力打赢蓝天、碧水、净土
"三大保卫战"，构建起绿色发展、低碳发展、可持续发展的立体循环系
统。在服务生态大循环系统建设方面，根据临沧市第三次全国国土调查数
据公报，2019 年 12 月 31 日临沧市森林、草地、湿地、种植园用地共计
171.2 万公顷，在临沧市辖区面积中的占比高达 72%；2015—2020 年，5
年时间临沧的森林蓄积量从 1.07 亿立方米增至 1.17 亿立方米，净增加
0.1 亿立方米，增幅达 9%。临沧市在原有植被覆盖率高、森林蓄积量大、
碳汇（指植物吸收储存大气中二氧化碳的当量）额度大的基础上，植物净
碳汇量逐年稳定扩大，临沧作为中国西南生态安全屏障的重要天然大水
库、大林库、大碳库的功能作用日益凸显，当之无愧成为中国落实"碳达
峰、碳中和"战略的又一成功"样板田"，为全国乃至世界推进"碳达峰、
碳中和"提供了独特借鉴。在改善区域小循环系统方面，临沧市全域人与
自然和谐共生的良性互动作用进一步增强，分别被命名为云南省和国家
"生态文明建设示范区"。截至 2022 年，临沧市累计划定生态保护红线面
积 59 万公顷，占全市面积 236.2 万公顷的四分之一（25%），生态功能基
础扎实牢固。2023 年，澜沧江、怒江两大水系 22 个国控地表水监测断面

100%达到或优于Ⅲ类水质的良好地表水标准，全市集中饮用水水源质量优良率达100%，市内中心城区空气质量优良天数占比达98.9%以上，重点建设用地安全利用率达100%，生态环境质量长期实现好上加好。2022—2023年"绿美云南"建设"醉美临沧"行动成效显著，两年累计完成6055个绿美点位建设、累计新增绿化525.8公顷，累计新增植树165.1万株，美丽家园建设的累累硕果遍布临沧城乡大地。

——生态产业持续做强做大

世界一流绿色食品产业快速发展。截至2022年，临沧市高原特色高优产业基地增至147万公顷，其中通过地理标志农产品认证涵盖基地增至19万公顷、通过名特优新农产品认证涵盖基地13万公顷，茶叶、蔗糖、坚果、蔬菜、肉牛、中药材、林产等高原特色优势产业在集群化道路上突飞猛进，累计有168户634个产品通过绿色有机产品认证，其中21户126个产品通过绿色食品认证、147户508个产品通过有机产品认证，成为临沧市2022年农林牧副渔总产值完成476亿元、增长5.6%的主要拉动因子，"一县一业"集群化绿色食品产业格局加快形成，临沧市的澳洲坚果种植面积居全国首位、核桃种植面积居云南省第二位、橡胶树种植面积及产量均居云南省第三位，临翔昔归茶叶、云县鸡肉、凤庆核桃、永德坚果水果、镇康坚果、耿马甘蔗、沧源佤山肉牛、双江冰岛茶叶等名优绿色产品广为人知。林业产业科技化、规模化水平持续提升，林下三七、重楼等种植和林间禽类养殖蓬勃发展，核桃油抗氧化、核桃蛋白高效萃取、核桃蛋白活性肽培养等林产品开发瓶颈有效突破，林产业不断实现延链补链，林业产业稳步迈向链条化、现代化，仅2022年临沧市林草产业总产值就完成381.6亿元，年增速高达20%。绿色能源产业建设步伐加快，截至2023年末，临沧市累计在建31个新能源发电项目的总装机容量达360万千瓦，当年共有18个项目顺利完工并投产，年内并网新能源容量升至230万千瓦，临沧作为"风光水储一体化"的可再生能源综合开发基地正在快速形成。

习近平生态文明思想作为21世纪人类应对生存环境挑战的金钥匙，指明了世界科学发展、可持续发展的新方向，在临沧大地得到了广泛深入实践，结出了临沧大地人与自然和谐共生、美美与共的文明成果，生动诠释了"绿水青山就是金山银山"的科学真谛。

（中共临沧市委党史研究室）

不平凡的历程　不平凡的成就

——庆祝中华人民共和国成立 75 周年临翔区发展成就综述

临沧市临翔区位于云南省西南部，东与普洱市景东、镇沅、景谷三县相连，南与双江县接壤，西邻耿马县，北接云县，国土面积 2557.83 平方公里，境内最高海拔 3429 米，最低海拔 730 米。年平均气温 17.0℃，年日照 2131.7 小时，年平均降雨量为 1169.9 毫米。辖 7 乡 1 镇 2 个街道、89 个村、16 个社区，常住人口 36.98 万人，山区面积占 97%，有林地 264.1 万亩，耕地 34.2 万亩、永久基本农田 21.2 万亩。是临沧市委、市政府所在地。

艰难曲折 艰苦卓绝 惊心动魄的解放历程

1949 年 10 月 1 日，中华人民共和国成立时，祖国的大西南还在国民党旧势力的统治之下没有获得解放，临翔区也是当时没有解放的地区之一。

1949 年 2 月，直属中共华南分局的中共"回国党组"决定，派遣南边区人民自卫军第一支队（简称"一支队"）到缅宁建立人民革命政权。3 月中旬，一支队经双江到达缅宁县，在博尚成功围歼澜沧逃匪李守忠、白佩衡、毛鸿臣率领的反动武装。3 月 25 日，一支队进驻缅宁县城，开创了临翔革命老区。2014 年 4 月，临翔区被中共云南省委、云南省人民政府确定为云南省解放战争时期的革命老区。

一支队进驻缅宁后，根据"佛房会议"精神，在缅宁建立缅宁行政专员公署和缅宁县临时人民政府，收编地方武装，发布缅宁施政纲领和工作计划，举办随军干校，创办革命报刊，建立县、乡农会组织，开展借粮救荒和春耕生产运动，阻退"共革盟"进犯缅宁，挥师进军耿马，取得缅宁保卫战胜利，缅宁城成为缅宁、双江、沧源三县红色革命片区的领导指挥中枢。

1949 年 6 月，一支队奉命在缅宁县改编为云南人民讨蒋自卫军第二纵队第十一支队（简称"十一支队"，后编为滇桂黔边纵九支队）。6 月 22 日，撤销缅宁县临时人民政府，成立缅宁县人民政府，由十一支队政委肖源兼任县长。6 月下旬，耿马反动土司罕裕卿为配合国民党"滇西剿匪指挥部"指挥官余建勋的反革命行动，纠集 1000 多人反动武装，分兵两路从小丙野和勐托方向进攻缅宁，遭到十一支队的猛烈反击，28 日来犯之敌全部退回耿马，缅宁保卫战取得胜利。8 月，国民党"滇西剿匪指挥部"再次纠集昌宁、顺宁、云县、缅宁、双江和耿马 6 县反动武装近 2000 人，成立了"六县联防剿匪指挥部"，从西、北、南三面包围缅宁，为保存革命实力，十一支队奉命开始战略转移，一部分经双江到达澜沧，后编为九支队澜宁源整训总队；另一部分辗转博尚、圈内、那招、马台，取得了那戈、小忙顶战斗的胜利，在马台渡口战胜敌人的围追堵截，成功跨过澜沧江天堑，到达缅宁县平村乡，完成了革命队伍的战略转移。肖源、王尧奉命率领第二武工团坚持在平村乡开展革命斗争，组织发动群众打土豪、分田地，开展减租减息运动，建立了平村游击区人民政府，配合滇桂黔边纵西进部队在那招渡围歼李希哲叛匪，平村革命活动一直坚持到 1950 年 5 月，留下了彪炳史册的缅宁"红色小井冈"革命赞誉和光辉史迹。

1950 年 5 月，中共大理地委任命张树栋为中共缅宁县委书记、任命普之宝为缅宁县人民政府县长。5 月 7 日，大理地委派出的 30 余人接管干部，与中国人民解放军 120 团 3 营指战员同时进驻缅宁县城，接管缅宁县起义政权，缅宁县顺利解放。1950 年 5 月 7 日，被确定为缅宁县解放日。

社会主义建设时期的光辉业绩和历史成就

中共缅宁县委、缅宁县人民政府的成立，宣告统治缅宁县几百年的封建统治阶级、国民党反动派彻底垮台，缅宁人民真正迎来了自己当家作主的社会主义建设时期。

——**新生的人民民主政权得到巩固**。1950 年 5 月，缅宁县和平接收起义政权，成立了新的人民民主政权，乡（镇）全部留用起义人员担任原来的职务，旧政权原封未动。解放初期的缅宁县，交通闭塞，土匪猖獗，阶级斗争异常尖锐复杂。逃窜到缅甸北部地区的国民党第八军、第二十六军残余部队，与缅宁及周边地区的土匪、恶霸、反动地主阶级、反动会道门勾结在一起，形成一股强大的土匪武装，向新生的红色政权发动猖狂的进攻，妄图将新生的人民政权扼杀在摇篮之中，夺回失去的统治权。为了巩固新生的红色政权，彻底粉碎敌人的进攻，根据毛泽东的指示，中共缅宁县委、县人民政府带领全县人民，在中国人民解放军 120 团三营的协助下，开展了一场艰苦卓绝的征粮剿匪斗争。

征粮工作的历史贡献。1950 年 6 月，中共缅宁县委、县人民政府成立了缅宁县征粮工作委员会，各乡（镇）组建了征粮工作队，人员主要是中国人民解放军 120 团三营抽调到地方工作的干部、战士和县委、县人民政府的干部（包括旧政权起义留用人员），同时也吸收了一部分知识青年。大理地委高度重视，从大理师范学校和部分中学抽调出 200 多名师生参加缅宁县征粮工作。到 1952 年 5 月底，全县实现存粮 1100 多万斤，寺庙、学校、部分民房成为临时粮仓。征粮工作的顺利推进，解决了驻缅宁的人民解放军、县委、县人民政府机关等地方干部的吃粮问题，缓解了全县财政经济困难，促进了人民币的使用，为医治战争创伤，建设社会主义新中国，支援解放西藏作出了积极贡献。

剿匪斗争取得全面胜利。征粮工作的开展，使坚持反动立场的地主阶级、土匪恶霸感到自己的利益受到了侵犯，他们一方面煽动对征粮工作不满的少数人抗征，另一方面千方百计组织土匪武装，企图杀害人民政府干部、征粮工作队员和民兵，抢夺武器弹药、粮食，破坏征粮工作，颠覆人民政权。为了保卫新生的红色政权，保护人民生命财产安全，县委、县政府组织民兵配合中国人民解放军 120 团对抗征暴乱的土匪武装、国民党残余部队进行全面清剿。1950 年至 1952 年，先后开展了博尚剿匪战斗、马台乡土匪暴乱、追歼忙来山犯匪等剿匪战斗，特别是博尚剿匪战斗的胜利，平息了缅宁县多年来的匪患，对缅宁县开展减租退押，清匪反霸，土地改革等运动和医治战争创伤，建设社会主义新缅宁创造了安定环境。三年剿匪战斗中，有 30 多名同志负伤，24 名烈士先后为之献出了宝贵的生命。

镇压反革命运动提高了群众的阶级觉悟。1951 年，缅宁县根据中央、省委的系列政策方针，成立了人民法庭，结合减租退押、清匪反霸、大张旗鼓地开展镇压反革命运动，判决反革命分子（恶霸、匪首、反动会道门骨干、特务）265 人，收缴了一批枪支、手榴弹、子弹等武器。镇压反革命运动的胜利，基本上扫除了国民党反动派的残余势力，猖獗一时的匪患基本上被肃清，扫清了在减租退押、清匪反霸、土地改革、"三反""五反"等一系列民主运动障碍，提高了广大干部、群众的阶级觉悟，有力地支援和配合了抗美援朝斗争，巩固了新生的红色政权。

缅宁假案及历史教训。1952 年初，在押反革命罗恒岱、黄朴、邵永信、罗承鑫等密谋会商，由罗恒岱、黄朴亲笔写字条，捏造狱中人员以邱振声为首，将组织"双、缅、耿联合游击司令部"企图暴动的假消息，诬陷许多县机关干部及各界各层人民。缅宁县公安局，根据罗恒岱等人提供的信息，在机关、学校等大肆批捕人员，全县 1000 余人被捕，造成极端混乱的局面。1953 年，公安部会同省公安厅、大理地委、缅宁县委组成了联合调查组，经反复调查研究，认定"双、缅、耿联合游击司令部暴动案"

纯属假案，并作出了全面善后处理。缅宁假案牵连面之大、涉及面之广，实为罕见，被排为全国十大假案之一。

——"三反""五反"运动成效明显。1951 年 12 月，党中央发出在党和国家机关、人民团体内部开展"三反""五反"及整风反右运动的号召。在缅宁县委的领导下，缅宁县开展了"三反""五反"及整风反右运动。

"三反"运动助推社会风气好转。1951 年 12 月，在党和国家机关内部开展"反贪污、反浪费、反官僚主义"的"三反"运动，有力地抵制了资产阶级对革命队伍的腐蚀，清除了人民内部一批腐败分子，教育和挽救了一批干部，纯洁了党的肌体，树立了廉洁朴素的社会风尚，加强了执政党和国家机关的建设。

"五反"运动打退了资产阶级的猖狂进攻。1952 年 1 月开始在资本主义工商业者中开展的反行贿、反偷税漏税、反盗窃国家财产、反偷工减料、反盗窃国家经济情报的"五反"运动，这是新中国成立后工人阶级同资产阶级的一场严重的阶级斗争，也是一次改造资本主义工商业的运动，打退了资产阶级的猖狂进攻，巩固了人民民主专政和社会主义国营经济的领导地位。

——土地改革运动影响深远。1950 年 6 月，党中央制定了《中华人民共和国土地改革法》，规定了全国不同地区、不同情况土地改革的路线、方针和政策。1952 年 10 月，中共云南省委制定了《云南边疆民族地区今后工作的方针和步骤》《缓冲地区土地改革的八项政策》。1953 年 11 月，缅宁县召开了第七届各族各界人民代表大会，作出了《关于在全县开展土地改革运动的决议》，坚定不移执行"依靠贫雇农、团结中农、中立富农，有步骤有区别地打垮地主阶级"这一党在农村进行土地改革的阶级路线，经过"自报民评、分户评议、出榜公布、三榜定案"程序步骤，于 1954 年 8 月完成阶级成分划分，为土地改革运动的开展打下了坚实基础。1954 年底，全县分到土地农户 16965 户 72937 人，分配水田 60211.5 亩、旱地

24686.5 亩；参加其他土改果实分配的有 15825 户 65856 人。土地改革运动的胜利，使广大翻身农民分到了土地，真正成为土地的主人、国家的主人，从而迸发出了极大的生产积极性和热情，使全县农业生产逐年稳步发展。

——社会主义改造的重大历史意义。1952 年 10 月，中央提出了党在过渡时期的总路线，号召全国人民为实现国家工业化和对农业、手工业、资本主义工商业的社会主义改造而奋斗。

农业社会主义改造成效明显。1954 年到 1957 年，农业互助合作运动把几千年来土地私有制变为集体所有制，把一家一户生产经营转为集体劳动、集体经营，实行"以工换工""定额记工""劳动换分""土地干三成""评工记分"等计酬方法，大大调动了农民的生产积极性，促进了全县农业生产发展。经过农业互助组、初级农业生产合作社、高级农业生产合作社三个阶段，组建高级农业生产合作社 228 个，广大农民在党的领导下，在社会主义集体道路上，积极投入农田水利设施建设，挖沟造塘，发展生产，开创了临沧县解放以来农业生产的第一个黄金时期。全县粮食产量逐年上升，1956 年和 1957 年全县连续两年获得粮食大丰收，1956 年成为新中国成立以来的第一个丰收年。

手工业和资本主义工商业改造全面完成。解放初期，缅宁县有土杂店、百货店、布店、刊刻、药店、照像馆、饭店、理发店、大烟馆等 30 余个行业、1400 余户手工业和资本主义工商业，体系相对完备。经过改造，全县共组建国营、公私合营性质的百货商店、土杂商店等商业、饮食业、服务业、运输业等工商业组织 33 个，入社群众 319 户，将工商户转为农业户 730 户，转运输业 30 户，到山区农村落户的地主兼工商业 78 户。

统购统销政策全面实施。1954 年 11 月，缅宁县全面实施粮、棉、油统购统销政策，有效地保障了城市社会主义建设需要，消除了私人资本主义经营的无政府状态和贱买贵卖、囤积居奇等种种弊病，有利于保持物价稳定，促进了农业、手工业、资本主义工商业的社会主义改造。1955 年，全县开始使用粮票,在当时的历史条件下起到了积极作用。

——"大跃进"和人民公社化运动全面开展。临沧县贯彻中央提出的"鼓足干劲,力争上游,多快好省地建设社会主义"的总路线,充分发挥人民群众的积极性,在基本农田水利建设方面取得了巨大的成就,为农业生产发展奠定了坚实基础。。

农业生产大跃进。1958年至1961年三年大跃进运动,全县新开垦水田6.3万余亩,是解放前3.6万亩存量水田的两倍,修建中小型水库13座,长5公里以上的水沟10条。建成博尚水库、勐托大沟(47.5公里)、马台大沟(47公里)、转山大沟(14.5公里)等一大批水利设施,波澜壮阔的农田水利基础设施建设在临沧县农业发展史上创造了一个奇迹。大力发展茶叶、棉花、油料、甘蔗、麻类等经济作物,新增茶叶面积2.79万亩,为茶产业发展打下了较好基础。

工业生产大跃进。临沧县提出"以钢、粮为纲,工农业并举,坚持多快好省的原则,达到工农业同时高速发展"的指导思想,坚持地方工业和手工业要为农业生产"大跃进"服务,要自力更生、大力发展地方工业和手工业,要就地取材,就地制造,遍地开花,做到工农业并举,大、中、小、土相结合,在此期间共创办各类企业754个。抽调3万多名青壮年(占全县总劳动力50%),创办了平村农众山铜厂箐、邦东平河、蚂蚁堆矿山等4个炼矿点,掀起了一场规模空前的"全民大炼钢铜铁"运动。

文教卫生大跃进。1958年,全县新开办学校346所,在校学生达24851人,适龄儿童入学率达96.5%。掀起了"万人教、全民学"的扫盲运动,开办扫盲班791班,学员达35628人。由于师资力量不足,出现了半文盲教文盲,文盲成了保育员的局面,学校长期组织学生参加大跃进运动,教学计划无法完成,教学质量明显下降。全面开展"除四害、讲卫生"运动,为防止疾病蔓延起到了积极作用。

——文化大革命运动的沉痛教训。长达10年的"文化大革命"运动,给全县各项事业造成了巨大损失,正常的生产、生活、工作秩序被打乱,全县陷入混乱局面。

改革开放以来社会主义现代化建设新时期的发展成就

社会主义现代化建设新时期，临沧县坚持以邓小平理论、"三个代表"重要思想、科学发展观为指导，坚持以经济建设为中心，结合实际制定完善了一系列发展经济、改革开放的思路及政策措施，团结和带领全县各族群众克服严重自然灾害、"非典"和重大动物疫情影响，实现了经济发展、民族团结、社会全面进步的良好局面。2012年，全区实现生产总值54.2亿元，按可比价同比增长17%；完成财政总收入7.67亿元，同比增长49.68%；完成全社会固定资产投资80亿元，同比增长35.3%；实现城镇居民人均可支配收入16752元，同比增长14%；实现农民人均纯收入5651元，同比增长22.3%。城镇登记失业率控制在4%以内；单位生产总值能耗下降1.9%；居民消费价格总水平涨幅控制在4.5%以内。

——**各项改革工作稳步推进**。以农村税费改革为重点的农村综合改革稳步推进，全面取消农业税和除烟叶外的农业特产税。撤县设区，区级机构改革、政府机构改革和乡镇机构改革顺利完成，教育综合改革持续深入，粮食企业改革深入开展，水利、统计、卫生、文化等各项改革取得明显成效，制约加快发展的体制性和机制性障碍逐步得到突破。推进国有企业改革，加快市政建设步伐，积极兴办第三产业，放心、放手、放胆发展非公有制经济；着力培育发展房地产业、旅游业、林果及林产品加工业。改革开放以来，临翔区走过了一条不断求索、创新创业之路，谱写了人民披荆斩棘、创新创业的奋斗史。

——**农业产业体系不断转型升级**。1978年，在少数生产队实行专业承包和联产计酬经营试点，1982年农村家庭联产承包责任制在勐托开始，年底绝大多数生产队实行了家庭联产承包责任制。1988年完成土地承包换证，1999年实行第二轮土地延包、一定30年不变的政策，让农民吃了一颗"定心丸"。积极实施国土整治项目,新增耕地面积 1383.74 公顷,完成中低产田地改造 9.45 万亩,中低产林改造 22 万亩。2003 年,全面开展新农村"三村"建设,农村基础设施得到明显改善,加快产业结构调整,建成特色产业基地 170 余万亩,"一村一品、一村一业"的特色产业初具雏形。2012 年,粮食总产量达 9 万吨,实现畜牧业总产值 6.48 亿元,实现农村经济总收入 22.8 亿元,一、二、三产三次产业比重为 19.6:38.3:42.1。

——**水利水电事业蓬勃发展**。1978 年,成立了临沧县水电局,推动水利水电事业高质量发展,着力提升水旱灾害防御能力、水资源集约节约利用能力、水资源优化配置能力、江河湖泊生态保护治理能力,为全面建设社会主义现代化临翔提供有力的水安全保障。大力实施蔗水、茶水、烟水、人畜饮水、小流域治理、病险水库除险加固等工程,相继建成中山水库、白花箐水库、铁厂河水库。推进江河湖泊干流堤防建设和河道整治,实施南汀河临沧坝段(一期)、玉带河、西河等中小河流河道治理工程,严格河湖行洪空间管控,加大妨碍河道行洪行为整治,提高河道泄洪能力,水利条件得到改善,为农业生产的迅速发展创造了条件,农田水利有效灌溉率进一步提高,达 32.7%。

——**工业企业快速发展**。改革开放以来,临沧县坚持以经济建设为中心,建成年产值达 350 余万元的临沧造纸厂;建成年产各种皮、塑、布鞋 60 余万双,产值 120 余万元的临沧鞋厂;临沧建筑公司有设计、施工、安装、构件生产、建材供应等能力,高质量建设完成耿马、沧源 3 个白糖厂。汽车修配、制药、印刷等行业也得到快速发展。全面实施工业倍增计划,深入推进二氧化锗、高岭土、新型建材、小水电、林板一体化综合开发和蔗糖、茶叶、植物油加工等一批重点项目。2012 年实现工业总产值 30.55 亿元,实现全部工业增加值 14.1 亿元,规模以上工业增加值达 10.6 亿元,同比增长 87.1%。乡镇企业蓬勃发展,年产值约占农业总产值的一半,规模较大的乡镇企业有博尚镇大田河茶场、临沧制钉厂、凤翔镇酒药厂、灰沙砖厂、水泥制品厂、建筑队、章驮乡茶场、苹果园、蚂蚁堆乡红糖厂、那招乡茶厂，到 1990 年全县户办企业 870 多户，村办企业 130 多个，联办企业 160 多家，乡镇办企业 70 多个。乡镇企业的快速发展，促使农业产业结构向高层次发展。

——**扶贫工作扎实深入推进**。精心组织实施扶贫整村推进、重点村、安居温饱村、茅草房改造、易地扶贫开发、安居工程建设、产业扶贫等一批"民心工程"，累计投入财政扶贫开发资金 3185 万元，有 2925 户特困农户告别权权房、茅草房。农村剩余劳动力培训输出工作得到加强，累计培训输出农村剩余劳动力 1.7 万人（次）。

——**交通基础设施不断完善**。1978 年后，道路交通基础设施得到快速发展，在维护好已建成的国道 214 线（1954 年建成通车）、323 线（1957年建成通车）、省道临耿线（1967 年建成通车）的基础上，先后建成南美公路、临邦公路、那招公路、平村公路，县乡道路建设取得较大成就。1982 年，全县有公路 535.7 千米，其中县乡公路 122.4 千米，专用公路和乡村公路 241.2 千米。1990 年，实施通县油路、县乡弹石路建设工程，建成县乡公路 113 条，通车里程 760 千米，形成以临沧城为中心，辐射周边的公路网络，实现到乡弹石化和村村通公路的基本目标。运输企业有县车队、临沧汽车运输总站和临沧市汽车运输公司等 44 个运输单位，年客运周转量 1.7 万多人次，货运周转量 1.4 万吨公里。临沧城至昆明客运班车昼夜兼程 1 日可达，城内有公共汽车和出租轿车。2001 年，临沧机场建成通航，离市中心 22.5 千米，占地 4407 亩，飞行区等级为 4C，跑道长 2400米，可供波音 737 及以下机型起降。2012 年，全区通车里程达 1644 千米，其中，国道、省道 251 千米，区乡道路 852 千米，乡村道路 521 千米，其他专用公路 20 千米，交通基础设施建设取得明显成效。

——**城市建设取得重大突破**。旧城改造和新区开发不断加快，先后完成新老城区供水管网新建改造、城市生活垃圾处理场、建筑垃圾处理场等一批市政工程；通过招商引资建成步森商业街、司岗里步行街；实施忙令片区和东片区开发建设，推进文华片区道路、供电、供水等基础设施和商贸园区项目建设；启动头塘街片区综合开发及头塘街改造拆迁、旗山路旧城改造开发，实施文德路改造拆迁和改扩建；启动建设第三水厂，做好城市供水、排污、垃圾清运调整工作；完成世纪路、旗山路、沧江路北段、凤翔路北段和忙令片区等一批主干道改造建设工程，建成了沧江园、西河园等开放式公园。2012 年，临沧城建成区面积达 17.08 平方公里，居住人口达 15.39 万人，城市绿化覆盖率达 38%，绿地率达 33.5%，城市化水平达 47.1%。

——**商贸市场繁荣发展**。1978 年实行经济体制改革，私营工商业得以恢复，至 1989 年达 2300 多户，从业人员 3000 多人，1700 多户农民以农为主兼营商业。1979 年，除医药公司外，市商业局直辖经营的百货、贸易、五金、食品等公司交由临沧县经营，商业更为繁荣活跃，1989 年国营商业购进总额达 2900 多万元，销售总额 4700 多万元。加快市场建设步伐，开展"万村千乡"工程和城市商业网点建设，完成中心农贸市场改造、扎路营批发市场改扩建和头塘街综合市场、茶叶交易市场建设。2012 年，全区商品销售总产值达 30.6 亿元，实现增长 20%；实现外贸进出口 10333 万元；完成家电下乡 26305 台（件），销售金额达 6369 万元，发放补贴资金 682.32 万元；完成摩托车下乡 6529 辆，销售金额达 3683.95 万元，发放补贴资金 399.84 万元。

——**教育事业取得新突破**。党的十一届三中全会后，学校教育有了生机，得以正常发展，义务教育和素质教育全面推进，"两基"成果进一步得到巩固，幼儿入园率、适龄儿童入学率、初中毛入学率不断提高，教育教学质量大幅提升，"两基"成果不断巩固，"普九"质量得到提高。累计排除中小学 D 级危房 18.3 万平方米，竣工验收中小学校舍安全工程 21.8 万平方米。全面实施农村中小学寄宿生营养早餐行动计划和营养改善计划，惠及 135 所学校 28942 名学生。2012 年，辖区内有各级各类学校 158 所，其中：幼儿园 18 所（民办 8 所），小学 112 所（完小 89 所、教学点

23 个），中学 21 所（初级中学 16 所、完全中学 5 所），中等职业学校 7 所，特殊教育学校 1 所；有中小学生 48100 人（小学生 26478 人、初中生 12184 人、高中生 9438 人），在园（班）幼儿 9155 人，中等职业学校学生 12583 人，特殊教育学校 347 人；有教职工 4314 人（幼儿园教职工 488 人、小学教职工 1770 人、中学教职工 1559 人、中职学校教职工 456 人、特殊教育学校教职工 41 人）。

——群众文化生活水平不断提高。党的十一届三中全会后，文化建设卓有成效，文艺创作繁荣发展，书画、滇剧创作等作品在全国全省比赛中获奖。精神文明建设更加繁荣，社会主义核心价值观建设扎实推进，社会文明程度进一步提高，人民的精神文化生活更加丰富多彩。体育事业获得迅速发展，设立专门体育机构，不断完善体育设施，定期组织开展全区体育运动会、农民运动会、职工运动会、学生运动会等经常性群众体育竞赛活动。2012 年，辖区建有田径、球类等各类体育运动场地 644 块，其中乡、村（社区）有 308 块、学校有 336 块，体育场地面积 101.31 万平方米。每年组织开展职工业余球赛，利用节假日举办环城赛、登山赛、拔河赛、打陀螺等活动，内容十分丰富。

——广播电视快速发展。1990 年，实现全区 650 多个自然村可收听广播站的调频广播。市、区设有电视台，各乡镇建有电视差转台和 12 个地面卫星接收站，电视覆盖率达 70%。到 2012 年全区共有电视卫星地面接收站 28600 座，建成"村村通"广播电视站 166 座，广播电视传输网缆线总长 500 千米，电视覆盖率 98%，广播覆盖率 98%。网络媒体逐步普及并得到健康发展，区政府及其各部门开设有宣传网站。

——医疗卫生状况逐年改善。1978 年，辖区内有临沧地区人民医院、临沧县人民医院 2 所，乡镇卫生院 10 所。党的十一届三中全会后，卫生事业得到快速发展，重点组织实施区医院、区疾控中心、乡（镇、街道）卫生院等一批卫生基础设施建设项目，先后成立中医院、妇幼保健院、疾病预防控制中心、计划生育服务站、村卫生室等医疗机构，公共卫生和医疗服务体系、疾病预防控制体系、医疗救治体系、食品药品执法监督逐步完善，各类传染病得到有效控制，城乡居民的健康意识和健康水平不断提高。2006 年新型农村合作医疗试点启动，全区共有 20.6 万农民参加新型农村合作医疗，参合率达 90.8%，群众"看病难""看病贵"的问题逐步得到解决。到 2012 年有医院 208 个，设病床 2239 张，卫生技术人员 1501 人。

——社会保障体系进一步完善。"两个确保"成果继续巩固，基本养老、医疗、失业、生育和工伤保险制度逐步健全，社会保障覆盖面进一步扩大。实施积极的就业政策，就业和再就业工作成效明显，城乡困难群众基本生活得到有效保障，人民群众收入逐年增长。2012 年累计新增就业人员 15577 人，开发公益性岗位 843 个，3816 名城镇下岗职工实现了再就业，发放失业保险金 789.57 万元。救灾救济工作有序进行，受灾和困难群众得到及时救助，残疾人事业稳步发展，弱势群众基本利益得到有效维护。

——生态保护成效显著。解放初期，全区森林覆盖率为 50%。大跃进时期到处毁林开荒，乱砍滥伐，森林覆盖率急剧下降，至 1979 年仅为 25%。《森林法》公布实施后，临翔区大力实施防护林工程和绿水青山工程，组织开展人工造林、飞播造林行动，水冷草枯的大亮山和叫雨山 3 万多亩荒地经 10 多年努力造林成材，累计完成造林 10 余万亩，建立自然保护区 3 个。坚持把集体林权制度改革和核桃、茶叶等产业发展有机结合，种植核桃 90 余万亩，新植茶园 4 万余亩。大力发展农村清洁能源，建成沼气化村，农村面源污染得到有效治理。2012 年，全区森林覆盖率达 53.83%，生态保护成效显著。

实践证明，党的十一届三中全会以来的路线、方针、政策是正确的，农村家庭联产承包责任制的道路，是多年来农业合作制经验教训中诞生的群众创举，它使农村生产关系从集体劳动分配又变为一家一户承包经营，既是生产者又是经营者，彻底改变了长期以来吃大锅饭的现象，充分调动了广大农民的生产积极性，使临沧县各项社会事业得到了长足稳步发展。

党的十八大以来社会主义现代化建设新时代的伟大成就

党的十八大以来，中国特色社会主义进入新时代，在党中央坚强领导下，在省委、省政府，市委、市政府的正确领导下，区委、区政府坚持以习近平新时代中国特色社会主义思想为指导，全面贯彻党的十八大、十九大、二十大精神，深入贯彻落实习近平总书记考察云南重要讲话和给沧源县边境村老支书们的重要回信精神，不忘初心、牢记使命，团结带领全区各族人民砥砺前行，开拓创新，奋发有为，全力推进社会各项事业发展。全区经济总量 2011 年不足 50 亿元（42.8 亿元），到 2023 年实现生产总值 209.19 亿元；城镇居民人均可支配收入 2011 年 14695 元，到 2023 年增长到 38153 元；农民人均纯收入 2011 年 4394 元，到 2023 年增长到 16436 元。

——脱贫攻坚取得历史性成就。按照中央、省委、市委的决策部署，区委团结带领全区广大干部群众齐心协力，攻坚克难，在华中科技大学、上海市崇明区、省公安厅、省中行和市直挂包单位的倾力帮扶下，2016年，南美拉祜族乡实现了整乡脱贫出列，2018 年全区实现了高质量脱贫摘帽，2019 年实现贫困人口脱贫清零，4 个贫困乡、56 个贫困村，10814 户 43021 人建档立卡贫困人口全部脱贫，贫困发生率从 2014 年的 23.89% 下降至零，建档立卡人口人均可支配收入达 10234 元，比 2014 年的 2609 元翻了两番，2020 年顺利通过国家普查验收，脱贫攻坚取得全面胜利。

——农业产业转型升级。紧扣产业兴旺的目标要求，大力发展"茶、糖、果、菜、牛、药"等新兴产业，产业结构由过去以水稻、玉米、小麦、高粱等粮食作物为主向多元化转型，累计建成高原特色农业产业基地 238 万亩。林下经济取得新成效，示范种植姬松茸、金线莲等林下经济作物 6000 亩，在小道河建成林下有机三七种植示范园 1000 亩。完成"博尚菜籽油"地理标志认证,"临翔蜂蜜"获全国名特优新农产品证书。新增"三品一标"认证产品 18 个,省级龙头企业 2 户,市级龙头企业 5 户。2023 年,实现农业总产值 47.94 亿元,增长 4.5%,粮食总产量达 9.68 万吨,茶叶产值达 13.18 亿元,荣获 2023 年度"重点产茶县域"和"茶业创新发展县域"称号。

——**工业发展步伐加快**。工业化加快推进,研究制定了壮大"三大经济"行动方案、总体规划、单体规划和保障政策,培育规上工业企业 39 户、"专精特新"中小企业 2 户,累计培育创新型中小企业 50 户,占全市的 57.47%,以矿业、水电、农产品加工为支撑的工业格局逐步形成。实现民营经济增加值 99.4 亿元,占 GDP 比重达 47.5%,2 户企业获评云南省优强民营企业。新能源产业快速发展,先后实施了章驮乡小丙野、博尚中核等一批光伏项目,光伏累计装机达 46.7 万千瓦,完成能源类投资 24.66 亿元。三次产业结构优化为 11.6:21.6:66.8。

——**第三产业更具活力**。定期举办亚微节,办好首届临沧·百国华侨华人联谊会,常态化举办"泼水节""柴烧节""丰收节""商贸展"等系列活动,"节庆经济"取得新突破,新增限上批零住餐企业 29 户。七彩陶瓷文化主题园获评国家工业旅游示范基地,碗窑获评云南省最美乡愁旅游地,中山竹艺馆获评省级非遗工坊,茶马古镇、佤山凤城作为主城区消费聚集地功能凸显。2023 年接待(过境)国内外游客 1142 万人次,实现旅游总收入 107 亿元,增长 26%,占全市旅游总收入的 31%。

——**交通设施跨越发展**。2020 年 12 月 30 日,大临铁路建成通车。2020 年 12 月 31 日,墨临高速公路建成通车,临沧到昆明的公路里程约 480 公里,行驶时间四到五小时。机场高速、临双高速建成通车,云临高速、临清高速部分路段通车运行,临翔正式迈入"高速时代"。截至 2023 年,全区公路通车里程 3895.8 公里,其中:高速公路 111.6 公里。2020 年,投资 2.04 亿元的临沧机场 T2 航站楼建成投入使用,新开通"临沧——昆明——北京大兴""临沧——上海"航线。中缅印度洋新通道常态化规模化运行，公铁联运集装箱在临沧火车站中转突破 1 万个，到发旅客 200 万人次。临清、临普铁路纳入国铁集团 2023 年勘察设计计划。区到乡、乡到村公路路面铺装率达到 100%，通达能力明显增强。村组公路建设取得历史性突破，821 个村民小组道路全部建成通车，路面铺装率达到 86%。临翔成为集铁路、高速公路、机场于一体的交通枢纽城市之一。

——**城市建管不断加强**。2012 年以来，缅宁大道、玉龙湖公园相继建成，新建污水处理厂 2 座，污水处理率达 100%。组织实施华旭、扎路营、旗山等一批老旧小区改造项目 116 个，改造面积达 65.35 万平方米。章嘎头塘街片区棚户区改造、佤山凤城文旅综合体、中骏世界城等一批重点项目稳步推进。坚持"花园城市"建设标准，加快城市基础设施建设步伐，城市生活垃圾无害化处理率、建成区绿化覆盖率逐年提高，城市综合承载力不断增强。主城区创建国家卫生城市顺利通过省级现场评审。建成 4 个省级绿美标杆小区、20 个绿美社区，临翔入选绿美城市省级试点。临沧城建成区面积从 2012 年的 17 平方公里发展到 2023 年的 23.24 平方公里。

——**水资源管控更加严格**。境内有大小河流 48 条，分属怒江、澜沧江水系，多年平均天然径流量 15.9 亿立方米，其中：地表水 11.54 亿立方米，地下水 4.36 亿立方米，水能蕴藏量达 39.59 万千瓦。电力装机总量 14.1 万千瓦，其中水力、光伏发电装机分别为 9.4 万、4.7 万千瓦。全面完成鸭子塘中型水库和拦门山小（一）型水库建设，新增水库蓄水量 0.49 亿立方米，全区库塘总蓄水量达 0.87 亿立方米，水利有效灌溉保证率达 61.6%。开工建设大桥坡中型水库和曼豪箐、三岔箐、龙浩坝等 6 座小（一）型水库，推动双河、碗窑 2 座中型水库和平河、八道箐、大园圃等 11 座小（一）型水库前期工作。南汀河临沧坝段（二期、三期）治理工程全面完成。

——**生态文明平稳推进**。坚持以习近平生态文明思想为引领，牢固树立"绿水青山就是金山银山"的发展理念，全面开展大气污染防治攻坚行动，空气质量优良率达 98% 以上。加大水生态治理保护，推进"五彩澜沧江"建设工程，对澜沧江（临翔段）开展航道疏浚，干、支流河道治理，完成低质林转化为彩色林试点建设，在澜沧江沿线种植彩色树种苗木 15 万株，完成森林抚育 5.9 万亩、草原生态修复 5000 亩，森林覆盖率达 63.88%。实施南汀河流域水生态文明建设、玉龙湖水质提升改造工程；河长、林长网格化机制长效落实，国控、省控断面地表水优良比例达 100%，主城区饮用水水源水质优良率达 100%。

——乡村振兴稳步推进。持续巩固脱贫攻坚成果，2023 年全区脱贫人口和监测对象人均纯收入 16608.84 元，同比增幅为 17.65%。成功承办"中国式现代化与乡村振兴"学术研讨会，北京大学、华中科技大学等 10 余所知名高校和研究机构的 50 多位专家学者相聚临翔，助力乡村振兴事业发展。扎实推进绿美乡村建设，建成省级示范乡镇 1 个、省级美丽乡村 20 个、省级精品示范村 1 个，荣获全国乡村治理示范村称号 1 个。全力推进农村公路项目建设，完成 30 户以上自然村组硬化路项目 162 公里，完成村道安全生命防护工程 44 公里。坚决遏制耕地"非农化"、防止"非粮化"，完成粮豆种植 36.77 万亩，总产量 9.98 万吨。

——教体事业长足进步。坚持优先发展教育，创新推动城区学校一体化试点办学，全面推进落实"双减"及"五项管理"工作，大力实施校安工程，搬迁新建了占地 100 亩的临翔区南屏小学，完成区一中改扩建工程，区三中、城南小学建设稳步推进。严格执行"22 项教育质量制度"，推动各级各类学校均衡发展。辖区现有各级各类学校 259 所，其中：幼儿园 121 所（公办 100 所，民办 21 所）；完全小学 78 所，小学教学点 29 个；初级中学 17 所，十二年一贯制学校 1 所（民办 1 所），完全中学 6 所；特殊教育学校 1 所；中等职业学校 6 所（公办 5 所，民办 1 所）。有各级各类学校在校生 80878 人，其中：学前幼儿 12220 人，小学生 30337 人，初中生 18934 人，高中生 13685 人，特校学生 300 人，中职生 5402 人；有教职工 6219 人，专任教师 5497 人。体育事业繁荣发展，投资 2.5 亿元，建成占地 200 亩的临沧体育运动中心，2023 年临翔籍运动员在省级以上竞技体育赛事中获得7金、7银、8铜的优异成绩（刘应薇先后斩获亚洲、欧洲柔道公开赛冠军、全国冠军，董泽超斩获全国射箭锦标赛冠军）。

——**医疗卫生全面发展。**紧密型县域医疗卫生共同体建设全面推进，区医院晋升为三级医院，区医院、区疾控中心综合楼等项目加快实施。占地65亩、建筑面积7万多平方米、投资4.7亿元的区妇女儿童医院建成投入使用。引进省内外医疗团队32批218人，指导帮助开展新业务新技术31项，建立专家工作站38个，专科联盟17个，医疗服务水平和服务能力不断提升。落实"三孩"生育政策；深入推进全民参保计划，养老、医疗、失业、工伤、生育等保险参保达59.1万人次。

——**群众生活更加幸福。**认真落实稳就业政策措施，不断拓宽就业渠道，农村劳动力转移就业11.5万人，开发乡村公共服务岗位、城镇公益性岗位、政府购买服务岗位等1603人，城镇新增就业5098人，退役军人就业77人、残疾人就业121人。"贷免扶补"扶持创业308户，发放创业担保贷款6032万元，发放城乡困难群众救助资金9673万元。玉龙、锦凤社区创建为"全国示范性老年友好社区"。基本养老保险参保人数21.91万人，基本医疗保险参保率达96.71%，基础免疫疫苗接种率达96.36%。

——**疫情防控扎实深入。**新冠疫情发生后，临翔区派出4名医务人员驰援武汉，9批218人医疗救治队伍支援瑞丽、沧源、南伞、孟定开展疫情防控工作，1.5万名党员自愿捐款120万元。投入资金2亿余元，建成核酸检测实验室3个，设置集中隔离观察场所1个，全区49万人次先后参与了抗疫斗争。2022年10月31日，临翔区在主动就诊人员检测及密接筛查中发现新冠确诊病例1例（系初筛阳性感染者1复核）、无症状感染者1例（系初筛阳性感染者2复核）。区委、区政府迅速启动应急预案，及时成立了市区联合疫情处置工作指挥部，迅速划定中高风险区，实施分类管控，对部分重点区域、主城区实施临时管控，暂停公共娱乐休闲场所经营，暂停动车航班及客运公交出租车辆运营；迅速流调赋码管理涉疫人员，同步启动区域全员核酸筛查，累计开展了9轮全员核酸检测共197.82

万人次，累计赋红码 3019 人、黄码 83347 人，有效管控疫情零输出。

回眸临翔区发展历史，自 1950 年解放以来，我们坚持以马列主义、毛泽东思想、邓小平理论、"三个代表"重要思想、科学发展观、习近平新时代中国特色社会主义思想为指导，克服了边疆民族地区交通闭塞、土匪猖獗、经济落后等诸多困难，带领临翔人民开展征粮剿匪、土地改革、镇压反革命等轰轰烈烈的社会主义革命，巩固了新生的人民民主政权；克服了缅宁假案、左倾思想、文化大革命等带来的不利影响；克服了改革开放，发展经济过程中的各种挑战，同全国人民一道走过了站起来、富起来、强起来的光辉历程，构建起"学有所教、病有所医、老有所养、住有所居"的社会秩序，实现经济快速平稳发展、产业体系日益完备、脱贫攻坚取得胜利、各项事业全面推进、综合实力显著增强的辉煌成就。成绩来之不易，这是党中央坚强领导和省委、市委正确领导的结果；是区委、区政府团结带领全区各族人民不忘初心、牢记使命，不负韶华、奋力拼搏的结果；是大力弘扬"临沧作风"，展现"临翔担当"，扛实发展责任，创新干、团结干、拼命干的结果。我们一定要高举中国特色社会主义伟大旗帜，更加紧密地团结在以习近平同志为核心的党中央周围，在区委的领导下，团结奋斗、苦干实干，建功新时代、奋进新征程、创造新业绩，谱写好中国式现代化临翔新篇章！

（中共临翔区委党史研究室）

踔厉奋发谱新篇
"沧江明珠" 展新颜

中华人民共和国成立 75 周年以来，在党中央的坚强领导下，在省委、市委的正确领导下，县委、县人民政府团结带领全县人民解放思想、改革创新、奋发图强，取得了经济社会发展的辉煌成就，特别是党的十八大以来，云县迎来了历史机遇、政策机遇的叠加，同全国全省同步全面建成小康社会，实现了第一个百年奋斗目标，经济社会发展迈入"动车"时代。近年来，云县聚焦省委"3815"战略发展目标，锚定"风清气正、政通人和、经济发展"三个目标，着力推进"以南云、昔云高速公路为主的综合交通基础设施建设；以云县产业园区、滇西物流产业示范园区开发建设为平台的园区经济发展；以'三河六岸''双体工程'为载体的城镇化建设；以乡村振兴、土地开发整理为抓手的农业农村工作；以'风光水储'为赋能的新材料、新能源建设"五大重点工作，不断做强"新能源、新材料、现代物流、城镇化"四个动力源，发展壮大"资源经济、园区经济、口岸经济"三大经济，推动全县经济社会实现高质量发展，"沧江明珠"处处展新颜。

一、基本情况

云县人文历史悠久。云县古称大侯，曾是勐佑蒲蛮部落十三寨之一，西汉时属益州郡哀牢地，东汉、三国、两晋时属永昌郡，隋朝属濮部地，唐时归南诏统治，属永昌节度，宋大理国时期属永昌郡，元中统年间属蒙川路，明、清时属顺宁府。明洪武二十四年（1391 年）设大侯长官司，永乐二年（1404 年）颁发信符。宣德四年（1429 年）5 月升为大侯御夷州，直隶布政司，明万历二十六年（1598 年）废大侯土州，设流官，改名云州。民国二年（1913 年）7 月 19 日，更名为云县。1950 年 2 月 15 日成立县人民政府，属大理专区，1956 年 8 月 1 日改属临沧专区，1959 年 1 月与凤庆合并称云凤县，同年 10 月恢复云县建制。云县是云南省唯一以单字命名的县，一条幽远亘古的澜沧江横贯古今，江岸遍布的"忙怀型"新石器及遗址反映着 4000 多年人类文明进步的历史足迹，古滇濮文化、百越文化、氐羌文化、中原文化在这里交相辉映，孕育滋养出杨国翰、张鸣凤、叶荃、胡瑛、董文英、李珪等一大批仁人志士。作为澜沧江文明和湄公河文明的重要源头，云县就像是镶嵌在澜沧江畔的一颗璀璨明珠，故有"沧江明珠"之称。

云县地理位置优越。云县是临沧的北大门，位于云南省西南部、临沧市东北部，东与普洱市的景东县隔澜沧江相望，南与临翔区、耿马县接壤，西与凤庆县、永德县为邻，北与大理州的南涧县隔澜沧江相望，县政府驻地距省会昆明 444 千米，距临沧市政府所在地 74 千米。云县自古就是北连滇中、南下湄公、东承普洱、西出保山的茶马古道的节点，随着百年铁路梦想的实现、高速公路零的突破，云县"连北串南、通西达东"的区位优势和交通优势更加凸显，是全市三大区域性交通枢纽和物流中心之一，也是承接国际国内双循环和融入中缅印度洋新通道建设的重要战略节点。

云县地大物博。全县辖 7 镇 5 乡，分别为：爱华镇、茂兰镇、漫湾镇、涌宝镇、幸福镇、大寨镇、大朝山西镇、忙怀彝族布朗族乡、晓街乡、茶房乡、后箐彝族乡、栗树彝族傣族乡，辖 194 个村（社区），其中，4 个社区、190 个村，常住人口 38.9 万人。全县南北长 90.4 公里，东西最大横距 84.2 公里，国土面积 3760 平方公里。云县地处亚热带地区，自然条件优越，物产资源丰富，河谷地带稻米飘香，丘陵山地甘蔗流蜜，千年古茶树站满群山，先后兴建漫湾、大朝山两大百万级电站，蔗糖、茶叶、核桃、烤烟等产业已基本实现基地化、规模化发展，是云南省重要的烟、酒、糖、茶基地县。

二、政治发展篇

在中国共产党领导下，云县紧跟党中央和省委、市委步伐，民主政治建设取得了显著成效。

（一）坚定不移推进社会主义民主政治建设

1949 年，中共云南省工委派出大批干部到农村开展工作。中共党员李珪受云南省工委派遣，带领一批"民青"成员和青年学生到云县文映（晓街）、茶房、丹山（大寨）等地进行地下革命活动。同年 9 月中旬，正式建立中国共产党云县地下党支部，为建立人民政权，作了思想和组织准备。1950 年 2 月，中国共产党滇西地委、蒙化地方工作委员会指派中国人民解放军滇桂黔边区纵队第八支队干部郭琦、刘云等 41 人到云县接管国民党云县政府。2 月 15 日，正式成立云县人民政府。云县人民政府成立后，组建国营商业及金融机构，同时在城乡开展减租退押、土地改革运动，实现耕者有其田，结束了封建土地所有制。1953 年至 1956 年，在过渡时期总路线的指引下，中共云县委带领全县各族人民完成了"一化三改造"任务，政治、经济、科学文化、教育等诸方面都得到迅速发展，取得了显著成绩。1978 年党的十一届三中全会的召开，确定了以经济建设为中心的大政方针。从此，云县积极推进经济体制改革，调整产业结构，建立社会主义市场经济，不断取得物质文明和精神文明建设的新成就。1979 年，进行农村经营体制改革，在坚持集体所有制不变的前提下，全县实行多种形式的生产责任制。1980 年 10 月 26 日至 31 日召开云县第七届人民代表大会，选举产生云县第七届人民代表大会常务委员会，云县人民政府县长、副县长及检察院检察长、法院院长，实行党政分设，使地方政权建设、社会主义民主和法制建设得到进一步加强。2012 年，党的十八大召开，以习近平同志为核心的党中央团结带领全党全国各族人民，推动党和国家事业发生历史性变革、取得历史性成就，中国特色社会主义进入了新时代，形成了习近平新时代中国特色社会主义思想，在习近平新时代中国特色社会主义思想的指导下，县委不断加强党对全县工作的全面领导，严格执行党风廉政建设责任制，推动县人大、县政府、县政协及党政部门、群团组织履职尽责，为全县经济社会高质量发展营造了良好的政治环境。

（二）机构改革稳步推进

1983 年底至 1984 年初，全县进行了机构体制改革，按照干部"革命化、年轻化、知识化、专业化"的要求，调整、充实各级领导班子。根据党的十七大和十七届二中全会关于深化行政管理体制改革的精神及《中共中央 国务院关于地方政府机构改革的意见》（中发〔2008〕12 号）《中共云南省委 云南省人民政府关于州市县政府机构改革的实施意见》（云发〔2009〕10 号）的要求，云县进行政府机构改革，改革后县委工作部门 8 个、政府工作部门 23 个、政府工作部门管理机构 1 个、其他机构 1 个。2024 年地方政府机构改革，机构改革后，县级共设置党政机构 35 个，党委机构 9 个，其中，纪检监察机关 1 个、工作机关 8 个；政府机构 26 个。

三、经济发展篇

自中华人民共和国成立以来，云县经历了从计划经济体制向市场经济体制的转变，经济结构不断优化升级，迈向了高质量发展之路。

（一）农业现代化进程加速

云县充分利用其自然资源和生态优势，推动农业产业结构调整，大力发展高原特色农业，如茶叶、核桃、烤烟、甘蔗、生猪养殖等，形成了云县特色的农业产业发展格局。同时，积极探索"林业＋"发展模式，加强森林资源保护和利用，促进林农增收和绿色发展。

1949 年新中国成立以来，云县农村经济经历了波澜壮阔的发展历程。75 年间，云县农村经济从封闭落后走向开放繁荣，农业产业结构不断优化升级，脱贫攻坚取得决定性成就，乡村振兴迈出坚实步伐。新中国成立初期，云县的农业产业结构以粮食生产为主，农业生产方式较为落后，农民收入低。1978 年，全县农民人均纯收入仅为 63 元。改革开放以来，云县农村经济得到了快速发展。农业生产条件不断改善，农业产业结构逐步优化，粮食产量稳步增长，同时，经济作物、养殖业等也得到了快速发展。2012 年，全县粮食总产量达到 19.4 万吨，农民人均纯收入达到 5574 元，第一产业增加值实现 21.23 亿元，对经济增长的贡献率达 14.4%。党的十八大以来，云县农村经济进入了现代农业发展时期。紧紧围绕农业供给侧结构性改革，优化农业产业结构，发展特色产业，提高农业综合生产能力。截至 2023 年，全县粮食总产量达到 22.8 万吨，农民人均纯收入达到 17214 元。第一产业实现增加值 55.14 亿元，对经济增长的贡献率达 27.1%。

（二）工业与能源产业崛起

云县依托丰富的水能资源，大力发展水电产业，建设大型水电站，为地区经济发展提供了强大的能源支持，并拉动了相关产业链的发展。同时，云县在传统产业的基础上，积极引进和培育新型工业企业，推动工业经济的快速发展。75 年来，全县工业经济规模从小到大、由弱变强，结构不断优化，总量不断扩大，产品竞争力日益增强，发展速度不断加快。

50 年代末，掀起了第一次工业化热潮。1958 年，启动新建原云县糖厂，1966 年建成第一座水电站——原茶房文雅水电站，1973 年新建原云县茶厂等，标志着云县进入机械化加工时代。80 年代改革开放后，结合国家大力发展个私经济、乡（镇）企业的热潮，掀起了第二次工业化发展热潮，1981 年新建幸福糖厂，先后建设了云南澜沧江酒业集团、云塑集团、茅粮集团、云县水泥厂、正觉庵坝前电站、坝后电站及广佛寺电站等。同时，国家将云县列为澜沧江电站开发第一站，开发建设的漫湾、大朝山两大百万千瓦级电站，将云县的工业化推上了新的台阶，使云县成为改革开放的前沿阵地，工业发展的先锋。云县先后被列为全省 47 个县域经济试点县、40 个工业强县和全省 10 个发展工业循环经济试点县。进入 21 世纪，云县结合工业企业转型升级及新型工业化发展政策，掀起了第三次大干工业的热潮，规划启动云县新材料光伏产业园区建设，对两个糖厂进行技改，达到日处理规模 9000 吨。实施年生产 20 万吨啤酒技改项目，建成单晶硅、多晶硅生产线、生绿茶饮料生产线、司岗里木瓜酒生产线、核桃深加工生产线、松香生产线、金属硅冶炼生产线，同时大力开发小水电，建成了南河、罗闸河一、二级等电站。

云县将云南云县产业园区作为发展壮大"园区经济"的重要抓手，逐步实现园区工业企业的集群发展，年产 18 万吨锂电池新材料一体化项目 3 号厂房投产，储能总装厂实现升规入统，新能源、新材料产业集群效应优势发挥明显，园区标准化厂房等基础设施不断完善。云南云县产业园区纳统企业 38 户，其中工业企业 28 户（规上企业 13 户），商贸企业 10 户。园区完成营业收入 28.84 亿元，增速 21.7%；规上工业总产值 26.3 亿元，增速 16.5%；实现规上工业增加值 11.37 亿元，增速 27.5%；完成固定资产投资 8.16 亿元，同比增长 30.11%。

近年来云县工业经济持续增长，总量不断扩大，基础不断夯实。全县拥有工业企业 946 户，其中：规模以上工业企业 43 户（含漫湾电厂），占全市规上企业 264 户的 16.3%。规上工业企业按行业类别划分为：电力 7户、糖业 4 户、酒业 2 户、茶产业 7 户、土砂石开采 4 户、坚果加工 2 户、林产品加工业 2 户、化学品制造业 1 户、水泥制品业 7 户、石英矿开采业 1 户、再生资源利用产业 1 户、电子元件制造 2 户、电池制造业 1 户、有色金属冶炼2户。产值达5亿元企业共8户。2023年，全县工业增加值36.07亿元，占全市工业增加值150.6亿元的23.95%，总量全市排名第一。规上工业实现总产值92.54亿元，总量全市排名第一，规上工业可比价增加值增速5.1%，增速全市排名第二名，占全县GDP比重为21.57%，云县工业经济指标呈现持续增长态势。

（三）第三产业稳步发展

随着公路、铁路等基础设施的不断完善，云县的交通区位优势愈发明显，成为重要的区域性交通枢纽和物流中心，为商品流通和贸易往来提供了便利条件，进一步促进了经济活跃度。2020年大临铁路、云凤高速顺利建成通车，区域性综合交通枢纽基本成形。打造中缅印度洋新通道上的重要物流节点，持续推动"公转铁""散改集"工作，云县站开通了"批量零散货物"及"集装箱运输"业务，2023年实现货物运输64.7万吨，客运量149.6万人次。

云县重视旅游业、现代服务业和电子商务等新兴产业的发展，挖掘和整合本地旅游资源，提升旅游服务质量，同时借助电商平台，拓宽农产品销售渠道，增强市场竞争力。以文旅资源普查为契机，摸清全县文化旅游资源底数，形成资源清单、问题清单和项目清单，发展壮大文旅资源经济。围绕县内重点旅游资源和人文历史文化资源，进一步盘活用好我县独特多样民族风情、滇茶文化、边地风光、百里长湖、恒温气候、温泉地热等优势资源，以绿水青山为形，以乡愁乡韵为魂，推动全县旅游发展模式创新、产品升级、服务优化，全面推进文旅产业高质量发展。创新文旅宣传推广方式，以在线营销为重点，节事营销为核心，展会营销为补充的方式进行宣传营销。鼓励社会力量参与云县文旅新媒体营销，围绕不同时间节点和宣传主题在抖音、微信等新媒体平台展示云县丰富的文化旅游资源和云州特色美食，形成现象级文旅营销态势。扎实推进旅游高质量发展"六项行动"。主动融入大滇西旅游环线，持续推进昔宜、丙凤、村头、安乐等乡村旅游景点打造，着力建设"昔宜—白莺山—拔还河—安乐"乡村旅游环线，加快推进澜沧江沿线、国道214线、大朝山对外公路沿线3条旅游线路建设，形成以点串线、以线带面的旅游发展新格局。启动实施云县农文旅"三位一体"乡村振兴示范带建设项目。挖掘云县地下党支部、茶房革命老区、滇缅铁路遗址等红色资源优势，大力发展红色旅游。大张旗鼓宣传推介"云县鸡肉米线、手撕鸡、火腿木瓜鸡"等云县特色美食，营造"敢消费、爱消费、好消费"的消费环境。实施人均旅游消费倍增计划，更好发挥旅游扩内需促消费作用，支持以市场化理念举办特色节庆活动，吸引更多游客到云县旅游观光。目前，云县共打造A级旅游景区2个、云南省金牌旅游村1个、省级旅游扶贫示范村2个、市级乡村旅游品牌村3个、乡村旅游特色村26个、乡村旅游示范村15个、乡村旅游精品线路8条。

（四）对外贸易成绩斐然

云县在2000年前主要是通过边民互市、转销等形式进行外贸交易。2001年开始出现了云县第一家外贸进出口企业（云南澜沧江酒业集团云县销售有限公司），接着2005年注册了临沧澜沧江茶业有限公司，2009年注册了云南龙润茶科技有限公司，其他先后注册了元亨、顺强、宏瑞、上药等公司。2023年，我县有对外贸易经营权备案的企业有33户，有对外进出口业绩企业7户，出口的产品主要有茶叶、酒、饮料、百货、药品等，企业主要出口到缅甸。

四、文化发展篇

自中华人民共和国成立以来，云县的文化发展伴随着时代的变迁和社会的进步，展现出了多样性和内涵丰富的特点。75年来，云县的文化发展始终坚持与时俱进，既注重对传统优秀文化的传承与保护，又努力创新发展模式，打造出具有云县特色的文化品牌，有力推动了云县社会文化事业的全面发展。

（一）文化遗产保护与发掘

云县深入挖掘和保护本土文化遗产，加强对传统文化、历史文化、自然遗产、文化遗产、古村落的系统性保护。同时整理编纂地方史志，出版了《云县历史文化遗迹遗址探究》等书籍，系统梳理了云县深厚的历史文化底蕴，增强了地方文化的认同感和自豪感。文物保护工作有效开展，爱华会馆、云州文笔塔的修缮工作有序推进。目前，云县现有爱华会馆、茂兰茶马古道2个省级文物保护单位，有市级文物保护单位12个，县级7个，一般文物点42个，有可移动文物168件；共有省级保护项目6项，传承人6人；市级保护项目13项，传承人7人；县级保护项目81项，传承人131人。2021年，全国第一个古茶树自然演化博物馆——白莺山古茶树自然演化博物馆挂牌成立，统筹古树茶资源保护和开发利用，开展茶叶基地全域绿色认证。

（二）红色文化建设

云县作为临沧市最早的中国共产党活动地区，积极开展红色文化资源的挖掘与利用，将红色文化融入基层党组织建设和社会主义核心价值观教育之中，以此激励后人传承红色基因，弘扬爱国主义精神。开展红色资源专项调查，加大配套设施建设力度，重点围绕云县烈士陵园、云县滇缅铁路遗址园、村头爱国主义教育基地、茶房爱国主义教育基地、晓街李珪故居等红色旅游点，完善展陈内容，创新展示手段，开发文创产品，升级文化旅游公共服务设施，推动红色旅游提质增效。把革命遗址、遗存、遗迹所蕴含的革命精神融入贯通到旅游线路设计、陈列展示、讲解体验之中，打造主题突出、内容丰富的红色旅游景区景点，提高红色资源利用水平，促进革命老区红色文化、红色旅游发展。目前，共建有红色文化教育基地5个，红色文化旅游精品路线1条。

（三）传统文化传承与创新

云县充分发挥民族文化和非物质文化遗产的独特优势，加强对彝族文化等各种文化元素的传承和发扬，通过举办文化节庆、民间艺术展示等活动，使得民族文化得以活态传承，同时也赋予传统文化新的生命力。"火把节""中秋国庆美食文化节"等系列节庆活动热闹纷呈，生动反映经济发展的良好态势。目前，全县共打造品牌节庆活动15个。

（四）公共文化服务体系构建

云县不断健全和完善公共文化服务体系，加大文化设施建设力度，新建或改造图书馆、文化馆、乡镇文化站等公共文化设施，满足群众日益增长的文化需求，推动城乡文化事业平衡发展。做好文化馆、图书馆、博物馆实体进驻，推动文化下乡、电影进村，增加有效服务供给，不断提升公共文化服务水平。目前，全县有县级文化馆1个、县级图书馆1个、非遗中心1个、文管所1个、乡（镇）文化站12个、村（社区）文化活动室194个、农家书屋194个、村民小组活动室777个、群众文化活动场所922个；有国有文艺团队1个、馆办团队32支，共有业余群众文艺队伍240支；共有公共文化志愿队伍3支85人。

（五）文艺创作与繁荣

鼓励和支持文学艺术创作，培养和推出了一批批本土艺术家和作品，通过文学、音乐、舞蹈、戏剧等形式，讲述云县故事，传播云县声音，提升了云县文化的影响力和知名度。《云州大芦笙》荣获云南省第十三届民族民间歌舞乐展演金奖。年均完成文艺精品节目创作20多个，完成戏曲进乡村、"彩云之南等你来"夜间群众演出、四季春晚、"大地情深——情系彩云南"优秀群众文艺作品巡演、云南省民族团结进步大舞台等文艺演出活动200多场次。

五、生态环境篇

自中华人民共和国成立以来，云县生态环境发展经历了一个由初期资源开发到后来生态文明建设深刻转变的过程，在生态环境保护与发展方面取得了显著成效，成功地将生态优势转化为发展优势，形成了独具特色的绿色发展模式，为子孙后代留下了可持续发展的宝贵财富。

（一）生态保护意识提升

建国初期，云县同全国许多地区一样，面临工业化初期的资源开发与环境保护之间的矛盾。随着时间推移，尤其是进入21世纪以后，云县积极响应国家生态文明建设号召，牢固确立了"绿水青山就是金山银山"的发展理念，生态文明建设被纳入经济社会发展全局。切实加大《云县生态县建设规划》及系列重要配套措施的落实力度，全县已累计创建省级生态乡（镇）12个、市级生态村（社区）191个、省级绿色学校5所、市级绿色学校11所、县级绿色学校9所、省级绿色社区3个、省级绿色小区1个、县级环境教育基地1个。

（二）生态治理成效显著

持续加大对生态环境保护的投入和治理力度。通过开展一系列生态保护工程，如河流综合治理、城乡绿化美化行动、水源地保护等措施，有效地改善了县域内的生态环境质量。云县的河流水质得到大幅提升，城市环境空气质量优良天数比例极高，森林覆盖率逐年提高，反映出生态环境质量持续向好。深化"绿美云县"建设，建设绿美点位884个，绿化面积86.21万平方米，9个绿美示范点进入省级标杆典型奖补名单。"五彩澜沧江"建设有序推进，"云县漫湾百里长湖绿美景区建设"作为绿美云南建设典型经验宣传推广。单位GDP能耗同比下降2%。

（三）绿色发展路径探索

积极探索绿色生态发展新路径，实行"生态建设产业化，产业发展生态化",在发展经济的同时注重生态环境保护。云县结合资源禀赋,发展水电能源。80年代以前,云县先后建成了茶房响水一、二、四级电站、昔汉电站、南桥河电站等5个小水电站;"八五"以后,国家先后在云县建成了漫湾、大朝山两大水电站,总装机容量302万千瓦,并同时在澜沧江支流上建成了25个小水电站。截至目前,全县水电站总装机达到了328万千瓦。"十四五"开始,云县能源转型升级,大力发展新能源。在"十四五"开局之年,为全面贯彻落实国家关于能源转型升级的战略部署和省委政府提出打造世界一流"三张牌"的发展定位、临沧市"三个示范区"建设,云县全力推进新能源项目建设,确定了以"风光水储一体化"为载体的光伏、风电等新能源建设作为全县重点五大工程之一,截至目前,全县新能源投产装机规模达87.5万千瓦,年发电量5.3亿千瓦时,新增装机及年发电量均位列全市第一;装机容量35万千瓦的2个风电项目已完成可研评审;云县抽水蓄能电站项目已列入全省抽水蓄能"十四五"规划重点储备项目第一位;云县幸福500千伏变电站顺利列入国家"十四五"电力规划,为创建国家农村能源革命试点县、"风光水储"基地县、"源网荷储"一体化示范县奠定坚实基础。

(四)生态文明制度建设

云县落实生态文明建设的各项制度,严格执行"河长制"等环境管理制度,深入推进河(湖)长制和林长制工作,严厉打击破坏生态环境的行为,河湖"四乱"整治、非法占用林地打击等取得明显成效。

(五)生态安全保障

云县在保障生物多样性方面取得积极进展,针对珍稀濒危物种保护任务重的问题,采取了系列保护措施,为县域内生物多样性的保护和生态系统安全提供了有力保障。2023年,云县城市空气质量优良天数达99.5%,集中式饮用水水源地水质达优率100%,空气、水环境质量持续向好。污水处理厂完成提标改造,二期工程开工建设。

六、民生保障篇

自中华人民共和国成立以来，云县始终坚持以人民为中心的发展思想，民生保障发展经历了从初步建立到日趋完善的历程，实现了民生保障工作的全方位、多层次、立体化发展，切实提升了全县人民的幸福感和安全感。

（一）教育事业蓬勃发展

建国初期，大环境下教育水平低，人口文化素质差，1949 年，全县有专任教师214 人，其中普通中学 4 人、普通小学 210 人；在校学生普通中学 108 人、普通小学 4120 人，小学学龄儿童入学率18.1%。1950 年云县有大学生 39 人，直至 1964 年，云县文盲半文盲依然超过 13.5 万人，占总人口 66%。近年来，云县以办好人民满意的教育为目标，着力抓公平促普惠、抓内涵提质量、抓改革激活力，教育布局不断优化，办学条件显著改善，队伍素质明显提升，教学质量持续提高，全县教育工作呈现出蓬勃发展的良好态势。2023 年，全县共有各级各类学校 369 所，其中：幼儿园 179 所（民办 7 所）、小学 166 所、初级中学 12 所、九年一贯学校 5 所、完全中学 3 所、高级中学 1 所（民办）、特殊教育学校 1 所、职业高中 1 所、教师进修学校 1 所，小学教学点 5 个。在校学生 66364 人，其中：在园幼儿 11725 人（民办 2095 人）、小学生 31326 人、初中生 15506 人、普通高中生 6527 人（民办 246 人）、特殊学校不含普通学校随班学生 478 人、职业高中学生 802 人（其中特校附设中职班 40 人）。学前三年毛入园率 93.25%，九年义务教育巩固率 97.3%，高中阶段毛入学率 94.01%。

（二）卫生健康事业高质量发展

云县持续加强基层医疗卫生机构建设，通过深化医药卫生体制改革，推广家庭医生签约服务，提升了基层医疗服务能力和健康管理效果。从建国初期缺医少药看病难的困境，到今天已经建立起全面覆盖城乡的医疗卫生服务体系；从最初看病三大件"听诊器、血压计、体温表"，到今天的各类精密检查检测仪器；从"赤脚医生"、卫生员到乡村医生、家庭医生、全科医生等，县卫生事业取得了显著成就。75 年前，云县没有任何社会性的卫生防疫条件，1950 年 2 月，县人民政府接管的县卫生院，仅有卫生专业人员 3 人，房屋 20 平方米，医疗器械价值不足百元，无住院设备。直到1952 年统计资料显示，全县有卫生机构 1 个，床位 30 张，卫生技术人员19 人，其中医生 4 人。2023 年，全县有各级各类医疗卫生机构 266 个，其中，公立医疗卫生单位 18 个，村卫生室 194 个，编外村卫生室 5 个，民营医院 7 家，机关、学校医务室、个体诊所 42 个。县乡医疗卫生机构共有编制 889 名，在编职工 851 人，卫生计生专业技术人员 2274 人，每千人口拥有卫技人员 5.89 人。县域医疗卫生服务综合能力不断提升，云县人民医院评定为三级乙等综合医院。全县 7 家卫生院达到国家推荐标准，5 家卫生院达到国家基本标准，达标率居全省首位。建成覆盖县乡村三级的区域资源共享中心，分级诊疗基本实现。"互联网＋医疗健康"建设，建成覆盖县乡村三级的区域影像、检验、心电、病理、远程会诊、后勤保障等资源共享中心，实现"基层检查，县级报告"，医共体内检验结果互认，影像资料共享，结果电子化流转，进一步降低病人转诊后的检验检查费用。建成手机端区域移动医生站，使群众就近就能享受到优质医疗服务，极大限度方便了群众。

（三）交通条件持续改善

新中国成立前，云县没有一条公路，商旅运输，全靠人挑马驮和竹筏摆渡。1954 年 4 月 30 日，南大公路（海孟公路）上段通车至草皮街，从此拉开了全县公路建设的序幕。改革开放以来，云县抓住国家用粮、棉、布实行"以工代赈"的机遇，掀起县乡公路建设的高潮。90 年代，云县公路建设进入了一个快速发展的新时期。1992 年 5 月，涌宝至糯洒公路 33 公里建成通车，全县实现乡乡通公路目标。1997 年冬至 1999 年春，全县掀起大干乡村公路建设高潮，两年共完成 86 个村（办）公路 812.2 公里，于 1999 年 5 月 5 日实现村村通公路目标。2000 年以来，农村公路历经了通县油路、县乡弹石路、通乡油路、建制村"通达""通畅"、自然村通硬化路建设，全县各等级公路得到了提级改造。2002 年至 2004 年弹石路的改造，云县成为临沧市第一个实现县到乡公路弹石化的县份。"十一五"期间，国家、省重点支持通乡油路（通畅工程）、通达工程，云县掀起"两通工程"建设高潮。2023 年 1 月 5 日，云县至临沧高速公路蚂蚁堆至临沧、掌龙至蚂蚁堆、羊头岩立交至新塘房立交段先后分段建成通车，预计 2025 年上半年全线建成通车。百年铁路梦想终成现实，高速公路实现从无到有的历史性突破。以"三子模式"破题农村公路建设，开启"四好农村路"建设的云县实践，共启动建设 781 公里，完成路基 632 公里、混凝土路面铺筑 430 公里，建成绿美公路 17.62 公里。截至 2023 年 12 月底，全县铁路里程 47.5 公里，有火车站 1 个；县域内公路总里程达 9224.6 公里，其中：高速公路 11 公里、一级公路 14 公里、二级公路 143.7 公里、三级公路 161.3 公里、四级公路 2218 公里、等外公路 6676.6 公里；航道里程达 140.7 公里，其中：漫湾库区 60.7 公里、大朝山库区 80 公里。

（四）城市面貌不断更新

90 年代，云县城乡建设与社会各项事业同步发展，城镇面貌发生了较大的变化，城镇化建设步伐加快，1990 年底县城建成区面积 2 平方公里，1992 年经省计委批准，县城草皮街被列为第一批小城镇建设试点，对国道 214 线草皮街 1234.91 米路段和省道云（县）—保（山）线县城区 8000 米路段进行改建，1997 年建成爱华水厂，城区居民饮上了安全卫生的自来水，1991－2000 年全县城镇市政工程总投资 2000 多万元，城镇基础设施有了明显改善。2000 年底县城建成区面积 4 平方公里，为

1990 年底的 2 倍。2023 年，云县县城建成区面积 11.56 平方公里，县城中心城区建成各类绿地共计 424.62 公顷，绿化覆盖面积共计 489.78 公顷，其中：公园绿地 115.6 公顷、防护绿地 30.24 公顷、广场用地 0.31 公顷、附属绿地 151.45 公顷、区域绿地 127.01 公顷。县城建成区内现有公园绿地共计 15 个，按照功能划分，有综合公园 1 个、社区公园游园 9 个、专类公园 5 个。

（五）居民获得感不断增强

县委、县政府将脱贫攻坚工作作为重点工作任务，采取差异化的"菜单式"扶贫，出台了 17 项针对贫困户的扶持政策，创新建立红蓝卡管理贫困户的模式，向 27 个贫困村派驻了 27 支扶贫工作队，向 167 个非贫困村派驻了 167 支扶贫小分队。截至 2017 年，云县 64 个贫困村退出 59 个，退出率 92.19%，全县贫困发生率下降至 1.43%。2018 年 9 月 29 日，云县退出贫困县。脱贫攻坚取得胜利后，云县马不停蹄将工作重点转换到巩固脱贫攻坚同乡村振兴有效衔接上，紧紧围绕产业兴旺、生态宜居、乡风文明、治理有效、生活富裕的总要求，推动农业产业转型升级，发展特色农产品，提高农民收入，推动生态保护，实施退耕还林、大干农村人居环境整治，提升居住品质，加强农村思想道德建设，推广科技、文化、卫生、体育等事业发展，提高农民素质，完善农村基层治理体系，推进基层民主建设，维护农村社会稳定，提高农村基础设施水平，改善农民生活条件。2023 年，城镇常住居民人均可支配收入 36837 元，农村常住居民人均可支配收入 17214 元，居民获得感不断增强。

百舸争流，千帆竞渡。75 年来，在中国共产党的领导下，云县人民在奔流不息的历史长河中，紧跟发展潮流，挥毫写下了建设云县的宏伟篇章。站在新的历史起点，云县将坚持以习近平新时代中国特色社会主义思想为指导，深入学习贯彻党的二十大精神，加强党对全面工作的领导，推动全面从严治党，紧扣省委"3815"战略发展目标，为实现县委"三个目标",不断推动"五大重点工作",做强"四个动力源"。展望未来,云县人民信心百倍,我们将继续继承和发扬先辈们艰苦奋斗的光荣传统,在推动高质量发展上展现新作为、实现新突破,谱写新时代中国特色社会主义的新篇章。

（中共云县委办公室）

接续奋斗书跨越发展
砥砺前行谱幸福篇章

——凤庆县经济社会发展侧记

1950 年 2 月，顺宁县人民政府建立，1954 年 8 月改称凤庆县。中华人民共和国成立 75 年来，在各级党委政府的领导下，凤庆各族人民同心同德，克服前进中的艰难险阻，奋发图强，以勇往直前的进取精神和波澜壮阔的创新实践，谱写了凤庆跨越发展的幸福篇章。

一、始终坚持发展第一要务，县域经济综合实力实现大跨越

新中国成立之前，凤庆一穷二白，百业凋敝，民不聊生，经济实力十分虚弱。新中国成立以来，全县人民充分发挥积极性和创造性，经过长期的艰苦奋斗，使旧中国遗留下来的国民经济落后状况发生了显著的变化。特别是改革开放以来，全县上下紧紧围绕发展这个第一要务，坚持改革、开放和创新，坚持"生态立县、产业富县、教育兴县"战略，强势推进农业产业化、新型工业化、城镇化，国民经济保持了快速、协调发展，综合实力明显增强。2023 年末，全县生产总值（GDP）186.45 亿元，是 1949 年 1530 万元的 1219 倍，是 1978 年 5736 万元的 325 倍，全省排名 44 位。全县财政稳健发展，2023 年全县地方财政总收入 97684 万元，完成地方一般公共预算收入 65721 万元，完成地方一般公共预算支出 312077 万元。完

成城镇常住居民人均可支配收入 37069 元，完成农村常住居民人均可支配收入 16772 元。年末城镇化率为 30.25%。伴随着经济总量的不断扩大，经济结构也得到了较大改善，三次产业结构渐趋合理，第一产业增加值占 GDP 的比重逐年下降，第二、三产业比重持续上升。1978 年全县三次产业结构比为 52∶12∶36，到 2023 年全县三次产业结构比为 38.8∶25.6∶35.6，第一产业增加值比重明显下降，第二产业对国民经济的支撑作用增强，第三产业得到蓬勃发展。

二、始终坚持农业优先发展，农业农村经济总量实现大跨越

新中国成立以来，凤庆农村经济在不同历史时期也走过弯路，出现过失误，但纵观 75 年的发展历史，农业生产仍有非常大的发展。1978 年以来，凤庆全面推行农村经济体制改革，调整生产关系，解放了生产力，农村经济得到了全面发展，产业结构发生明显变化。特别是"十三五"以来，全县上下紧紧围绕资源特色，始终把培育特色农业产业作为壮大县域经济实力的重点来抓，不断加强农业基础设施建设，加速农业科技成果转化运用，普及和推广良种良法，不断提高农业信息服务水平，农业生产已由广种薄收、粗放经营逐步向精耕细作、集约经营转变，农业内部结构发生了深刻变革，以粮食、茶叶、核桃、坚果、烤烟、畜牧为主的高原特色农业产业格局基本形成，农业生产力得到较大提高，农业出现了总量增加、结构优化、效益提高的可喜局面。2023 年，全县实现农业总产值 104.17 亿元，是 1949 年 2875 万元的 362 倍，是 1978 年 6666 万元的 156 倍。主打"绿色食品"牌，抓实国家有机产品认证示范县创建，累计认证无公害、绿色、有机农产品基地 144.18 万亩。全省核桃水洗果联盟、凤庆滇红茶产业联盟成功组建，被列为全国农民合作社质量提升整县推进试点单位和全省"一县一业"核桃产业示范县。

——粮食产业稳步发展。粮食种植面积从新中国成立时的54万亩扩大到1978年80万亩左右，随着农业产业内部结构调整，2023年，粮食种植面积739797亩，产量由3.9万吨增加到17.72万吨。

——茶叶产业再造新优势。凤庆种茶历史悠久，16世纪凤庆就有关于生产、饮用茶的记录。全县13个乡（镇）均有古茶树分布，有古茶树资源56000亩。全县茶园总面积从1949年的3.15万亩发展到1978年的13.6万亩，再到2023年的51.61万亩。茶叶产量从1949年的500吨增加到2023年的4.46万吨；茶叶农业产值从1949年的625万元增加到2023年的19.03亿元，实现综合产值77.74亿元，茶叶产业逐步由传统产业向优势产业迈进，凤庆先后被国家有关部委授予"茶叶三绿基地示范县""全国无公害茶叶生产示范基地县"称号。"中国滇红第一村"名扬四海，"凤庆滇红茶"获得地理标志证明商标，创建了全国滇红茶知名品牌示范区，是全国十大产茶县之一，被评为"中国名茶之乡"。特别是2021年10月组建"凤庆滇红茶产业联盟"后，坚定不移推进以联盟为龙头的"五步走"战略，滇红茶产业园共聚集了33户企业，年生产加工茶叶能力达10万多吨。110家联盟成员与418个初制所建立了利益联结关系，链接全县86.6%的茶农，有效管控好全县85.2%的茶园，凤庆滇红茶品牌影响力和市场占有率持续提升，凤庆滇红茶入选全国名特优新农产品名录，滇红茶制作技艺在内的"中国传统制茶技艺及相关习俗"被列入联合国教科文组织"人类非物质文化遗产代表作名录"。

——核桃全产业链聚集发展框架基本构成。1949年前，凤庆有核桃4万多亩。1976年被列入全省发展泡核桃基地县，到1990年，全县核桃种植面积达9.6万亩。1990年开始，县委、县政府抓住干果（核桃）基地、绿色扶贫工程、退耕还林等项目强势推进核桃产业发展，2004年被国家林业局命名为"中国核桃之乡"。2019年被省政府确定为"一县一业"核桃产业示范县后，县委、县政府按照"做强生产链、完善供应链、提升价值链"的思路谋划布局核桃产业。到2023年，全县核桃面积达172.14万亩，完成核桃绿色有机基地认证 114.32 万亩，建成病虫鼠害绿色防控标准化示范基地 73 万亩和 150 个核桃采后处理水洗果加工站；建成核桃产业园 1.24 平方公里、标准厂房 20 万平方米和 10.7 万立方米智能化立体冷库，2.7 万平方米的全国首个核桃展示交易中心和核桃文化主题馆投入使用；布瑞克（苏州）农业互联网公司、摩尔福瑞公司落地园区，搭建"中国云南核桃云"平台，建成全国最大的油料生产加工线——凤庆县乡村振兴一县一业核桃基配油生产加工项目。成立以市场化运营的科研实体——云南省木本油料（核桃）全产业链创新研究院，与中山大学等 32 家科研院所校合作，有 7 个专家工作站入驻，实现专利成果转化 3 项。培育核桃龙头企业 22 户，建成各类生产线 40 多条，年生产核桃能力 50 多万吨，共开发 20 多个系列 80 余款产品，实现核桃产量 18.4 万吨，实现综合产值 78 亿元。

——畜牧业由传统养殖向商品基地迈进。 随着市场的放开和良种良法的推广运用，全县养殖水平不断提高，随着"滇西生猪交易中心"平台的建成，畜牧业进一步成了农民增收致富的主导产业之一。2023 年，全县生猪存栏 48.92 万头（能繁母猪 4.84 万头），出栏 74.17 万头；牛存栏 9.93 万头，出栏 3.57 万头；羊存栏 16.58 万只，出栏 11.94 万只；家禽存栏 139.96 万羽，出栏 298.27 万羽。肉类总产量 7.24 万吨，禽蛋总产量 876 吨，实现畜牧业产值 28.14 亿元，是 1949 年 541 万元的 520 倍。

——烤烟产业成为强县富民产业。 凤庆烤烟产业的发展经历了从无到有，由小到大，由弱变强，从粗放种植向规范化种植迈进的过程，从 1990 年恢复发展以来，种植面积由 600 多亩发展到 2023 年的 75292.3 亩，烤烟产量 10030.8 吨，实现产值 33308.54 万元，实现烟叶税 7327.88 万元。种植香料烟 3500 亩，产量 390.2 吨，实现产值 1019.76 万元，实现税收 224.35 万元。

——蔗糖产业逐步做大做强。 1949 年，全县仅有甘蔗种植面积 300 亩，2023 年全县甘蔗种植面积 3.35 万亩，是 1949 年的 117 倍；产量 19.1

万吨，是 1949 年 580 吨的 329 倍，是 1978 年 4000 多吨的 48 倍。2023 年实现甘蔗农业产值 8400 万元，实现税收 780 万元。

三、始终坚持发展工业经济，工业辐射带动作用实现大跨越

解放初期，凤庆县工业主要以小作坊、小手工为主，规模小，结构单一，门类不齐，基础极为薄弱，除顺宁实验（凤庆）茶厂外基本没有成规模的工厂。1952 年全县工业总产值仅为 181 万元。1972 年，在全国"大办五小企业，加快社会主义建设步伐"的号召下，建起了凤庆县第一座水泥厂（习谦水泥厂）。1974 年，挂篮子河电站建成。党的十一届三中全会后，印刷厂、造纸厂、皮革厂、针织服装厂、食品加工厂、茶籽油厂、黄果园煤矿等陆续开办。1986 年，营盘糖厂竣工投产。1987 年建成南荣田电站，2000 年建成两岔河坝后电站。2010 年 8 月，总装机容量 420 万千瓦的小湾电站全部投产发电。2010 年，顺宁府酒业公司成立。2010 年 5 月，凤庆产业园区（原凤庆滇红生态产业园区）启动建设，园区以高原特色现代农业、生物医药产业为主导产业，重点推进核桃产业，巩固提升滇红茶产业，大力发展生物医药产业，培育发展绿色轻工业，着力打造特色化、绿色化、智慧化、美丽化园区。截至 2023 年，建成滇红茶产业园 2.55 平方公里、核桃产业园 1.24 平方公里。2023 年，园区入园企业累计达 55 户，其中工业企业 39 户，"四上"企业 20 户（规上工业企业 15 户）。

75 年来，全县工业经济规模从小到大、由弱变强，总量不断扩大，结构不断优化，产品竞争力日益增强，发展速度不断加快。特别是"十三五"以来，在"工业强县"战略推动下，凤庆以茶、糖、核桃等农产品精深加工业以及矿电、建材等行业为重点的工业得到长足发展，资源优势加速向经济优势转化，形成了富有地方特色的工业经济体系的一批骨干企业。工业产品结构趋于多样化，工业主要产品产量大幅度增加，工业品牌

不断提升，凤庆滇红茶、凤庆核桃等一批名、特、优产品畅销国内外，为全县经济社会发展作出了重要贡献。主要工业产品产量大幅增长，2023年，全县完成发电量 35629 万千瓦时，是 1952 年 2 万千瓦时的 1.78 万倍，是 1978 年 1512 万千瓦时的近 24 倍，是 2012 年 9382 万千瓦时的 3.8 倍；生产水泥 115 万吨，是 1974 年 1025 吨的 1122 倍，是 1978 年 2528 吨的 455 倍，是 2012 年 5.76 万吨的 20 倍；生产食糖 40655 吨，是 1957 年 150 吨的 271 倍；精制茶 8121 吨，是 1949 年 2.82 吨的 2880 倍，是 1978 年 2437.22 吨的 3.33 倍。2023 年，实现工业增加值 47.69 亿元，是 1949 年 159 万元的 2999 倍，是 1978 年 1551 万元的 307 倍。

四、始终坚持基础设施建设，城乡统筹发展基础实现大跨越

历届县委、县政府坚持以项目为依托，以扩大投资为重点，千方百计加快城乡基础设施建设，着力推进城乡一体化建设进程，不断夯实可持续发展能力，1953 年全县固定资产总投资 1 万多元，1978 年 175 万元，增长了 124 倍。2023 年，全县共计实施固定资产投资项目 291 项（年内新增入库项目 217 项），总投资 186 亿元，年内完成投资 90.78 亿元。随着投资不断增长，有力推动了农业农村、城镇、生态文明、交通、水利、能源、互联网、航空、社会事业等各项基础设施建设。通过 70 多年的建设，城乡人居环境、居住质量实现了质的跨越。

（一）城乡融合发展绘就新画卷

新中国成立初期乃至改革开放以前，凤庆的城镇建设非常落后，缺乏统一规划，街面狭窄、零乱，房屋建筑低矮不平，多为土木结构，经过 70 多年沧海桑田，改革开放的春风吹遍大江南北，凤庆的城乡面貌跟全国各地一样发生了翻天覆地的变化。尤其是"十二五""十三五"以来，围绕建设"历史文化名城、生态宜居之城、中国红茶第一城、世界滇红之乡"

的目标，坚持以"美丽县城"建设为引领，以特色集镇打造为支撑，做优县城，做强集镇，以人为核心的城镇化建设加快推进，围绕率先把县城打造成全省最美丽地方的目标，贯彻"海绵化建设、标准化治理、人性化服务"理念，立足"十三山十八河二十四桥二十一村"的空间布局规划建设城市，着力打造一座"镶嵌在公园中的城市"。2023 年，县城建成区面积 13.5 平方公里，"15 + 10 + 5"公园体系全面形成，城市绿地率达 40.8%。相继创建为"国家卫生县城"和"云南省文明城市"，获评云南省首批绿美城市、"五城共建"（统筹推进健康县城、美丽县城、文明县城、智慧县城、幸福县城建设）重点县，被列入 2023 年国家级园林城市推荐名单。

乡村集镇建设扎实推进。紧扣"特色、产业、生态、易达、宜居、智慧、成网"七大要素，示范引领，推进特色集镇建设；勐佑、雪山、三岔河、新华等集镇建设取得新成效，集镇特色更加彰显；小湾三水、大寺德乐、鲁史永新等一批中心村建设成效明显。

（二）生态文明建设成效凸显

1949 年以前，凤庆县森林面积无据可考。1979 年，在云南省森林资源调查中，全县森林覆盖率为 22.8%；确定林业用地面积 2772486 亩，林地面积 135653 亩。通过连续几十年来采取以工代赈、经济林（干果）示范基地、绿色扶贫、山区综合开发、速生丰产用材林建设、薪炭林建设、澜沧江防护林建设、异地造林、绿色通道建设、退耕还林、商品林（干果）基地建设、开展义务植树、荒山造林、封山育林、飞播造林等措施。到 2012 年，完成造林面积 19.75 万亩，全县森林面积达 281 万亩，森林覆盖率达 53.58%，林木绿化率为 64.23%。累计建成农村沼气池 52923 口。

党的十八大作出"大力推进生态文明建设"的战略决策，从 10 个方面绘出生态文明建设的宏伟蓝图。凤庆县结合实际，牢固树立"绿水青山就是金山银山"理念，把改善环境质量与推动绿色发展结合起来，持续打好污染防治攻坚战，深入推进蓝天、碧水、净土保卫战，树立尊重自然、顺应自然、保护自然的生态文明理念，建设美丽凤庆，打造小康社会绿色文明。把生态文明理念贯穿到经济、文化、社会建设全过程，提高全民生态意识，养成全民节约资源、保护生态良好习惯，推进生态优先落实，坚持走生态优先道路。推进生态建设，大力开展植树造林，加强森林经营管理，保护和恢复森林植被，抓实生态公益林、生态防护林建设保护，抓好低价值林改造，加强澜沧江、黑惠江沿岸重点生态功能区保护，不断提高森林覆盖率，发展碳汇林业，增强森林生态功能。发展循环经济，支持节能低碳产业和新能源、可再生能源发展，全面推行清洁生产和节能管理。严守耕地保护红线，严格土地用途管制，节约集约利用资源，降低水、土地、能源的消耗强度，严格控制污染物排放。到 2023 年底，全县有城市生活污水处理厂 1 座、日处理 300 吨生活垃圾协同水泥窑处理厂 1 座，全县空气质量优良率为 96.7%；实现污水治理自然村覆盖率达 53%，无生活污水乱泼乱倒的自然村比例达 100%。全县森林面积 268.91 万亩，森林蓄积量 1257.31 万立方米，森林覆盖率 53.94%。成功创建"省级生态文明县""省级县域节水型社会"。国家生态文明建设示范县、"绿水青山就是金山银山"实践创新基地创建工作持续推进。

（三）交通、水利、能源等基础设施建设成绩卓著

——综合交通基础设施建设实现新跨越。中华人民共和国成立时，全县交通基础条件十分落后，境内仅有 1 条 75 公里长的简易公路（省道云保公路），交通十分闭塞，运输靠牛、马帮驮及人挑人背，"行路难"长期困扰地方经济的发展。中华人民共和国成立以来，各级、各部门积极贯彻"民工建勤，民办公助"的方针，大力发展县、乡公路，继而分批改造扩宽，提高公路等级。至 1996 年底，先后建成公路 1592.75 公里。1997—1999 年，大力实施农村公路村村通的目标，新修了部分乡村公路 350.72 公里，2002—2003 年，实施了县与县之间的油路工程，省道 73 公里全部

铺筑了沥青，新建小湾 55 公里专用油路，实现了县境内高等级公路的目标，2005 年县乡公路实现弹石化，改变了"晴天一身灰，雨天一身泥"的状况。

"十二五"以来，围绕"村村通畅"目标，紧紧抓住国家和省市实施以建制村通畅工程为主的农村公路建设发展机遇，坚持"统一领导，分级管理"的原则，采取有力举措，高位推动，强势推进，在不断加强公路养护管理的同时，全力以赴抓好农村公路改造提质，抓紧抓实农村公路项目建设。"十三五"以来，全县建制村通畅工程建设由往年的会战式向决战式收拢，按照"县城、乡（镇）到行政村通硬化道路，且危险路段有防护措施"的行业指标，为解决联系服务群众"最后一公里"问题，努力克服资金压力、工期紧张、天气多变等诸多不利因素，加班加点，扎实苦干，建制村通畅工程得到了快速推进。截至 2017 年底，已全面完成 139 个项目 1602.6 公里通畅工程建设任务，实现 187 个建制村（社区）100% 通畅。

截至 2023 年，全县有农村公路 10682.388 公里（含高速、铁路），其中，高速公路 48.41 公里、铁路 13.53 公里、国道 64.413 公里、省道 61.15 公里、县道 707.251 公里、乡道 1525.634 公里、村道 8238 公里、专用道路 24 公里。累计完成三级路 22 公里、安全生命防护工程 167 条 1902.726 公里、危桥改造 13 座、大中修工程 25 条 765.3 公里、窄路基路改造工程 23 条 205.432 公里，切实为人民群众安全、便捷出行和经济社会和谐发展提供坚实的交通运输保障。凤庆交通基础设施实现了从"基本缓解"到"基本适应"的重大转变，"晴天一身土，雨天一身泥"正式退出历史舞台，"出门硬化路，抬脚就上车"已变为现实。

在云凤高速、大临铁路建成通车，凤庆中和机场建成通航的同时，加快推进凤巍高速、凤永高速公路建设，凤庆连接天保口岸和猴桥口岸、成渝经济圈和环印度洋开放的"十字交通枢纽"区位优势加速构建。

——农田水利基础设施建设不断完善。1949 年以前，凤庆 0.3 立方米/秒以上流量的沟渠仅有 2 条，绝大部分农田仅靠小沟渠引小河小溪水和雨水灌溉，有效灌溉面积仅为 6.5 万亩，仅占总耕地面积的 14.94%。新中国成立以来，县委、县政府始终把水利、水电建设作为改善工农业生产条件，提高人民物质文化生活的重要措施来抓，充分发动群众的积极性和主体作用，农田水利建设工程快速有序推进，蓄水工作安全正常。建设有中型水库 1 件，总库容 1092 万立方米；小（一）型水库 15 件，总库容 2634.62 万立方米；小（二）型水库 45 件，总库容 732.5 万立方米；小塘坝 130 件，总库容 177 万立方米。形成了防洪、排涝、灌溉、发电、供水等工程体系，农业发展基础进一步夯实。

1950—2012 年，全县建成两个岔河、黄草坝、郭大寨、头道河、干沙坝水库等各类水利水电工程 8580 件，累计投资数十亿元。全县年用水量达 13444 万立方米，其中农业用水 8695 万立方米，工业用水 1418 万立方米，城镇居民生活用水 16236 万立方米，农村生活用水 1407.61 万立方米，发电用水量 3.6 亿立方米，基本达到了水资源供给平稳。截至 2012 年底，全县共解决了 20.23 万人 15.68 万头大牲畜的饮水困难。

2012 年以来，通过中央支持、地方融资（PPP、代建）等模式，进一步加大全县水网基础设施建设力度，全县用水安全逐步保障。全县水网保障能力不断增强，郭大寨水库、天生桥水库竣工验收，大摆田、前锋、涌金、鹿马箐等水库建设有序推进，凤庆中心城区供水工程、凤庆北部片区乡（镇）供水工程加快建设。

——能源基础设施建设蒸蒸日上。1950 年前，县内仅有 95 马力小道奇汽车引擎 1 台及 24 千瓦交流发电机 1 部发电，以供照明。1950 年后，县人民政府开始规划开发水能资源，1958 年建成了第一座小型水电站——洛党后河边水电站。随后，在国家的扶持帮助下，坚持自力更生、艰苦奋斗、因地制宜、量力而行的办电方针，通过社办、村办、乡办、县办的不同层次，至 1982 年，共建成小水电站 110 座，总装机容量 11427 千瓦。1983 年 12 月，凤庆县被国务院列为全国 100 个农村电气化试点县后，进一步加强骨干电站建设及电网建设，先后建成装机 500 千瓦的黑河电站，装机 6400 千瓦的南荣田等电站。同时，对农村 26 座小水电站进行整改、撤并。全县 15 个乡（镇）全部通电，用电户达 69060 户，占全县总用电户的 91.07%，全县供电紧张问题基本得到解决。到 1990 年，全县有 104 座小水电站，装机容量 18526 千瓦，年发电量 2820 万千瓦时。

2002 年 1 月，国家重点工程和云南省实施国家西部大开发、"西电东送"战略的标志性工程，总装机容量 420 万千瓦、年保证发电量 190 亿千瓦时、总库容 149 亿立方米的小湾电站开工建设，并于 2010 年 8 月全部投产发电。

2014 年以来，全力推进新能源项目建设，共规划开发光伏项目 241.5 万千瓦，规划光伏发电项目 29 个，总投资 119.87 亿元，其中集中式光伏发电项目 25 个，总投资 110.31 亿元，分布式发电项目 4 个，总投资 9.56 亿元。截至 2023 年，已建成集中式光伏项目 3 个，建成装机 14 万千瓦，完成投资 9.51 亿元，并实现全容量并网。正在建设凤庆县户用光伏项目、南网能源凤庆县杨柳河肉牛养殖场 BIPV 屋顶分布式光伏发电项目、云南凤庆新能源及综合智慧新能源项目 3 个分布式光伏项目，总装机 22 万千瓦，总投资 8.7 亿元。

五、始终坚持以人民为中心，民本民生福祉事业实现大跨越

（一）全面打赢脱贫攻坚战

1994 年，凤庆县列入《国家八七扶贫攻坚计划》重点县。2001 年，凤庆县被确定为国家扶贫开发工作重点县之一，2012 年 3 月再次被纳入国家扶贫开发工作重点县。自 2013 年习近平总书记吹响精准扶贫、精准脱贫号角以来，全县坚定打赢脱贫攻坚战的思想共识、责任担当和信心决心，将各项工作向脱贫攻坚聚焦，各种资源向脱贫攻坚聚集，各方力量向脱贫攻坚聚合，抓好责任落实、政策落实、工作落实。坚决扛实打赢脱贫攻坚

战的重大政治责任，充分发挥县委统揽全局、协调各方的领导核心作用，坚持党建扶贫双推进夯实战斗堡垒，持续强化作风建设护航脱贫攻坚。通过 5 年奋战，截至 2019 年，全县累计脱贫 18941 户 72210 人，所有建档立卡贫困人口全部稳定脱贫，贫困发生率从 16.69% 降为零，159 个贫困村、5 个贫困乡（镇）全部脱贫退出，贫困县顺利摘帽。2018 年凤庆县贫困县脱贫摘帽顺利通过省级第三方评估检查，实现零错退、零漏评，群众认可度达 94.8%，并于 2019 年 4 月经省人民政府批准退出贫困县序列。2020 年 8 月，凤庆县高质量通过了国家脱贫攻坚普查验收。被国务院原扶贫办评定为"脱贫攻坚典型县"。2021 年，凤庆县乡村振兴局被中共中央、国务院表彰为"全国脱贫攻坚先进集体"，2023 年，《旅游可持续升级带动乡村减贫致富：中山大学定点帮扶的"凤庆计划"案例》被评为"第四届全球减贫征集案例最佳减贫案例"。

（二）接续推进乡村振兴

始终坚持把实施乡村振兴战略作为新时代"三农"工作的总抓手，围绕"产业兴旺、生态宜居、乡风文明、治理有效、生活富裕"的总目标，有序推进乡村产业、人才、文化、生态、组织的全面振兴。抓好规划编制，编制《凤庆县乡村振兴战略规划》，规划实施乡村振兴战略项目 5230 个，计划总投资 1125 亿元，实现乡村振兴工作项目化、项目清单化、清单责任化、责任具体化。做实《巩固脱贫攻坚成果同乡村振兴有效衔接规划（2021—2025 年）》，规划项目 867 个，总投资 15.24 亿元。以示范带动为引领，按"一区一带三线"科学编制《凤庆县建设乡村振兴示范区实施方案》，遴选出凤山镇、洛党镇、勐佑镇 3 个乡村振兴示范乡（镇），安石村、水箐村等 24 个精品示范村，大有村、三水村等 300 个美丽村庄，有序推进乡村振兴示范区、示范园、示范带和示范环线建设。2020—2023 年，累计争取到中央、省、市和东西部协作资金 71860.6055 万元投入脱贫攻坚成果巩固与乡村振兴建设，接续推进 28 个县级示范点、84 个乡（镇）级示范点建设，创建全国美丽乡村 2 个、乡村旅游重点村 1 个，省级旅游名镇 1 个、旅游名村 3 个、最美乡愁旅游地 1 个，省级绿美乡（镇）2 个、绿美村庄 10 个。凤山镇二道河自然村"发展乡村旅游促进共同富裕"、安石村"六园共建"和大寺乡平河村"干部规划家乡行动"被列为省级典型案例；凤山镇获评省级乡村振兴"百千万"工程示范乡镇，勐佑镇入选"2022 世界旅游联盟——旅游助力乡村振兴典型案例"，小湾镇锦秀村、勐佑镇勐佑村获评省级乡村振兴"百千万"工程精品村，凤山镇安石村被列入省级乡村振兴示范园试点创建名单。2023 年，全省乡村振兴局局长座谈会议在凤庆召开；中国国际扶贫中心东南亚 4 国澜湄基金项目可持续发展研修班在凤庆举办。

（三）教育事业成绩斐然

1949 年底，全县有中学 2 所、小学 237 所、附设幼儿园 2 所（班），99% 以上的学校房屋为土木结构，大多古老陈旧，简陋破烂。有在校高中生 123 人、初中生 320 人、小学生 8482 人、在校幼儿 62 人，全县文盲率高达 84%。历经 75 年，凤庆教育在改革奋进中迈向了新的辉煌。1985 年全县普及初等教育，2000 年"两基"目标实现并通过教育部认定，2004 年普及实验教学通过省级验收，2006 年"远程教育"得到普及，现代信息技术教育得到充分发展。围绕建设"滇西南教育高地"目标，教育教学质量稳步提升。特别是随着 2021 年以来教育改革"十条措施"的深入实施，教育教学质量实现了质的飞跃，2023 年高考综合上线率 100%，高考、中考、小考主要评价指标均居 8 县（区）之首。凤庆县第一中学被评为"中国县域百强中学"，凤庆县第一幼儿园晋升为"省级一级一等幼儿园"。2023 年，全县有各级各类学校 420 所（中等职业学校 2 所、普通中学 21 所、小学 209 所、幼儿园 187 所、特殊学校 1 所），在校生 68575 人（学前教育 12505 人、小学 32042 人、初中 15471 人、普通高中 6734 人、中职 1677 人、特殊教育 146 人），有专任教师 4269 人（幼儿园专任教师 529

人、小学专任教师 1893 人、普通中学专任教师 1717 人、职业中学专任教师 112 人、特殊教育专任教师 18 人）。学前三年毛入园率 95.05%，小学适龄儿童入学率达 99.97%，初中毛入学率 106.22%。一级完中在校生占比 44.56%，九年义务教育巩固率 98.95%。人均受教育年限 10.2 年，劳动力人均受教育年限 11.3 年。学校占地面积 849695.18 平方米，生均占地面积 38.37 平方米；校舍建筑面积 327333.65 平方米，生均校舍面积 17.5 平方米。生均图书 30.25 册。

（四）医疗卫生保障能力跨越提升

解放前，凤庆医疗卫生条件较差，传染病时有流行，人们主要依靠草医草药防病治病，健康状况缺乏有效保障。1952 年，全县有医院 1 所，有病床 10 张，有卫生技术人员 5 人。经过 75 年的发展，凤庆卫生事业实现了跨越发展，先后建立了县人民医院、县药品检验所、县卫生防疫站、县妇幼保健站、县中医医院，民营医院也得到较好发展。持续深化医疗卫生体制改革，城乡养老保险和新型农村合作医疗实现全覆盖，"三医"联动和医共体管理改革被纳入全国紧密型县域医疗卫生共同体建设试点县。县人民医院被列入国家全面提升县级医院综合服务能力阶段 500 家县级医院之一，医疗卫生基础设施建设不断完善，健康扶贫 30 条措施有效落实，人民群众健康水平显著提高。2020 年成功创建为国家卫生县城。2023 年末，全县有医疗卫生机构 251 个，其中医院 20 个（公立医院 16 个、民营医院 4 个）、村（社区）卫生室 187 个、门诊部（所）41 个、疾病预防控制中心 1 个、120 急救中心 1 个、卫生监督所（中心）1 个。年末卫生技术人员 1919 人，其中执业医师和执业助理医师 736 人、注册护士 1264 人。医疗卫生机构床位 2206 张，其中医院 1669 张、乡（镇）卫生院 537 张。

（五）广电通讯事业快速发展

解放以来，全县广电通讯事业经历了从无到有的发展过程。1950 年末，全县本地固定电话用户数 13 户，到 1978 年达 467 户。到 2023 年，实现了凤庆城区、各个乡（镇）政府所在地、行政建制村的 4G 网络、光缆覆盖，以及人口较多自然村的 4G 信号、光缆覆盖。可为用户提供高达 1000 兆的上网速率，更多用户享受到了极速、稳定、可靠的宽带网络服务。云监控、云存储、云会议等业务正式上线使用。

凤庆县于 1951 年建立广播收音站，历经 70 多年，广播已从早期的有线广播逐步向中波、调频广播发展，电视事业从无线转播到有线、数字电视传输迅速进入千家万户，广播电视宣传从广播宣传到电视宣传，从零星播出到规范化运作，从探索操作到流水作业，新闻采、编、制作播出从开始的家用模拟到数字化非线性编辑、硬盘播出，凤庆广电通讯事业呈快速发展的态势。

（六）城乡居民生活质量不断提高

新中国成立 75 年来，全县城乡人民生活不断得到改善和提高，特别是改革开放后的 40 多年，是人民得到实惠最多、生活水平提高最快的时期，居民整体生活水平进入小康。2023 年，农村居民人均可支配收入达 16672 元，是 1978 年 83 元的 201 倍；完成金融机构各项存款余额 116.07 亿元，是 1978 年 1609 万元的 721 倍；城乡居民各项贷款余额 128.15 亿元，是 1978 年 1722 万元的 744 倍。社会消费品零售总额 582206 万元，是 1992 年 11437.74 万元的 51 倍。保障性安居工程建设有序推进，农村危旧房改造全面完成，多数农户建成了新型特色民居房。落实全民参保，推动城乡居民养老保险、医疗保险征缴扩面。多渠道开发就业岗位，多举措提高生活保障。截至 2023 年末，实现城镇新增就业 4902 人，实现农村劳动力转移就业 17.65 万人。参加城乡居民基本养老保险 284560 人；参加基本医疗保险 409331 人，其中参加职工基本医疗保险人数 19997 人，参加城乡居民基本医疗保险人数 389334 人；参加失业保险人数 14783 人；享受城市居民最低生活保障 546 人，城镇居民最低生活保障支出 305.42 万元；享受农村居民最低生活保障 25757 人，农村居民最低生活保障支出 8787 万元；1922 人享受农村特困供养；实施临时救助 3051 人次；国家抚恤、补助退役军人和其他优抚对象 2991 人。

（中共凤庆县委党史研究室）

永德县 75 周年发展综述

　　永德县地处云南省西南部、临沧市西北部，地理坐标东经 99°05′~99°50′，北纬 23°45′~24°27′。永德县东接云县，东南连耿马傣族佤族自治县，西南邻镇康县，西北与保山市龙陵县、施甸县相连，北与昌宁县、凤庆县交界，县域面积 3219.68 平方公里。有着"北上保山过施甸，南下瓦城（曼德勒）走四方"的连接联通优势，在建的链子桥至勐简高速公路通车后，永德县城距离临沧机场 136 公里、火车站 165 公里，距离保山机场 160 公里、火车站 182 公里，距离清水河口岸 121 公里，距离中缅边境南伞口岸 136 公里，历为滇缅陆路通道江东走廊、怒江东岸战略防御前哨，曾是茶马古道必经之地，是"通边达关"的开放前沿。辖 3 镇 7 乡和勐底农场社区管理委员会，户籍总人口 36.47 万，常住人口 32.88 万，有汉、彝、佤、布朗等 22 个民族，少数民族占总人口 22.5%。永德县地处北回归线附近，全年日照 2196 小时，冬无严寒、夏无酷暑、干湿两季、春秋常驻，年平均气温 17.4℃，森林覆盖率达 63.86%。

　　"绿色山水、宜居永德"是永德独特的标签，是"气候恒春县"和"中国气候宜居城市（县）"，是"中国澳洲坚果之乡""中国芒果之乡""中国诃子之乡"，是省级卫生城市（县城）、省级民族团结进步示范县、全省"一县一业"（澳洲坚果）示范创建县、省级乡村振兴重点帮扶县。永德有"五个一"的独特优势资源。"一座山"，永德大雪山是临沧最高峰，海拔 3504 米，面积 1.75 万公顷的大雪山国家级自然保护区，是南亚热带天然动植物园。"一串果",有临沧坚果60万亩、芒果5万亩、核桃108万亩。"一棵药",有野生诃子31.3万亩,是全国最大、最完整、产量最高的野生诃子分布县,有标准化中药材种植基地2550亩,另有滇重楼、红花、白芨等重点优质中药材3.46万亩。"一汪水",库容5317万立方米的德党湖是永德县城"一城山色半城水"的亮丽明珠。"一个黑衣部落",国内独有的彝族支系俐侎人61.5%生活在永德,全身着黑衣,有着独特的"东方情人节"和俐侎文化。

永德地势东南西高,向北倾斜。永德径流超过5000米的河流有84条,水能理论蕴藏量58万千瓦。83条河流注入怒江流入印度洋,1条注入澜沧江流入太平洋。永德地居低纬度高海拔地带,水土气候随海拔高低,大致呈立体分布。土壤以红壤为主体,占比42.8%;土壤富钾、偏酸、缺磷、氮不均,宜耕适生性广泛多元,永德山多坝少,境内5%的坝区是粮食作物、经济作物、热带水果、澳洲坚果等主产区。境内矿藏,普遍为金、银、铜、铁、铅、锌、褐煤、石膏、大理石等多元伴生,除褐煤、石膏、大理石外,尚未发现大的矿床。县境气候类型,总体属南亚热带季风气候,但兼有北热、南亚热、中亚热、北亚热、暖温、中温、寒温7个气候类区。永德位于北热带与南亚热带结合部,生物多样性特征突出。其中植物分属264科、1195属、2731种,国内不同地域的代表性植物,如南药诃子、青藏高原尼泊尔鹿茸蒿、海南岛三叶橡胶、东北大兴安岭冷杉、西双版纳绿壳砂仁等,气候的多样性造就了河谷季雨林、季风常绿阔叶林、山地湿性常绿阔叶林、湿性铁杉混交林、寒温性冷杉林、亚高山灌丛林等6个植被类区。县内保留野生动物472种,分属东洋界华中群,灰叶猴、蜂猴、黑麂、山驴、巨蜥、黑冠长臂猿、黑颈长尾雉等63种。

永德自然景观珍奇,人文痕迹璀璨。其中别具地方特色者,有永德土佛、万丈岩瀑布、勐汞地热温泉、大雪山万亩高山杜鹃、永康岩画、唐南诏梅子箐土城遗址、明代镇衙石狮、道教圣地石洞寺、杜文秀起义军带兵官印、改土归流诗碑、滇缅铁路遗址、永德革命烈士陵园、永德知青园、中国人民解放军边纵西进部队明朗会议红色教育基地等，是沧海桑田的自然年轮，又是薪火相传的人文印记。

永德古属哀牢地，史称"石赕，为黑棘濮所居"。东汉永平十二年（69年）归隶永昌郡，唐南诏置拓南城，宋大理改称棣赕镇康城。元立镇康路，设军民总管府。明改镇康府，旋改御夷州。正统六年（1441年）继任知州刀闷光，率部随兵部尚书王骥征麓川，功授世袭土知州即世袭土司，相传20代460余年，时跨明清两朝。清光绪三十二年（1906年），末代土司刀闷纯兴病故，因其无后，经云贵总督锡良呈奏，次年（1907年）奉部复文，准予改土归流。光绪三十四年（1908年），永昌知府谢宇俊到县巡视，决定将州治所由永康迁德党，并新建州公署。县城德党，位于县境西南部，冬无严寒，夏无酷暑，气候温和，春秋常驻。同年省府委派周道濂等6任改流委员，相继摄政，维持政局。宣统二年（1910年），镇康州奉命易名"永康州"，首任州长覃善祥莅任，倡导种茶植棉、栽桑养蚕、开发矿业、创办新学。次年（1911年），继任州长陈文光就职仅两个月，即被刀上达复土叛军所杀害，地方陷入动荡不安。民国元年（1912年），县域行政设置沿袭永康州，新任州长和朝选莅任，剿匪平乱，招抚流亡，安定地方。次年（1913年），奉全国通令"州改县"；因"永康"域名与浙江"永康"重名，县域行政设置改称"镇康县"。至民国16年（1927年），县知事改称"县长"。民国38年间，县行政长官先后28次易人，其中州长1人、知事11人、县长16人，但始终没能摆脱内忧外患、兵匪交加、罂粟泛滥、民不聊生的半殖民地半封建社会的煎熬。

1949年10月，中国人民解放军边纵西进部队在司令员朱家璧和副司令员杨守笃等率领下，兵分两路，分别由昌宁县和龙陵县进入镇康（永德），顺利到达镇康（永德）县明朗会师并召开著名的明朗会议，会议制定了："一是召开军事民主会议，进行战斗总结；二是决定成立由匡沛兴任组长，王以中任副组长，杨苏、李岳嵩、朱家祥为成员的'滇西工作领导小组'，对外称'滇西人民解放工作委员会'，匡沛兴为主席，王以中为副主席，杨苏、李岳嵩、朱家祥为委员负责领导开展滇西工作；三是为开辟新区，扩大滇西南根据地，决定将西进部队三团二营留下，随王以中等人返回腾（冲）龙（陵），然后和龙陵人民自卫大队合编组建边纵七支队三十六团，匡沛兴任政委，李岳嵩任团长；四是开展统一战线工作，争取镇康（永德）县长起义，并决定邀请耿马土司代表到明朗谈判。"四条方针，拉开了镇康（永德）乃至整个临沧地区全境解放的序幕。同年中共保山地委和中国人民解放军十四军四十一师党委，授命王大宏、王风、杨锡夔等人，组成"中共镇康县临时工委"，率边纵三十一团，进驻县境北部小勐统，与县内国民党地方当局代表接触，谈判和平解放、接管政权事宜。1950 年 4 月 5 日，县境宣告和平解放，成立镇康县人民政府，上隶保山专区。首任县长王风莅任，展开清匪反霸、民主建政、土地改革、解放支前。1953 年春，全县奉命成建制划归缅宁专区即今临沧市，1964 年元旦，根据国务院 1963 年 9 月 14 日第 135 次全体会议决定，县行政建置，正式析置为内域、沿边两个县，为保持边境地名稳定，新建沿边县沿袭故名，政府所在地凤尾，即今"镇康县"。东部内域县，县名则改称"永德"。1966 年 3 月，根据省政府决定，凤庆县将乌木龙等划归永德县并新置乌木龙区。从此，县内基层行政建置及称谓，有过多次变动，但县域版图稳定不变。至 2023 年，县行政区划为德党、永康、小勐统 3 镇，崇岗、大山、班卡、亚练、乌木龙、大雪山、勐板 7 乡和 1 个农场管委会，其中乌木龙为彝族乡、大雪山为彝族拉祜族傣族乡。下辖 8 个社区和 115 个行政村、952 个自然村、1694 个村民小组、121 个居民小组。

1950 年永德和平解放以来，在中国共产党领导下，永德县人民政权建立后即开始推行政治协商制度，永德政治协商机构发展历程可分为两个阶段。第一阶段：1950 年 7 月—1956 年 12 月镇康县各族各界人民代表会议及其协商委员会时期。1950 年 7 月 20—23 日，镇康县召开第一届第一次各族各界人民代表会议，先后共 3 届，召开过 13 次全体会议，产生了镇康县各族各界人民代表会议及其协商委员会。1956 年 12 月 26—29 日，镇康县普选产生了人民代表并召开第一届人民代表大会第一次会议后，各族各界人民代表会议及协商委员会活动结束。第二阶段：1984年5月永德县政协成立以后人民政协时期。1984年5月正式成立中国人民政治协商会议永德县委员会，1984年5月2—6日，召开了中国人民政治协商会议永德县第一届委员会第一次全体会议，选举产生了永德县政协第一届主席、副主席和常务委员会委员，恢复了永德县政治协商制度。随后召开了政协永德县第一届委员会常务委员会第一次会议，政协工作全面展开。至2024年2月，永德县政协经历了一届至十届，政协委员由第一届的14个界别113人发展到第十届的14个界别168人。镇康（永德）县协商会和中国人民政治协商会议永德县委员会无论是在新中国成立初期的5年中，还是在全面推进社会主义建设进程中，对于团结全县各族人民，巩固人民民主政权，恢复和发展国民经济，实行社会改革，发展统一战线，发挥了重要作用。

1950年全县国民生产总值921万元，人均71元。其中：第一产业822万元、第二产业14万元、第三产业85万元。县内经济社会处于人不敷出、民生凋敝、民不聊生的境况。

经过75年的努力奋斗，截至2023年末，全县地区生产总值105.31亿元，其中：第一产业323072万元、第二产业247485万元、第三产业482571万元。固定资产投资完成61.16亿元；产业投资完成43.89亿元；一般公共预算收入3.42亿元；一般公共预算支出26.96亿元；市外产业招商到位资金45.6亿元；城镇常住居民人均可支配收入36222元；农村常住居民人均可支配收入16409元。

2023年全县耕地93.2万亩，其中：水田4.1万亩、旱地88.1万亩。农作物播种面积134.2万亩。以"果、糖、茶、菜、烟、畜"加"新能源"的"6＋1"产业在不断发展壮大，形成多元支撑的经济发展格局；荣获"澳洲坚果之乡""芒果之乡""诃子之乡"等荣誉称号。猪出栏71.2万头；大牲畜存栏10.6万头；山羊存栏11.2万只。

资源经济逐步壮大。产业结构加速优化升级，产业投资占比超过

70%。"一县一业"（澳洲坚果）示范县创建稳步推进，澳洲坚果种植超过 60 万亩。完成核桃种植 100 万亩、提质增效 8.3 万亩；林下魔芋种植 1.5 万亩。糖业在遭遇市场重创之后，在县委、县政府的努力之下，重新恢复开榨，甘蔗种植规模恢复发展到 12.38 万亩，永康糖厂于 2021 年顺利复产；麦坝糖厂于 2024 年实现复榨生产，大雪山糖厂也将实现复榨，2023/2024 榨季预计工业入榨量突破 70 万吨，县地方产业发展服务中心被农业农村部评为糖业生产信息监测工作全国先进单位。成功申报"永德熟茶"地理标志品牌，永德县被中国茶叶流通协会评为 2023 年度重点产茶县。烤烟种植面积稳定在 3.8 万亩、收购烟叶 10 万担。永德现代肉牛养殖产业园成为全市肉牛产业"龙头"示范园，建成百万吨饲草收储中心 1 个、饲草收储粉碎生产线 8 条，全市首家"大动物医共体总医院"和肉牛养殖综合技术培训中心挂牌成立，肉牛全产业链加快发展，肉牛养殖、饲草供应、疫病防治、技术培训、联农带农"五个体系"基本建成。

园区发展提速增效。园区经济引擎作用不断凸显，实现园区工业总产值 14.44 亿元、规上工业增加值 1.22 亿元、主营业务收入 15.62 亿元。园区建设稳步推进，永德临沧坚果加工产业园端德片区基础设施建设基本完工，入驻企业 7 户。农产品交易中心建设有序推进，"1＋5＋N"公益性农产品交易市场体系初具雏形。大雪山乡产业融合发展示范园项目规划设计方案通过县级评审，永德熟茶产业园完成项目用地划定 234 亩。

口岸经济稳步融入。积极融入和服务中缅印度洋新通道建设，推进永康镇融入沿边城镇带建设。启动实施《口岸经济发展规划（2023—2035年）》。外贸企业达 52 户，外贸进出口总额增长 11 倍。丰富和拓宽企业"走出去"渠道，积极组织企业参加中缅边交会、中越经贸合作推介会、上海进出口博览会。全力推动"口岸＋通道＋城镇＋产业＋物流"模式发展，建成县级物流中心 1 座，整合农村电商服务站 35 个，建制村寄递物流综合服务站覆盖率达 100%。

道路交通建设取得巨大成就。全县从解放初期没有一寸公路，建成了

"通畅工程、通达工程、二级路、高速路"。目前全县公路里程 12194 公里，硬化公路 3183 公里，建设的公路中：二级公路 232 公里，高速公路 92.5 公里；全县行政村已经实现村村通硬化路；全县所有自然村已经实现村村通公路；县境首条公路省道 313 线（羊勐公路），已全线改造为柏油路；县城至勐底、链子桥至崇岗二级公路建成通车，目前永德（链子桥）至耿马（勐简）高速公路正在如火如荼地施工之中，其中永德县城至永德互通段 10.3 公里建成通车。全县机动车拥有 139580 辆，人均拥有汽车接近 0.5 辆；永德彻底告别了驿道交通，进入了交通高速发展的新时代。

洁净能源建设迈向新高度。建成蓄水 5317 万立方米的临沧第一大水库德党河水库，忙海水库、康家坝水库、青树河水库、虎跳峡水库等中型、小型水库持续发挥抗旱防洪灌溉作用；忙海水库至德党上寨水系连通工程、康家坝水库至亚练连通工程、考腊水库、纸厂水库、马鞍桥水库、大勐统河灌区、南汀河灌区、城乡供水一体化三年行动项目稳步推进；忙海河梯级电站、大勐统河梯级电站、马龙河梯级电站及大雪山乡 200 兆瓦、班卡乡 130 兆瓦、德党镇 126 兆瓦、小勐统镇 70 兆瓦 4 个集中式及县城建成区、临沧坚果园区 2 个分布式光伏项目实现并网发电，垃圾焚烧发电厂进入设备安装阶段，水能、光伏和垃圾焚烧发电厂不断投产，永德从"无电县"变成了"富电县"。

城镇农村融合发展。紧紧围绕"醉美临沧、果香永德"定位，全力打造四季鲜花盛开的绿美永德，新增绿化面积 81.84 万平方米，建成苗圃基地 14 个。康家坝水库和德党湖被评为省级美丽河湖，德党湖入选"云南省绿美河湖标杆典型"。忙海水库、南捧河小勐统段被评为市级美丽河湖。永康镇入选省级绿美乡镇，大雪山乡忙蚌、班卡乡骂榴寨等 4 个自然村入选省级绿美村庄，32 个现代化绿美小康村建设加快推进。文化广场公园、利普国际小区等 17 个点位先后多次荣登市级光荣榜。全县民居住房 77945 户，经过脱贫攻坚全力奋战农村民居 100% 实现住房安全，其中砖混结构民居比例已达 78%。村级集体经济持续壮大，所有村级集体经济收入超过

5 万元，特别是永康镇鸭塘村突破 100 万元。持续开展农村人居环境整治提升行动，完成户厕改造 4724 户，建成卫生公厕 32 座，在"厕所革命"大比武中排名全省第六。自然村生活垃圾处理设施从无到有，覆盖率、行政村生活污水治理率、畜禽粪污资源化利用率分别达到 62%、41%、83%。已经全部解决安全人饮，农村供水保障三年专项行动加快推进，建成永康鸭塘、勐底忙捞等 7 个农村片区净水厂，首次实现农村地区标准净水厂供水，大雪山忙蚌、崇岗黑龙自然能提水项目等一批民生工程投入使用，农村抗旱应急供水水平稳步提升。城乡融合发展加快推进。深入实施新型城镇化战略，统筹推进"五城同创"。加快实施城市更新行动，完成老旧小区改造 350 户、棚户区改造 1400 户，新建改造县城道路 2 公里、供水管网 3 公里、雨污管道 8.1 公里。更新县城路灯 736 盏，完成德党湖大坝月季花卉产业展示园打造及光影特色城市亮化提升。智慧永德建设加快推进，数字化城市管理平台初具雏形。新建 5G 基站 196 个，新能源充电桩 108 个。生活垃圾焚烧发电厂乡镇垃圾中转站项目启动建设。城市生活污水处理厂提标改造工程投入使用，污水处理应急调节、环湖截污项目有序推进。永康镇、小勐统镇、勐板乡、崇岗乡生活污水处理设施项目有序推进。

生态环境保护成效明显。持续深入打好"蓝天、碧水、净土"三大保卫战，县城环境空气质量优良天数比例达 96%，被授予"中国气候宜居城市（县）"荣誉。引进长江商报联盟牵头举办首届"中国·永德濒危动物保护高峰论坛暨灰叶猴栖息地生态修复研讨会"。国控断面水质达Ⅱ类、省控 2 个断面水质达Ⅲ类，棠梨山、明朗坝尾 2 个县级集中式饮用水水源地水质达Ⅰ类，县域节水型社会达标建设工作高质量通过省级评估验收。深入开展化肥农药减量增效行动，受污染耕地安全利用全面完成，秸秆综合利用率达 90%。全面推行林长制，森林覆盖率达 63.86%。河湖长制工作不断向纵深推进，河湖"清四乱""河长清河"专项行动成效明显，河道采砂规划及整治工作全面启动。

社会事业全面发展。广播电视、移动电话、信息媒体全面普及，教育水平不断提升。全县现有各级各类学校 326 所，分别为：幼儿园 154 所（民办 12 所）、小学 105 所、教学点 48 个、初级中学 13 所、特殊教育学校 1 所、完全中学 2 所、高级中学 1 所、职业技术教育中心 1 所、教师进修学校 1 所（与教师发展中心合署办公）。全县有在校学生 61853 人，分别为：学前 11141 人、小学 29208 人、初中 13880 人、普通高中 6296 人、中职 1328 人。教职工 3913 人。近几年，永德高考成绩一直位列临沧市第二位，2023 年，完成普通高中招生 2300 人，普通高中教育巩固率达 97.64%，参加高考 1511 人，本科上线 892 人，比上年增加 223 人，上线率 58.78%，其中：一本上线达 308 人，比上年增加 153 人，上线率 20.58%，专科上线率 100%。教育水平的不断提升，为国家建设和永德发展输送了大量的人才。

积极推进医疗卫生体制改革，组建了永德县医共体总医院，"强基层、保基本、建机制"和医疗、医保、医药"三医联动"改革取得实效，有效解决了看病贵、看病难的问题。全县共有各类医疗卫生机构 157 个，分别为：县级医疗卫生机构 4 个、乡镇卫生院 12 个、118 个村国家标准化卫生室、个私诊所 12 个、民营医院 7 个、学校医务室 3 个、永德县看守所卫生室 1 个。其中，设有编制床位 1854 张（其中公立医疗机构床位编制 1422 张、民营医疗机构床位 432 张），平均每千人拥有床位 5.69 张。2023 年全县医疗卫生机构共有人员 2438 人，编内实有人员 677 人，其余均为编制外人员。其中有卫生专技人员 1917 人（村医 247 人），平均每千人拥有卫生技术人员 5.88 人，平均每千人拥有执业（助理）医师 1.8 人，平均每千人拥有注册护士 3.12 人。有全科医生 108 人，每万人口有 3.3 名全科医生。

纵观新中国成立以来永德的发展，永德已经成功改写了自己的历史记录，谱写了"告别过去、开辟未来"的历史新篇，地方经济和社会发展的阶段性历史成就有目共睹，众口皆碑。75 年的成就，75 年的经验，值得珍惜、值得总结。怒水千重，承载着永德历史沧桑；雪山万绿，呼唤着永德振兴崛起。反思既往，展望未来，永德有"边陲藩篱无口岸、山隔水阻离城远"的区位弱势，但也有"滇缅通道、江东走廊，内接外连、过境经济"的地要闪光；永德有"山多坝少、坡多平少"的地舆缺陷，但也有"宜耕适生、多元广泛"的山地资源；永德有"地表破碎、不利集约"的天然不足，但也有"小区分布、自成一体"的抗逆优势；永德有过"文化晚开、地瘠民贫"的历史悲凉，但也有"勤劳厚道、诚信敬业"的淳朴民风。

在全面建设新时代中国特色社会主义的新征程上，永德县将会更加紧密地团结在以习近平同志为核心的党中央周围，不断提高政治判断力、政治领悟力、政治执行力，增强"四个意识"、坚定"四个自信"，坚决做到"两个维护"，解放思想，实事求是，继续发扬"功成不必在我"的愚公移山精神，"抓铁有痕、踏石留印"，完整、准确、全面贯彻新发展理念，积极服务和融入新发展格局，围绕省委"3815"战略发展目标，深入实施"563"发展计划，全力发展"6＋1"产业，大力推进资源经济、园区经济、口岸经济，全力稳经济、增动能、惠民生、防风险、保稳定，突出做好稳增长、稳就业、稳物价工作，着力推动高质量发展，通过一代又一代的接续进取，全面建成小康社会！

（中共永德县委党史研究室）

红旗耀边映边疆　兴边富民谱新篇

——新中国成立 75 周年镇康经济社会发展综述

镇康，寓意"镇守边关，幸福安康"。古属哀牢国，后归蜀汉，唐为南诏国"拓南城"，宋设镇康城，元置镇康路，明为镇康府，清改镇康州，民国为镇康县。1950 年 4 月 5 日镇康县和平解放；1964 年镇康县分为镇康、永德两县，镇康县城迁至凤尾；2005 年，镇康县城又迁至南伞，与缅甸果敢山水相连。75 年来，镇康人民与祖国同行，众志成城，砥砺奋进，用勤劳的双手书写了边疆稳定、民族团结、经济发展、文化繁荣、社会进步的时代新篇，成为国家"一带一路"、孟中印缅经济走廊的重要连接点，云南省沿边开放前沿窗口，"中国民间文化艺术之乡"。

一、赓续红色血脉，边疆安全更加稳定

解放初期，镇康情况异常复杂，形势经常处于紧张状态，境内地霸、土匪武装与境外的国民党蒋介石残部相互勾结，策反暴乱，劫掠群众财物，袭击区乡人民政府，杀害基层干部、积极分子、无辜群众，妄图推翻新生的人民政权。人民政权建立后的镇康县，围绕征粮征税工作，县委、县政府开展了剿匪和各种专项斗争运动。为肃清残匪，巩固人民政权，救民于水火之中，中国人民解放军 120 团、121 团、123 团以及公安二团等先后进驻镇康县境。党、政、军、民紧密配合，对敌展开进剿。在进剿中，

正确贯彻执行了"军事进剿、政治攻势、发动群众相结合"的方针。至1966年3月"蚌孔亮山战斗"，军事围剿大小近百战，彻底肃清残敌及匪患。数千之匪敌，大部分投诚，一部分被歼，小部分逃亡国外。在剿匪斗争中，无数解放军指战员、地方干部和民兵献出了他们的宝贵生命。为新生人民政权的巩固作出重大贡献，为镇康的民主改革创造了条件，为镇康的稳定和发展奠定了坚实的基础。

今天，法治镇康扎实推进，民主法治体系更加健全，平安镇康成效显著。建立了"党政军警民""县乡村组户"一体化联动强边固防机制，构建了村村是堡垒、户户是哨所、人人是哨兵的联防联控格局，多次妥善应对缅北武装冲突，高质量打赢禁毒防艾人民战争，扫黑除恶专项行动成效显著，边境立体化防控体系历史性建成，社会治安防控体系建设全面加强，违法犯罪活动得到有效遏制。创造了疫情防控"五道防线"，边境维稳处突"五个在外"的镇康经验，以"五级段长"扛牢压实疫情防控政治责任，果断处置了4次本土新冠疫情，实现零外溢，最大限度保障人民群众生命健康。防范化解重大风险体制机制不断健全，自然灾害防御水平明显提升，发展安全保障更加有力。

二、传承戍边精神，基础设施更加夯实

镇康县紧扣国家政策导向，积极向上争取项目资金，水利、交通等重大基础设施取得重大进步，城乡面貌日新月异。

——**公路网络从无到优**。1964年前，镇康县无公路交通，行则翻山越岭，徒步羊肠小道，物资运输和邮件传递均赖人畜之力。立县之后，发扬愚公精神，逢山开路遇水搭桥，1965年开始陆续修建公路，从永德勐汞至忙丙，至凤尾，至勐堆，至南伞，至孟定，到1987年底，有国防干线及县区公路364公里，农村机耕路250公里，乡镇通车覆盖率54.9%；1988年修通龙镇公路，北可达保山。至2023年，全县公路总里程达6066公里，

行政村道路硬化率和通客车率均达 100%，自然村道路硬化率达 88.6%，镇清高速建成通车实现了镇康人奋斗多年的"高速梦"，镇康被评为"四好农村路"全国示范县。

——通讯事业蓬勃发展。1950 年，镇康仅设有勐捧、铜厂、彭木山 3 个邮政代办所。1952 年有邮路 2 条 86 公里；1956 年发展到 24 条 2216 公里；1963 年，镇康县有县区干线 3 条 227 公里，乡村路线 17 条 743 公里。1978 年，镇康县结束了骡马运邮的历史。1964 年，长途电话、市内电话、农村电话合设，有长途线路德党至彭木山 1 条，设有磁石式 50 门交换机 1 部，话务员 4 人；1968 年架设临沧至镇康直达长途电话线路，设立第一台单路载波机，增加了电路设施，长途电话根据用户所需可通达全国各地；至 1987 年，全县农话线路 71 条，杆公里为 369 公里，总机容量 400 门。2023 年，建成 GSM、CDMA、3G、4G 网络基站共 1036 个，建设开通 5G 网络基站 245 个，全县 540 个自然村 4G 网络全覆盖，县城至乡（镇）"双千兆"、行政村高速光纤网络和广播电视信号全覆盖，自然村百兆宽带可接入率达 97%。电子商务进农村示范工程全面实施，乡镇物流快递网点和建制村电子商务服务网点实现全覆盖，建制村电商网点全面铺开，线上交易额突破 5000 万元。邮政业务收入 4041 万元，同比增长 35.4%。

——水利化程度逐年提升。1950 年有主、支渠 904 条。至 1987 年，有引水干渠 1190 条，灌溉面积 8.08 万亩；有水库 3 座、小坝塘 10 个，总库容 742 万立方米，灌溉面积 3300 亩。2023 年，有水库 10 座、小坝塘 19 个，总库容 7068 万立方米，水利化程度达到 45.53%。2023 年，实施提升农村安全饮水工程 2916 件，建成中山河、金场坝等水库 7 座，帮东河水库、南伞河治理等重点水利工程加快推进，全县总供水量达 8750.13 万立方米，水库总库容达 7120.49 万立方米。农村供水保证率达 95%，自来水普及率达 89.7%，成功创建了"全国第六批节水型社会建设达标县"。以脱贫攻坚及农村饮水安全巩固提升工程和人居环境提升工程为抓手，以全面改善农村饮用水质量为核心，全面推进镇康县农村饮水安全水质达标提升工作。

——**电力事业发展壮大**。镇康县电力走过了从无到有，从弱到强的发展历程。1964 年 10 月，仅有职工 2 人，1 台 80 马力柴油机带动 20 千瓦发电机发电。1968 年 3 月，建成首座水轮泵综合站，与 48 千瓦发电机组合并发电，高低压输电线 5 公里，早晚发电供县级机关照明。1971 年，160 千瓦水轮发电机组建成，当年发电 10 万度。至 1987 年，有农村水电站 18 座，电机 21 台，装机容量 1888 千瓦，电力覆盖 46 个行政村 7530 户 37650 人。2004 年，通电率 95%，人均用电量 446 千瓦时，户均生活用电量 429 千瓦时，自供电量占比例 55 千瓦时，以电代柴户率 16.44%，高压综合网损率 10%，低压综合网损率 12%，全县供电可靠率 96.76%。2023 年，建成水电站 9 座，供电可靠率达 99.63%；光伏、新能源充电桩有序建设，8 万千瓦"农光互补"光伏项目在全省率先实现全容量并网发电。

三、坚持自强不息，产业发展更加强劲

镇康县紧紧围绕农业、农村、农民这个核心，多措并举，不断转变经济发展方式，不断调整产业结构，产业建设呈现内涵提升、结构趋优的发展态势。三次产业结构比从 1964 年 76.2∶6.4∶17.44 调整为2023 年 25.9∶32.6∶41.5，县域经济进入一、二、三产业协调推进发展的新阶段。

——**农业产业稳步发展**。1964 年，全年播种面积 29.44 万亩，总产量 3039 万公斤。1978 年，播种面积 34.57 万亩，总产量 4257 万公斤。2023 年，全年农林牧渔业总产值 341152 万元；农作物总播种面积 672723 亩，比上年增加 10564 亩，实现粮食总产 91600 吨；茶叶产量 8639 吨、烤烟产量 2251 吨、核桃产量 90188 吨、澳洲坚果产量 31764 吨、咖啡产量 6900 吨、橡胶产量 3161 吨、甘蔗产量 41.46 万吨、水果（含果用瓜）产量 5023 吨；农业生产条件不断改善，农业机械总动力 12.75 万千瓦，拥有拖拉机 2559 台。"镇康马鞍山茶"入选全国名特优新农产品名录。坚果产业

"三个三"工作机制在全省推广。

——**工业产业做大做强**。1964年，仅有国营酒厂5家，集体手工业社14个，工业总产值13万元，占工农业总产值的0.9%。2022年，规模以上工业产值达35.05亿元，产业增加值为20.4%。2023年，全县培育工业企业140户，规模以上工业企业26户，工业增加值年均增长5.9%。

——**第三产业实现翻番**。南伞赐福彝寨、木场桃花岛、勐捧岔沟等一批美丽村庄相继建成，乡村旅游设施不断完善，南伞河畔公园、南伞镇刺树丫口、凤尾镇小落水、勐堆乡茶叶林被认定为国家3A级旅游景区，刺树丫口自然村入选"云南省最美乡愁旅游地"，木场村获评"国家旅游扶贫示范村"。2023年，接待旅游游客275.37万人次，比上年增长68.8%；实现旅游业总收入263418万元，比上年增长102.6%。

四、全力保障民生，社会事业日臻完善

民生保障和社会事业统筹推进，大力实施保障性住房建设，多渠道开发就业岗位，转移农村劳动力，社会和谐进步。

——**城乡社会保障全覆盖**。2023年，参加城镇职工基本养老保险15805人、参加城乡基本养老保险109890人，发放农村低保资金114461人次计3476.9万元；发放城市低保5856人次计243.08万元；救助特困人员7117人次累计发放802.35万元。城镇新增就业2912人，开发城镇公益性岗位356个，城镇失业人员再就业258人，困难人员实现就业251人，城镇登记失业率3.5%。

——**乡村振兴稳步推进**。整村推进、产业扶贫、易地搬迁、兴边富民等精准扶贫，至2022年，累计投入各类扶贫资金54.47亿元，向贫困发起总攻，各族群众"两不愁、三保障"全面实现，脱贫人口人均纯收入由2013年末的2581.21元增加到2020年底的12291.41元，年均增长26.24%，贫困县顺利摘帽，绝对贫困问题得到历史性解决，与全国人民同

步进入小康。全面脱贫后，镇康县严格落实"四个不摘"要求，全力巩固拓展脱贫攻坚成果，接续推进乡村振兴，脱贫人口人均纯收入由2020年底的12291.41元提高到2023年底的17614元，年均增长12.74%。

——**教育均衡协调发展**。1964年，全县仅有小学79所，适龄儿童入学率41.1%，2018年，县域义务教育基本均衡发展顺利通过国家评估验收，2023年，荣获市级"教育质量优秀县"称号，全县共有各类学校164所，在校学生总数38141人，其中职业高级中学723人、普通高中3433人、初级中学9144人、小学18486人、幼儿园6355人。学前三年毛入园率94.79%，小学适龄儿童入学率达99.95%，初中毛入学率109.85%。九年义务教育巩固率98.03%。

——**公共卫生服务体系不断健全**。1964年，镇康县有中西医43人，农村草医239人。1987年，有医药卫生科技人员161人，综合医院1所，防疫站、妇幼站、药检所各1个，乡镇卫生院8所，病床163张，乡村保健室72个、村医72人。2023年，全县拥有医疗卫生机构110个（包括乡、村级卫生院/室），其中，疾病预防控制中心1个，妇幼保健院1个，乡镇卫生院7个，县、乡、村三级医疗预防保健网络不断健全，医疗条件逐步改善。基本医疗保险全覆盖，2023年基本医疗保险参保人数175596人，占2022年常住人口数17.15万人的102.39%。三级医疗设施不断完善，医疗卫生体制改革、医共体建设加快推进，每千人医疗卫生机构床位数达6.73张，每千人执业（助理）医师数达2.2人，被表彰为"云南省推进健康县城建设突出县"，健康镇康建设步伐加快，人民群众看病难问题逐步解决。

——**民族文化繁荣发展**。县、乡、村文化体育设施不断改善，农村广播电视"村村通"工程全面实施，以"阿数瑟"为主的边地文化影响力进一步扩大，"阿数瑟"传统音乐进入国家级非遗名录，镇康被命名为"中国民间文化艺术之乡"，文化事业繁荣发展，人民群众精神文化生活日益丰富。建有各类体育场地设施970块、县级公共体育场馆2个，实现乡（镇）、行政村、社区体育场地设施100%全覆盖，30户以上自然村有50%

以上建有体育场地设施；体育场地总面积为547195平方米，人均体育场地面积3.17平方米；各级各类社会体育指导员720名，每千人拥有社会体育指导员人数4.16名；2023年国民体质监测数据显示，经常参加体育锻炼人数的比例为39.11%。

五、服务沿边开放，对外交往持续深化

解放初期，对缅开放仅限于南伞、岔沟、勐捧3个边民互市点，进口商品有46个品种，出口商品有93个品种，1964年，边境小额贸易进出口总额为0.18万元，1987年达571万元。2023年，南伞口岸125通道临时查验货场、货运通道联检楼等项目相继建成，智慧口岸建设加快推进，与缅甸果敢地区交流合作日益频繁，经济、文化、教育等沟通全面展开，双边合作进一步引向深入，南伞口岸基础设施建设逐步改善，通关便利化水平显著提高。与缅产能合作持续深化，建成境外甘蔗基地10万亩，35千伏跨境输电工程建成投运。创新开展"三四三"边民互市改革模式被全市推广，边境贸易规模持续扩大，一、二级市场相互衔接的互市贸易体系逐步形成，互市贸易电子商务、跨境结算、落地加工持续优化，2023年边民互市贸易额达7.7亿元，带动村集体经济收益231万元、边民收益693万元；口岸出入境人流量15.5万人次，车流量6.54万辆次，货运量139万吨、增长159.3%，贸易额20.8亿元、增长23.8%，南伞口岸成为全省贸易量增长最快的口岸之一。

面对百年大变局，立足新时代，我们将高举改革开放旗帜，凝心聚力，奋发进取，真抓实干，与时俱进，奋发有为，向着中国特色社会主义伟大事业美好前景，向着中华民族的伟大复兴，奋力谱写中国式现代化镇康新篇！

（中共镇康县委党史研究室）

耿马傣族佤族自治县综述

75 年春华秋实，75 年光阴荏苒。新中国成立 75 周年，在中国共产党的正确领导下，勇敢勤劳的中国人民不畏列强、坚持斗争、自力更生、奋发有为，为实现中华民族独立解放和伟大复兴不懈奋斗着。1950 年 11 月 22 日耿马解放，生活在祖国西南边疆这片富饶土地上的各族群众从此摆脱了落后的封建社会土司制度的枷锁，建设社会主义新中国，发展改革开放，走上了一条各民族共同富裕的社会主义现代化道路。奋进新时代，全县决战决胜脱贫攻坚全面建成小康社会，乡村振兴如火如荼，甜美耿马成效显著，对外开放坚定不移，呈现出民族团结、边防巩固、社会和谐、经济高质量发展的良好态势，"黄金宝石之乡"处处生机盎然，风光无限。

基本县情概况

耿马地名，一说来源于傣语，由傣语音译为汉语使用。巴利语称"辛吐袜纳塔"，意为人们跟随白色神马寻觅到的地方。境外群众称这里是"勐相耿坎"，意为黄金宝石之乡。一说来源于佤语，由佤语音译为汉语，"耿"为父，"马"为母，意为养育各族儿女的父母之地。

有文字史料记载的耿马历史源于元朝至元二十四年（1287 年，傣历 649 年），有地图名称标记耿马（永寿）是三国蜀汉景耀五年（262 年），至 2005 年已达 1743 年的文明史。从四排山勐省小黑江边石佛洞出土的石器文物证实，耿马无史料记述的人类文明可追溯到 3000 多年前，这里曾经是滇西南新石器文化类型遗址的代表。

耿马傣族佤族自治县地处云南省西南边陲，隶属临沧市，位于北纬 23°21′~24°01′与东经 98°48′~99°54′之间。东与临翔区、双江拉祜族佤族布朗族傣族自治县交界，南与沧源佤族自治县接壤，北与永德县、镇康县、云县毗邻，西与缅甸联邦共和国山水相依，国境线长 47.35 公里。全县东西宽 90 公里，南北距 42 公里，周长 410.4 公里，总面积 3837 平方公里。县境海拔最高为东北大兴大雪山 3233.5 米，海拔最低为西南孟定清水河坝（南帕河与南定河交汇处）450 米。地势海拔自东向西呈梯级递降。全县山地面积 3434 平方公里，占总面积 3837 平方公里的 92%。由于山势地形的特征，受西南季风亚热带气候的影响，县内四季不明显。境内水系分别为滇西南横断山脉怒江和澜沧江流域两大水系，属怒江流域的南定河干流共 51 条支流，属澜沧江流域的南碧河干流有 24 条支流。

县内世居民族有汉、傣、佤、拉祜、彝、布朗、景颇、傈僳、德昂、回 10 种。2022 年，全县辖区 9 个乡（镇）、2 个农场、1 个华侨管理区、92 个村委会（社区）、1117 个村（居）小组。总人口为 298773 人，汉族 132073 人，占总人口的 44%，少数民族人口 166700 人，占总人口的 56%。县内语言有汉、傣、佤、拉祜、布朗、景颇、德昂、傈僳、彝（贺派芒佑）等 9 种，使用文字有汉、傣、佤、拉祜、傈僳、景颇等 6 种。

高质量脱贫摘帽，经济实力实现新跨越

解放前，耿马为封建土司制度，领主控制经济命脉，生产力受束缚，经济发展缓慢，农民生活穷苦。解放后，在中国共产党领导下，耿马逐步发生着改变。农业生产随着耕作制度、经营体制的变革和科学技术的推广，获得全面发展。从党的十一届三中全会，农业生产责任制包产到户、改革开放、市场经济体制建立……到党的十八大，统筹推进"五位一体"总体

布局，协调推进"四个全面"战略布局，耿马的经济实力迈步新跨越。1990 年农业综合产值 1.96 亿元，为 1950 年的 10.9 倍。农民人均纯收入 414 元。2005 年，全县完成国民生产总值 137422 万元，比 1978 年的 3498 万元增加 38.3 倍。全县人均生产总值 5350 元，农民人均纯收入 1525 元，城镇居民人均可支配收入 7746 元。2011 年全县实现生产总值 44.31 亿元，增长 18.6%。2023 年全县地区生产总值完成 153.08 亿元，经济总量排名全市第四；一般公共预算收入完成 3.2 亿元，增长 111.03%，增速排名全市第一；一般公共预算支出完成 28.25 亿元，增长 4.42%；农林牧渔业现价总产值完成 92.81 亿元，增长 5.77%；外贸进出口总额完成 3.74 亿元，增长 20%；农村常住居民人均可支配收入预计达到 17655 元，增长 10%；城镇常住居民人均可支配收入预计达到 38467 元，增长 7%。

通过开展"225"脱贫攻坚大会战，以农村危房改造为抓手，着力打好产业扶贫、易地扶贫搬迁、教育扶贫、健康扶贫、危房改造、基础设施建设"六大战役"。实施精准脱贫，认真开展"挂包帮""转走访"工作、易地扶贫搬迁三年行动计划。实现 41250 名农村贫困人口脱贫，实现全县各族群众与全省全国人民一道同步迈进全面小康社会。

经过 73 年（1950—2023 年）的不懈努力，耿马推进改革开放，突出扶贫攻坚，完善政策措施，强化法制建设，不断促进生产发展，人民生活水平显著提升。已建成高原特色农业产业化基地 304 万亩，甘蔗综合利用率居全国前列，工业入榨量和产糖量稳居全省第一，茶叶产业跨入全国重点产茶县行列，是国家粮食和蔗糖生产基地、中国铁力木之乡、云南民营橡胶主产区、蒸酶茶之乡和云南省蔬菜产业强县。

基础设施提质扩能，城乡融合展现新容貌

解放前耿马仅有供人畜、马帮通行的驿道。解放后，县内公路开始发展。1955 年 10 月，海孟线双江—耿马段 81 公里通车。1990 年公路里程

715.6 公里，10 个乡镇、78 个村公所、644 个社（寨）都通公路。2018 年 12 月 28 日，临清高速公路孟定国门段建成试通车，耿马高速公路实现从零到建成通车 30 公里的历史性跨越。2020 年全县 92 个建制村（社区）实现 100% 通畅，通村民小组路硬化率达 86%。2023 年全县 5 条高速公路建设里程达 197.1 公里，其中在建 56.28 公里，建成通车 140.82 公里。临清高速公路耿马段全线贯通，耿马公路建设实现高速路从无到有，瑞孟高速公路耿马段（北互通）即将通车，大兴乡通三级路工程全线开工，双源高速公路、临清铁路耿马段前期工作有序推进，援缅滚弄大桥建成并通过竣工验收。耿马灌区列入国家重点推进 150 项重大水利工程建设计划。耿马被纳入全国 676 个整县推进屋顶分布式光伏开发试点县之一。2022 年累计建成 4G 网络基站 1405 个，开通 5G 基站 290 个，宽带网络实现全覆盖。

解放初期耿马县城只有 1 条主街道，后县城面积扩建为 2.8 平方公里，现在建设面积已到 5.83 平方公里，层层高楼拔地而起，宽敞的街道、井字形的环城公路四通八达，孟定、勐撒、勐永凸显小城镇风貌。县城滨河栈道修建、甘东瀑布休闲公园、勐相湿地公园及园内"三馆一场"、孟定情人湖公园等建成并投入使用。至 2023 年全县建成城市公园 14 个，城市绿地率达 40.05%。建成智慧停车场 5 个、多功能停车场 3 个、智慧公园 1 个。今天的耿马洋溢着现代化的气息，更加美丽、宜居。

农村实施易地扶贫搬迁、茅草房改造工程，以"文明村、生态村、小康村"为目标的"三村"建设、农村危房改造、农房抗震改造等工程，以农民自愿为主体，逐步改善村容村貌、环境卫生和居住条件。农村配套节水灌溉、人畜饮水工程、乡村硬板路、自来水基础设施等建设，让农村居住条件越来越好。通过厕所革命、人居环境整治、村容村貌整治和人居环境提升等工程，乡镇镇区生活污水和生活垃圾处理设施覆盖率均达 100%，村庄生活垃圾处理设施覆盖率达 79.62%，建成绿美乡村 147 个。2023 年 7 个现代化边境幸福村顺利接受省级验收，农村居民人均可支配收入达 22620 元，全市排名第一，村集体经济经营性收入均达 10 万元以上。至

2022 年完成 72 个"市级生态村"、26 所"绿色学校"和 8 个"省级生态乡镇"创建，全县森林覆盖率达 69.3%，成功创建"国家森林城市"。建成美丽河湖、水库 6 个，美丽乡村 52 个，鲜花盛开的村庄 45 个。农村生态生活环境越来越好，生动描绘了人在田园风光中、田园风光在村中的美丽风景。

结构调整成效显著，园区经济激活新动能

耿马因地制宜，发挥优势，高原特色农业效益明显。粮食作物播种面积稳定在 43 万亩，粮食产量逐年增加。持续抓好甘蔗、茶叶、蔬菜、烤烟、橡胶、水果等优势产业，建成高原特色农业产业基地 304 万亩。2012 年甘蔗种植面积 40 万亩，甘蔗年农业产量 150 万吨以上，居全省第一；橡胶种植面积 62.3 万亩，干胶年均产量 2 万吨以上，居全省第三；茶叶种植面积稳定在 10 万亩，跨入全国重点产茶县行列。特色产业加快发展，核桃种植面积达 50.44 万亩、咖啡 4.6 万亩、木竹 18.5 万亩、澳洲坚果 2.1 万亩、冬早瓜果蔬菜 15.06 万亩，积极鼓励和引导农户发展烤烟产业。畜牧业快速发展，出栏大牲畜 7.28 万头、生猪 91.02 万头，实现肉类总产量 7.15 万吨。加快发展数字农业、智慧农业、设施农业，2022 年主要农作物综合机械化率达 55.05%，累计建成高标准农田 13.15 万亩、完成投资 1.97 亿元。粮食种植面积 42.8 万亩，粮食产量 12.3 万吨，完成任务数的 101%，粮食生产实现"十五连增"。天然橡胶总面积 62.77 万亩，产值 4.52 亿元。完成茶叶、石斛、甘蔗认证 13 家、46.36 万亩，完成绿色食品魔芋、金丝凤梨、沃柑、蔬菜认证 25 家 2.48 万亩。茶园种植面积 12.6 万亩，产值 4.97 亿元。咖啡种植面积 4 万亩，实现农业产值 1758 万元。蔬菜面积 19.9 万亩；出栏大牲畜 2.3 万头、生猪 22.99 万头。建成勐撒、四排山肉牛养殖场，存栏 1.24 万头。

2023 年全县境内甘蔗种植面积稳定在 41 万亩，甘蔗入榨量、产糖量

稳居全省第一，荣获全省甘蔗产业"一县一业"特色县。新认证"三品一标"农产品 21 个，新增省级龙头企业 6 户。工业园区建设取得重大突破，以蔗糖产业为主导产业，紧扣"一根甘蔗吃干榨尽"，带动蔗糖产业接"二"连"三"产业转型升级，形成"糖、酒、纸、饲、肥、新材料"6 大类 34 个产品的蔗糖全产业链。2023 年蔗糖产业综合产值突破 100 亿元，甘蔗综合利用率居全国前列，成为全国首个闭合整个甘蔗产业链最后一环的县区。

工业发展迅速。解放前，耿马的工业生产为一张白纸。解放后，党和政府不断扶持，个体手工业开始发展生产。随着改革开放，电力、制糖、橡胶、建材、煤炭等现代工业从无到有。1990 年工业总产值为 1.16 亿元，工农比重比 1952 年增加 25 个百分点。全县有工业企业 55 个，其中有白糖厂 3 座。党的十八大以来，耿马工业发展迅速，有白糖厂 4 座，规模以上工业企业 32 户。耿马绿色食品工业园区建成，2023 年园区注册企业达 41 户，绿赛可新材料、黄腐酸钾、坚果糖品精深加工、小包装白糖等一批项目先后建成投产，实现工业总产值 32.74 亿元。2022 年全县完成工业投资 26.35 亿元，完成工业总产值 52.66 亿元，实现营业收入 40.5 亿元。

口岸经济提速扩围，对外开放注入新活力

解放前的耿马，长期处于自给自足、封闭式自然经济状态。解放后，商业贸易对外往来逐渐开始，随着生产力的发展和人民群众生活需求的提高得到进一步提升。党的十一届三中全会后，改革开放战略决策的实施，边境贸易逐年扩大业务领域。通过中缅双方地方政府间的会谈，工商界人士间的洽谈以及友好往来频繁，增进友谊，为双边贸易打下良好的基础。清水河中缅界桥竣工，孟定镇升格为副县级镇，孟定清水河口岸开放为国家一类口岸，1990 年进出口额 2000 万元，2005 年进出口贸易总额 8319 万元。党的十八大以后，围绕国家扩大内陆沿边开放，加快实施国家面向

西南开放重要桥头堡战略，耿马加快对外开放力度，随着"一带一路"战略深入实施，国务院出台关于支持沿边重点地区开放开发若干政策措施的意见，孟定连接我国与南亚东南亚的"黄金通道"和走向印度洋的重要战略节点的区位优势将更加凸显。孟定为核心的临沧边境经济合作区和孟定国家级口岸被国务院纳入沿边重点开放地区支持名录，清水河口岸被国家批准为粮食进境指定口岸，昆明经清水河口岸至缅甸被列为云南省第五大出境通道，清水河口岸持护照通行获批。国门联检楼建设完成，口岸进出口货运量、出入境人员、出入境车辆年均增长 38.7%、24.2%、37.8%。与缅北地区友好互访活动持续深入，双边教育、卫生、文化、旅游、农业等领域的交流合作日益深化，在缅北地区合作开发特色农业产业化基地 60万亩。参与缅甸滚弄大桥援建项目。2023 年进出口贸易量 271.82 万吨，贸易额 17.57 亿美元。招商引资工作成效明显。紧盯长三角、泛珠三角、成渝地区，主动承接资源开发型、劳动密集型产业，加大对外宣传推介耿马力度，"走出去""请进来"战略步伐明显加快，招商引资促开放的乘数效应显著增强。积极参加南博会、茶博会、边交会等重要会展，与山东省兰陵县、临沭县缔结为友好县。全省沿边开放现场会和临沧市第五届边交会在耿马成功举办，耿马在全国、全省对外开放的区位优势更加凸显。

社会事业全面进步，人民共享幸福新生活

耿马立足长远，促进各项社会事业不断发展，基础设施明显改善，科教兴县战略稳步推进。制定出台义务教育和普通高中教育相关政策和措施，"两基"成果进一步巩固，推动义务教育均衡发展，实施学生营养改善计划工程，全县教学条件越来越好。九年义务教育巩固率达 94.17%，学前教育三年毛入园率达 85.4%，高考总上线率达 100%，特殊教育学校挂牌成立，劳动力平均受教育年限 11.2 年。加强对民间艺术、民族文化遗产的保护和传承，开发各少数民族的文化产品，成立县傣学会、县佤族学子助学

协会，发掘民族文化历史，打造民族文化精神品牌。《涞阶恩赛·女创拳》等一批优秀文艺节目荣获国家、省、市嘉奖。耿马歌舞团获得《人民日报》副刊头条专题报道，完成文化惠民演出 101 场，并受邀参加第四届中缅边交会缅甸内比都展演、第十七届云南省新剧展演等演出。泼水舞曲《UP 耿马》被央视新闻等多家核心媒体转发报道，浏览量突破 100 亿次。群舞《我是谁》作为临沧市唯一入选云南省新剧目展演作品，并获得多项殊荣。节目《拟声菠萝鼓》荣获云南省第十三届民族民间"歌舞乐"展演银奖。《勐相耿坎·傣拳师》在全省巡演。成功承办云南省第十五届运动会（青少年组）摔跤比赛。

统筹推进"蓝天、碧水、净土"保卫战。不断加大施工扬尘、秸秆焚烧等管控力度，整治"散乱污"企业 24 户，着力改善环境空气质量；压实河（湖）长制责任，加快推进水污染防治行动，乡（镇）镇区污水处理厂相继建成运行，全县集中式饮用水水源地和重点河流考核断面水质 100%达标。严厉打击破坏森林资源违法行为，扎实开展国土绿化行动，持续推进"森林耿马"建设，累计完成退耕还林 12.2 万亩，全县森林覆盖率达69.3%，成功创建"国家森林城市"。

扎实推进民族团结进步"十百千万示范创建"，宗教和顺，中华民族共同体意识不断铸牢。县乡村一体化管理和智慧医共体建设稳步推进，组建紧密型县域医共体总医院，全面提升县域医疗质量，耿马自治县人民医院发展成为集医疗、教学、科研、急救于一体的国家二级甲等综合性医院，孟定镇中心卫生院创建为二级医院，乡（镇）卫生院和村卫生室标准化建设全面达标，基本公共卫生全覆盖，慢性病得到有效管理。面对突如其来的新冠疫情，始终守住防疫底线，织密排查管控责任网，成功救治武汉输入病例，科学有序处置疫情；国门疾控中心耿马自治县新型冠状病毒核酸检测实验室建成投入使用。免疫规划疫苗接种率始终保持在 95% 以上，传染病得到有效控制，消除疟疾通过国家终审评估，县人民医院感染性疾病科荣获"全国三八红旗集体"称号；社会救助体系不断健全完善，共发放困难群众救助金 3.7 亿元；全面实施全民参保计划，医疗保障覆盖面不断提升，养老保险参保率达 95% 以上，基本医疗保险参保率达 98% 以上。累计提供就业岗位 4.3 万个，发放创业担保贷款 2.6 亿元，城镇登记失业率控制在 4.5% 以内。推进信用体系建设，创建信用乡镇 3 个，信用村 20个。"七五"普法顺利完成，深入推进和巩固无传销社区（村）、无传销网络平台创建成果，扫黑除恶治乱专项斗争圆满收官，群众安全感满意率达96.4% 。全县安全生产形势保持总体稳定，应急管理和防灾减灾能力全面提升，食品药品安全监管得到加强。

（中共耿马自治县委党史研究室）

党的光辉照边疆　边陲沧源更璀璨

——新中国成立 75 年来沧源经济社会发展综述

今年是新中国成立 75 周年，也是沧源解放 75 周年和自治县成立 60 周年。75 年峥嵘岁月，75 载春华秋实。沧源各族人民始终坚持中国共产党的领导和走中国特色社会主义道路，发扬爱党爱国、团结互助、自强不息的佤山精神，实现了经济社会发展的"千年跨越"，全县上下焕发出欣欣向荣的崭新面貌，各族人民逐步过上了幸福生活。

一、人民民主不断健全，各族群众翻身做主人

沧源，古时称"葫芦王地"。1934 年 12 月由澜沧县析置沧源设治局，故而得名。东汉、三国至东晋，属永昌郡辖区。唐朝，属南诏银生节度地辖区。宋朝，属大理永昌府地。元朝，分属木连、孟定路军民总管府辖区。明朝，分属孟连长官司和耿马安抚司管辖，1659 年李定国利用南明皇帝之名封班老部落头人达香温勐为班老王。清光绪十七年（1891 年），云贵总督王文韶奏准勐角董太爷罕荣高为勐角董世袭土千总，班洪首领岩果受封为土都司，准其世袭，赐"胡"姓，名玉山，颁发铜制"世袭班洪土都司"印一枚。1949 年 4 月岩帅佤族武装接受中国共产党的领导，成立沧源县临时人民政府，同年 5 月 6 日沧源获得解放，各族人民实现由被奴役压迫到翻身做了主人的历史性转变。当时由于尚未具备建立政治协商会议

和人民代表大会制度的条件，只能采取召开各族各界代表大会的形式来行使政治协商会议和人民代表大会的职能，1951 年 1 月至 1956 年 2 月共组织召开 6 届各族各界代表会议，发挥了各族各界代表民主协商、参政议政、团结进步的作用。1957 年 5 月中国人民政治协商会议沧源县委员会正式成立，建立了最广泛的爱国统一战线，人民当家作主的政治权利得到全面保障。1964 年 2 月 20 日召开沧源佤族自治县第一届人民代表大会第一次会议，同年 2 月 28 日沧源佤族自治县宣告成立，成为佤山沧源民主政治建设的新标杆。1990 年出台《沧源佤族自治县自治条例》，之后对条例进行了两次修订，为推动党的民族区域自治政策在沧源的落地生根提供了法律依据。2000 年开始全面推行村级体制改革，各族人民的民主政治和参政议政意识得到巩固提升。党的十八大以来，沧源坚持贯彻党的民族区域自治制度，深化党政机构和国企改革，不断巩固和完善地方人民代表大会和人民民主政治协商制度，进一步发展最广泛的爱国统一战线，充分体现坚持中国共产党领导、人民当家作主和依法治国的有机统一。

二、制度革新不断深化，社会形态千年跨越

1949 年以前，沧源大部分佤族地区仍然处于原始社会末期，社会发展不平衡，形态多样，部落头人制、封建土司制和保甲制呈现交叉并存的现象。位于中缅边缘山区的沧源岩帅、单甲等地区，处于原始公有制向私有制的过渡阶段，社会组织主要依靠村寨、家族头人、部落头人管理，社会经济中开始出现水田、旱地等生产资料的私有制，但是山林、荒地仍然归集体所有。部分靠近傣族聚居区边缘山区的班洪、班老等地，由于受傣族封建领主制的影响，依靠家族、部落的自身发展，社会组织出现封建领主制的雏形，开始产生阶级分化。中华人民共和国成立后，为了帮助边疆少数民族地区加快社会主义建设步伐，云南省委于 1953 年开始组织对边疆少数民族地区社会经济进行调查，提出了对民族地区采取不搞"土改"而是

"直接过渡"到社会主义社会的政策。1954年6月，经党中央批准，云南开始在景颇族、傈僳族、佤族、独龙族、怒族、布朗族、基诺族、德昂族等8个民族及部分拉祜族、苗族、瑶族约有66万人口的民族地区，采取特殊政策措施，帮助这些地区建设社会主义。结合边疆民族地区实际，针对不同地区、不同民族和不同人员采取了不同的措施。当时，在沧源主要采取了以下7项措施：一是对民族上层人士进行帮助、教育和改造；二是对民族上层人士进行妥善安置；三是对民族宗教上层人士进行妥善安置；四是组织民族头人参观团赴昆明参观；五是对民族上层人士采取"赎买"政策；六是加强与民族上层人士的沟通与联络；七是帮助"民族直过区"发展进步。到1955年底，沧源基本完成"直接过渡"改革，实现了土地公有制和"耕者有其田"的社会变革，社会形态实现由原始社会末期直接过渡到社会主义社会的"千年跨越"，全县上下呈现出边疆巩固、民族团结、经济发展和社会进步的新气象。1982年全面推行农村家庭联产承包责任制，极大地激发了人民群众生产的内生动力。1983年开展林业"三定"工作。1998年推行医疗卫生机构改革，同时推进深化教育、卫生、国有企业、城镇住房等领域改革，边疆现代社会形态进一步完善。

三、产业结构不断优化，县域经济提质增效

产业结构不断优化。新中国成立前，沧源经济形态仍然处于自给自足的个体小农经济状态，产业结构单一，生产力水平低下，"春播一片坡，秋收一土锅"，群众吃穿无保障，生活极度困苦。新中国成立初期，重点以发展农业生产为主。1954年创办首家国营企业勐角乡粮管所大米加工厂，民族工业从无到有。之后又兴办了电站、水泥厂、茶厂、糖厂、采矿厂等一批地方工业，开始发展商业、供销、外贸。三次产业比例由1952年的94.3∶2.2∶3.5调整为1977年的56.8∶10.6∶32.6。1978年以前，全国实行计划经济体制。1979年以后，按"以计划经济为主、市场调节为辅"，

开始实施经济体制改革，逐步缩小指令性计划范围。通过发展多种经营，推动产业结构调整。"十五"至"十一五"期间，进一步巩固提升传统优势产业，大力发展文化旅游业，2005 年启动中国佤族"摸你黑"狂欢节，区域发展优势明显增强。党的十八大以来，按照"农业产业化、产业生态化"的总体思路，实施生态立县、农业稳县、工业强县、人才兴县、旅游富县"五大战略"，积极发展竹子、核桃、蔗糖、茶叶、橡胶、烤烟、咖啡、果蔬、畜牧等高原特色农业。"十三五"以来，按照"大产业＋新主体＋新平台"发展思路和抓有机、创品牌、育龙头、拓市场、建平台、解难题的要求，巩固提升"蔗糖、茶叶、坚果、蔬菜、肉牛、烤烟、蜜蜂、粮食、竹子、橡胶"十大优势产业，2023 年全县烤烟、甘蔗、茶叶、橡胶、坚果、核桃种植面积分别达 2.5 万亩、12.8 万亩、12.2 万亩、13.2 万亩、10.2 万亩、35.4 万亩，同时积极培育蜜蜂等新型产业，推动地方产业结构调整。"十四五"以来，全面贯彻绿色发展理念和"3815"战略，按照"123456"工作路径，巩固提升传统产业，大力发展资源、口岸和园区三大经济，推进地方现代化工业的快速发展。2023 年底，三次产业比例调整为 31.3∶27.3∶41.4，产业结构进一步优化升级。

经济总量持续增长。全县地区生产总值由 1952 年的 404 万元增加到 2023 年的 67.58 亿元，其中 2008 年、2012 年、2014 年、2018 年、2020 年、2022 年分别实现地区生产总值突破 10 亿元、20 亿元、30 亿元、40 亿元、50 亿元、60 亿元大关，"十二五"至"十三五"期间，地区生产总值年均增幅保持在 8% 以上。受新冠疫情影响，2020 年、2021 年地区生产总值年增幅分别下降到 3%、5.4%，2022 年随着全国经济形势的逐渐回升，有效地推动县域经济发展。截至 2023 年底，全县工业企业由 1954 年的 1 个增加到 250 个，工业总产值由 1978 年的 0.02 亿元增加到 6.97 亿元，增长 266 倍；全县社会消费品零售总额由 1978 年的 0.1 亿元增加到 2023 年的 24.64 亿元；边境贸易进出口总额由 2010 年的 2.18 亿元发展到 2023 年的 13.5 亿元；财政总收入由 1978 年的 107 万元增加到 2023 年的 53308 万元。农村常住居民人均可支配收入由 1982 年的 192 元增加到 2023 年的 16110 元，增长 83.91 倍；城镇常住居民可支配收入由 2004 年的 6609 元增加到 2023 年的 36271 元，增长 5.49 倍。全县金融机构各项存款余额和贷款余额分别由 1978 年的 612 万元、572 万元发展到 2023 年的 54.12 亿元、38.73 亿元，分别增长 884 倍、677 倍。2023 年，全县农村集体经济收入总量达 3726 万元，93 个行政村集体经济收入达 10 万元以上，其中，100 万元以上的 10 个村，200 万元以上的 1 个村，23 个抵边村集体经济收入均达 15 万元以上。

小康目标如期实现。1980 年沧源县被列为享受国家欠发达地区扶持资金县，2001 年被国务院确定为国家扶贫开发工作重点县，2005 年实施整村推进扶贫和外资扶贫项目，2012 年被列为滇西边境片区贫困县。2014 年以来，聚焦"两不愁、三保障"，按照"六个精准"和"五个一批"的要求，全力打好脱贫攻坚战，全县农村贫困人口由 2014 年的 11171 户 41598 人减少到 2018 年的 508 户 1613 人，贫困发生率由 2014 年的 27.5% 降至 2018 年的 1.33%，完成了 5 个贫困乡（镇）、64 个建档立卡贫困村的脱贫退出，贫困乡（镇）退出率达 100%，贫困村退出率达 95.52%。2019 年 4 月，云南省委、省人民政府正式批准沧源县脱贫摘帽，实现全县各族人民与全国人民一道迈向小康社会。2021 年 8 月 19 日，习近平总书记给沧源县边境村老支书们的回信中指出："脱贫是迈向幸福生活的重要一步，我们要继续抓好乡村振兴、兴边富民，促进各民族群众共同富裕，促进边疆繁荣稳定。"沧源县各族人民牢记总书记嘱托，以现代化边境幸福村为抓手，全力推进乡村振兴，呈现出边民富、边疆美、边防固的良好局面。

四、投资建设不断加大，城乡面貌焕然一新

投资建设规模迅速扩大。新中国成立以来，特别是改革开放以来，沧源着力破解基础设施和产业薄弱的发展瓶颈，加大对交通、水利、电力、

通信等基础设施和基础产业的投入，并取得巨大成就。投资建设发展快、领域广、规模大令人瞩目，为全县经济持续、快速、健康发展奠定了坚实的物质基础。沧源县成立初期，全县固定资产投资仅有1万元，1978年完成100万元，2001年突破1.01亿元，2003年突破2.6亿元，2012年突破41.55亿元大关，2017年超108亿元。在投资强有力的支撑下，全县城乡建设迅猛发展，基础设施明显改善。

交通水利设施日益完善。新中国成立初期，沧源没有一条公路、没有一座电站，各族群众生产生活条件极为艰难。在国家的大力扶持下，组织实施交通、水利、电力、通信等基础设施建设。1955年建成第一条灌溉沟渠，1957年建成沧源第一条公路，1963年建成第一座蓄水工程和第一座水力发电站。1964年沧源各族群众积极响应毛泽东"农业学大寨、工业学大庆"的号召，全县上下掀起学习大寨运动的热潮，创造了"远学大寨、近学建设"的阿佤大寨典型。据县文史资料记载："建设大队的水田面积由学大寨活动前的400多亩增加到后来的1400亩，粮食总产量达108万斤，比学大寨活动前翻了两番。"截至1990年底，全县建成蓄水工程14件839.3万立方米和灌溉沟渠2618件，有水田面积98158亩，比1949年的水田面积增长5.8倍。党的十八大以来，各级党委政府秉持"各民族都是一家人，一家人都要过上好日子"理念，以实施精准扶贫为总抓手，整合社会力量，实施好脱贫攻坚三年行动计划和兴边富民工程改善沿边群众生产生活条件三年行动计划，3年累计投入33.91亿元，全方位推进水、电、路、民房、医疗、教育、网络等基础设施建设。2016年12月，沧源佤山机场建成通航，标志着沧源各族人民实现了飞天梦。2019年结合巩固拓展脱贫攻坚与乡村振兴有效衔接，按照"基础牢、产业兴、环境美、生活好、边疆稳、党建强"的要求，组织建设现代化边境幸福村，瑞孟高速（沧源段）等交通重点项目加快推进。截至2023年，全县公路总里程达2627.49公里，实现行政村村村通硬板路，自然村公路通畅率达95%；建成水库67座，总库容6221.88万立方米，有效灌溉面积23.43万亩，全面解决人畜饮水安全问题，水利化程度达 45.69%。全县供电可靠率达 99.63%。抓好城乡饮水安全工作建设，全面解决农村人畜饮水安全问题。

信息便利化程度明显提高。1952 年成立邮电局，开始开展邮政投递业务。1980 年实现 11 个乡镇 93 个行政村"村村通电话"。1990 年开通市内自动电话。2014 年全面实施了"村村通""户户通"高山台站等广播电视基础设施工程和移动电信基站覆盖工程，广播电视信号覆盖率达 100%，所有建制村、较大自然村和佤山机场至县城道路实现光纤网络、4G 信号全覆盖，有固定电话 7418 部、移动电话用户 173003 户、移动宽带用户 153877 户，全县进入了信息网络时代。

城乡人居环境日益改善。1987 年以前，沧源人民住的是权权房、走的是泥巴路。在国家的大力扶持下，历届县委、县政府注重加强民房、市政基础设施建设，组织实施了茅草房改造、易地扶贫搬迁安置、城镇建筑风貌改造、棚户区改造、城乡污水治理等重点工程，完善配套设施建设，不断提升人居环境质量。1988 年"11·6"地震灾后重建民房 10562 户，面积 121.46 万平方米，重建示范户 783 户。2012 年组织实施"佤山幸福工程"，完成投资 12.1 亿元，建成 8122 户 66.65 万平方米的新民居。2014 年至 2018 年累计投资 20.11 亿元，完成危房改造 21477 户。2022 年实施翁丁、葫芦小镇建设，被列入云南省 20 个创建全国一流特色小镇入选名单。截至 2023 年，全县城镇建成区面积达 5.48 平方公里，城镇化率达 35%。

五、社会事业不断发展，民生保障日臻完善

教育事业全面发展。新中国成立前，民国政府曾在沧源创办 10 所初级小学，时办时停。1952 年恢复 5 所小学，并创办贺南小学。1958 年创办第一所县级中学，仅招收初中生 1 班 28 人，1971 年增招高中生 2 班 103 人。1999 年实现"普及六年义务教育"目标，2000 年完成"基本扫除青壮年文盲"工作。截至 2023 年底，全县共建有各类学校 177 所，普惠性幼儿园

覆盖率达 100%，九年义务教育巩固率达 97.17%，高中阶段毛入学率达
94.62%，中职教育巩固率达 91.2%。

卫生医疗长足发展。新中国成立初期，全县没有一所医院，人们过着
"治病叫魂，生死由命"的日子。为了解决群众看病就医难问题，1952 年
从地方驻军部队抽调 6 名医务人员组建县级医院。1978 年全县有医疗机构
14 个，医务人员 189 人，病床 160 张。1998 年推行医疗卫生机构改革，私
立诊所和药店开始出现。2006 年全面推行新型农村医疗合作制度。2020 年
应对新冠疫情，坚持"四防四控"工作方针，全力织密群防群控网格防
线，在 2022 年底防控等级调整前，实现"零输入、零疑似、零感染"的
防疫佳绩。持续深化医疗卫生机构改革，加快推进爱国卫生"7 个专项行
动"和国家卫生县城创建，健康沧源建设成效显著。基本医疗保险参保率
和电子医保激活率分别为 95.71%、92.85%，均列全市第一。截至 2023
年底，全县共有卫生医疗机构 132 个，医务人员 1157 人，病床 752 张。

文化事业蓬勃发展。新中国成立初期，沧源没有一件像样的文化体
育设施，人们仅仅利用简陋的打歌场开展文化娱乐活动。在党和国家的
大力支持下，先后投资数亿元资金，1956 年创办新华书店，之后相继建
成文化馆、图书馆、体育场、影剧院、摸你黑文化广场等文体设施，截
至 2018 年，实现村村配备"万村书库"，所有的自然村都建有文化室和
篮球场。1964 年成立县民族文化工作队，被誉为"佤山乌兰牧骑"。截
至 2023 年，全县共建有业余文化宣传队 138 支。2003 年成立佤族文化
研究会和研究开发中心，加强佤族文化的保护和传承发展，现有非物质
文化遗产保护名录 7 类 145 项和非遗传承人 203 人，非遗展示馆 1 个。
编撰出版《中国少数民族大辞典系列·佤族卷》《佤汉大词典》《汉佤大
词典》《司岗里之子——佤族》以及《佤山部落·佤山人物系列丛书》
《人文沧源系列丛书》等 60 多套佤文化书籍。利用新米节等民族传统节
日，促进全县各民族之间交往交流交融，像石榴籽一样紧紧地抱在一起，
坚定铸牢中华民族共同体意识。2018 年，全县旅游人数达 367.72 万人

次，增长 57.45%，完成旅游总收入 29.84 亿元，增长 58.61%。截至 2023 年底，全县建成 12 个 A 级景区，其中 4A 级景区 3 个和 3A 级景区 3 个，2023 年全县接待游客 259.63 万人次，实现旅游收入 23.2 亿元，分别比上年增长 43.82%、61.22%。

科技事业稳步推进。1952 年建立县级医院，随后相继设立农业技术推广站、畜牧兽医站、卫生防疫站、水文气象站等科技机构。1954 年全县有各类专业技术人员 125 人。2008 年全县有各类专业技术人员 2570 人，其中高职人员 63 人，中职人员 621 人，少数民族科技人员 1722 人，妇女科技人员 1339 人。科技对全县经济社会发展的贡献率逐年提高。党的十八大以来，沧源加大现代科技的普及推广，培育高新技术企业 2 户，认定科技型企业 10 户，完成专业授权 24 件。在烤烟种植、茶叶加工、蜜蜂养殖、水泥生产等领域推广运用现代化新技术，如勐省糖厂白砂糖生产线智能化技术升级改造全面完成，产糖率居全省前列、全市第一。

六、强边固防不断加强，边境维稳更加巩固

历史上，外国侵略者曾经制造中缅南段边界未定界问题，导致发生黄果事件、班洪抗英等历史事件，边境维稳形势严峻。新中国成立初期，面对盘踞中缅边境的国民党"李弥残部"的武装侵扰，沧源各族人民义无反顾地进行了顽强抵抗，取得了 3 次沧源保卫战的全面胜利。75 年来，全县始终坚持党建引领，全面贯彻总体国家安全观，采取五级书记抓边防、五级段长守边境和网格化管理措施，强化基层党组织体系网引领社会治理体系网，构筑起"村村是堡垒、户户是哨所、人人是哨兵"的边境防控新格局。坚持"中华民族一家亲，同心共筑中国梦"总目标，紧扣"共同团结奋斗，共同繁荣发展"主题，以铸牢中华民族共同体意识为主线，采取"6+n"模式，高位推进全国民族团结进步示范县创建活动，2019 年 12 月被国家民委授予"全国民族团结进步示范县"称号。建成全省首个"石榴

籽书屋"和铸牢中华民族共同体意识主题广场 167 个，126 个单位被国家、省、市命名为"民族团结进步示范单位"。建成省级铸牢中华民族共同体意识教育实践基地。鲍卫忠同志被授予"时代楷模"，给习近平总书记写信的 10 位老支书团队被授予"云岭楷模"荣誉称号。2023 年建成班洪抗英纪念园省级爱国主义教育和国防教育基地、省级铸牢中华民族共同体意识教育实践基地，推动各民族坚定对伟大祖国、中华民族、中华文化、中国共产党和中国特色社会主义的高度认同。

七、绿美沧源不断推进，生态环境持续向好

历史上的沧源，曾经是一个绿荫蔽日的地方。后来，由于受当地"刀耕火种、毁林开荒"落后生产方式的影响，特别是 1958 年掀起的"大跃进"、大炼钢铁生产运动，全县森林植被受到严重破坏。1970 年全县森林覆盖率下降到 10.7%，导致水土流失严重和洪涝灾害频发。1978 年以来，按照中央关于"不把荒山留给子孙后代"的总体要求，积极开展山、水、河、路、田、城镇、村庄生态综合治理，实行退耕还林、封山育林、石漠化综合治理、特色经济林等林业重点工程。1983 年开展林业"三定"工作，调动群众造林、护林的积极性，1990 年全县森林覆盖率恢复到24.4%。2002 年开始实施退耕还林还草工程。2007 年全面深化集体林权制度改革，明确了林地的使用权、所有权和经营权，激发了人民群众植树造林的主动性和积极性。党的十八大以来，全县上下认真贯彻落实习近平生态文明思想，2011 年被授予"全国生态文明先进县"。2013 年以来持续推进"森林沧源"建设，县城绿化覆盖率 40%，乡镇政府驻地绿化覆盖率达37%，行政村驻地绿化覆盖率达 30% 以上，省道绿化率达到 100%，县乡村道绿化率达到 97% 以上，被全国绿化委员会授予"全国绿化模范单位（县、市、区）"荣誉称号。2017 年成功创建"国家森林城市"。2021 年以来，以建设"绿美沧源"为抓手，高位推进生态文明建设，建成绿美示范

点 82 个。全面推行河湖长制和林长制，整治乱占、乱采、乱伐等现象。2022 年全面推进砂石资源保护开发和整治规范管理，关闭砂场 35 个、石场 22 个，关闭 15 座非煤矿山，3 个采矿权、6 个探矿权退出自然保护区及生态红线。成功创建国家森林城市、云南省园林县城，成为首批"云南省美丽县城"。截至 2023 年底，全县完成退耕还林面积 13.47 万亩，其中新一轮退耕还林面积 6.97 万亩。完成石漠化综合治理面积 14.83 万亩（其中：人工造林 2.78 万亩，封山育林 12.04 万亩），森林覆盖率达 75%。

回顾 75 年波澜壮阔的奋斗历程，沧源经济社会发展硕果累累。展望新征程新目标，沧源各族人民坚持以党的二十大精神为指引，深入贯彻落实习近平总书记"三好"要求，团结协作，砥砺前行，踔厉奋发，不断开创建设好美丽家园、维护好民族团结、守护好神圣国土的新局面。

（政协沧源自治县委员会）

风雨兼程　书写华章

——双江自治县经济社会发展综述

双江是醉卧北回归线上的一隅美景，北回归线横穿县城，境内立体气候明显，生物多样性突出。这里光照充足，雨量充沛，草经冬不枯，花非春不谢，被誉为"北回归线上的绿色明珠"。

双江因水而得名。与象征中华民族摇篮的长江、黄河同源于青藏高原的澜沧江和土生土长的小黑江在这里交汇，不仅滋养了一方承载着24个民族的独特乡土，还成就了"双江"这一朴实而温馨的县名。

双江因茶而闻名。双江不仅在明朝就大面积种茶，而且境内还生长着世界上海拔最高、面积最广、密度最大、原始植被保存最完整、抗逆性最强的野生古茶树群落，被有关权威机构授予"世界古茶原乡第一标志地""中国国土古茶树种质基因宝库"等称号，野生古茶树群核心区被确定为"云南省双江古茶山国家森林公园"，双江勐库古茶园与茶文化系统被国家农业部认定为全国重要的农业文化遗产，已列入全球重要农业文化遗产预备名单。双江是全国重点产茶县、全国最美茶乡、云南省高原特色现代农业茶产业十强县。2023年末，全县茶园总面积34.08万亩，毛茶产量2.3万吨，精制茶1.8万吨，实现综合产值88亿元。

双江因多元民族文化引人入胜。境内居住着23种少数民族，少数民族人口8.14万人，占总人口的46%。1985年6月11日，经国务院批准，撤销双江县，设立双江拉祜族佤族布朗族傣族自治县。千百年来，双江各民族同生共荣，共同演绎了生命之态、自然之态、和谐之态的双江多元民族文化，被誉为"中国多元民族文化之乡"。

75年来，双江在成长的路上经历过坎坷，经历过彷徨，但始终紧随新中国一起走来，也必将紧随富强的祖国走向中国式现代化，实现民族复兴的未来……

解放前：生生不息困于贫

双江西汉为益州郡哀牢地，东汉为永昌郡闽濮地，蜀汉、西晋为永昌郡濮满部地，南朝为永昌郡地，唐南诏为永昌节度地，宋大理国为永昌府蒲满地，元朝为云南行省谋粘路管辖，称"蒲满"和"倮黑"部地，明朝至清朝初期属顺宁府，清朝中期为缅宁厅勐勐巡检司和迤南道镇边直隶厅上改心巡检司地。民国18年（1929年）置双江县，隶属保山督察专员公署。1940年改隶蒙化行政督察专员公署。1950年12月3日，县人民政府成立，隶属保山专区。1952年底划归新设缅宁专区。1958年底临沧、双江合并成立临双县，1959年10月临沧、双江分设，恢复双江县建制。

千百年来，双江各族人民在这里繁衍生息，勤劳勇敢的各族儿女世世代代不懈努力，始终没有摆脱贫穷的困扰。

"要下双江坝，先把老婆嫁。"解放前双江流传着这样一句民间谚语，因为坝区瘴毒，没有人敢下坝居住，以身尝试。据彭桂萼先生在《双江一瞥》中描述："当时人们住在用竹草建成的罩笼房，留存器物多用竹笼竹管，挑水煮饭用土锅瓦罐，随身一把铁质长刀，一身银质首饰，一套犁耙锄头，拉祜族、佤族等休息仅靠被单草席，甚至睡在滑无一物的木板或竹笆上，他们靠近火塘而睡，烧火取暖。而仅靠陶、竹、木等自然物品的这种生产生活方式使他们很少与外界交往。"

大山的天然屏障保护了这里的人民，同时也阻隔了与外界的联系。由于缺乏与外界联系的机会和条件，经济社会发展十分缓慢。人民生活长期处于贫穷落后状态，宗教寄托、祭祀求神、占卜问卦、诉说求助等落后思想长期持续。解放前，各民族水田耕作面积不到总耕地面积的10%，经济落后，生产率低，耕作条件差，水利设施少，刀耕火种突出，生产水平很低，农民劳动一年，收入难解温饱，群众生活水深火热，大部分时间吃的是山茅野菜，睡的是竹笆床，盖的是"火塘被"（烤火取暖）。工业仅有湾河土法冶炼的少量生铁，商业和手工业也仅为微利的小商小贩，集市贸易多为茶叶及农副产品和土陶制品，商品交换则多为以物易物。

由于解放前封建专制的长期统治，阶级压迫、民族压迫、民族歧视和帝国主义、殖民主义的文化侵略，加之地处偏僻、交通闭塞、文教落后，据记载，1933年，双江人口54332人，其中，未成年男子识字者573人、不识字者6256人，女子识字者29人、不识字者5853人，即识字者均占5%。成年男子识字者83人，女子0人，不识字者男子有11474人，女子10030人，识字者占比不到1%，文盲率在99%以上。各种反动武装林立，经常械斗火拼，使双江长期形成地方割据局面，各民族生活极贫极困。

1948年，为配合全国的解放战争，中共云南省工委派出大批干部到农村开展武装斗争，其中，中共地下党员李培伦被派到双江开辟革命新区。通过李培伦等人的开导动员，双江开明人士浦世民毅然投入到革命斗争洪流之中，在双江圈控聚集了汉族、拉祜族、傣族、布朗族等组成的150多人的队伍，在1949年3月7日（农历二月八）举行"圈控起义"，打响了双缅（双江、临沧）武装起义的第一枪，为双江全面解放奠定了坚实基础。

解放后：艰难曲折向前行

解放之初，双江县委根据双江地处边疆、民族众多、宗教盛行、土匪猖獗的严峻形势，积极开展统战工作，最广泛地团结全社会进步力量，从双江多种社会形态并存的实际出发，采取不同的方式，在少数民族聚居区进行民主改革和社会主义改造，解决少数民族内部压迫和内部剥削问题，确立了社会主义制度，双江的拉祜族、佤族、布朗族直接跨越了社会历史发展阶段，与全县各族人民一同过渡到社会主义社会，落实了党的民族宗教政策，党的领导为双江各族人民撑起了一片天。

1950年县人民政府成立，双江一无工业，二无作坊，除占总人口5.45%的傣族居住在坝区外，其他全部居住在山区并以农耕为主，拉祜族、佤族、布朗族等不同程度地保持着半农半猎的半原始社会状态。1950年，县人民政府成立时，全县工农业总产值仅为698万元。

县人民政府十分重视民族工作，认真贯彻执行党中央制定的边疆少数民族地区工作方针、政策。1951年，县人民政府先后召开民国时期的乡（镇）人员会议、各民族代表人物会议和各族各界代表会议，宣传共产党的民族政策，鼓励民族上层消除民族压迫，调解民族纠纷，鼓励发展生产。同时，积极发展民族贸易，解决各民族人民生产生活中的困难，收购茶叶、农副土特产品，扶持各族人民发展生产。全县出现了民族团结，社会安定，各族人民安居乐业，积极发展生产的局面。在民主改革时期，党和政府把双江列为缓冲区，实行和平协商土地改革政策，农业合作化时期，邦丙南协、沙河勐峨两个佤族聚居区直接从原始社会过渡到社会主义社会。

此外，还十分重视少数民族干部的培养，选拔了一批出身好、阶级觉悟高、有一定工作能力的少数民族干部，充实干部职工队伍。1961年全县有少数民族干部286人，占干部总数的24.16%，其中本地少数民族干部186人，占干部总数的15.7%。

双江是个农业县，县人民政府成立以后，经过减租退押、镇压反革命、清匪反霸等运动，1955年胜利完成和平协商土地改革，废除了封建领主和封建地主所有制，完成了对农业、手工业的改造，解放和促进了生产力的发展。1953年，全县粮食总产量仅1905.5万千克；1960年，全县粮食总产2505万千克，为人民政府成立后最高年产量。1961—1979年，由于受"左"的思想干扰和"文化大革命"的破坏，粮食产量始终在2500～3000万千克之间徘徊。1957年，全县工农业总产值达1288万元。1958年"大跃进"，以高指标、浮夸风、"共产风"和瞎指挥为主要标志的"左"倾错误泛滥，严重挫伤了农民的积极性，粮食产量停滞不前，人民生活水平也大幅度降低，农村出现大量水肿干瘪病人。经过贯彻中央"调整、巩固、充实、提高"的方针，1961年撤销人民公社体制，恢复区、乡建制，农村恢复合作社体制，恢复社员自留地，农业生产得以较好地恢复。1965年，工农业总产值达1489万元。1966年开始的"文化大革命"使工农业生产遭到严重破坏。1968年又恢复人民公社体制，片面强调"学大寨"，大割"资本主义尾巴"，没收社员自留地，工农业生产发展速度放缓，到1976年工农业总产值仅2226万元。

1950年以前，农田用水仅靠一些小沟渠或竹木笕槽引用河溪灌溉，1949年有效灌溉面积仅2.7万亩，只占水田面积76111亩的35.47%，加之沟渠失修，河道失治，山林火灾十分突出，旱涝灾害连年不断，严重影响了农业生产的发展。50年代以后，在国家的大力支持下，全县人民艰苦奋斗，自力更生，投工投劳开挖沟渠，引水灌溉，筑堤打坝，治理河道，防止洪涝灾害。经过近40年的努力，建成了一批水利设施，改善了农田灌溉条件。1955—1956年，新开挖17.2公里的勐勐大沟，保灌面积5900亩。1958—1980年，全县建成小（一）型水库7座、小（二）型水库10座、小坝塘9座、2公里以上沟渠30条、电灌站7站，总控水量可灌溉76358亩，占全县水田总面积的82%。

全县有林业用地216.65万亩，占全县土地总面积324.75万亩的66.7%。经普查，全县森林资源丰富，有62科、145属、288种。主要树种有云南松、思茅松、华山松，经济植物有茶、橡胶、钝叶黄檀、芒果及竹类。

电力事业从无到有，从小到大。1957年国营双江农场投资，利用勐勐大沟水，建成装机20千瓦小水电站，后因水轮机损坏而废置。1967年邦协乡（现邦丙乡邦协村）自筹建成装机 48 千瓦电站。1969 年投资建成装机 60 千瓦的大河湾水轮泵电站。1970 年建成 2×500 千瓦的小黑江水电站。1971 年建成 236 千瓦的嘎告水电站。

1949 年以前，仅有土法冶炼的湾河铁厂生产少量生铁，供小农具生产之用，后停止生产。县人民政府成立后，1953 年恢复开办湾河铁厂，当年生产生铁 126 吨，产值 7 万元，使双江国民经济中第一次出现工业产值。1953—1965 年，先后办起农具、原煤、伐木、粮油加工、副食品加工、制糖、小五金等一批厂矿企业，工业总产值为 53 万元，比 1953 年增长 6.57 倍。1966—1976 年，"文化大革命"期间，虽然新建了一批工业企业，但发展缓慢。厂矿企业办办停停，产量、产值效益不高。1976 年"文化大革命"结束时，全县有工业企业 33 个，工业总产值仅 309 万元，占工农业总产值的 19.3%。

1950 年以前，交通极为不便，陆路全是在崇山峻岭、陡坡深箐、高山深谷之中的山间小路，交通运输全靠人背马驮，贸易往来十分困难。1954 年海（坝）孟（定）公路双江段通车，贯穿勐库、勐勐、沙河 3 个乡镇，全长 65 公里。从此，双江各族人民摆脱了千百年来山川阻隔道路崎岖的落后状况。

民国时期双江没有城镇建设，1929 年置县后，县政府冬春住勐勐、夏秋住沙河那赛营盘。1952 年底正式搬迁勐勐，1955 年在勐勐城岗坡脚新建自北向南新街，全长 826 米、宽 15 米的混凝土路面。

教育、科技、医疗卫生等事业有较大的发展。

1948 年底前，全县有高、初级小学 43 所，教师 50 余人，在校生 1300 余人。1930—1940 年，曾开办乡村师范和省立双江简易师范，培训师资 2 个班 80 人，简师 3 个班 170 人。1943—1948 年，开办双江初级中学 1 所，先后招收 6 个班 200 余人。到 1950 年人民政府成立时，仅存勐勐、丙山两所小学，教师 4 人，学生 87 人。1965 年底至 1966 年初共有小学 227 所，其中民办 64 所、耕读 51 所、巡回教学 33 所，在校生 8353 人。校内外适龄儿童 11930 人，入学 7158 人，入学率 60%。1966 年 8 月，学校停课，小学教师分别集中在县城和勐库搞"文化大革命"运动。1975 年又掀起办高小的高潮，1976 年完小达 193 所、初小 156 所，在校生中初小生 15691 人、高小生 2556 人。由于教师不足，大量补充民办教师，致使教学质量严重下降。

科学技术事业从无到有，科技队伍不断壮大。1952 年，全县有科技人员 2 人（医生 1 人、农业技术员 1 人）；1957 年有技术员 41 人；1965 年有技术员 103 人；1978 年有 253 人。全县已有农技、农机、林业、水利、电力、水文、气象、茶叶、地震测报等科技部门成立。

1951 年 3 月 19 日，在营盘成立县人民卫生院，仅有一间小的破旧房，有护士 2 人、卫生检查员 2 人。1952 年 9 月，医院搬迁到勐勐坝，在县城南象山基督教堂（县委党校旧址）建医院。1953 年设门诊部、住院部，有病床 15 张。1965 年，县医院从基督教堂搬出，在南摆河南侧建院，人员增加到 32 人。1952—1974 年，全县成立了 7 个公社（区）卫生所。

此外，文化艺术、群众体育等事业也得到较大发展。

改革开放：激发活力展新颜

1978 年，党的十一届三中全会作出了把党和国家工作中心转移到经济建设上来的历史性抉择，开启了中国改革开放的新纪元。改革开放以来，在党的精神指引下，双江自治县委、县人民政府团结和带领全县各族干部群众，始终坚持以邓小平理论、"三个代表"重要思想、科学发展观为指导，坚持以经济建设为中心、以加快发展为主题，解放思想、实事求是、开拓创新、与时俱进，不断深化县情认识，不断厘清和完善发展思路，采取有力措施、真抓实干促进了全县经济和社会各项事业的持续、健康、协调发展，保持了边疆社会稳定、经济发展、民族团结的良好局面。

——农业基础日趋巩固，农村经济快速发展。党的十一届三中全会后，双江农村实行经济体制改革，1979 年建立了联产计酬的生产责任制，1980 年推行联产承包责任制，在农业综合开发、扶贫开发、西部大开发等国家政策扶持下，以中低产田改造、高稳产农田建设、农业综合示范区建设、农田水利为重点的农业基础设施建设逐年加强，农业科技、农业机械作为增产增收、解放生产力和获得经济效益的手段也被农民所重视，农作物良种及农技的推广、农业机械的应用和逐步普及，大大提高了农业生产效率，促进了农业耕作的科学化，全县粮食产量迅速增长，连年创历史纪录。2011 年全县粮食产量达到 6.41 万吨，比 1978 年的 3.57 万吨增加 2.84 万吨。同时，加大农业产业结构调整，大力发展以茶、蔗、林为主的特色产业，形成了粮食作物与经济作物协调发展的基本格局。2011 年，甘蔗种植面积达 11.53 万亩，茶叶种植面积达 12.45 万亩，泡核桃种植面积达 52.52 万亩，烤烟种植面积达 1.54 万亩，畜牧业逐渐发展成为农村经济的支柱产业。全县实现农业总产值 82994 万元，比 1978 年的 2051 万元增加 80943 万元，增长 40.5 倍。

——**工业经济快速发展，规模效益显著提高**。1978 年，双江工业基础仍很薄弱。改革开放后，县委、县人民政府按照国家经济建设的宏观要求，采取了一系列发展县域经济的措施，工业整体实力不断增强，工业生产迅速增长。县委、县人民政府建立县级领导联系帮扶重点企业制度，派驻企业帮扶工作组，加大对工业企业的组织领导和工作力度，结构调整取得显著效果，民营经济迅猛发展，初步形成了蔗糖、茶业、林纸业、林化工、矿冶业等工业产业集群，工业经济质量和效益显著提高。到 2011 年，完成工业总产值 89934 万元，比 1978 年的 593 万元增加 89341 万元，增长 151 倍。

——**基础设施成效明显，社会事业稳步发展**。基础设施建设滞后一直是制约双江经济发展的主要瓶颈。改革开放后，全县公路基础设施建设坚持统筹规划、优先发展，1998 年 3 月 13 日，勐库镇冰岛办事处通车，至此全县 73 个行政村实现村村通公路；2003 年 5 月 7 日，县城至邦丙弹石路建设工程通过地区验收，全县县乡公路全部实现弹石化。2011 年，全县拥有公路总里程 3535.48 公里，是 1978 年 451.1 公里的 7.8 倍。1978 年，县内仅有长途载波电话电路 3 条。20 世纪 90 年代后，邮电通讯业务逐步扩展，建成了业务种类齐全、网点密布的公用邮政网。1996 年双江自治县开通移动通信业务，2001 年双江县城及乡镇开通数字数据业务。到 2011 年末，全县固定电话用户累计约 15592 户，宽带业务用户数约 3520 户。县委、县人民政府制定并全面实施了科教兴县战略，1994 年双江自治县启动"两基"工作，1999—2002 年，"普六""普九"先后通过省人民政府验收。到 2011 年，全县共有各级各类学校 146 所，有中小学校（园）在校生（幼儿）29003 人，有教职工 1909 人（专任教师 1651 人）；小学适龄儿童入学率 99.32%，初中毛入学率 97.23%，青壮年文盲率降至 2% 以下，人均受教育年限达 6.66 年。全县学校占地 101.2 万平方米（约 1518 亩），校舍建筑面积 17.6 万平方米；中学生均校舍面积 6.96 平方米，小学生均校舍面积 6.83 平方米。2001 年，双江被评为全国"两基"工作先进县。20 世纪 80 年代前，双江文化活动主要是电影放映。随着改革开放政策的落实，双江实施文化惠民工程，文化市场很快活跃起来。到 2011 年，全县共有文化经营单位 60 余家，建成县文化广场、县宣传文化中心，有乡（镇）文化站 7 个、村文化室 80 余个；有公共图书馆 1 个，馆藏图书 60730 册，乡村文化站配有图书 6600 余册。全县广播、电视覆盖率分别达 96%、95%。拉祜族葫芦笙舞、打陀螺被列入省级非物质文化遗产保护项目，拉祜族 72 套路打歌、布朗族蜂桶鼓舞得到恢复和传承。改革开放后，随着公共卫生安全预防措施的进一步加强，城乡医疗条件逐步改善。2011 年末，全县有医疗卫生机构 97 个，卫生机构床位 401 张，卫生技术人员 346 人。1993 年，双江自治县启动企业职工养老保险工作，1996 年开展农村养老保险投保并获得成功。1999 年，实施城镇居民低保制度。

——**经济持续健康发展，民生福祉不断提高**。1986 年 11 月，双江自治县被列为国家级重点扶持贫困县，县内的大文、忙糯、邦丙、贺六、勐库等5个乡镇为省级扶贫攻坚乡。通过"七五""八五"两个时期的扶贫开发建设，贫困落后的面貌得到了很大改观。1978年，全县经济总量2644万元，全县地方级财政收入170.4万元。改革开放后，全县始终坚持靠改革求发展，到1991年全县经济总量翻番，达到1.06亿元。1993年地方级财政收入超过了1000万元，达到1125万元。20世纪90年代中后期，在实施国有经济战略性调整的同时，经济成分向多元化方向发展，基本实现了由单一的公有制经济向多种所有制经济共同发展的转变，经济进入高速增长期。同时，经济发展的活力持续增强，经济总量屡创新高，到2011年末，全县实现生产总值18.27亿元，是1978年2644万元的690倍；完成地方财政收入1.88亿元，财政总支出11.08亿元。农民人均纯收入1978年不足百元，2011年达3978元。

——**党的建设不断加强，和谐双江展现新彩**。县委始终坚持从思想上、组织上、作风上和制度上推进党的建设。1991年，在全县农村开展了社会主义思想教育活动；1995—2000年在全县农村分6批开展了基层组织建设工作，在此基础上，开展了党建"三级联创活动"及"云岭先锋"工程建设；2000年后，以"三讲""三个代表""团结干事""先进性教育"为主要内容的党性党风教育取得实效，党组织的凝聚力、战斗力进一步增强。认真贯彻落实《党政领导干部选拔任用工作条例》，推行公开选拔、任前公示、竞争上岗、领导干部任期经济责任审计等制度，加大干部的交流任用、挂职锻炼、学习培训和妇女干部、少数民族干部、党外干部的选拔培养力度，一批德才兼备、年富力强的优秀干部不断脱颖而出。加大党风廉政建设和反腐败斗争力度，查处社会影响面较大的严重违纪违法案件，纪检监察机关在人民群众心目中的威信明显提高。各级组织民主决策、民主监督的程序和制度进一步建立健全。全县顺利完成了"四五"普法规划；全面开展厂务公开、村务公开、政务公开、警务公开和校务公开工作，深入开展社会治安综合治理，创建和巩固了"无毒县""平安县"。依法修订并公布施行了《云南省双江拉祜族佤族布朗族傣族自治县自治条例》等自治法规，民族区域自治制度得到较好地贯彻落实，各民族团结和睦，爱国统一战线进一步得到巩固和发展。全县广大党员干部中逐渐形成了顾全大局、珍惜团结、维护稳定，积极关心和支持经济社会发展的良好氛围。国防教育和"双拥"工作健康发展，军政军民警民关系更加密切，有力地维护和促进了民族团结、边疆稳定，先后被评为"全国民族工作先进县""民族团结进步模范自治县"。

走进新时代：逐梦奋进谱新篇

党的十八大以来，县委、县人民政府深入学习贯彻习近平新时代中国特色社会主义思想，全面贯彻落实习近平总书记考察云南重要讲话、重要指示批示和给沧源县边境村老支书们的重要回信精神，统筹推进"五位一体"总体布局、协调推进"四个全面"战略布局，牢记嘱托、感恩奋进，同步全面建成小康社会，为全面推进双江高质量跨越发展奠定了坚实基础。全县地区生产总值由 2011 年的 18.27 亿元增加到 2023 年的 81.5 亿元；财政总收入则由 1.88 亿元增加到 3.15 亿元；全县固定资产投资达 55.5 亿元，年均增长 26%；城镇常住居民人均可支配收入达 33626 元，年均增长 7.9%；农村常住居民人均可支配收入达 14175 元，年均增长 9.8%。三次产业结构由 32.9:35.9:31.9 优化为 31.14:26.25:42.61。一个个跃动的数字展现的是党的十八大以来，双江砥砺奋进的蓬勃生机。

——决胜脱贫建成小康。在这场史诗般的"战役"中，双江把脱贫攻坚作为最大政治任务和第一民生工程，围绕"两不愁三保障"，推进产业扶贫、安居扶贫、教育扶贫等十大脱贫工程，打出一套脱真贫、真脱贫的组合拳，探索出"民族融合与脱贫攻坚相互促进、基层党建引领脱贫攻坚方向、特色产业筑牢脱贫攻坚基础、以人为本提升脱贫攻坚内力"等一系列可复制、可推广的"双江经验"，累计投入扶贫资金 33.8 亿元，全面改善全县水、电、路、网等基础设施，建成农业产业化基地 150 万亩，2 个贫困乡（镇）、32 个贫困村脱贫退出，7493 户 28578 人贫困人口全部脱贫。长久以来困扰全县人民的区域性整体贫困和绝对贫困问题得到了历史性解决。2018 年 12 月，双江自治县通过上级脱贫验收，成功脱贫摘帽。脱贫摘帽不是终点，而是新生活、新奋斗的起点。近年来，双江自治县坚决落实"四个不摘"，建立健全了防止返贫监测和帮扶机制，扎实推动实现巩固拓展脱贫攻坚成果同乡村振兴有效衔接，并举全县之力，统筹安排、强力推进，让包括脱贫群众在内的广大人民过上更加美好的生活，朝着逐步实现全体人民共同富裕的目标继续前进。

——**产业发展提质增效**。截至 2023 年，粮食产量实现 15 年连增达 7.75 万吨；实现茶园面积 34 万亩以上，有机茶园认证面积 13 万亩以上，毛茶产量 2.3 万吨以上，综合产值 88 亿元以上；甘蔗总面积突破 10 万亩，实现工农业总产值 5.8 亿元；收购烟叶 7.01 万担，实现产值 1.18 亿元，烟农户均增收 5 万元；渔业、畜牧业实现农业产值 11.6 亿元；果蔬产业实现农业产值 3.79 亿元；核桃、坚果、咖啡产业稳步发展。大黄藤、滇黄精等中药材种植面积达 6.41 万亩，实现农业产值 2.82 亿元。推进林板一体化发展，新建示范样板林基地 1088 亩。新型农业经营主体不断壮大，全县农业企业达 558 户，农民专业合作社达 384 个。建成"绿色食品牌"产业基地 29 个，获得"三品一标"认证 117 个。有效注册商标 6146 件，居全市第二。双江成功入选国家级农业现代化示范区创建名单。非公有制经济总户数达 16240 户，民营经济增加值占 GDP 比重达 49%。

——**发展基础更加夯实**。创建国家可持续发展议程创新示范区项目加速推进。临双高速建成通车，双江结束了没有高速的历史，临清高速（双江段）建成，双源高速动工建设，临清铁路、双澜高速项目前期有序推进。县、乡、村道路全部实现硬化，乡（镇）、行政村通客车率均达 100%，全县通车里程达 5446 公里。目前，双江已建成了"一环、二纵、四连接"的公路网络，一环：即勐勐－邦丙－大文－忙糯－勐勐环线，勐黄线和勐忙线环绕邦丙、大文、忙糯和勐勐；二纵：即临双二级公路和临双高速公路由北向南穿过双江县城；四连接：即忙圈公路向东连接国道323 线，赛罕路向南连接澜沧县境内国道 214 线，双耿线向西连接耿马县四排山乡，林勐线公路向北连接临翔区南美乡。建成第二水厂和各类水利工程 4811 件，县城供水和农村自来水普及率分别达 100%、98%，耕地有效灌溉率达 64.31%。所有建制村 5G 网络、电信光网、广播电视实现全覆盖。全县供电可靠率达 99.6%。

　　——城乡面貌焕然一新。"美丽城镇"彰显魅力。围绕"看得见山、望得见水、记得住乡愁"的总体发展思路，以"北进、南跨、西引、东限"为城市空间发展方向，抓实海绵城市建设、城市综合管廊改造、县城绿化美化亮化工程建设和"美丽县城"建设。形成"一廊、双城、三心、九组团"的城市空间结构。城镇建成区面积达 7.43 平方公里，城镇化水平达 43.1%。累计实施城镇棚户区改造 2202 套（户）、老旧小区改造2450 户；县城供水普及率、城市生活垃圾无害化处理率、城镇生活污水集中处理率均达 100%；体育公园、城市中心公园相继建成，人均公园绿地面积达 10.4 平方米；完成增花增绿增果 30 余万株，建成区绿地率达36.9%，常住人口城镇化率达 36.5%。扎实抓好特色小城镇建设，勐库特色小城镇规划通过国家级评审，勐库冰岛茶特色小镇建设竣工投入使用，邦丙乡布朗族小镇建设有序推进，大文乡扶持布朗族发展示范项目取得新成效。"美丽乡村"展现新姿。围绕"产业兴旺、生态宜居、乡风文明、治理有效、生活富裕"的总要求，以城乡"四治三改一拆一增"和农村"七改三清"工作为抓手，全面提升城乡人居环境。大力实施"厕所革命"，新建和改造公厕 416 座，建成垃圾池 380 个、自燃式垃圾热处理项目6 个、污水处理设施 14 个。扎实抓好美丽宜居乡村建设，建成美丽宜居乡村 42 个，完成旧村改造 97 个、洁净村庄 120 个、洁净庭院 1500 户，农村人居环境得到切实改善。建成农村户厕 31489 座、农村公厕 754 座。围绕凤云临双一体化城镇带建设，全面开展勐库镇、沙河乡乡村振兴示范乡（镇）建设，大荒田村、南宋村、闷乐村、华侨社区等 15 个行政村（社区）精品示范村建设有序推进；来冷、公弄大寨、那京、景亢、清平大寨、小坝子、忙安等 150 个自然村（组）美丽村庄建设取得阶段性成果，城乡人居环境得到切实改善。

——生态环境显著改善。认真践行"绿水青山就是金山银山"的发展理念，全面建立"河长、湖长、街长、路长、园长、林长"六长管理机制，全面打响"蓝天、碧水、净土"保卫战。完成植树造林 31.13 万亩，森林覆盖率达 70.73%。中央、省环保督察反馈问题全面整改。年环境空气质量优良率保持在 97.2% 以上，城镇饮用水水质优良率、河流监测断面水质达标率均达 100%，河（湖）长制实现全覆盖，勐勐河、南等水库被评为省级"美丽河湖"；完成第二次全国污染源普查工作。先后被授予"省级园林县城""省级生态文明县""国家森林城市""履行《联合国森林文书》示范单位"。

——文化旅游蓬勃发展。"四个一百"工程扎实推进。佤族鸡枞陀螺列入国家非遗保护名录，拉祜族祭岩蜂等 10 个项目列入市级非物质文化遗产保护名录。布朗族研究会被授予"2019 年临沧市社会科学普及示范基地"，《双江县志（1978－2005）》编纂发行。编制完成《双江自治县乡村旅游发展规划》《双江自治县全域旅游发展规划（2022－2035 年)》《双江自治县全域旅游示范区创建三年行动计划（2022－2025 年)》和 520 个村庄规划，制定下发了《双江自治县金融支持乡村旅游实施方案》《双江自治县财政金融支持乡村振兴示范县"惠农贷"实施办法（试行)》等政策文件，支持乡村旅游健康发展。截至 2023 年，成功创建国家 AAAA 级旅游景区 1 个、国家 AAA 级旅游景区 5 个、全国乡村旅游重点村 2 个，云南省旅游名镇 1 个、云南省旅游名村 3 个，临沧市乡村旅游品牌村 4 个、绿美景区 1 个，1 个酒店列入全省最美半山酒店评定名单。引入旅行社 1 家，成立旅游公司 2 个。2020 年被省人民政府认定为"云南省旅游扶贫示范县"，沙河乡被认定为云南省旅游扶贫示范乡；2023 年景亢自然村被评为省级"最美乡愁旅游地"。此外，围绕"茶香双江"品牌定位，抓住"一县一业"示范县创建机遇，以茶旅融合为主线，文旅融合为载体的乡村旅游格局初具雏形。创新建立"党支部＋旅游公司＋农民合作社＋互联网＋农户"的党建引领乡村旅游机制。实施"乡情聚才"行动，搭建"招商引资＋乡贤＋产业发展"平台，回引乡贤人才30余人回双创业。先后组织培训涉旅人员450余人次，全面提升从业人员整体素质。为全县乡村旅游发展打下了必备基础。

——**发展环境持续优化**。"放管服"改革全面推进，取消、下放、调整行政权力事项260余项，营商环境不断优化。减税降费释放红利8311万元。供给侧结构性改革深入推进，医药卫生体制、教育综合改革取得显著成效。殡葬改革深入推进，依法拆除"活人墓"1176冢，乡（镇）公益性公墓建设进展顺利。监察、司法、审计、统计、财税、国企、农场等改革稳步推进。民生福祉日益改善。教育体育事业全面发展，学前三年毛入园率92.87%、九年义务教育巩固率96.52%、高中阶段毛入学率93.89%，高考上线率保持全市前列，职业教育稳步发展。全民健身中心开馆运营，群众性体育活动蓬勃开展。健康双江稳步推进，紧密型县域医共体建设进展顺利，县第二人民医院、县疾控中心业务楼等项目如期落成，骨科等学科服务水平走在全市前列。中医药事业全面发展。城乡医疗、养老、失业、工伤和生育保险覆盖面不断扩大，社会救助、退役军人服务等保障水平不断提高。移民安置工作成效明显。第四轮禁毒防艾人民战争卓有成效。依法治县工作稳步推进，"七五"普法工作圆满完成。切实加强食品、药品安全监管，安全生产形势持续稳定。

——**民族团结之花绽放**。县委、县人民政府始终把推进民族团结进步事业作为强基工程、一把手工程、生命线工程，紧紧抓住铸牢中华民族共同体意识这条主线，教育引导各族群众牢固树立各民族水乳交融、唇齿相依、休戚相关、荣辱与共的观念，不断增强"五个认同"。2013年实施精准扶贫以来，双江自治县认真践行"全面实现小康，一个民族都不能少""决不让一个兄弟民族掉队、决不让一个民族地区落伍"的要求，一方面全面贯彻落实中央脱贫攻坚决策部署，专门制定出台了《双江自治县全面打赢"直过民族"脱贫攻坚战行动计划（2016－2020 年)》，坚决打赢民族地区脱贫攻坚战，让各民族像石榴籽一样紧紧抱在一起；另一方面，以创建"全国民族团结进步创建示范县"为载体，以开展"党的光辉照边疆，边疆人民心向党"实践活动为抓手，全面落实党的民族政策、弘扬优秀民族文化、建设各民族共有精神家园。通过民族团结进步创建与脱贫攻坚同频共振，打好打赢"直过民族"脱贫攻坚战，夯实民族团结进步物质基础，实现了民族融合与脱贫攻坚的相互促进。总之，坚持办一切事业都本着有利于民族团结、民族发展出发，扎实做好民族工作，促进各民族文化上兼收并蓄、经济上相互依存、情感上相互亲近，全县形成了各民族共同团结奋斗、共同繁荣发展的局面，民族团结之花在中国特色社会主义新时代的春风细雨中进一步绚丽绽放。2018 年 12 月被国家民委命名为"第六批全国民族团结进步创建示范县"。

（政协双江自治县委员会文史教科文卫体委员会、中共双江自治县委党史研究室）

三亲篇

临沧文史资料选辑第十七辑

我们一起走过

小小文史馆 大大同心圆

我是李银峰，现担任云南省临沧市政协党组书记、主席。临沧，位于祖国西南边陲，或许对于许多人来说，它仍是一片未知的土地。然而，临沧的滇红茶，早已享誉世界；冰岛茶，亦名扬四海；昔归茶，更是名满天下。相较之下，临沧的知名度或许略显低调。2018年我被组织从中共临沧市委常委、市委秘书长的岗位上调整到临沧市政协担任党组书记，并当选为主席。我带领大家以党建开篇破局，以党建一条线编织起履职一张网，引领履职工作创新。2018年6月22日，我在全国政协系统党的建设工作座谈会上交流了党建工作经验；2020年8月24日，我在全国地方政协工作经验交流会上分享了"边寨协商"经验；之后又两次在全国政协干部培训班上交流了"边寨协商"工作经验。临沧市政协的工作每年上一个台阶，接续打造了政协党建、"边寨协商"、专委会改革、"书香政协"、建言资政等履职品牌，其中有很多故事，临沧政协文史馆就是其中一个。

第二次到全国政协交流经验后，时任云南省政协主席李江热情地向我表示祝贺，并希望临沧市政协进一步总结经验、勇于创新、再创佳绩，省政协将全力给予帮助和支持。这份温和坚定的激励，让我深刻领悟了拿破仑的名言："只要勋章足够，世界可征服。"省政协从办公经费中挤出资金，对临沧市政协和有关县区政协先后给予支持，这不仅是物质援助，更是精神鼓舞。为了回馈这份关怀，我们必须在政协党建和"边寨协商"取得成效基础上有新的突破。我与班子成员深入讨论，大家对上级和各地对临沧的认可感到兴奋，但也清楚我们的工作还有诸多不足需改进，提出的建议和意见都非常务实。综合大家的意见一分析，政协是凝聚各界共识的重要平台，"存史、资政、团结、育人"是我们的重要职责，人民政协的辉煌历程本身就是生动的爱国主义教材，加上临沧市老一辈政协委员胡忠华、罕富有、高耀星等在维护国家主权和领土完整上作出了突出贡献，在建立新中国、建设新中国、探索改革进程中的委员故事感人至深、脍炙人口。把这些精神富矿挖掘好、利用好、展示好，完全有可能建成一个开展爱国主义教育和广泛凝聚共识的新平台。我们是否应该在这方面先人一步呢？

2020年8月17日上午，我找到时任市政协副主席张龙明。作为班子里的老大哥，他稳重而真诚，是临沧文化领域的领军人物。我开门见山地问他："龙明，我们能否用一年的时间，在全省范围内率先建立一流的州市级政协文史馆？"他深吸一口烟，沉思片刻后，对我说："主席，这个文史馆项目并非易事。首先，我们缺钱，花小钱，又要办大事，这本身就很矛盾；其次，如果策划设计不慎，可能会成为笑柄。"

我完全理解他的担忧，于是回应："基于我们前两次在全国政协的交流，上级对我们给予了高度认可，并承诺全力支持临沧政协的工作创新。资金是一个制约因素，关键在于我们是否有能力和决心。我相信，凭借你的文化功底和政协作风，只要努力，是一定能够成功的。"

他听后，眼神坚定地说："既然如此，主席，请放心。我即将退休，这个项目我会全力以赴，作为我的封笔之作。"说完，他立即打电话将市政协文化文史和学习委主任张大远叫来，向他透露了筹建文史馆的设想。

张大远一听，激动地说："主席，近年来我们政协出版的文史资料已超过往届总和，虽然质量不好说，但数量上了一个大台阶，大家能力也提高了很多。建文史馆对搞文史的人确实是件大事，也是一件难事，但更是一件幸事。当然，一年内建成文史馆，面临的挑战不小，除了资金和策划设计，场地也是一大难题。但我相信，只要我们尽力，一定能够克服这些困难。"

经过深入地交流和探讨，大家形成了一个共同的认识、坚定了决心，都愿意为之付出最大的努力。于是，我对张龙明和张大远提出，希望他们组建一个专业的考察团，外出取经，以一流政协文史馆为标杆，制定出一个切实可行的建设方案。

不久，张龙明、时任办公室主任字德用和张大远带领的考察团赴云南省政协、广西壮族自治区政协以及中国政协文史馆进行了全面系统的考察学习。他们归来后，迅速提交了一份详尽的方案。经过班子成员的深入研讨，一致认为这个方案行得通，于是决定按照此方案全力以赴地推进实施。

在方案的落实过程中，我明确要求其他班子成员，要确保专业的事情由专业的人员来负责。我深知张龙明带领的团队对此次任务投入了大量心血，因此强调大家要全力配合，避免给他们的工作带来不必要的干扰，同时要把保障和服务工作做到位。

其中，经费和展馆的选址成了两大难题。为了解决这些问题，班子成员们纷纷表示，把自己的专项工作经费全部投入文史馆建设。然而，选址的落实仍然面临挑战，一时难以找到理想的场所。几经论证，我们将市政协一楼办公室的同志优化整合调整至三楼办公，终于拼凑出了300平方米的展馆面积。

当时最紧迫的任务是展览大纲、施工和展陈方案。工作专班在短短的三个多月内，便拿出了让大家基本满意的方案，经过反复讨论，几易其稿，最终，项目得以顺利进行招投标和施工。张龙明、张大远和施工单位共同立下了军令状，承诺在2021年国庆节前正式开馆。

时间到了9月15日，我踏入了正在紧张布展的临沧政协文史馆。虽然馆内灯光尚未亮起，照片尚未全部挂墙，实物陈列尚未完成，但我已被深沉的政协文化和临沧的丰富历史深深吸引。委员们浓厚的家国情怀感染了我，特别是胡忠华、高耀星、保洪忠、罕富有等老一辈临沧政协委员，他们书写的感人故事——"英国侵略者来了我们打，日本侵略者来了我们打，国民党窜匪来了我们打，共产党来了我们欢迎、我们拥护"，生动展现了"党的光辉照边疆，政协委员心向党"的坚定信念，成为文史馆的点睛之笔。

面对即将诞生的文史馆，如何建好、管好、用好成了一个重要的议题，讲解员是其中的关键因素。增加一个机构、一个编制是不可能的事，聘请也不是长久之计。与张龙明、张大远商讨后，我们决定继续发挥机关"大练兵"的机制优势，动员所有科级干部人人学、人人练、人人讲。在日常工作中，他们是专委会的人，当有对口联系的部门或界别群众来访时，他们就化身为讲解员。那段时间，这些年轻人充满热情，对照着每一个立面、每一张照片，逐字逐句练习讲解。通过认认真真、反反复复的努力，我们培养了自己的讲解员队伍。

9月25日，文史馆即将开馆。我观察他们的讲解，发现讲解员一边讲解一边操作触控大屏播放多媒体素材时显得手忙脚乱。经过仔细分析，原来缺少了一套多媒体点播系统。我与建设布展团队研究后，当即决定在原有基础上为文史馆增加了一个多媒体点播系统。为了配合讲解员的工作，还特意安排办公室行政科的马秀美同志负责多媒体播放和设备维护、环境卫生和联系服务工作。这样下来，讲解就顺畅了许多。

日历一张一张撕去，2021年9月30日来临，临沧政协文史馆如期开馆，市委、市政府有关领导、市政协参加单位和有关部门负责同志等都参加了开馆仪式，并对文史馆给予了高度评价。这个占地300平方米的文史馆成为云南省第一个州市级政协文史馆，无论是内容质量还是展示效果都超过了预期目标，得到了大家的一致认可和好评。

从文史馆策划建设到日常展览的过程中也经历了几件大事。

正值2021年中国共产党百年华诞之际，文史馆的盛大开馆立刻受到了各界群众的热烈欢迎。10月30日，中共云南省委党史学习教育第十六巡回指导组组长崔明一行莅临临沧，深入参观了临沧政协文史馆。他们细致参观了从"海纳百川大道行"到"协商民主在边疆"、从"同心同德跟党走"到"肝胆相照绘宏图"、从"尽职履责襄盛举"到"翰墨溢香映丹心"的各个专题，驻足于珍贵的文物实物前，定睛在生动的图片影像上，不时询问着那些隐藏在历史深处的感人故事。参观结束后，崔明同志对我说："临沧政协文史馆很有说服力和影响力，要把它用好用活，使之成为临沧党史学习教育的重要阵地，要用好政协故事讲好中共党史。"

随后，在 11 月 4 日，中共临沧市委党史学习教育领导小组办公室下发了《关于组织参观临沧政协文史馆的通知》，要求各级各部门组织党员干部前往临沧政协文史馆进行参观学习。面对即将到来的大规模观展人群，文史馆无机构、无编制该如何应对呢？我迅速召集了班子成员和各专委会负责人进行部署，对大家说："党史学习教育是大事，接待好观展是家事。在党史学习教育期间，只要预约参观的，都要按照对口原则安排班子成员和专委会主任陪同参观，并根据需要提供会议室等研讨交流服务。"一时间，政协大院人流如织，文史馆内人头攒动，繁忙而有序。到党史学习教育结束，这个 300 平方米的袖珍文史馆已经接待了 107 批 4577 人次。

临沧政协文史馆最珍贵的馆藏是习近平总书记的一封回信和临沧近代史上卡瓦十七王告祖国同胞书、班老四位头人给毛主席的信。2021 年 8 月 19 日，习近平总书记给沧源县边境村老支书们回信，勉励临沧各族人民"建设好美丽家园，维护好民族团结，守护好神圣国土"。这无疑给我们的策展增添了新的思想源泉。策展团队认真领会了习近平总书记的重要回信精神，便在展览中作了重点展示。一次我们接待了平村村党总支书记李萍和党员们观展，她看完了整个展览，又返回到这个专题，拍照留存并认真学习领会。她说："习近平总书记的回信精神我学了好几次，但感到领悟得不够深刻到位，看了这个专题，终于明白了习近平总书记回信的历史渊源、现实意义和实践要求。"和李萍一样，许多观众都是通过这些档案和实物，穿透历史的时空，更加深刻地理解了中国共产党为什么能、马克思主义为什么行、中国特色社会主义为什么好。

2022 年 2 月，时任中共临沧市委书记张之政亲临临沧政协文史馆。他边听边看，边与我们沟通互动，高度认可文史馆在设计和布展方面的成效，以及其在发挥教育功能方面的积极作用。参观结束后，他对我说："文史馆通过'党的光辉照边疆，政协委员心向党'的主题，生动展示了'党的光辉照边疆，边疆人民心向党'的深刻内涵，如同一幅'北京佤山紧相连、领袖人民心连心'的鲜活画卷。我们应依托临沧政协文史馆等红色展览馆，积极开展'学回信、强党建、看发展'主题实践活动，激发'我们都是收信人'的强烈使命感。"随后，文史馆及其他 10 个市内红色展馆被正式命名为主题实践活动教育基地。市直机关各个党支部共计 82 批次、2321 人次到文史馆参加了主题教育活动。

2021 年 11 月，时任临沧市人民政府副市长赵贵祥专门找到我，他说："银峰主席，现在全市上下正在创建全国民族团结进步示范市，国家和省级将很快实地验收，现在临沧的困难和问题还很多，文史馆展陈内容生动展示了临沧各民族爱党、爱国、爱家乡，共同繁荣进步的光荣历史，能不能在验收时作为关键的环节，向验收组展示和汇报？"

党委政府的工作推进到哪里，政协履职就跟进到哪里。他走后，我马上找了张龙明、张大远等同志作了安排，要他们按照市里的总体安排部署，全力配合好创建工作。他们很敏锐地把握了策展目标和重点的转变，很快对实物、图版进行调整，并以《中国人民政治协商会议共同纲领》及其第六章"民族政策"为切入点组织展览，并形成了《临沧政协文史馆讲解词——民族团结进步版》。

2022 年 7 月 25 日，国家民委科技司二级巡视员王宏晓任组长、中央统战部二局副局长陇兴任副组长的调研检查组一行 6 人，深入市政协机关调研检查创建全国民族团结进步示范创建进机关工作，其间参观临沧政协文史馆。当听到张大远讲解："《共同纲领》第六章就是民族政策，从第五十条到五十三条，确立了民族平等、民族团结、民族区域自治、各民族共同繁荣进步的基本原则和基本政策等，由此开创了中国特色解决民族问题的正确道路"，调研检查组领导默默点头，深表认同。一路看完老一辈临沧政协委员为维护国家主权和领土完整作出的历史功绩，新时代临沧政协委员为落实习近平总书记"建设好美丽家园，维护好民族团结，守护好神圣国土"重要指示的担当作为，他们充分肯定了临沧政协文史馆在铸牢中华民族共同体意识中发挥的作用，并专门收集了文史馆简介和民族团结进步版的讲解词。与他们告别后不长时间，2023 年 1 月，临沧市被光荣地命名为第十批全国民族团结进步示范区，这其中，临沧政协文史馆发挥了独特而重要的作用。

这以后，策展团队根据受众情况，因人施教，精心组织了幼儿版、青少版、成人版等版本的讲解词，并根据讲解员的特长优势分工讲解。黄晓梅用温暖的笑容和亲切的语言，征服了幼儿园小朋友的心，成了他们眼中最闪亮的"小黄老师"。陈彬则成为广大中小学生的知心朋友，有一次，她女儿和同学进馆参观，看着妈妈认真地讲解，孩子们专心地聆听，那一刻仿佛时间静止，定格在了"听妈妈讲过去的事情"的温馨画面。李红梅的转变更是让人意外，她从一个羞涩内向、声音微弱的女生，转变为一个充满自信、言辞犀利的讲解达人，经常向干部群众讲党的故事、政协故事、临沧故事。她们也成了临沧市 386 名普普通通政协干部的缩影，日复一日、年复一年讲述着、演绎着、刻画着我们的精彩故事，让人心生敬意。

搁笔时，临沧政协文史馆已经接待了 300 多批、2 万多人次观展，这是一个了不起的数字，倾注着来自全国各地参观者对临沧政协文史馆的认可与热爱。每一位来访者，都在这里留下了他们的足迹，与历史对话，与文化共鸣，共同编织着对伟大祖国、对中国共产党、对中国特色社会主义的高度认同。

（李银峰）

握紧"战疫"快进键
跑出"保供"加速度

我是李彪，老家在滇东北乌蒙山里一个叫宣威李家村的小山村，2009年8月通过云南省"公选"考试调到滇西南常年鲜花盛开的临沧工作。2020年1月至2021年4月担任云南省临沧市市场监督管理局局长、临沧市疫情防控领导小组指挥部物资保障组组长，2022年2月担任云南省临沧市政协副主席。现在，我会时常想起那些与新冠疫情战斗的艰难又荣耀的分分秒秒，那是我人生中值得永远铭记的高光时刻！

雪地急行千里归征途

春节，原本是一个充满喜庆与祥和的传统节日，原本是家人团聚的幸福时光。然而，2020年的春节，一场席卷全国的新冠疫情打破了节日的祥和与温暖，惊扰了国人的祝愿和梦想……

2020年春节放假前夕，武汉疫情已经发生，但大家都还没有意识到这场疫情会如此迅猛和严峻。1月23日，我组织市市场监管局的干部职工认真学习习近平总书记对新型冠状病毒感染的肺炎疫情作出的重要指示精神，研究安排好春节应急值守工作后，从临沧出发赶回1000多公里外的宣威老家陪父母过年。1月24日除夕夜，宣威一场多年罕见的大雪，瞬间阻断了道路、阻断了水电、阻断了与外界的联系，我们一家老小只能点燃蜡烛品味着"浪漫的年夜饭"。1月25日大年初一，雪下得更大更猛，几乎出不了门，手机电量不足也没有信号，几乎与世隔绝，我有些坐卧不安。1月26日大年初二，我费劲地踏着漫过膝盖的大雪，非常吃力地爬到山顶找到有网络信号的地方，快速翻看信息，越看让我感觉越紧张，迅速给同事打了电话询问，反馈的情况非常糟糕，可大雪封路无法通行，真是急人，怎么办啊？

1月27日大年初三早晨，雪终于停了，我经过多方联系，终于找到了一辆能够下山入城的车，在恋恋不舍地与老父老母告别后，请了两位朋友轮换开车从宣威把我送回临沧。雪天路滑，从李家村到宣威县城仅30公里的山路，我们就整整走了两小时。一路上，我的电话总是响个不停，临沧市的分管领导严肃而焦急地告诉我，我是市疫情防控领导小组指挥部物资保障组组长，要我不惜一切代价全力做好防疫物资保障工作！我一边赶路，一边不断联系从事医用物资行业的朋友……

当天晚上8点，我终于赶上了市指挥部召开的紧急会议，市政府主要领导拍拍我的肩膀说："你能放弃休假迅速返岗，很不错，要迅速进入工作状态！"这既是对我的殷殷期望，也是交给我的沉沉担子。会后，我迅速按照指挥部的安排部署，确定"多渠道快速采购物资、安全保管储存物资、有效调配使用物资"等3个工作重点，迅速组建3个工作群，第一时间在"微信工作群"与战友们联系沟通，提出工作要求，确保工作效率；第一时间在"物资采购业务群"发布各类口罩、连体防护服、防护镜、防护面罩、红外线体温测温仪、消毒用品等急需重点采购物资的信息；第一时间在"信息反馈群"征集物资采购需求、入库台账、调配使用、收支管理、信息报送等制度的意见建议。我和物资保障组的战友们紧张而忙碌，办公室里人声鼎沸，电话铃声、键盘敲击声、交流讨论声交织在一起，大家都忙得几乎回不了家，办公室成了那个特殊时期我们"临时的家"。

通宵达旦多方求支援

疫情，试探着善良、拷问着灵魂、检视着人性！来势凶猛的新冠疫情，撕裂了所有人平静的生活。每个慌乱的身影都在努力寻找着安全的港湾，而一只从前小小的平平常常的毫不起眼的口罩，竟然成了自我保护和自我慰藉的最好武器！一线医务人员、执守人员等关键点位的物资保障告急，每天申领物资的单位排成长龙，随时都是应接不暇的电话。在那种紧张、恐惧的气氛下，任我们一遍一遍不厌其烦地解释，也没有人能接受，此起彼伏的命令声、指责声、谩骂声、委屈声，几乎让我崩溃。我理解大家的心情，只能继续不停地与省内外上百家医用物资供应商沟通联系，可在焦急等待3天后仍石沉大海、一无所获。1月31日上午，我们收到了一位朋友捐赠的10个口罩、2只体温测温仪，我兴奋不已，虽然数量少，但也给了我们一丝丝慰藉和激励。这是第一批入库物资，我在工作日志上写道：不嫌少，感恩致谢；不畏难，携手前行！

疫情防控形势越来越严峻。口罩！口罩！！口罩几乎让我发疯！全国的医疗物资要重点保障湖北和武汉地区，许多医用生产企业被当地政府统管，加之春节期间企业员工放假、生产能力不足等原因，口罩奇货可居，一天一个价格，正规渠道无货可供，民间渠道则要求出具证明规避查处、先付款后交货，潜在风险较大。一边是小小的口罩一只难求，一边是小小的口罩布下了太多太深的"坑"，我每时每刻都面临着两难选择。每打完一个电话、回复一条短信，都需要我第一时间从对方的声音、态度、语义所传递的信息中甄别其真实性和可靠性，必须谨慎又谨慎、细心又细心，不能出现丝毫差错。每天，我几乎用哀求的声调向认识的领导、朋友、熟人、同事、老乡、企业求助，恳请他们帮忙提供供货渠道，同时通过媒体向社会各界发出倡议书，多方寻求支援。

2月1日凌晨，一个电话让我兴奋不已，我请托朋友经过千辛万苦从瑞丽口岸以每个 1 元的价格购买到了 20 万个进口口罩！为安全起见，报经市指挥部领导同意，我立即组织战友兵分两路直奔瑞丽：一路由质检人员从临沧乘飞机到昆明转机至芒市再转瑞丽先行验货，一路驾驶货车从临沧赶往瑞丽装运。当晚 7 点半，我正在参加市指挥部会议，突然接到电话，质检人员和口罩被当地莫名其妙扣押了。我瞬间感到脑袋要炸了，第一反应是尽快向市委、市政府主要领导报告紧急情况。容不得我更多的抱怨和愤怒，只能一遍遍不停地拨打着省、市及当地相关部门领导的电话，请求帮助协调解决。在多方努力下，2 月 3 日凌晨，对方终于同意放行。在口罩运抵临沧前，为避免再出情况，我再次向市指挥部请示报告，请求派公安干警连夜前往瑞丽押运。2 月 4 日傍晚，我亲自到临沧北入城口迎接一路风尘仆仆归来的战友们，20 万个口罩终于运抵临沧，太不容易，大家紧紧拥抱在一起。我心中既喜又忧，不知道接下来还有多少未知的困难在等着我们？

特别包机飞驰送温暖

宽阔的街道车辆稀少，没有行人，寂静无声。群策群力打赢疫情防控阻击战，是那个初春最急切最响亮的号令。战友们没有任何怨言，更多的是对"众志成城""责任担当""物资紧缺"等核心词语的深度感受。每天，我几乎吃住在办公室，根本无暇顾及正在上高三独自在家上网课的儿子，把坚持原则调配物资时受到的谩骂当作一种激励，用不知疲倦的身影感悟着许许多多动人的场景……

习近平总书记说，这次新冠疫情，是新中国成立以来在我国发生的传播速度最快、感染范围最广、防控难度最大的一次重大突发公共卫生事件，对每个中国人来说，是一次危机，更是一次大考！我和战友们全面分析研判疫情防控形势，拟定了《全市企业复工复产"十项服务"》等措施，先后得到了邻国爱心人士和侨胞、国内外 130 家爱心企业、409 位爱心人士、16 家社团和商会的倾力相助。随着一批批急需医用物资入库，我们认识到，初春的"战役"才刚刚开始。

总书记有号令、省委有要求、湖北有需求、临沧有担当！2 月 6 日，市委、市政府决定，库房里所有的口罩、防护服、中药颗粒等医用物资和大米、肉类、食用油、生鲜农产品等生活物资，包机空运支援武汉华中科技大学。物资那么紧张短缺还要那么"慷慨"，一些人表示不理解，指责声不绝于耳。但我知道，武汉更危急！武汉更需要援助！我带领战友们迅速把各类物资分类整理、登记造册、装箱起运。2 月 15、16 日，第二批、第三批抗击新冠疫情防控物资驰援武汉，接着是第 N 批物资顺利抵达武汉。市委、市政府大爱无疆的情怀和全市人民的深情厚谊让我终生难忘，临沧人民用一方有难、八方支援的担当精神，谱写了一个个可歌可泣、催人奋进的临沧"战役"故事！

2 月 19 日，接到临沧市援鄂医疗队马上出征的通知，为做好保障工作，我和战友们迅速列出清单，分头行动，连夜为出征队员准备好医用 N95 口罩、丁腈手套、防护服、红外线体温枪、拉杆箱、家乡咸菜、小蛋糕和餐食等物资。2 月 20 日上午，临沧市首支支援湖北医疗队承载着全市 224 万各族人民的深情厚谊即将启程奔赴湖北，市委、市政府在沧江园广场举行出征仪式，为奔赴湖北抗击疫情第一线的 40 名医护人员壮行。当这群最美逆行者集体宣誓《中国医师宣言》时，在场的每个人都难抑情绪、动容落泪，他们在用实际行动诠释着"党的光辉照边疆，边疆人民心向党"的深刻含义，为打赢疫情防控阻击战贡献临沧力量。目送着大巴车缓缓离开，我深知支援湖北医疗队奔赴疫情一线执行的是一个充满危险而艰苦的任务，是一个光荣的任务，我祝愿他们听从指挥、担当作为、团结战斗、不辱使命，一个不少地平安凯旋！

返回办公室，我的内心久久不能平静，我为战友们写了一首短诗，鼓励战友们继续并肩战斗：

因为逐梦/我们告别了宁静的家乡/一场汹涌而至的灾难/瞬间支解了

所有的爱恨情仇/我们不怕病痛不怕困难/有党的坚强领导/我们携手并肩共战疫情/披着星月迎着暖阳/在城乡筑起一道道防线/你在他乡为亲人揪心/我在临沧为湖北加油/此时此刻/爱，不需要任何理由/我们为全国人民大团结点赞/我们为不惧危险的群体英雄呐喊/战无不胜的中华民族此时更加势不可挡/生活在伟大的时代伟大的国度/我们是幸福的/家安好民安康国安强/是我们最大的梦想

　　惟其艰难，更显勇毅；惟其艰难，更彰初心。面对来势汹汹的新冠疫情，无数医护人员主动请缨，多少党员干部冲锋在前，任劳任怨，不畏生死，克服了一场场危机，战胜了一场场考验，最终赢取了胜利。前进的道路上，无论要面临多少大风大浪，我们都将用实际行动告诉全世界：我们，一定行！

（李　彪）

永远铭刻心中的党恩

我出生在沧源阿佤山边陲界碑旁的一个佤族村寨，十个兄弟姐妹中排行老九，小时候我是一个普普通通的佤族"放牛娃"。以前，因为地理环境和交通条件所限，我们与外界的交往交流极其不便。打小以来，我对祖国内地及首都北京的认识主要源自课本以及广播播报。对于内地的同龄人而言，向往北京或许是一个可以实现的目标，然而，对于身处边疆深山老林中的少数民族儿童来说，无疑是一个"奢望"与"梦想"，如同天方夜谭般遥远。得益于党的教育培养，我成为一名国家干部，在过去30多年的工作中，我亲眼见证了家乡一步步走出贫困，迈向繁荣，这段经历也使我从放牛娃变成追梦人，跨越千山万水从"界碑"走进祖国的心脏，圆了北京梦。最为珍贵的是，我"三次进京"现场聆听习近平总书记重要讲话、六次同总书记参加重要活动的"三听六同"人生经历。

第一次进京——参加中央民族工作会议

2014年9月20日，时任双江自治县人民政府县长的我，接到市委统战部、市民宗委通知，要求9月26日准时到北京，准备参加9月28—29日召开的中央民族工作会议暨国务院第六次全国民族团结进步表彰大会。26日17时，云南参会人员在省委、省政府分管领导带领下，顺利抵达北京京西宾馆，27日受表彰代表演练彩排表彰事宜。全国1496个模范集体

和个人受到表彰，云南有 37 个模范集体和 44 名模范个人受到表彰，双江
自治县人民政府、沧源自治县民宗局陈建宏（佤族）、双江自治县大文乡
忙冒村支书刀志祥（布朗族）作为模范集体和个人受到表彰，全省只有双
江、贡山、澜沧、玉龙、剑川 5 个自治县的党委或政府主要领导到场参会。
这是我第一次参加这么隆重而庄重的大会，也是我第一次近距离同习近平
总书记等中央领导在一起开会，我热血澎湃，激动不已。在来北京的路途
中，我一直在想，万一有机会跟总书记见上一面、说上一句话，我应该讲
什么话，汇报反映什么情况呢？我印象最深刻的是，习近平总书记在讲话
中，高度总结肯定了新中国成立 65 年来，党的民族理论和方针政策是正确
的，中国特色解决民族问题的道路是正确的，我国民族关系总体是和谐
的，我国民族工作做得是成功的。明确指出，各民族共同开发了祖国的锦
绣河山、广袤疆域，共同创造了悠久的中国历史、灿烂的中华文化。首次
明确要求，各族人民要增强对伟大祖国的认同、对中华民族的认同、对中
华文化的认同、对中国共产党的认同，对中国特色社会主义道路的认同。
在讲话过程中，脱稿列举了几个对民族团结进步有影响力的例子和歌曲，
他说，像《北京的金山上》《阿佤人民唱新歌》等歌曲，表达了少数民族
群众对伟大的中国共产党、伟大祖国和人民领袖毛泽东的认同、拥护和爱
戴，影响和教育了一代又一代中华儿女，促进了民族团结进步和国家的统
一稳定。

回到双江后，我及时向县四班子传达汇报会议精神，结合双江作为有
4 个自治民族的特殊县情，我带头深入基层、深入村寨、深入群众宣讲会
议精神，研究出台了关于加快创建民族团结进步示范县的一系列相关政策
文件。经过努力，2018 年，双江自治县在全国民族团结进步示范创建新指
标体系出台后，在临沧 8 县区中第一个创建成为全国民族团结进步示范县。

第二次进京——参加中华人民共和国 70 周年国庆

2019 年，是伟大的中华人民共和国成立 70 周年，举国欢庆、全球瞩

目，繁荣富强的祖国屹立于世界东方。

根据《国务院关于表彰全国民族团结进步模范集体和模范个人的决定》，作为受表彰的模范个人，我有幸出席了全国民族团结进步表彰大会，参加了全国少数民族参观团在京考察及国庆观礼活动。

全国民族团结进步表彰大会于 2019 年 9 月 27 日上午 10 时在京西宾馆举行，我再次有幸现场聆听习近平总书记发表重要讲话。全国有 665 个模范集体、812 个模范个人受到表彰；云南省有 39 个模范集体和 42 个模范个人受到表彰，其中，有 33 个模范集体和个人代表到会接受表彰；承蒙省委、市委的关心和关怀，临沧有 1 个模范集体和 1 个模范个人受到表彰，模范集体是耿马自治县贺派乡人民政府，我当时任临沧市民族宗教事务委员会主任，被表彰为模范个人。贺派乡党委委员、宣传干事杨世娟同志作为模范集体和布朗族代表一同参加会议和相关活动。

9 月 26 日至 10 月 2 日历时 5 天的全国民族团结进步表彰大会和国庆观礼，主要开展了以下几项活动：

一是 9 月 27 日上午，参加全国民族团结进步表彰大会；二是 9 月 27 日下午，在京西宾馆召开全国少数民族参观团组团会议；三是 9 月 27 日晚，在民族剧院观看由中央民族歌舞团展演的《深情的礼赞》专场演出；四是 9 月 28 日上午，全国少数民族参观团考察参观慕田峪长城；五是 9 月 29 日上午，在北京市展览馆参观中华人民共和国成立 70 周年大型成就展；六是 9 月 29 日下午，全国少数民族参观团参观考察中国人民抗日战争纪念馆、卢沟桥；七是 9 月 29 日晚，在人民大会堂观看庆祝中华人民共和国成立 70 周年大型文艺晚会《奋斗吧 中华儿女》；八是 9 月 30 日上午，参加向人民英雄纪念碑敬献花篮仪式；九是 9 月 30 日晚，部分代表在人民大会堂，参加国庆招待会；十是 10 月 1 日上午，在天安门广场参加中华人民共和国成立 70 周年庆祝大会，观看阅兵和群众游行；十一是 10 月 1 日晚，在天安门广场参加由 30 多万人参与的国庆联欢活动，观看文艺演出和烟火表演。

参加以上活动，让我记忆犹新、终生难忘的有以下几件事：第一件事，是 9 月 29 日下午，全国少数民族参观团参观考察中国人民抗日战争纪念馆、卢沟桥。中国人民抗日战争纪念馆位于北京市丰台区卢沟桥宛平城内街 101 号，距市中心约 15 公里，占地面积 35000 平方米，建筑面积 36100 平方米，是全国唯——座全面反映中国人民抗日战争历史的大型综合性专题纪念馆。馆内藏有文物共 30000 件（套），文物藏品以民国 20 年（1931 年）至民国 34 年（1945 年）抗日战争时期的各种历史文献和相关实物为主，同时也收藏有日本自清同治十三年（1874 年）以来侵略和占领台湾的各类文物，内容涉及军事、政治、经济、文化、社会等历史史料。进入纪念馆，参观团的各族代表心情一下子变得沉重起来，我们看到了侵华日军在中国大地上轰炸、抢掠、屠杀、焚烧、制造"无人区"、强奸妇女、强制设立"慰安所"、屠杀劳工、实施细菌战、毒气战，等等。一张张惨不忍睹的图片、一件件血迹斑斑的实物，令人触目惊心，让我们进一步了解了当年日本帝国主义对中国人民犯下的惨无人性的种种滔天罪行，使我们深切地感受到了中国人民在中国共产党的领导下的"为有牺牲多壮志，敢教日月换新天"的大无畏气概。触景生情联想到当年的阿佤山抗日战争、滇缅铁路壮史、龙陵县松山战役和腾冲战役等发生在我们身边的抗日历史事件，让我们的思想和灵魂得到了洗礼，使我们更加体会到，一个国家、一个民族，只有居安思危、自强不息才能赢得别人的尊重，才能立于不败之地。第二件事，是 9 月 29 日晚在人民大会堂，观看庆祝中华人民共和国成立 70 周年大型文艺晚会《奋斗吧 中华儿女》。我们云南各族代表被安排在人民大会堂一楼中五区，我的座位是 17 排 53 号，为了方便基层各族各界模范代表与中央各部门交流，分别安排中央各部门领导与模范代表交叉相邻而坐，在我后排相邻的是时任教育部部长陈宝生和时任国务院扶贫办主任刘永富二位领导，借晚会开演间隙，我主动地向两位领导汇报了临沧市当前的教育发展和脱贫攻坚推进情况，请求教育部和国务院扶贫办给予临沧更多支持和帮助。入座后，翻阅节目单时，我惊奇地发现，在演出清单第四篇章的第二十九《天耀中华》、和第三十一《一个都不能少》两个剧目中，竟然有我市文艺工作者参加了演出。我内心既激动也很感激他们，能代表阿佤山乃至云南参加这么重要的具有历史性的大型文艺汇演，真是三生有幸，值得铭记、值得感恩。由于不允许带手机进场，我边看演出边思考着怎么第一时间把这个喜讯报告给家乡父老及相关部门。回到京西宾馆后，我即刻向市文化旅游局的负责人员发送了信息，对他们表示祝贺，并建议进行相关的报道与宣传工作。事后了解到，8 月，临沧市文化和旅游局、沧源自治县文化和旅游局、云南族印文化传播有限公司按照上级要求，遴选了 8 名文艺工作者赴京参加庆祝中华人民共和国成立 70 周年大型文艺晚会音乐舞蹈史诗《奋斗吧 中华儿女》的节目排练，并与全国知名的艺术院团进行了交流学习，经过艰苦训练彩排，最后能够全程参演第四篇章的《天耀中华》《一个都不能少》两个节目。第三件事，是 10 月 1 日上午参加中华人民共和国成立 70 周年庆祝大会，观看阅兵和群众游行。这天是我一生中最难忘的日子，也是我一生中最荣耀的时刻。清晨时分，平复了一夜激动和兴奋的心情，我们参观团身着五颜六色的各自民族的服装准时从京西宾馆驻地出发前往天安门广场，为了体现对少数民族参观团的关心重视，大会秘书组特意安排我们同国家民委的同志在天安门右下角贴近长安街最方便观看阅兵和群众游行的区域入座，零距离现场目睹国庆盛况。进入观礼台，映入眼帘的是经过修葺一新的天安门、人民大会堂、国家博物馆等庄重而艳丽，开国领袖毛泽东主席的巨幅画像悬挂在天安门城楼的正中间，中国民主革命的开拓者孙中山先生的画像也摆放在天安门广场正中间。金秋的北京，天气也特别地眷顾，北京上空天朗气清、惠风和畅，令人心旷神怡。上午 8 时，天安门广场人潮涌动，红旗招展，1.5 万名参阅官兵和 10 万游行观礼群众已准备就绪，9 时 50 分，在欢快的乐曲声中，习近平等党和国家领导人、离退休原中央领导同志缓步来到天安门城楼，频频向广场观礼的人民群众挥手致意。10 时庆祝大会正式开始，代表 56 个民族 70 年奋斗征程的 56 门礼炮 70 响轰鸣，响彻云霄。

升国旗完毕之后，习近平主席发表重要讲话，紧接着阅兵开始，习近平主席乘坐红旗检阅车，经过金水桥，驶向东长安街检阅部队；检阅部队完毕，分列式正式开始，三军仪仗队、陆军方队、海军方队、空军方队等70个方队依次从长安街和空中经过天安门前接受党和国家领导人的检阅。在10万观众的欢呼声中，我们每个人都沉浸在兴奋和喜悦的高潮之中，当东风系列导弹这些大国利器经过我们眼前时，我们几个少数民族代表情不自禁地流下了激动的眼泪，此时，我的手机铃声突然响起来，是家乡的同事们打来的，说在中央电视台现场直播镜头里见到我了，我用信息回复他们，我正在忙着把我们国家最先进的武器装备录制起来，回来再播放给大家看。能够身临其境地参与观礼国庆阅兵，是我一生值得铭记和感恩的大事、喜事和盛事。此时此刻，回首往事，我感慨万千。这是我第一次现场参加中华人民共和国国庆盛典；这是我第一次在天安门城楼下现场聆听人民领袖的重要讲话；这是我第一次零距离观摩阅兵；这是我第一次参加有10万人参与的游行联欢活动；这是我第一次同党和国家领导人向人民英雄纪念碑敬献花篮等，无数个"第一次"，都是我一生倍加珍惜、感恩奋进的精神动力和源泉。激动和兴奋之余，我们心里满满地感受到的是党和国家给予的关怀和温暖。感党恩、听党话、跟党走的决心和信念在脑海里不断回荡，形成了最强音。一个普普通通的佤山放牛娃，在党和人民的大力培养教育下，还能进京见到党和国家领导人，这个恩情真的是比山高比海深，值得我及我的家人世代永记，也是全体阿佤人民的无上荣光！

第三次进京——参加中国共产党成立 100 周年庆典

2021 年，是伟大光荣正确的中国共产党成立 100 周年，普天同庆、世界欢呼，实现了第一个百年奋斗目标的东方大国昂首阔步继续前进。

根据《云南省民族宗教委关于 2021 年全国少数民族参观团有关事项的通知》，全省通过层层选拔、省委常委会会议批准，同意 32 名代表组成全国少数民族参观团（云南团），代表全省各族人民赴北京观礼并参加庆祝中国共产党成立100周年系列活动。此时正值新冠疫情高峰期，在经过严格的医学检测后，时任临沧市民族宗教事务委员会主任的我有幸作为佤族代表参加全国少数民族参观团，再次前往伟大祖国的首都北京。

本次参观团是新中国成立以来的第60个参观团，由来自31个省、自治区、直辖市和新疆生产建设兵团、解放军和武警部队的516名民族团结进步模范代表、脱贫攻坚先进代表和抗击新冠疫情先进代表等组成，其中，中国共产党党员436人，基层代表469人。

从6月28日至7月3日历时6天的在京观礼和参加有关庆祝中国共产党成立100周年活动，主要开展了以下几项活动：

一是6月28日20时，在国家体育馆（鸟巢）参加庆祝中国共产党成立100周年《伟大征程》大型情景史诗文艺演出。党和国家领导人同2万多名观众出席观看。文艺演出以大型情景史诗形式呈现，共分为《浴火前行》《风雨无阻》《激流勇进》《锦绣前程》四个篇章，综合运用多种艺术手段，共同回顾中国共产党成立100年来波澜壮阔的光辉历程，生动展现中国共产党百年来带领中国人民进行革命、建设、改革的壮美画卷，热情讴歌党的十八大以来，在以习近平同志为核心的党中央坚强领导下，中国特色社会主义进入新时代，昂首阔步迈向全面建设社会主义现代化国家的新征程。

二是6月29日14时30分，在中央民族剧院参加2021年全国少数民族参观团组团会议并观看由中央民族歌舞团展演的《颂歌献给党》文艺演出。国家民委党组成员、副主任赵勇出席会议并讲话。赵勇强调要求：参观团成员，要珍惜机会、展示形象、用心感悟、相互学习、贡献智慧、严守纪律，留下一生的难忘回忆。要向全社会展示各族群众一心向党、民族团结、昂扬向上的精神风貌。要用心感悟中国共产党百年辉煌的伟大奇迹、宝贵经验、初心使命，不断增强"五个认同"。要积极分享和借鉴彼此的好故事、好做法、好经验，进一步增进了解，凝聚共识。要把各族群众的所思所盼带上来，把如何铸牢中华民族共同体意识的意见建议提出来。要严守参观团政治纪律、组织纪律和疫情防控纪律，确保各项活动圆满完成。

三是 6 月 30 日 9 时，参观中国共产党历史展览馆，展览以"不忘初心、牢记使命"为主题，精心设计了"建立中国共产党　夺取新民主主义革命伟大胜利""成立中华人民共和国　进行社会主义革命和建设""实行改革开放　开创和发展中国特色社会主义"和"推进中国特色社会主义进入新时代　全面建成小康社会　开启全面建设社会主义现代化国家新征程"四个部分，展示 2600 余幅图片、3500 多件套文物实物。

四是 7 月 1 日 8 时，参加庆祝中国共产党成立 100 周年大会。大会在天安门广场隆重举行。7 万名各族各界代表现场参加庆祝活动。习近平总书记发表重要讲话，强调 100 年前，中国共产党的先驱们创建了中国共产党，形成了坚持真理、坚守理想，践行初心、担当使命，不怕牺牲、英勇斗争，对党忠诚、不负人民的伟大建党精神，这是中国共产党的精神之源。100 年来，中国共产党弘扬伟大建党精神，在长期奋斗中构建起中国共产党人的精神谱系，锤炼出鲜明的政治品格。历史川流不息，精神代代相传。我们要继续弘扬光荣传统、赓续红色血脉，永远把伟大建党精神继承下去、发扬光大。

五是 7 月 2 日 9 时，参加全国少数民族参观团座谈会。中央统战部副部长，国家民委党组书记、主任陈小江出席并讲话。陈小江强调，参观团成员要深入学习贯彻习近平总书记在庆祝中国共产党成立 100 周年大会上的重要讲话精神，坚定不移走中国特色社会主义道路，以铸牢中华民族共同体意识为主线，推动民族团结进步事业取得新成效，在全面建设社会主义现代化国家新征程中建功立业。全国有 15 位代表作交流发言，我代表西南片区作了题为《永远跟党走》的交流发言，汇报了临沧是云南省民族工作任务较重的边境州市之一。全市 11 个世居少数民族中有佤、拉祜、布朗、傈僳、德昂、景颇 6 个"直过民族"。"直过民族"一直是脱贫攻坚的

"硬骨头"。针对6个"直过民族"和人口较少民族聚居区大都处于深度贫困的实际，临沧市坚持先难后易、先行攻坚，一族一策、一族一帮，创新实践"一个民族聚居区一个行动计划、一个集团帮扶"攻坚模式，推动沧源自治县等"直过民族"聚居区实现社会形态和物质形态两个"千年跨越"。会前一个月，接到省民宗委办公室通知，安排我代表西南片区发言，我既高兴，又紧张。高兴的是能有机会在这么高规格的会议代表临沧汇报发言，宣传临沧工作亮点和成绩，紧张的是害怕总结提炼不够、汇报不好。经过反复打磨提炼，我的汇报发言得到了国家民委、省民宗委领导的肯定，得到了各级新闻媒体的广泛宣传。

六是7月2日15时，在人民大会堂东大堂参加汪洋主席接见。汪洋主席在接见参观团全体成员时的重要讲话指出："作为少数民族干部，要按照习近平总书记的要求，努力做到三个模范：一是要始终做听党话、跟党走的模范；二是要始终做铸牢中华民族共同体意识的模范；三是要始终做奋进新时代、新征程的模范。"

七是在京观礼和参加庆祝中国共产党成立100周年系列活动期间，我和临沧市的傣族代表田伟同志，接受了云南电视台等媒体采访，发言主题围绕"党的十八大以来，在各级党委政府的坚强领导下，临沧大地同全国全省其他地区一样发生了翻天覆地的发展变化，各族人民对铸牢中华民族共同体意识更加坚决，感党恩、听党话、跟党走的信心和决心更加坚定"，引起较好的反响，收到了良好的效果。

北京距佤山千里远，领袖与我们心相连！就在我们返回临沧后不久，喜讯传来，2021年8月19日，中共中央总书记、国家主席、中央军委主席习近平给云南省沧源佤族自治县边境村老支书回信，勉励我们要永远听党话、跟党走，建设好美丽家园，维护好民族团结，守护好神圣国土，唱响新时代阿佤人民的幸福之歌。这是对我们阿佤山各族人民的特别关爱，是载入我们阿佤人民民族历史、让佤山各族人民世世代代称颂的历史幸事。

作为一名少数民族党员干部，我将落实好习近平总书记回信提出的"三好"要求，把促进各民族共同团结奋斗、共同繁荣发展，维护民族宗教领域和谐稳定，不断促进各民族交往交流交融、不断增强"五个认同"和不断铸牢中华民族共同体意识作为使命，率先垂范、主动作为，为民族团结进步示范区建设、兴边富民工程建设、现代边境幸福村建设和铸牢中华民族共同体意识模范区建设等作出积极贡献。

（李祥生）

政协与凤庆滇红茶产业联盟

凤庆滇红茶产业联盟于 2021 年 10 月注册为非营利性的社会组织，联盟成立到现在，推动了凤庆茶产业的发展，为凤庆的乡村产业振兴探索了一些经验和做法，我亲历和见证了联盟成立和发挥作用的历程。

2021 年 1 月，我从县人民政府调县政协工作，任凤庆县政协主席。到凤庆县政协工作后，虽然工作性质和方法与县人民政府不同，但围绕中心、服务大局的工作格局始终没有变，在中心工作上，在产业发展上，在民生工作上积极资政建言，成为我作为政协人的履职核心。回顾历史，我县曾经的辉煌离不开茶文化的传播和传承，离不开这块土地上拥有滋养茶树的集成生物系统群落，离不开党的领导和全县人民上下一心、团结奋斗的开拓创新精神，现如今全县人民在乡村振兴的路上，同样离不开曾经支撑半壁江山的茶叶产业。积极向上汇报，深入开展调研，用政协工作平台，下大力气助推茶产业发展，成为我履行好政协工作的重要职责使命之一。

2021 年 4 月，我陪同临沧市政协李银峰主席深入凤庆调研县域经济，在大摆田茶厂初制生产车间，他详细了解滇红茶产业发展情况，要求全面推动滇红茶产业转型升级、提质增效。在调研座谈会上，李银峰主席针对凤庆茶叶产业在发展进程中存在组织化程度不高、标准不统一、品牌杂乱、企业小弱、各行其是、市场竞争不强等问题，并结合凤庆县政协委员杨春明、张国琴以及县政协社会和法制委员会分别提交的《关于进一步加大我县茶叶初制所、茶叶加工作坊以及茶叶专业市场监管力度的建议》《关于统一凤庆茶叶产品标准的建议》《关于进一步提升茶叶产业精制茶比重的建议》等 3 件提案，提出了加快组织化建设、以组织化方式统领茶产业发展的个人建议。经广泛交流、集思广益，共同形成由县政协搭台，通过议事协商，组建成立凤庆滇红茶产业联盟的设想和构思。

按照李银峰主席和县委陈礼军书记的要求，凤庆县政协立即组织 4 个调研组深入小湾、洛党、凤山、大寺、勐佑茶叶核心区和滇红集团股份有限责任公司、三宁茶业有限责任公司、春明茶厂、峡山茶叶公司、凤宁茶业有限责任公司等茶企座谈了解滇红茶生产经营情况，结合企业市场开拓力量薄弱需求解困问题，调研组提出成立和组建凤庆滇红茶产业联盟的意见建议，县委、县政府充分肯定，陈礼军书记要求由我组建工作专班，做好协商议事工作。

2021 年 6 月，时任省政协党组副书记、常务副主席杨嘉武率队到凤庆县考察凤庆滇红生态产业园区及相关茶企，市县两级调研组提出组建成立凤庆滇红茶产业联盟建议意见和县委指示搭建平台开展议事协商的工作思路获得省政协领导的肯定和认可。

2021 年 7 月，时任省政协副主席董华率队到凤庆调研，了解滇红茶产业情况，充分肯定了组建成立凤庆滇红茶产业联盟的设想初心，同时迅速安排挂钩凤庆县的省政协经济委员会，要求指导好市县两级共同做好协商议事工作。

经过省、市、县三级政协的共同协作和县委的指示要求，凤庆县政协组织凤山镇、小湾镇、勐佑镇、洛党镇、大寺乡"协商在基层"协商议事会议成员，协商讨论筹备"组建凤庆滇红茶产业联盟"会议事宜，于 2021 年 8 月 24 日，在凤庆茶厂老厂区召开"组建凤庆滇红茶产业联盟——重塑'凤庆滇红茶'品牌影响力"协商议事会议，时任市政协副主席张玲芳带队现场观摩，县委书记陈礼军、县长谭波、时任县委副书记杨承高、分管茶叶的副县长穆佑君参加会议。协商议事会共有 60 人参加，县政协委员

15 人、群众和茶企代表 25 人、县级相关部门 18 人。会议由我主持，会议议题按协商方案的"提出意见、互动协商、归纳意见、表决意见、市县领导点评讲话、小结"6 个步骤进行。会上，由时任县政协副主席李海龙根据提案及前期调研情况提出了协商课题的主旨意见；县政协委员李临生、张国琴、杨春明结合所提提案进行补充发言；利益相关方代表凤庆县三宁茶业有限责任公司负责人周志荣、云南滇红集团股份有限公司负责人苏向宇、凤庆小罐茶业有限公司负责人张成仁、凤庆凤宁茶业有限公司负责人张贵景、凤庆县滇禅茶文化实业有限公司负责人李凤祥，围绕协商主旨意见进行协商讨论发言；勐佑镇新林村茶农、初制所、合作社代表罗绍良针对基层茶叶发展情况进行发言；云南春茗茶业有限责任公司专家站专家龚正礼、茶企专家工作站邵展超围绕市场营销情况进行发言，凤山镇、勐佑镇、洛党镇、小湾镇、大寺乡 5 个乡镇各协商议事会成员陈俊杰、罗玉诚、赵秀娟、毛鸿雁、李跃鲜围绕议题作了发言；参加会议的县地方产业发展服务中心、市场监督管理局、融媒体中心、组织部围绕部门服务情况作了发言。会议形成了两点协商意见：一是以政府为主导，各方参与，组建"凤庆滇红茶产业联盟"；二是县委、县政府成立凤庆县滇红茶品牌建设领导小组，专项负责引导和指导"凤庆滇红茶产业联盟"筹建工作。会上，陈礼军书记作了点评讲话和现场交办，从赓续茶文化历史和振兴乡村产业角度阐述了"重塑和回归"滇红之雄风的重大历史和现实意义，肯定了县政协协商前调研工作务实高效。陈礼军书记在讲话中强调要求：会议形成的两条意见是大家一起协商出来的，县委、县政府坚决采纳，红茶已经到了不得不抓的时候，全县上下在这个问题上思想一定要高度统一，工作上要高位推动，县委、县政府将成立"凤庆滇红茶"品牌建设工作领导小组，由我和县长任组长，相关处级领导任副组长，抽调 10 人组建工作专班，专班由高仲旭主席任主任，王珠红同志任常务副主任，措施上要高效落实，发展上要高质融合。市政协观摩组代表、时任市政协提案委主任杨大章对协商议事会议作了点评，指出：此次协商议事会议的成功举办，是凤庆县委、县政府高度重视、政协精心组织、各方密切协作的结果，县政协通过"协商在基层"这一平台抓手，落实习近平总书记资金源县边境村老支书们的重要回信精神，以助推滇红茶产业发展促进乡村振兴，相信通过协商成果转化，将在滇红茶产业"而今迈步从头越"过程中发挥积极作用。

按照县委陈礼军书记要求，我们及时组建了由14人组成的工作专班，积极开展联盟的筹备组建工作，经一个多月的努力，2021年10月21日，凤庆滇红茶产业联盟正式成立。联盟由凤庆县滇红建设投资开发集团有限责任公司、云南顺宁实验茶厂、云南滇红集团股份有限公司等8户茶叶企业共同发起，有茶叶企业、茶叶专业合作社、文化旅游公司、科研机构等60个企业自愿加入。设理事长1名，副理事长18名，秘书长1名，理事37名。目前，联盟成员发展到110家，紧密连接了全县418个初制所和86%的茶农、85%的茶园，组织化程度空前提高。同时组建了凤庆滇红茶产业联盟党委，第一任党委书记由凤庆滇红建投集团董事长施贵华担任。联盟党委下设8个支部，各入盟企业依托党组织并发挥自身优势，积极配合党组织的工作要求，做到党建引领企业发展。

滇红茶联盟成立后，县委书记陈礼军多次主持召开凤庆滇红茶品牌建设工作专题会议，县长谭波多次召开由联盟茶企参加的沙龙会议，听取企业及各方意见，县政协在茶叶基地建设、茶品牌的市场经营、茶产品品质、茶生产加工、茶产品流通作了资政建言报县委，在综合调研分析、广泛听取意见基础上，县委、县政府颁布了"议事协商、组建联盟、制定标准、拉通链条、净化市场"重振滇红雄风"五步走"战略。

围绕着"五步走"战略，3年以来，我和品牌办专班人员、通过谋划起草，经县委审定，联盟理事会通过，形成了《凤庆滇红茶产业联盟发展规划（2022—2030）》，按"规划"方案，开展多项活动。制定出台凤庆滇红茶《绿色茶园管理技术标准》《凤庆滇红茶鲜叶采摘标准》《凤庆滇红茶初制加工技术规程》《凤庆滇红茶毛茶原料验收标准》《凤庆滇红茶精制加工技术规程》《凤庆滇红茶成品茶标准及实物标准样》《凤庆滇红茶感官审评方法》《凤庆滇红茶产品包装规范》等 8 个方面的具体技术标准，此举标志着凤庆滇红茶有了符合国家标准、更具操作性的团体性技术标准，为推进凤庆滇红茶标准化、规范化、组织化和品牌建设创造了条件。

推介滇红品牌。2021 年 12 月，在深圳举行的中国滇红茶峰会暨凤庆滇红茶区域公用品牌推介会上，对凤庆滇红茶区域公用品牌重点作了推介，凤庆滇红茶产业联盟与深圳龙岗区民营企业商会、山西勐普秦香茶业等茶叶企业签订购销合同。2022 年 2 月 10 日，举办滇红茶经销人士春节返乡座谈会，县外 170 余名滇红茶经销商参加座谈会。县委书记陈礼军出席座谈会，并向参会的经销人士介绍了凤庆县滇红茶产业发展的现状、存在问题和发展规划。会上，部分凤庆滇红茶经销商代表分别从销售的痛点、卖点、服务、销售端、基地端等各方面对凤庆滇红茶发展提出了一些好的意见建议。2022 年 5 月 13 日，由凤庆县滇红茶产业联盟、县乡村振兴局、地方产业发展服务中心、投资促进局主办，茶百道和新荣阳公司共同承办了"以茶为道，共创未来——茶百道凤庆滇红茶园特别活动暨战略合作签约仪式"，最终签订 3 年内生产 5000 吨滇红茶的订单合同。2023 年 5 月 26—29 日，举办 2023 第十五届哈尔滨茶产业博览会暨凤庆滇红茶推介活动。凤庆滇红茶产业联盟带领凤庆滇红建投集团茶叶分公司、凤庆顺天昌茶厂等企业到哈尔滨参加"茗聚冰城，茶香龙江"——第十五届哈尔滨茶产业博览会。展会有 32 家联盟企业的产品参展，广泛宣传了凤庆滇红茶产品，弘扬传播了滇红文化，达到了"让东北市场进一步了解凤庆滇红茶，联盟企业进一步了解东北茶叶市场"的互惠互利目标。2023 年 6 月 9—12 日，举办 2023 北京国际茶叶展暨云南·凤庆滇红茶品牌推介活动。凤庆滇红茶产业联盟应邀到北京参加由中国茶叶流通协会、北京市西城区人民政府、绍兴市人民政府共同主办的"2023 北京国际茶业展·2023 北京马连道国际茶文化展·2023 绍兴茶文化节（绍兴茶叶博览会）"。本次展会由云南滇红集团股份有限公司、凤庆三宁茶业有限公司等 14 家联盟企业参展，实现现场营业额 58 万元，招揽意向客户 120 余个，联盟企业将继续跟进客户需求，争取达成更多合作协议。参展期间，凤庆滇红茶产业联盟于 6 月 12 日上午联合老舍茶馆举办了"千里共饮·茶文旅创新发展交流会"，县委书记陈礼军对凤庆滇红茶产业发展情况作了重点推介，云南龙泉茶业有限责任公司总经理王海龙代表联盟企业就联盟带动企业"走出去、请进来"运作方式作交流分享。

举办 2022—2023 年茶叶产业大会暨凤庆滇红茶春茶开采仪式。2022 年 3 月 22 日举行凤庆滇红茶 2022 年度春茶开采仪式并召开年度茶叶产业大会。主要内容有：发布凤庆滇红茶技术标准；发布"2022 年茶叶鲜叶收购价格在 2021 年平均收购价格基础上提高 10%"的指导意见；通报表彰全链条组织化建设工作优秀企业 18 家，分别包含优秀组织奖、传承贡献奖、基地质量奖、科技创新奖、市场开拓奖、成长进步奖 6 大奖项，授予"凤庆县第一届制茶大师"荣誉称号 43 名、"凤庆县滇红茶非遗传承人"15 名。2023 年 3 月 27 日上午举办了凤庆滇红茶产业联盟春季大会暨凤庆滇红茶 2023 年春季开采仪式。公布了凤庆滇红茶产业联盟 23 个新入盟成员名单；发布了凤庆滇红茶"经典 58""滇红 1938"、新式茶饮基底茶（工夫茶）3 个生产技术规范；发布 2023 年春茶收购价格指导意见："2023 年凤庆县茶叶鲜叶收购价格在 2022 年同期平均收购价格基础上提高 6% 以上"；宣布凤庆滇红茶联盟官网正式上线运营；市场监督管理局作商标使用规范培训。下午召开了凤庆县 2023 年茶叶产业大会、金融机构与制茶企业融资洽谈会议。县委书记陈礼军作讲话；县人民政府分管领导穆佑君副县长作 2022 年茶产业发展工作总结，并提出 2023 年工作任务；颁发了凤庆滇红茶非遗传承贡献优秀奖等 5 项奖项，共 9 个单位获奖，有关乡镇及企业代表进行交流发言。2022 年 9 月 29 日—10 月 5 日，在国庆开展 2022 年中国临沧凤庆红茶节暨凤庆茶马文化推广周系列活动，同步举办京东农特产购物节凤庆分会场，与"中国农民丰收节"发起全民消费 IP"京东农特产购物节"联动举行线下线上活动。其间组织了丰富多彩的活动，主要包括：开幕式、凤庆滇红茶产业联盟论坛暨招商推介、游茶山访茶企、凤庆滇红茶品牌沙龙、联盟茶企重走茶马古道、凤庆滇红茶产业联盟年会、"凤庆滇红"杯系列体育赛事、全国联动凤庆茶马文化推广周等 8 个大项 15 个子项。企业和外来嘉宾积极参与到各个活动赛事当中，取得了"经济要稳住、疫情要防住、发展要安全"的预期效果。

2023 年 5 月 15—18 日，2023 红茶大会暨"天下茶尊·红茶之都"云南临沧（凤庆）红茶节活动在凤庆成功举办，先后举行了开幕式、2023 红茶产业高质量发展暨滇红茶产业建设交流会、临沧市茶叶产业发展咨询座谈会、普洱茶国家标准样品工作研讨会等重大会议活动，并同步开展了"持茶论道"、锦秀茶尊觐拜及滇红第一村茶旅体验、"锦秀茶尊·秀给世界"全球知名侨商滇红行、"台湾茶人滇红行、两岸一家亲"茶友联谊会等文旅活动，以市场化运营方式成功举办"滇红之夜"文艺晚会。系列活动商务成果丰厚，凤庆滇红茶产销对接会上达成合作协议 99 个 3300 万元；组织省内外 97 家茶企、8 家核桃企业，开展系列产品展销，现场销售 40 余万元；组织 256 家企业参加招商推介会 3 场次，签订渠道合作协议 21 个；组织参会企业嘉宾考察了县内 9 家重点茶企，并与各省茶叶协会、君乐宝集团等 20 家重点企业开展了招商对接。其间陈升红茶业、大友普洱茶庄园举行了开业庆典，滇红建投集团茶叶分公司等茶企开展了各种商务活动；联合湖南农业大学、云南省科学技术院、中清碳汇科技（云南）有限公司召开座谈会，就落实 2022 年"院士行"活动成果，实施由刘仲华院士领衔的红茶、核桃提取物功能型饮料进行了洽谈并形成了一致意见；123 户商户组织商品展销。

同时，依据政协职能，3 年来，县政协开展了茶叶全产业链视察，从提升生产经营能力，滇红茶全链条组织化建设、提高茶叶精制率、着力开拓市场、加强人才培养 4 个方面提出建议，为茶产业发展献计支招；开展滇红茶核心原料示范基地建设专题调研和协商工作，在科学规划、队伍建设、种质资源保护等方面提出建议，县委对协商意见进行专题交办；开展古茶树资源保护开发专题调研，进一步摸清了全县古茶树资源保护开发利用情况和分布情况，就打造全县古茶品牌提出建议，县委制定专门方案推动落实。县政协安排由市县政协委员组成的 4 个小组分别到安徽、福建、贵州、湖南考察学习外省茶叶基地建设、生产加工、品牌经营、农旅融合先进经验，以他山之石，琢己身之玉。所提交考察报告，县委高度重视，召开专题会议，把责任落实到部门。

经全县上下齐心协力，同频共振，合力攻坚，通过开展强化组织建设、统一滇红标准、推介公用品牌、创建 5 万亩滇红茶核心原料基地、参加对外推介活动、举办茶叶节、开展茶文化活动等系列措施，凤庆滇红茶产业联盟逐步释放抱团发展"拳头"效应。联盟成员达 87 家，与 317 个初制所建立了利益联结关系，链接了全县 86.8% 的茶农，管控了全县茶园面积的 81.39%，统一了对外形象，重塑了滇红品牌，茶叶全产业链建设经验被《云南调研》采用；滇红制作技艺入选联合国教科文组织"人类非物质文化遗产代表作名录"，滇红集团破产重整工作接近尾声，峡山茶叶有限公司获评省级绿色食品品牌"20 佳创新企业"，中山大学"小产业带动大产业"消费帮扶案例获国家发改委推介，进一步提高了凤庆茶的知名度。凤庆的茶叶产量产值分别为：2020 年产量为 38140 吨，产值为 56 亿元；2021 年产量为 41372 吨，增长 7.8%，产值为 60 亿元，增长 6.7%；2022 年产量为 45260 吨，增长 8.5%，产值为 68 亿元，增长 11.7%；2023 年产量为 48208 吨，增长 6.1%，产值为 77.7 亿元，增长 12.5%。2021 年茶叶税收 1035 万元，2022 年茶叶税收 1100 万元，2023 年实现茶叶税收 1660 万元。凤庆茶叶产量产值和税收连续 3 年上了新台阶。

（高仲旭）

协商在基层从这里走来

——市、县政协一线协商助推大山乡街道蝶变的见闻

政协一线协商助推永德县大山乡街道蝶变的故事，作为"协商在基层"的源头，其协商的持续性和成效性，宛若一段记忆犹新的故事，至今回想，感触良多。

2018年，市政协挂钩大山乡脱贫攻坚工作。3月16日，我陪同市政协主席李银峰同志到大山乡开展调研，途经大山街道，我们看到街道破损脏乱、交通拥堵、私搭乱建现象突出，在与大山乡党委、政府领导的交谈中，谈及大山乡街道的治理问题，乡领导道出实情：大山乡街道"脏乱差"问题由来已久，街道狭窄破旧，占道经营现象严重，乡党委、政府也是一筹莫展，想办又办不了。大山乡街道治理一直是群众的渴望与愿景，乡政协小组和政协委员多次提出提案，终因资金等各种问题未能得到解决，多年来成为治理的一个"痛点"和"难点"。

此行，大山乡街道治理便成了我们政协人的"心头事"。任何事情的解决，都必须通过深入的调研，才能摸清实情，找准"病根"。

走基层 "研"找问题

心中有惦记，脚下有履程。2018年6月8日，我陪同市政协主席李银峰同志再次深入大山乡走访调研，我们实地走访了街道居民，与村"两

委"座谈，与他们聊聊想法，听听他们的需求。"街道占道经营现象严重，垃圾随意丢弃，街道常年失修，特别是大雨过后，很不好走……"通过与群众面对面交流、零距离沟通，收获了满满的民情。经过走访，颇有感触：只有深入一线，才能听到最真实的声音。

大山乡街道人居环境的提升，存在"群众所需与党政所抓对接不畅，村民议事内循环、群众愿望上不来；政策贯通中梗阻，决策部署下不去"的问题。再细化，就是项目申报难、资金筹措难、群众意识改变难、违建拆除推进难的问题。

摸准了"病根"，也经过了"把脉"，眼下最重要的是"开方"。

如何发挥政协协商民主的优势助力街道治理是需要一个尝试的举措，也是一个挑战。

经李银峰主席思索和指导：一线协商在大山乡街道治理中可能会行得通。那就是结合政协职能，采取政协搭建协商平台，各方共同协商议事的办法，推动政协协商向基层延伸，可能会取得事半功倍的效果。前提是需要深入听取意见，广泛凝聚共识，开出"治理"良方，撬开协商与"治理"的坚壳。"商议"就是当下要走的路子。

巧搭台　"议"开良方

协能同台，商定良方。"有事大家坐下来商量，商量好了，事情也就解决了"，2018年9月，一场由市政协主席李银峰同志主导的"家常式""唠嗑式"协商拉开序幕，街道10多名"当家恶婆"参加会议。会议形式活泼，群众和政协委员面对面交流。"能把街道搞清秀了，我们当然高兴。""没有项目没有钱，咋搞得成嘞？"……看着各方参会人员齐心协力想解决街道治理难题，大家不再拘谨，纷纷打开话匣子，提出疑问。

作为一直关心街道治理工作的李银峰主席，看到群众如此迫切，当机立断："街道整治，你们干还是不干？只要你们有干的决心，其他问题我们来解决。"李银峰主席干脆利落的话语，一下拉近了与群众的距离，给参与协商的人员吃下了定心丸，也让大家看到了街道治理的希望。

步履维艰，政协赋能。同年12月，市政协主席李银峰同志率领市交通、水利、住建等相关部门负责人亲临一线，与县委、县政府、县政协领导，乡党委政府和政协委员、街道居民代表围坐桌前同台协商。在近3个小时的协商议事时间里，群众和委员围绕议题，谈观点、提建议、碰撞火花、交流思想。没有官话套话，句句回应群众期待；没有空谈阔论，字字关乎群众意愿。会场内气氛热烈、热情高涨，从街、路、房，到花、绿、果，形成街道治理的"干货"，即"三个一"协商意见（一个决定：决定对大山街道进行综合整治；一个联动：市县各级各部门各司其职、上下联动给予支持；一个平台：市、县政协和乡政协小组积极发挥平台作用给予助推）。时任县委书记宋正垠亲临现场听取协商意见，与参会人员共同展望大山乡街道治理的新画卷。

事实上，在"大山街道治理"协商民主议事会上，针对协商议事会议成员提出的建议，市、县城建、城管、环保等相关责任部门负责人当场就作出了积极回应，"我们要拿出治理措施，增加挖掘机和专用垃圾车，加大街道占道经营、垃圾和污水清理整治力度……"

从2018年12月开始，大山乡党委、政府充分利用标语和广播大力宣传街道治理、街道环境整治公告和改善人居环境新要求、新标准，村干部挨家挨户做动员，凝聚了人心，鼓舞了干劲。协商是根，群众的信心是阳光，只有阳光的照耀，枝条才会得以伸展。眼下需要的是凝聚各方力量，解决拆违问题，拆除违建搬上了协商议程。

聚共识 "拆"出和谐

商聚共识，主动拆违。2019年1月，大山乡就"拆除两违建筑、助推街道治理"开展面对面协商，市、县政协主要领导亲临现场参与协商。参会人员围绕"违建如何拆，是否有补助，谁来拆除"纷纷展开讨论。群众提想法，部门来解答，会议最终达成"群众自行无偿拆除违建"的协商意见。

以商求同，以协成事。协商会议结束第二天，"当家恶婆"们带头拆掉自家私搭棚房，每家至少损失5—13万元，她们沿街宣传，起先不愿拆的"冷眼户"也转变思想，从"绝不拆"变成"我来拆"。县烟草公司大山烟站属垂管部门，协调十分困难，李银峰主席现场电话沟通，第二天，烟站就让出两米宽的人行道。众人拾柴火焰高，握指成拳显和谐，在没有任何资金补偿的情况下，48天就完成街道18个商铺摊位规范，38户居民无偿退让土地508平方米，拆除违章建筑73户2573平方米。

政协的一线协商不仅破解了街道治理中拆除违建的难题，还密切了干群关系，充分展现了协商助"拆"的力量。一方顺流，八方齐汇，齐力才能聚成汪洋大海。

凝合力 "建"显成效

商出方法，协聚合力。协商如春风化雨，惠及了一批民生工程在大山的实施，客运站综合楼建设、加油站改造，环乡道路、三棵青文化场所建设、集镇人饮净化设备安装和污水处理系统工程等一系列项目在大山落地。

一组数字，万千喜悦。23天完成2.2公里街道沥青路面铺筑，50天完成绿化、亮化、美化工程，60天完成客运站综合楼建设与场地改造。环乡道路硬化2公里，辖区通道开挖4公里，垃圾收集清运设备配备投资400余万元，大山加油站改造投资92万元，集镇人饮净化设备安装和污水处理系统投资410万元。

政协的"一线协商"让大山街道完美"蝶变"，群众的美丽企盼终于在这条协商路上变成了现实，协商之树终于叶茂花繁。但如何花叶四季不凋，营养常态输送是关键。

常态商 "管"有主体

成果落办，管是关键。2020年3月7日，一场由乡党委、政府班子成员、政协委员、居民代表等参与的协商会议在大山乡政府召开，会场座无虚席。"街道建好了，谁来管理""没有一个管理办法，怕不行""是否像村规民约一样建立个制度公约"，会场内参会人员积极发表自己的观点。通过议事协商，参会人员的建议汇成了街道管理的4个"金点子"：一是成立大山乡街道管理党支部；二是成立大山乡街道管理委员会；三是制定《大山乡人居环境提升管理暂行办法》；四是修订《大山街道居民公约》。

协商出的"金点子"，摆脱了集镇建不了、管不好、经常被群众拿来说事的尴尬局面。百姓都交口称赞："政协一线协商议事是个好东西。"

随着协商成效的显现，大山乡只要遇事都形成了大家一起商量出点子的好习惯，通过协商，大山乡建立了协商议事室、"聚意民声亭"、"民族团结园"，委员有了协商场所，群众有了诉说心声的地方。大山如春，群众笑脸如春，恰似岁岁花开常艳红。

春潮涌 "花"开遍地

五年协商路，一曲奋进歌。一线协商助推大山街道的蝶变之路，打开永德大地基层治理之窗。亚练乡、永康镇、德党镇等乡镇纷纷弹起协商之弦，街道拆违和街道治理奏出和谐之音。

2020年3月，省政协"协商在基层"工作文件印发，为"协商在基层"工作提供了遵循。政协持续开展"一线协商"助推大山乡街道治理的探索和实践，作为"协商在基层"工作的源头，是全省、全市"协商在基层"工作的最早雏形，为"协商在基层"工作积累了经验、奠定了基础，其实践经验被评为2020年云南省基层政协履职创新事例。

作为一名参与者和见证者，我深刻体会到基层协商民主建设赋予了新时代人民政协新使命。"协商在基层"是政协丰富协商形式、扩大政协协商参与面的创新举措，是广泛凝聚共识、扩大界别群众覆盖面的有效载体，是拓展履职空间、扩大基层治理服务面的有力助手，是市、县政协最活跃、最具生命力的履职形式。

协商春潮涌，花开遍地香。"协商在基层"正扎根基层，生机勃勃，遍地繁花。

（李海宽）

我亲历的镇康教育发展二三事

    根据组织安排,我于 2016 年 12 月到镇康县人民政府任副县长,先后分管文教卫生、残疾人事业、民族宗教、外事商务等工作。一代人有一代人的使命。此时,我还全然不知道当前全省、全市义务教育基本均衡县创建工作正在如火如荼地推进当中,更没有意识到镇康教育的发展也由此已经处于一个极其重要的分水岭。

    首次接触到义务教育均衡发展是在我到任新岗位不久。因为分管教育工作的关系,县教育局局长赵康平同志到办公室向我汇报工作,在简要介绍了全县教育基本情况后,他随即脸色凝重地告诉我:当前,镇康教育的发展遭遇到了一件很大也很难的事,那就是义务教育均衡发展。实现义务教育均衡发展说得简单些,就是要缩小城乡学校的办学条件和办学水平差距,让乡村学校的孩子们在家门口也能享有优质教育。他不无忧心地提醒我,通过国家县域义务教育均衡评估验收是贫困县退出的五项考核指标中的一项重要内容,是贫困县脱贫摘帽的硬指标。省、市关于义务教育均衡发展的工作要求是:"先均衡、后脱贫,不均衡、不脱贫。"眼下全市义务教育基本均衡县创建发展已经全面启动并快速推进,按照全市工作部署,镇康县将于 2018 年脱贫摘帽,义务教育均衡发展也必须同步在 2018 年率先通过国家和省级验收。从现实情况看,镇康县在这一项工作上已经滞后,如果再不加紧推动,势必难以按时迎检,进而影响全县乃至全市脱贫攻坚大局。看到我满脸疑惑,赵康平同志旋即告诉我,我们到县城郊区的红岩完小实地看一看，就知道义务教育均衡发展是怎么回事了，然后再考虑干什么、怎么干。

红岩完小有700多名学生，是南伞镇下属的一所规模较大的村完小。来到学校，首先映入眼帘的是简陋的黄泥操场，大片的黄土裸露在外，零星稀疏的杂草散落在上面，一有人走动就尘土飞扬。校园没有围墙和大门，教学楼和宿舍楼外墙有部分墙皮脱落，整栋楼看上去斑驳陈旧、年久失修。操场边上的学生食堂是用简易板房搭建，旁边不足50米处就是旱厕，周围垃圾满地、污水横流、苍蝇乱舞、空气污浊。因为厕所位置低洼、排水困难，学校不得不每天租用吸粪车将粪水拉出去，进行人工排污处理。最让人难以忍受的是，厕所溢出的粪水流入厨房排水沟里，灌进房子四周沟体里，臭不可闻，食品卫生条件极差，很难想象孩子们每天是怎么在这样的环境里学习生活。赵康平同志告诉我，这是一所典型的"三无"学校，即无功能室、无围墙大门、无教学仪器设备，因为长期以来建设资金投入不足、历史欠账多，像这样的学校在全县并不在少数。按照义务教育均衡发展办学条件达标要求，在这所学校应该看到崭新的科学实验室、音乐和美术教室、图书室、计算机教室、体育器械室等，同时学校还要有围墙大门，校园里还要美化绿化亮化、有校园文化。听到这些，我逐渐明白了实现义务教育基本均衡的含义。

推动实现义务教育基本均衡是国家普及九年义务教育之后，义务教育发展过程中一项具有里程碑意义的浩大工程，目标是推动教育资源均衡分布，缩小区域之间、城乡之间、学校之间办学水平和教育质量差距，使乡村学校设施设备完备、开齐开足课程，让乡村的孩子们在安全、优美、舒适的环境里上学，并能够享有与城镇学校一样优质的教育，实现从"有学上"到"上好学"的转变，办好每一所学校，教好每一名学生，人人接受良好教育。改变这一切的关键，在于抓住义务教育均衡发展的历史机遇，切实加大投入，突出重点、抓住关键，持续补短板、强弱项、增内涵，推动义务教育发展基本均衡创建向纵深发展，硬件、软件一起抓，以润物细无声的情怀持续用力、一点一滴改变学校整体面貌，以学校办学条件的改善和教学质量的提升惠及全县各族群众。

纵观镇康县义务教育的发展历程，虽然已经与全国、全省、全市同步实现了"普九"，但相对于市内其他县（区）义务教育发展基础更加薄弱，义务教育均衡发展迎国检时间次序也被安排到了全市最后。对照评估标准，镇康县义务教育学校"门槛"指标达标率低、薄弱环节和短板多、工作差距大，实现达标迎检目标时间紧迫、任务繁重、形势严峻，工作责任和压力都很大。全市义务教育均衡发展工作现场会召开后，转眼到了2017年，距离国家和省级督导评估已经时日无多，时间安排已经非常紧张。镇康县义务教育发展基本均衡创建工作虽然已经启动，但受人事变动、支撑项目匮乏等多种因素影响，资金投入严重不足，校舍建设启动困难重重，整体工作进展缓慢。最大的问题是思想麻痹、安于现状，对迎检面临的严峻形势缺乏深刻认识，现状底数不清楚，工作业务不精通，目标任务不明确，困难问题估计不充分，工作上热下冷，压力传导不下去，创建氛围没有起来，教育系统内部更弥漫着"其他县（区）能通过，我们也能通过"的盲目乐观情绪，工作缺乏使命感和紧迫感。

当务之急是加强对县委、县政府的工作请示汇报，争取高位推动；在教育系统内部和社会面上则应加强宣传动员和人员培训，在最短的时间内切实统一思想步调、全社会齐动手，迅速形成工作攻坚合力。当我把这项迫在眉睫的工作向时任县人民政府县长董万春作了专题汇报，立即得到了他的支持。他让我撰写一个汇报提纲，简要说明义务教育基本均衡县创建任务重要意义、主要内容及其对脱贫攻坚的关键影响，然后我抓住一切机会反复向县委、县政府主要领导和县人大、县政协的主要领导汇报，汇报材料也从最初的7页精简到4页、2页，力争用最精练的文字将问题困难讲明白，提高工作汇报的效率。与此同时，借着集中开会、工作调研、集体学习和开展日常公务的场合，机会合适就说、逢人便讲，抓住一切可利用的机会向各级领导和干部职工阐释义务教育均衡发展的重要性和紧迫性。事后，我向朋友们戏谑说："那段时间，我感觉自己快要变成了祥林嫂，遇到领导就想汇报一下义务教育均衡发展的困难，想让领导更加重视起来；遇到人就忍不住想絮叨义务教育均衡发展的业务，想让大家都关心、都动起来，只有这样才能舒缓我心里的焦虑和重压。"

通过不懈努力，全县义务教育均衡发展终于被重新提上议事日程，2017年3月31日，县委、县政府召开教育工作会，专题研究和部署义务教育均衡发展工作。志不求易，事不避难，我准备的现场考察点就选在红岩完小。果然，红岩完小糟糕的办学条件让领导们震惊了。会后，县委、县政府成立了以县长为组长、县委副书记为常务副组长，有关部门负责人为成员的创建义务教育发展基本均衡县工作领导小组。自此，全县义务教育均衡发展工作推进情况纳入全县重点工作进行督查督办，县处级领导下乡要求必看学校，到校调研督查必问义务教育均衡发展工作。2017年8月23日，县委、县政府组织各级各部门领导干部和教育系统有关负责人开展义务教育均衡发展督导评估业务集中培训，由我主持会议并邀请市教育督导委员会领导和有关专家亲临会场进行政策指导和业务辅导。此后，全县教育系统迅速掀起了义务教育均衡发展工作热潮，在各中小学全覆盖组织教职工开展业务学习培训和考试，做到全员参学、人人参考、个个过关。2017年9月9日，县委、县政府再次召开全县义务教育发展基本均衡工作推进暨教师节表彰大会，通报工作进度，分析工作形势，研究解决困难问题，对义务教育均衡发展工作进行再动员、再部署、再推动。

万事开头难，首先难在全县义务教育均衡发展工作底数不清，学校具体情况不明，工作无从下手。深入分析典型学校的情况，开展"解剖麻雀"式的调查研究显得尤为重要。我们调研第一站选择在凤尾镇仁和完小，对照省定10项办学基本标准逐项摸排，发现学校只有教学楼、学生宿舍、学生食堂和运动场，没有综合楼，没有计算机教室和科学实验室、图书室等功能室。于是让随行的县教育局副局长李军根据学校现有的场地条件，现场设计了一个校舍建设规划方案，即便是使用成本最小的简易板房搭建学校缺少的功能室，仅仁和完小至少也要投入约 60 万元的建设资金。当天内又连续跑了几所村级完小，情况与仁和完小如出一辙，现有的校舍只能满足学生课堂教学和日常食宿需求，缺少综合楼、功能室，缺图书、缺设备、缺器材的情况并不是个例，科学实验和音体美课普遍开不齐，很多学校甚至没有大门和围墙，开展均衡创建遭遇到的困难比原先预想的要大得多。

为了彻底掌握全县各义务教育学校真实情况，县教育局全面动员、组织局机关干部职工和学校教职员工全员参与，由局领导带领下沉到各乡镇中学、各村完小分头开展调研摸底，地毯式梳理摸排校舍和运动场地、围墙大门等基础设施需求缺口。经过近 3 个月艰苦地反复摸排、全面收集情况，初步梳理出全县中小学缺配功能房面积 61922 平方米，教学仪器设备、计算机、图书等设施设备资金缺口 3484 万元。2017 年 10 月 31 日，县委办公室、县人民政府办公室印发了《镇康县创建义务教育发展基本均衡县工作推进实施方案》，对全县义务均衡发展工作作了全面安排部署，全面实施义务教育发展基本均衡迎国检"补短板"工程，克期完成 49 所学校、54 个单体建设任务，概算投资总额达 15480.5 万元，力争用一年多的时间实现义务教育学校办学条件"校校达标"的目标。达标迎检时间安排为：2018 年 4—5 月前顺利迎接市级复核，2018 年 5—6 月迎接省级评估，2018 年底通过国家义务教育基本均衡县的评估验收。

义务教育发展基本均衡创建工作目标任务和工作重点虽然已经明确，但大部分建设项目并无资金来源。在缺少项目和资金支持、县级财力无法筹措建设资金的情况下，县委、县政府决定以 2017 年、2018 年 6000 多万元"全面改薄"项目资金作为基数，通过"援建"的方式引进一家实力雄厚、信誉度高的建筑施工企业承建义务教育发展基本均衡迎国检"补短板"工程。由于启动晚、时间紧、任务重、困难多、资金缺口大，在项目各项前期工作完成、工程正式启动建设后，时间已经来到 2017 年 10 月，离 2018 年 6 月省级督导评估时间仅间隔 8 个月，离 2018 年 12 月国检时间也仅有 14 个月的时间。为如期按照既定计划完成校舍建设及附属工程建设任务，力保义务教育发展基本均衡如期通过国家评估验收、按时实现脱贫摘帽，坚决不拖全县、全市乃至全省后腿，县委、县政府决定引入云县爱华建筑工程有限公司，于 2017 年 10 月提前实施义务教育均衡发展"补短板"工程。通过全县上下的共同努力，各中小学校舍和附属建设快速推进，建设范围包括 62 个项目单体、67427 平方米，建设规模也扩大到了19499.8 万元。

正因为工作推动异常艰辛，才让全县，尤其是教育系统和乡镇干部职工迸发出巨大的干事创业激情、拼搏奉献精神和强烈的使命担当。义务教育均衡发展"补短板"工程启动实施以来，每天都有大批干部职工在天未亮就出发，匆匆赶赴散布在全县各地的 60 多个施工现场，落实建设用地，协调解决建设用水用电用工困难，监督施工质量进度，组织工程阶段验收，夙兴夜寐、早出晚归；或深入各中小学校，逐校开展义务教育均衡发展现场培训和业务督导，或支援人力单薄的学校推进内业工作任务。因为出车频率高、持续时间长、工作强度大，县教育局机关 3 名专兼职驾驶员不得不轮流出勤，最终全部病倒在工作岗位上。其间，一名驾驶员深夜在下乡返程途中因为车灯故障仅靠一个手电筒照明勉强把车开回；县教育局局长赵康平同志因需不分昼夜长期奔波往返学校查看和指导工作，肛周脓肿复发，连坐车都极为困难，却依然奋战在一线，边手术边工作，病痛半年也不能痊愈；县教育局副局长李军在蔡何村完小施工现场工作时突发心脏疾病，侥幸得到村医急救后住院治疗一周才脱离生命危险；南伞教育办公室主任杨国强在迎省检期间一直带病坚持工作，半夜加班过程中多次发生心搏骤停，不得不到省级医院救治；县人民政府教育督导室主任张亚萍在迎接省检和国检前始终坚守在一线学校，直至完成全部督导评估任务；工作攻坚一直持续到最后一批物资到达南伞中学，县教育局机关全体干部职工自发赶到学校，通宵进行仪器设备安装、图书编目上架、内业文书资料归档组卷等工作，无一人迟到缺席，无一人早退离场。2017 年、2018 年两年时间里，县教育局机关干部职工牺牲了所有节假日、学校教职员工放弃了寒暑假，全力以赴投入义务教育均衡发展攻坚任务中来，利用一切可以利用的时间逐册登记图书、清点教学仪器设备并组织上架，或整理归集迎检档案，或进村入户开展控辍保学；有的学校教职工自发上山寻找树苗花草，自己动手美化绿化校园；有的学校动员美术教师在学校的大门口、校园墙壁上、走廊两边绘上精美的图画；勐捧镇教育办公室更是在省检和国检前把全镇有专长的教师集中组织起来，逐校安装理化生实验室和科学实验室，节约资金、争夺时间。每当说起，当时的氛围和情形依然历历在目，全县上下教育系统干部、教职员工展现出的是一种无畏病痛、不惧艰辛，一门心思为教育事业发展而拼搏，以高度的责任感和顽强的敬业精神，全身心投入工作的卓越风范。

实现义务教育均衡发展对于全县来说都是一个全新的课题。全县上下万众一心，创建热情日益高涨，工作氛围也日益浓厚，但合格达标学校到底是个什么样子，工作重点有哪些等，大家心里都没有底。通过反复研究摸索，我们决定按照样板引路、示范带动的工作思路，在全县现在基础条件相对较好和设施设备条件缺口小的学校中先行规划建设一批均衡创建示范学校，打造可供全县参照、复制的工作模板，让大家学有样板、做有示范、干有标杆。第一批启动示范创建的学校有勐捧镇象脚水完小、凤尾镇大柏树完小、勐捧中学、木场中学4所学校，指定县教育局副局长李军驻校集中打造，按照义务教育均衡发展达标建设标准和义务教育薄弱学校基本办学条件"20条底线"要求，设置合格的中学理化生实验室、小学科学实验室以及计算机教室和音乐、美术教室等，足额配备教学仪器设备和图书，开齐开足课程，并从全县教育系统抽调专业教师设计实施校园文化，动员学校教职工开展绿化、美化建设。2018年春季学期，全县义务教育均衡发展现场会在勐捧镇象脚水完小和勐捧中学召开，按照省检和国检要求设计考察路线，由校长按迎检要求向各乡镇教育办公室主任和各中小学校长汇报创建成果。为了鼓励大家，我第一时间赶到学校主持现场会并作总结讲话，要求各乡镇、各学校参会领导将示范学校的建设模式和工作经验复制回去，分批次推进示范创建，由点到面梯次铺开，达到创建一个点、点亮一大片和连点成线、连线成面的效果，直至完成全县义务教育均衡发展工作任务。从2018年3月至2018年10月，全县按照统一规划布局、统一建设标准、统一工作调度、统一督导评估的方式先后组织了5批示范创建，集中打造了45所义务教育均衡发展示范学校，用最短的时间在全县铺开学校标准化建设和均衡创建工作、为全县按时迎检打下了坚实基础。

通过全县上下一年多的艰苦努力，学校面貌发生了翻天覆地的变化。一年来，实施义务教育发展基本均衡迎国检"补短板"工程投入资金2.2亿元，集中采购实验仪器设备、图书等教学装备投入资金4791.6万元，为54所中小学校集中规划建设62个缺配功能房单体和附属工程，并扩建了12所城镇中心学校，有效增加了学位供给，全面缓解了长期困扰城镇学校的入学难和大班额难题。各中小学校发扬自力更生、艰苦奋斗的精神，与时间赛跑，不等不靠、主动作为，自筹资金6563.3万元完成了46所学校修建围墙、大门建设和69所学校老旧校舍翻新改造任务，累计加固翻新257个老旧校舍633241平方米。与义务教育基本均衡创建工作同步，在全县范围内组织实施了教育信息化1.0建设工程和"电脑上山"行动，全县各中小学校全部接入光纤互联网，校校配备计算机教室，班班配备触控一体机，在国家教育资源公共服务平台"一师一优课"活动中教师个人空间注册达100%，全县教育信息化取得了实质性进展。2018年来，全县通过面向社会招聘、特岗教师招聘、人才引进、援疆教师等形式共增进教师98名，并通过实施学区制改革、推行城乡教师交流制度，为各中小学配齐配足教师、开齐开足学校课程，实现了师资均衡。2018年6月10—15日镇康县义务教育发展基本均衡通过省级评估；2018年12月5—6日，镇康县顺利迎接国家督导评估，81所中小学校全部达标，达标率100%，校际间实现基本均衡，义务教育发展基本均衡县创建工作高质量通过省督导评估和国家验收。农村学校、特别是薄弱学校，面貌焕然一新，不论是教学设施装备，还是师生工作生活环境，已经与城镇学校，甚至是县城学校的差距越来越小。市教育局曾用3个"前所未有"评价镇康县义务教育基本均衡创建工作：镇康县先后投入高达5.3亿元的财政资金用于义务教育均衡发展，经费投入力度前所未有；在完成"全面改薄"项目基础上，完成了义务教育学校标准化建设工程和教育信息化1.0建设任务，学校教学条件改善前所未有；落实了新一轮奖励性绩效工资分配改革、学区制改革、教师职称评聘制度改革等各项改革措施，为全县教育发展注入了新的生机和活力，改革力度前所未有。

振兴镇康教育、建设临沧教育强县是全县人民的共同愿望。2019年，县委、县政府作出开展"教育质量提升年"、建设临沧市教育强县的安排部署，要求向义务教育均衡发展要质量、要效益、要业绩，做好义务教育基本均衡创建的后半篇文章。围绕县委、县政府"教学质量提升年"总体工作安排部署，我们组建了专门工作组深入各乡（镇）对教学质量提升工作开展了密集调研，深入基层和学校多次召开工作座谈会、理论研讨会，反复征求意见、听取工作建议，认真查找工作短板和问题症结，在充分凝聚一线智慧基础上，报请县委、县政府印发了《镇康县关于进一步提升全县教育教学质量的实施意见》《镇康县教师调配管理办法（试行）》《镇康县中小学教学质量考评办法》《镇康县教师考核细则（试行）》等重要文件，搭建了教育管理和教学质量提升制度保障的"四梁八柱"。为落实2019年"教学质量提升年"工作目标任务，通过反复论证，我们制定了3年内消除小学阶段平均分不及格现象、大幅提高中考全科合格率和优秀率、推动县一中进入全市高考第一梯队等奋斗目标，提出了15条具体工作措施，包括在勐堆乡勐堆学区、忙丙乡回掌学区和木场乡乌木兰学区启动学区一体化办学试点；设立"四个一百"保障基金，为教学质量提升托底；统一规划建设全县教育教学质量监测平台，建立网络一体化监测评价系统；制定出台薄弱学校质量提升计划；

组织强校对口结对帮扶；落实研训一体化制度设计，分批轮训教师、认定名师、培养骨干教师等。其中，最为关键的一招是开展县一中集中整治和一体化办学改革。时下的县一中正处于发展的低谷期，高考连年失利，高考成绩长期在低位徘徊，学校教职工士气低迷，意志消沉，纪律松弛，作风懒散，不敢担当，不想作为；学校管理秩序混乱，校纪不严、校风不正。兵贵神速，集中整治工作方案确定后，我连夜进入学校召开集中整治工作动员会议并亲自担任集中整治工作组组长。一方面协调县公安局、文体广电旅游局、工商局等部门实施校园周边综合治理，另一方面指派县教育局局长和另外两名副局长驻校长达一个月的时间，牵头推动各项整治工作。首当其冲的是实现县一中校园封闭式管理。以当前全县开展声势浩大的义务教育发展均衡创建为契机，规划新建了一幢可容纳900多名学生的宿舍楼，确保学校师生能全天在校园内学习生活，排除外界干扰。不久以后，学校周边以学生为主要服务对象的酒吧、网吧、游戏室等店铺逐步萎缩直至关闭，校园周边环境不断得到净化，良好的教书育人氛围逐渐形成。其次，针对学校人事、教学、分配、制度建设等方面存在的突出问题，组织实施了奖励性绩效工资分配改革、教师专业技术职称评聘改革、教学常规督查改革等专项改革，集中开展了师德师风、校纪校风专项整治和后勤保障能力建设，切实理顺机制、规范管理，建立新的用人机制、分配机制和激励机制，引导教职工把主要精力放到教科研和潜心育人上来。立足于从根本上解决县一中师资短缺、校园面积和校舍不足、优质生源加速流失等突出问题，根据韩新荣校长的建议，县一中和南伞中学于2020年春季学期按照"一套班子、两个校区、统一管理、资源共享"的管理模式实现了一体化办学，从而大大加快了县一中晋级升等进程，为学校长远发展打下了坚实基础。县一中和南伞中学一体化办学集团组建以来，两个校区办学水平实现双向提升，优质生源群体持续快速增长，校纪校风和师德师风从根本上得到扭转，县一中从此进入良性发展的轨道。时任市教育体育局局长陈正垠对县一中改革成果和办学成效予以高度评价，在多个场合称赞镇康县委、县政府推动县一中和南伞中学一体化办学是全县实施高中攻坚计划、做大做强县一中、加快普及高中教育的破局之举，是镇康县为突破镇康高考长期在低位徘徊往复困境的点睛之笔。2020年，县一中高考一本上线55人，首次打破了一本上线率低于5%的历史；2023年，县一中一本上线首次突破100人大关，达到151人，一本上线率达19.87%。自此，全县高中教育步入了发展的快车道。

实现义务教育发展基本均衡并不是终点，而只是一个新的起点。虽然我已经离开分管教育的工作岗位，但我坚信，在县委、县政府的领导下，在历来崇文尚学、尊师重教的镇康人民的不懈努力下，在不畏艰难困苦、勇于自我突破的镇康教育人接续奋斗下，镇康教育必将在建设教育强县、办好人民满意教育的道路上创造新的业绩。

（李文娟）

"四下基层"破局甘蔗清洁生产

网络上流传着这样一句话："人生就像考古，总是要不断地探索和寻觅，才会有意外的惊喜出现！"工作又何尝不是这样，不断有新问题涌现，又不断破解问题，在坚持不懈地探索中收获成果和惊喜。

作为一名从农村走出来，靠着甘蔗款完成学业，并长期从事农业农村工作的干部，我始终对蔗糖产业保持着一份特殊的情感。多年来，看耿马蔗糖产业从小变大、由弱变强，我由衷地感到欣慰，总会有一种想为蔗糖产业做点什么的想法。

2021年底，我调到耿马县政协工作，承担起蔗糖产业协调服务领导小组牵头人的职责，终于圆了我想为蔗糖产业做点事的心愿。为了尽快融入新角色，我经常深入各制糖企业、各植蔗乡镇调研，和部门、企业一起研究分析制约蔗糖产业可持续发展的短板和瓶颈。在多次调研后，我深深地意识到耿马甘蔗原料生产经历了70余年的发展，传统生产模式已经触及甘蔗原料生产效益的天花板，生产成本，尤其是用工成本已经严重制约蔗农持续增收，提高单产、降低成本、提升综合效益是促进蔗农持续增收的必由之路。为此，我积极推动产业朝着规模化、标准化、良种化、机械化和绿色化发展，努力降本增效。

2022年底，县内4家制糖企业相继开榨。正当我们铆足了劲，按照既定工作方针，准备大干快上的时候，一个棘手的问题却突如其来地摆在我们面前。从2022年底到2023年3月短短的90多天里，环保部门连续发布了 35 期大气污染预警，矛头直指农户焚烧蔗叶。

县委、县政府研究认为蔗糖产业是耿马的支柱产业，是农民增收、企业增效、财政增长的重要支撑，丢不掉，也丢不起。同时，环境问题也是"一票否决"的硬指标，容不得一丝的松懈。希望蔗糖产业服务协调领导小组深入调查研究，拿出一个可行的办法，统筹处理好产业发展和环境保护的关系，在加快发展的同时，还耿马人民一片蓝天。

领受到任务后，我陷入了沉思。是啊，这真是一个老大难问题，尤其近年来，人民群众环保意识不断增强，对环境的要求也越来越高。为了解决好焚烧蔗叶污染环境的问题，县委、县政府已经下了很大的力气，每年都划定了禁烧区，下达了禁烧令，并加大了督查力度，甚至还处理过干部、拘留过人。但却屡禁不止，东边查、西边烧的情形时有发生，令人防不胜防。为解决这一难题，相关企业和部门引进了切段式甘蔗联合收割机，把蔗梢蔗叶粉碎后还田，但由于我县的甘蔗种植农艺和联合收割机的适配程度低，加之粉碎还田的蔗叶影响甘蔗中耕管理，导致群众接受度小。后来又引进了整杆式小型剥叶机，可以把甘蔗运出蔗园集中处理，减少蔗梢蔗叶对蔗地的影响，但效率不高，需要配置牵引式的蔗叶打包设备才能实现对蔗梢蔗叶的收集利用。同时，为加快蔗梢蔗叶的资源化利用，县委、县政府还引进了多家饲料加工厂、有机肥厂。2023 年初，位于工业园区的生物质燃料厂投产，每年可消耗蔗梢蔗叶 5 万吨。但焚烧蔗叶的情形却从未完全禁止。

"政府不让烧，说是污染环境，我们也能理解。但又没有给蔗叶找到出路。如果堆捂在地里不烧掉，十分影响出苗，松根、培土、盖膜也无法进行，明年的产量从哪儿来？我们也十分无奈啊！"在耿马镇允捧调研时，一个在地里干活的老蔗农道出了群众的辛酸和无奈。

蔗梢蔗叶的用处很多，可以做饲料、做燃料、做有机肥，饲料厂、有机肥厂、生物质燃料厂都在收购蔗梢蔗叶，为什么群众不卖给他们呢？一个新的问题又在我的脑海中产生。正在这时，我听说华侨管理区为了做好蔗叶禁烧工作，正在安排机械对部分蔗地里的蔗梢蔗叶进行收集，运往生物质燃料厂。于是我就带着这个新问题走访了华侨管理区农业服务中心的杨红俊，当时他正在指挥装载机和车辆收集蔗梢蔗叶。

"成本！成本是最大的问题。像我们这样用机械收集的，机器和人工成本加起来，每吨的收集成本超过了 220 元，但生物质燃料厂的收购价是170 元，这中间差了 50 元呢，根本就划不来。而且这样的机械收集，只能在翻种地块上操作，宿根地里机械会把土壤压板，把蔗蔸压坏，老百姓根本不会让你进去。我们现在的做法，只能是权宜之计，不是长久之策。"杨红俊的分析让我找到了问题的关键堵点。

"如果采用政府补贴相关企业，提高蔗梢蔗叶收购价，让群众有利可图，主动收集交售蔗叶，是否可行？"我把自己的想法和随行的地方产业办主任南忠交流。"这个办法以前我们也有所考虑，但全县 40 万亩甘蔗，每年按每亩产生 1 吨蔗梢蔗叶算，就是 40 万吨，每吨补 50 元，政府需要支出 2000 万元，这对现在耿马捉襟见肘的财政状况来说是难以实现的。"南忠主任用几个简单的数字就让我放弃了这个想法。

尽管诸多想法屡次碰壁，但我的思路却越来越清晰：不能学鲧，堵是行不通的，只会让矛盾越来越激化。得学禹，采用疏的办法，因势利导，运用市场化的手段，打通蔗梢蔗叶综合利用的堵点，把废弃物变成资源，把资源变成经济收益，让群众舍不得烧掉。

于是，在那段时间里，"蔗梢蔗叶综合利用、机收、降低收集成本、环保、农民增收、延长产业链"这些关键词成天在我脑海中萦绕、碰撞。我被各种问题困扰，期待着一朝顿悟，让所有的问题迎刃而解。

正当我苦苦思索不得其法时，一次不经意的谈话却让我豁然开朗。2023 年 1 月，我到华侨管理区兵兵坚果加工厂调研时，负责人胡志兵给我介绍澳洲坚果收购加工的流程，他们直接收购农户的青果，然后脱壳，坚果烘干后外销，青皮粉碎后卖给饲料加工厂做饲料。这样既减轻了群众的劳动强度，工厂还可以通过卖果皮得到额外的收益。我脑子里一下把坚果加工和甘蔗收割联系了起来。随口就问他："甘蔗砍收可不可以和坚果一样,群众连叶带杆地把甘蔗送到一个工厂处理,茎秆拉进糖厂制糖,蔗叶和蔗梢集中收集利用?"胡志兵随即就说:"我听说广西已经研制出这样的设备,老百姓把甘蔗砍倒,直接拉进剥叶厂,把蔗叶剥干净后,甘蔗进厂榨糖,蔗叶打包卖饲料厂。现在陇川等甘蔗主产区也在试验推广这种模式。"

我问他能联系上厂家吗?他说可以。我又对他说:"你为什么不搞一条这样的生产线呢?你有饲料加工企业的销路,还可以延长企业生产时间,增加收入。何乐而不为呢?""我怎么就没有想到这点呢?"胡志兵几乎跳了起来。"我明天就去广西考察。"

年轻人就是有朝气,办事一点也不等。第二天我再给他打电话的时候,他已经在前往广西的路上了。3天后胡志兵给我打电话:"主席,我到厂里看到设备了,感觉还可以,我已经定下一套了,这个月底就可以过来安装。"

4月初的一天,我又接到了他的电话,说剥叶设备已经安装调试就绪,开始试加工,邀请我去实地考察。于是,我邀约了南华耿马糖业公司的李晓富总经理、南华华侨糖业公司的罗向聪总经理、县地方产业办的南忠主任一同前往考察。

在兵兵坚果加工厂前的空地上,一套外形类似联合收割机的设备发出轰鸣声,一台装载机正在往输送带上装载甘蔗,甘蔗从进料口进去后,一边出蔗叶,一边出切断的蔗茎。据厂家负责安装的工程师介绍,这样一套设备,每天可以处理毛甘蔗140—200吨。

李晓富和罗向聪近距离查看了剥叶的干净度,罗向聪还向厂家工程师提出在输送带上增加整形装置,提高工作效率的建议。大家对剥叶站都表现出极大的兴趣。一致认为这种方式,农民只"砍一刀",全蔗进入剥叶站处理,茎秆进入糖厂,蔗梢蔗叶集中收集综合利用,既降低了劳动强度、节约了砍收用工成本、增加了蔗农收入,又增加了甘蔗原料的新鲜度，提高了出糖率。这种方式找准了蔗梢蔗叶综合利用、农民增收、企业增效的结合点，打通了蔗梢蔗叶收集利用成本高的堵点，十分值得推广。

但在讨论中，又有新的问题产生。一是需要对剥叶站成本进行核算，确定剥叶站的运作模式；二是需要对剥叶的干净度进行测算，确定扣杂系数。

问题就是工作的风向标，我随即请地方产业服务中心和制糖企业安排技术人员、农务人员对剥叶站的运行成本进行核算，并对剥叶的干净度进行测算。

测算工作很快就有了进展，据测算：剥叶站处理1吨毛甘蔗的成本大约为58元，剥叶杂质率在8%左右。有了数据支持，剥叶站的经营模式基本可以确定为剥叶站收购加工和来料加工两种模式。收购加工模式指群众将整块地的甘蔗出售给剥叶站，剥叶站派砍工和机械进行收割，按照每吨毛甘蔗270—300元的价格付款。这种模式的优点是群众省事，缺点是部分群众认为剥叶站在进地收割过程中会损坏宿根，接受程度低。来料加工指的是群众自己砍收后运送至剥叶站，剥叶站按照每吨60元的加工费代群众加工。后来结合不同的实际来料加工又演变出全托管和部分托管的模式，全托管就是砍、归堆、上车、运输、剥叶全部由剥叶站提供服务，农户每吨支付加工费140元。部分托管方式就是按照不同的工序计价，从60—140元不等。为推进剥叶站的推广，各制糖企业也作出了扣杂不超过5%的承诺，有效地调动了积极性。

随着胡志兵剥叶站的成功运作，引来大家纷纷效仿，县委、县政府也将剥叶站推广建设作为一项重点工作来抓。截至2024年3月，全县已经建成甘蔗剥叶生产线22条，经剥叶站进厂的甘蔗已经达到了6.8万吨。虽然在全县入榨甘蔗中的占比还很小，剥叶站的推广也还存在需要进一步提升工艺、优化运作模式、完善利益联结机制等问题，但我们毕竟走出了关键的一步，未来的路只会越走越宽。

通过这件事，让我对李强总理"在办公室里都是问题，下去全是办法"这句话有了更深刻的感悟和认识，也让我更加笃定践行习近平总书记"四下基层"工作方法破解发展难题的决心。

（李德新）

清泉越千山　协商解万难

——岩帅幸福团结水厂建设亲历记

　　2024 年 2 月 3 日，沧源自治县第三水厂（岩帅幸福团结水厂）举行通水仪式，沧源四班子主要领导、县级部门，澜沧自治县安康乡党政领导班子、班坝村"两委"班子和岩帅镇各族群众齐聚一堂，庆祝岩帅镇长期以来资源型缺水、季节性缺水的问题终于彻底解决，人民群众喝上了"放心水""暖心水"。那一天，看着群众自发悬挂的彩旗，看着一个个发自内心的笑容，看着群众载歌载舞的欢乐场景，我的内心是激动的。我们政协搭的这个台，终于落地生根，开花结果！

　　正看着、想着，听到台上传来："协商初期，县政协为我们搭建了跨州市'协商在基层'平台，实现人大代表、政协委员、党员、群众等多层次多方位深入交流协商。协商过程中，安康乡党委政府主动向省级争取用水取水许可和相关项目，为水厂项目施工顺利实施提供了坚实保障，安康乡镇、村、组干部提前周密做了大量群众工作，对我方诉求均倾心倾力满足，让我们真切感受到了安康人民的热情与大度，见证了安康与岩帅的深厚友谊，我们必将这份沉甸甸的友谊延续下去……"这是市政协委员、岩帅镇党委书记董正强在致辞。

　　通水仪式结束，岩帅镇联合村党支部书记、村委会主任马荣春同志找到我，颤抖着握住我的手，他说："文明主席，我今天相当激动！我们缺水，已经是多少年了。以前都是靠人工用竹筒背水回来，这几年是从寨子后山的水源地用电力提水，再过滤饮用，单是抽水电费，每个月差不多1200块。而且枯水期水又紧缺，特别是停电时候，水根本无法抽上来，只得组织群众外出拉水应急，生产生活都相当受影响。这回，这个问题终于解决了，我们得'喝好水'咯，感谢党委、政府，感谢安康乡，特别要感谢政协啊，主席！为了给我们得'喝好水'，你们都跑好多回了。"看着他激动的样子，我也被感染了，胸腔都是热的，这一场跨州市协商，过程虽然艰辛，但真的是非常值得！

2021年初，我带着县政协秘书长付立群及民族宗教和港澳台侨外事委员会主任赵国宏到岩帅镇，开展"协商在基层"工作专题调研。这是开展"协商在基层"的第二年，很多工作还在探索阶段，我们也是"摸着石头过河"。在岩帅镇调研期间，住岩帅镇委员履职小组反映，当地资源性缺水问题突出，人饮困难已成为当前最大的民生热点、难点问题。我当时很犹豫，这个问题其实历届政协主席都很关注，但由于辖区内没有合适的水源点，确实是难以解决。20世纪50年代修建联合大沟时候的取水点已经在后来的行政区域调整中，划到了普洱市的澜沧自治县，而岩帅是资源型缺水，"巧妇难为无米之炊"啊，着实令人头疼。调研回来后的一段时间，我时常都在思考这件事情，解决饮水问题是岩帅群众最关心、最迫切的事情，我们是否可以通过"协商在基层"搭建平台，从澜沧自治县安康乡取水。有了想法之后，我和付立群再次到岩帅镇调研，与时任党委书记李树荣、镇长董正强深入交谈。他们也提出如果能与澜沧共商水源点取水问题就太好了。

这一次，我们走访了联合村的村组干部、老村干部、老党员和当地群众，听取他们对跨市引水的意见建议。这次的调研，我们听到了许多不同的声音。群众的愿望很迫切，但绝大多数人认为跨市取水，涉及面实在太广了；由于历史原因，过去两地的部分群众因界线、土地、林地和水源等问题纠纷不断，工作难度非常之大；做成了固然是好的，做不成反而会沦为笑话。

做还是不做？如果做要怎么做？再三斟酌后，我提出来推进这项工作的意见，核心是要"打感情牌"，以情服人、以情动人。首先，要在岩帅方向形成思想共识，我们要先把基础工作准备扎实。其次，要先摸清楚，取水点是否可行，在该水源点取水是否会造成双方抢水或水源不足的局面。最后，一定要做好群众工作，把握好岩帅镇联合村和安康乡班坝村同根同族同源的历史优势和相互通婚、走亲串友的现实优势，才有协商的群众基础。大家一致同意后，我们就前往澜沧的水源点确认可行性。那里有两股水，一股是当地群众用来灌溉的水源，另一股目前并未利用。水源点海拔高、水质好，无论是管道引水还是水渠引水都能满足，且该水源点历史上岩帅镇就曾利用过，现在继续利用也有历史渊源。我们还深入澜沧自治县的相关村寨、山林、茶园、水渠实地调研，走访安康乡的部分群众，了解澜沧群众对跨境取水的民情民意。

5月14日，我组织召开县政协党组（扩大）暨十三届第33次主席会议，会议议题之一就是讨论解决岩帅镇饮水困难问题。经过深入分析讨论，大家一致认为可以先行先试，探索跨州市开展"协商在基层"解决民生问题。5月19日，我们到市政协就此项工作专题汇报，李银峰主席带着字德用、杨天强两位同志听取了我们的汇报。李银峰主席在了解到岩帅镇缺水问题严重、群众愿望迫切、项目实施有可行性后，鼓励我们积极主动对接澜沧自治县政协，建立工作沟通渠道，同时要向县委汇报，争取更大的支持。他说："'协商在基层'工作刚起步，这个议题既是对'协商在基层'工作的探索，也是对跨州市协商的探索，可以先行先试。"回到沧源后，我们又向县委作了专题汇报，时任县委书记杨志厅非常支持，他说："生产生活用水问题是最大的民生，这项工作意义非常重大，放心干，县委全力支持，不要有后顾之忧。"

市政协和县委的支持，坚定了我们做好这项工作的决心和信心。我们给澜沧自治县政协发了函，表达了双方政协共同搭台、跨州市进行协商的意愿。澜沧县政协的态度非常给力，周向志主席当即表示会全力支持。于是，我们开始了多次的电话沟通和见面交流。

在协商议事的前期准备过程中，有3位同志起到至关重要、甚至是决定性的作用。第一位是安康乡班坝村党支部书记魏明光同志，他为促成这项工作做了大量的群众工作，多次带领我方的相关人员到水源地考察，陪同澜沧自治县县级行业部门技术人员实地勘查，为工程规划、设计、实施等前期工作做了大量工作，在整个协商过程中做了很多基础性、决定性工作。第一次就此事沟通的时候，他就对我说："我们都是一家人，肯定要全力以赴地支持，村组群众工作我来做，请李主席放心。"另一位是安康乡的原党委书记魏云祥同志（时任澜沧自治县政协经济和农业农村委主任），他在安康乡任党委书记期间，就一直非常关注和支持岩帅的用水问题。这次两县政协搭台此项工作，他更是给予全力支持，积极与相关单位对接，多次深入安康乡班坝村实地走访了解情况，督促工作进度。第三位是安康乡的现任党委书记高宇同志，他延续了魏云祥的态度和风格，也十分关注和支持这项工作，多次深入施工现场督促工程进度，甚至率队到岩帅镇对接相关工作。最终，高宇同志作为安康乡代表与岩帅镇共同签订取水相关协议。正是有了澜沧自治县的同志们、同胞们这种大无畏的精神，这种不分你我、融合发展的态度，这种宽广的胸襟和积极的作为，最终才促成双方形成共识和建设项目的快速推进。

前期工作准备就绪后，5月26—28日，我带着县政协办公室、水务、住建、林业草原、自然资源、生态环境等部门和岩帅镇党委政府、联合村负责同志组成的协商工作组，赴普洱市澜沧自治县开展协商。5月26日，我们在澜沧自治县政协会议室召开跨两个市、两个县、两个乡镇、两个村的"协商在基层"协商议事会议。澜沧对应我县组织了相关部门和人员开展同台协商，就项目申报、水资源使用费及工程实施中的协调配合等方面深入协商。整个协商过程在团结、友好、民主、和谐的氛围中生动开展，与会人员深入协商交流，双方进一步统一思想、凝聚共识，达成以下协商意见：一是澜沧自治县同意并全力支持岩帅镇在安康乡班坝村境内戈浪河取水建设人饮工程。二是双方尽快向县委、县政府专题汇报，明确项目实施定位和主体。双方各自负责辖区内引水工程项目申报和施工。三是双方加强沟通联系。按照双方长期合作、互惠互利的原则，搭建交流平台，推进工作进展。岩帅镇联合村和安康乡班坝村要将先辈们团结睦邻的光荣传统延续下去，促进团结和谐，共建友好睦邻。

那一天的协商很感人，也很成功。我们居然成功协商出最难的林业手续问题和取水许可由澜沧的部门负责办理！正是双方政协、部门、乡镇、群众前期开展的大量工作，才能取得这样的协商效果。协商完毕，我与周向志主席紧紧握手，"感谢你，周主席！感谢澜沧政协支持，这次协商的效果太好了！"周主席哈哈大笑，"李主席，不要客气，天下政协是一家！"

5月27日，协商工作组再次到澜沧自治县安康乡班坝村实地考察引水水源地，深入开展交往交融交流。5月28日，在岩帅镇召开座谈会，对项目申报、群众工作、双方互访互助等具体事宜作了进一步细化和安排。6月28日，县委常委会会议专题听取了县政协《关于赴澜沧开展岩帅镇人饮项目建设调研协商工作的情况报告》，肯定了此次协商的成绩，并明确由县人民政府积极向上争取对岩帅镇人饮项目的大力支持。至此，我们的协商工作圆满完成。

真的是天时地利人和，协商刚好结束，项目就来了，就好像"瞌睡碰到了枕头"。当年7月，第三水厂（岩帅镇幸福团结水厂）建设项目被纳入农村供水保障专项行动2021年度实施项目。工程于2022年6月开工，经近一年半的紧张施工，2024年2月水厂建成通水。供水范围覆盖岩丙、岩帅、联合、黄果、贺南、新寨、中贺勐、贺勐8个行政村，建设内容主要包括取水坝2座、水厂1座、水池10座，输配水管网115.643公里，日供水3370立方米，成功解决15768人、11593头大牲畜的饮水问题。

这是全省首例跨两个市、两个县、两个乡镇、两个村的"协商在基层"协商议事会议，案例被省政协评为"2022年全省优秀典型案例"。2022年至2023年，岩帅镇与安康乡深入开展了两场"二次"协商，与澜沧自治县相关部门、乡镇、村和群众积极沟通联系和走访，双方签订了取水框架协议，就相关事项达成一致意见，有效推动项目建设工作，同时达成了基层治理共同治、民族团结共同护、产业发展共同谋的共识。我们终于实现了政协协商引领基层协商，让"协商在基层"在解决民生难题、促进经济社会发展和民族团结进步等方面发挥了重要作用，解决了岩帅镇长期以来缺乏水源的问题，画出有事好商量的最大同心圆。

在岩帅幸福团结水厂通水这一天，我是既激动又欣慰。李树荣（时任岩帅镇党委书记、现任县人民政府副县长）、田红梅（时任岩帅镇专抓维稳党委副书记、现任镇人大主席团主席）、马红林（岩帅司法所所长）比我更激动，他们在这场协商中，也是做了大量的工作。我与他们点头致意，我们终于共同见证了这一重要时刻，见证了协商的成果转化，见证了安康与岩帅的深厚友谊，见证了"邻里守望、互助共享"美好愿景的真正实现。

（李文明）

规划建设澜沧江流域"世界茶树发源地中心"的提案故事

我是临沧市政协提案委员会主任杨绍斌。借助在全国政协、省政协、市政协全会上提出规划建设澜沧江流域"世界茶树发源地中心"的提案，从不同层面、不同角度推动澜沧江流域古茶树资源保护利用、茶旅融合发展、区域共同富裕，是我参与这件提案调研、拟写之初未曾想到的，其所产生的影响也让我对政协提案的作用有了新的认识。

一、主席点题，明确拟写方向

2023年10月30日上午，袁自科秘书长通知我到李银峰主席办公室。一到办公室，李银峰主席对我说："近期查阅了临沧茶叶历史文化、种质资源、产业发展的资料，并和一些人交流探讨，对临沧茶叶产业发展特别是如何推动茶旅融合发展作了一些思考，有一个以茶为媒、打造滇西茶旅融合精品线路的初步想法，我们提前谋划，在省政协全会上提一件'澜沧江流域茶旅融合发展'的提案"。并告诉我，就这一想法他还同省政协副主席、农工党云南省委主委张宽寿作了汇报，张宽寿副主席表示赞同，计划带领调研组到临沧开展一次"澜沧江生态环境保护和茶旅融合发展"的调研，希望通过调研论证，以党派名义向中共云南省委提出建议，为推动澜沧江流域茶产业发展助力。而后，李银峰主席从线路走向、各点打造、环线形成、旅游要素构成等方面，站在全省资源经济发展、茶文化研究和践行"两山"理论的高度向我交待，让我与有关部门做好沟通，初步形成一个调研提纲、一份精品线路交通示意图，为调研工作做好准备。

二、共同领题，下足前期功夫

李银峰主席交待任务的当天下午，我和提案委的同志一道，邀请市农业、文旅、交通部门的同志就李银峰主席的想法和要求同大家进行了沟通。大家一致认为，澜沧江流域古茶树资源丰富，临沧这些年也做了很多努力，但仍然处于低水平发展阶段，如果能从全省层面帮助推动，势必带动临沧茶叶产业的发展，意义十分重大。当即我们就对现有规划、各点资料、各块问题、线路图设计、推动方向作了分析，请大家把情况摸清，把临沧茶叶产业的发展放到滇西片区乃至全省角度去思考，尽快提供相关资料。在此期间，我将与部门的沟通情况向市政协分管提案工作的唐文庆副主席作了汇报，他建议我们从种茶、品茶、生态保护的角度对澜沧江流域茶叶产业发展的过去、现在和未来发展进行思考。

11月1日下午，大家收集的资料就摆在了我的案头。我和提案委的同志分析后认为，首先应当对各块资料进行归类，形成一个包含意义、优势、问题、建议等方面的提纲，而后我开始了提纲的起草。第一部分主要从澜沧江流域茶叶分布、茶园面积、产值占比、品牌构成、茶旅融合基础等方面提出打造"世界茶树发源地中心"的意义，并从临沧、普洱和西双版纳3个州市茶树资源丰富、古树名山名扬海内外、民族文化多元多样、饮食文化魅力独特、交通基础设施日趋完善、茶旅融合发展初见成效6个方面对主要特色优势进行分述，重点罗列这一区域中凤庆县锦秀茶尊、滇红名茶、云县白莺山茶树演化自然博物馆、临翔区邦东乡昔归古茶园、双江县勐库大雪山野生茶树群落及勐库冰岛古茶园、澜沧县景迈山古茶林文化景观、勐海县布朗山乡"老班章"古茶园及镇沅县千家寨、墨江县凤凰窝、永德县忙肺、镇康县马鞍山等名茶山头的基本情况，通过这些点位的现状和发展优势展示，形成推进茶旅融合发展的思想认同。第二部分提炼出规划管理、人才培养、品牌打造、配套设施 4 个方面的问题。第三部分对应提出规划茶旅精品线路、打造"普洱茶""滇红茶"等公用品牌、加大基础设施建设力度等方面的建议。至此，一份调研提纲初稿基本形成。同时，与精品线路相对应的古树名山交通示意图在修改 3 稿后也基本形成。11 月 3 日上午，我将相关材料报送李银峰主席审阅。主席审阅后，先后 3 次将我叫到办公室，要求我们从"三大经济"、千亿级产业打造、种源特殊性唯一性、区域品牌效应等方面，对调研提纲和示意图进行完善。

三、调研破题，研判提案切口

2023 年 11 月 28 日至 12 月 1 日，李银峰主席陪同张宽寿副主席带领的调研组先后深入临翔区邦东昔归古茶园、云县白莺山、凤庆滇红茶博物馆、锦秀茶尊、勐库冰岛古茶园实地调研，我也有幸参加。调研组的同志有省政协人资环委的领导，也有农工党云南省委的专家、学者。每到一处，李银峰主席都亲自介绍，就意义、优势和当前问题与调研组进行深入探讨。在云县白莺山茶树演化自然博物馆牌坊前，我拿出提前准备好的示意图，对整条线路的规划布局、主要点位的茶园分布、品牌打造等情况向调研组作了汇报。在凤庆鲁史镇永发村浴龙岛和"滇红一号"游轮上，张宽寿副主席一行对如何破题、如何助推展开了热烈的讨论。大家一致认为，建设澜沧江流域"世界茶树发源地中心"，对贯彻落实习近平生态文明思想，打造践行"两山"理论的示范区，形成云南旅游新的增长极具有重大意义。总体思路符合省委、省政府发展资源经济的要求，与"有一种叫云南的生活"高度契合。加之临沧、普洱、版纳 3 个州（市）的"景迈山""布朗山""易武古茶山""老班章""冰岛""昔归""困鹿山""凤凰窝""千家寨"等品牌已有一定知名度，具备推进茶文化旅游发展的独特优势和条件，目前就是要联动集成、协同协调、一体打造，形成"聚合"效应，把优质资源的经济效益和社会效益充分发挥出来。大家对整条线路的规划、旅游要素匹配、品牌打造、协同联动问题作了分析，提出了一些对策建议。这其中，调研组成员对澜沧江茶文明的真知灼见让我深受启发。调研结束后，李银峰主席让我结合调研过程中大家的分析思考，形成调研报告和提案文本送审后上报。在征求相关部门和茶叶专家意见基础上，李银峰主席又亲自对报告和提案进行了审改，一份近5000字的调研报告和一份1500字的提案文本顺利提交。而后，参与调研的农工党云南省委社会处冯志处长就提案内容又与我作了几次沟通，进一步"画龙点睛"，修改完善，形成了一份《依托澜沧江流域名山大川、古树名茶优势，推进茶文化旅游发展，打造云南旅游增长极》的提案。提案在阐述澜沧江生态环境保护和茶旅融合发展优势和条件的基础上，指出了规划管理不到位、人才培养不同步、品牌打造不重视、潜力挖掘不彻底、基础设施不配套等问题，提出了编制专项发展规划、完善配套基础设施、打造云南茶旅IP、创新产品开发模式4个方面的建议。

四、借力答题，凝聚发展力量

提案形成后，我向李银峰主席请示，该提案是他作为省政协常委联合大理、普洱、版纳等州市联名提出，还是请农工党云南省委以党派提案向省政协全会提出？李银峰主席说，虽然事项是我们最初提出，但如果能够借助党派力量，可能更能提高提案分量、更能体现办理成效，无论是以谁的名义提出，最终要能够推动问题解决才是最关键的。李银峰主席的高姿态和高站位让我很受感动。最终，该提案由农工党云南省委在省政协十三届二次会议上提交。经审查，该提案顺利立案，并经省政协主席会议研究，确定为省政协十三届二次会议21件重点提案之一。

在提案调研和形成过程中，李银峰主席提出要争取在省政协全会上作一次大会发言，通过大会发言进一步引起全省上下对澜沧江流域茶旅融合发展的关注。而后，我对调研报告和提案文本进行了综合，在施晓东副秘书长、袁自科秘书长审核把关和李银峰主席亲自审改、逐字逐句推敲后，最终形成了一份《打造澜沧江流域"世界茶树起源地"云南旅游新的增长极》的大会发言材料，并由李银峰主席在省政协十三届二次会议上作了口头发言。大会发言与提案各有侧重，李银峰主席在发言中讲到："澜沧江流域茶旅融合发展上仍然存在一些问题：一是规划统筹不到位。澜沧江流域名山大川、古树名茶间缺乏统筹茶旅融合发展的整体规划和管理机制，区域间存在无序竞争、不良竞争、企业内卷等现象，相互拼区域、拼山头、拼古树，融合度不高，市场良莠不齐、产品真假难辨，导致辨识度和公信力不足，优质资源的经济效益和社会效益没有得到有效发挥。二是人才培养不协同。茶文化旅游涉及茶叶和旅游相关领域、专业、学科协同发展，目前澜沧江流域没有形成大规模、连续性茶事活动，缺乏茶叶种植、制作、营销、旅游规划等相关领域专业人才，区域团队合作不紧密、不协同。三是品牌打造不响亮。名茶资源、茶旅融合发展的宣传和推广力度不够，部分企业做品牌、带初制、连茶农能力不足，茶文化旅游产品附加值低，存在'大产业小产值、大品牌小市场'现象，品牌的'边际效用'递减。四是潜力挖掘不深入。部分茶企更注重商业利益、忽视文化内涵，茶旅文化资源开发利用缺乏全局性、整体性、长远性、可持续性，历史文化保护、非遗传承人培育、非遗产品影响力等挖掘研究零散，深度、广度不够，茶文化外溢效应不强。五是基础设施不配套。古树名山综合交通网络、市政基础设施建设不足，部分茶马古道需要修复，特别是串联临沧、普洱和西双版纳3州（市）名茶山头之间的主要交通干道和餐饮、住宿、娱乐等茶文化旅游基础设施不配套。"并从"树立云南茶都是好茶的理念，打造以地理为标志的区域公共品牌；编制茶旅融合专项发展规划，打造'世界茶树起源地中心'茶旅精品线路；组建茶企联盟，打造云南茶旅IP；创新产品开发模式"4个方面提出建议。李银峰主席的发言得到了省委领导和省政协领导的高度评价，在省政协全会上引起广泛热议，大家纷纷点赞。

过了几天，省政协提案委办公室通知我们，说李银峰主席发言后，省政协领导高度肯定，要求站在全省角度向全国政协全会提一件提案，请求国家部委帮助规划建设澜沧江流域"世界茶树发源地中心"。接到电话后，我既为工作得到肯定而高兴，也感到巨大的压力。提案如果站位不够高，所提的问题和建议缺乏针对性，不要说推动，可能连提案立案都困难。我及时将省政协的要求向李银峰主席作了汇报，李银峰主席建议我从长江、黄河文明到整个中原文明的角度思考澜沧江茶文化，并推荐我认真研读西南林业大学蓝增全、沈晓进主编的《澜沧江孕育茶文明》及相关资料，把澜沧江流域古茶树资源分布、科考价值通过茶文化传播构建人类命运共同体和当前推动"三茶"统筹发展的情况弄清楚，提出问题和建议。下来后，我立即投入到海量资料查阅中，从《澜沧江孕育茶文明》《中国古茶树资源状况白皮书2023》《云南省古茶树保护条例》《云南省古茶树资源与保护情况》等资料中收集素材。大量资料显示，茶是澜沧江文明的重要载体，澜沧江云南段是名副其实的世界茶树基因库。但目前还存在认知度、认同度、普及度不够，茶科技创新、营销创新能力不强，数字技术运用与融合不够，产品品质与品牌价值未完全体现，对茶文化传承的重要性认识不到位，茶产业发展体系不健全等问题。站在国家层面，应从提升茶文化在世界上的影响力、传播力、软实力的高度，开展"世界茶树发源地中心"科考普查，建设"世界茶源博物馆"，策划包装澜沧江流域茶旅IP，以数字化赋能茶产业，打造"普洱茶"、"滇红茶"等国际知名品牌，规划建设澜沧江流域"世界茶树发源地中心"。提案初稿形成后，我立即请农工党云南省委社会处的冯志处长帮忙把关。后经过李银峰主席和李彪副主席的亲自审改后，又请西南林业大写蓝增全教授就提法、数据从专业的角度提出修改意见，而后报送省政协提案委审核定稿。在李银峰主席的沟通协调下，最终由全国政协常委、省政协副主席、农工党云南省委主委张宽寿在全国政协十四届二次会议上提交了《关于从国家层面规划建设澜沧江流域"世界茶树发源地中心"的提案》，该提案顺利通过审查并立案。

在拟写全国政协提案期间，市政协五届三次会议召开在即，李银峰主席告诉我："这次全会计划安排一次大会发言，你结合前期调研和提案内容在会上作个发言，把临沧茶旅融合发展的路径规划、具体操作讲一讲。"我当时向主席汇报说："主席，您在省政协全会上的发言已引起了社会各界的共鸣，我再发言是否合适？"主席说，我们要在不同层面发声，这既是协同联动，也是进一步凝聚共识、推动发展的需要。于是，我又站在临沧的角度，以《依托古树名茶资源，打造临沧旅游新的增长极的建议》为题提交了一件市政协特邀界别的集体提案，并在市政协五届三次会议上作了口头发言。

至此，3件政协提案、2次大会发言业已完成。这一过程，对我而言是一次学习，既收获了对澜沧江流域古茶树保护利用的思考和各级各部门从不同层面推动工作、促进发展的深深感动，又提升了自身拓展视野、延伸视角的能力和辩证思考问题的态度方法。目前，3件提案的办理工作正有序推进，部分事项已初见成效。同一案由在全国政协、省政协、市政协获得立案，并得到有关部门高度重视，让我认识到只要情况掌握准、建议提得好，就是积极为国履职、为民尽责，就能赢得党委政府和社会各界的信任和褒扬。我坚信，在党中央、省委省政府和市委市政府的重视关心下，澜沧江流域"世界茶树发源地中心"一定能够大放异彩。也许，若干年以后，当我们沿着澜沧江茶旅精品线路，游"百里长湖"，赏古树名山，奉一杯清茶，也会想到领导和同事们为这件提案的提出所作出的努力。

（杨绍斌）

小馆何以担大任

我是张大远，现任临沧市政协文化文史和学习委员会主任。2021 年，我们在云南最年轻的地级市建成了云南首个州市级政协文史馆，虽然它可能是全国政协文史馆系统里的"袖珍版"，但它却成了临沧市社会各界群众的热门打卡地，经历了党史学习教育的洗礼，成了政协各参加单位、广大政协委员、政协干部及其联系的各界群众共有的精神家园。

一、火着枪响

2020 年 8 月 17 日上午，我接到时任市政协副主席张龙明的电话，让我到李银峰主席办公室，我拿上笔记本就往 5 楼赶去。一进门，一大股烟味扑鼻而来，只见主席办公室烟雾缭绕，办公桌上的烟灰缸里横七竖八躺着些烟头，李银峰主席、张龙明副主席对坐着。看来两个领导商讨的不是一般的事情，而且已经有一段时间了。李银峰主席示意我在张龙明副主席旁边的椅子上坐下，随后告诉我："大远，专门找你上来，是想听一听你的意见。在临沧建全省第一个州市级政协文史馆，而且，不能搞太长时间，一年内必须建成投入使用。你怎么看？"我思索了一下，回话说："主席，四届市政协以来，我们出版的文史资料已超过往届总和，虽然质量不好说，但数量上了一个大台阶，大家能力也提高了很多。如果真的能在临沧建政协文史馆，那对我们搞文史工作的人来说，真的是一大幸事。只是展陈工作我没有弄过，政协文史馆也没有见过，心里不太有底，钱从哪来、建在哪里还得谋划一下，而且要一年内建成，挑战的确不小。"听到这里，张龙明副主席在烟灰缸里掐灭了烟蒂，说："资金不是你考虑的问题，场地初步考虑市政协办公楼一楼，你的任务是按照主席的意图和要求把方案策划好。"我应了一句："好的，我知道了。"

或许是李银峰主席洞悉了我心里的疑虑，他沉稳地说道："你们先摸摸底，分析一下有利条件、存在困难和项目必要性。他山之石，可以攻玉，你们组织一个团队，找几个建得好的文史馆，对标一流策划一个可行的方案。"他这么一说，目标和路径都十分清晰了。张龙明副主席和我领受了任务就起身道别了，刚走到门口，李银峰主席又补充了一句："大远，要快。"这让我更加深刻地体会到他对这个事情的重视和期待。

接下来的几天时间，我找了各方面征求意见，有鼓励的，有担忧的，也有模棱两可的。有的说，现在脱贫攻坚资金和项目都往基层一线倾斜，建这个馆的钱从哪儿来？有的说，政协工作没有谁来考核我们，也没有什么指标，更不产生经济效益，何必要把时间定得那么紧呢？建议我还是汇报一下，用两年左右的时间完成建设，不要把大家搞得紧紧张张的。有的说，临沧有的展览馆都建10年了，现在还撂荒在一边，没投入使用，我们政协有这个专业和能力吗？不要把自己搞得下不了台。公有公的理，婆有婆的理，似乎都很在理，看样子还是得干活人自己拿杆秤，自己权衡和抉择。

我把方方面面的意见向张龙明副主席作了汇报，他斩钉截铁地说："想那么多干嘛，干就完了！"在大家的讨论和质疑中，张龙明副主席、时任办公室主任字德用和我等6人组成的考察组于2020年10月12日踏上了前往云南政协文史馆和广西壮族自治区政协文史馆及有关市、县文史馆实地考察学习之旅。

二、关山难越

我们先是用半天时间在云南政协文史馆考察学习，省政协文化文史和学习委员会对我们一行很是关心，专门安排了策划和建设文史馆的邓才建老师接待我们。一踏入馆内，我们即被浓厚的文化氛围深深吸引，人民政协的辉煌历史和云南政协的生动实践跃然眼前，这不就是我们想要实现的梦吗？令人感动的是，在展览即将结束时，我们欣喜地发现了临沧市政协的文史资料被完整地收藏，无疑是一种极大的鼓舞，也使我们深感自己工作的价值与意义。参观的过程中，邓才建老师慷慨地与我们分享了他的宝贵经验和心得，这对我们理清头绪大有裨益。

与邓老师一行告别后，我们直奔南宁而去。南宁市政协甘英姿副秘书长等接待我们，并全程陪同我们参观了广西政协文史馆、南宁政协文史馆、宾阳政协文史馆。一路走来，我们知道了"天外有天，人外有人"，论"大"，广西政协文史馆4000多平方米，已经快有我们政协办公楼面积大了，可谓一览众山小；论"全"，广西"自治区、市、县三级文史馆体系全覆盖"更是别无二店。这样的阵仗搞得我们是"刘姥姥进大观园——看花了眼。"

昆明、南宁的考察确实让我们开了眼界，同时也让我陷入了深深的思考，这些馆的成功，对于我们好像是一个梦，看得见、摸得着、抓不住。我们的情况和他们天差地别，别人的经验我们是不能简单复制的。考察行程结束回到临沧后，我及时起草了考察报告向党组汇报考察成果，介绍了外地先进布展理念和经验。随即开始思考我们自己的路到底要怎么走，才行得通。

2020年11月初，形成了文史馆建设方案，提出了组织领导和工作步骤，对于建设地点，我建议将在原来设想的一楼东北侧面、西南向104—110室基础上，把走廊也纳入文史馆展陈范围，新增加了宝贵的60平方米面积，同时建议：为了防止半拉子工程，"便于大纲思想、设计思路和建设、布展有效贯通，建议文史馆设计、建设和布展采取一体化招标，由中标单位一体设计、一体建设、一体布展""布展大纲是文史馆的灵魂和前提，必须选择国内资质较好、水平较高的专业机构编制""大纲编写费用，由编写单位先行垫资，纳入文史馆设计布展费用"。

方案得到了党组的认可和支持，很快就研究并同意了，同时还明确"在统筹明年市政协工作盘子时，文化文史和学习委暂不安排调研视察课题及其他专项工作，委内人员暂不抽调、外派和承担其他临时性工作，确保集中火力、集中时间攻克任务"，给了我们很大的鼓舞和支持。正当我们满怀信心按照既定方案时间节点铺开工作的时候，不料各种难题接踵而至。

经过精心挑选，我们在全国顶尖的展览策划公司中锁定了金大陆有限公司作为合作伙伴。在深入的沟通中，他们坦诚地表示，由于手头项目众多，且他们在政协主题的展览尚属首次尝试，他们团队没有合适的撰写大纲人选。即便能找到合适人选，完成时间也难以满足我们的要求。因此，他们建议我们在当地寻找专业人士进行大纲编写，并为此预留了经费预算。都说，重赏之下必有勇夫。然而，在临沧具备相关经验和能力的人才可谓凤毛麟角。出师未捷困境中，我与综合科科长李爱萍一同带着牛奶和水果，登门拜访逐个去请。七八位目标人选由于各种原因，如健康问题、公务繁忙或家庭牵绊，都婉言谢绝了我们。最终，求人不如求己，无奈之下我只能亲自担纲大纲的编写工作。

当我推开大纲编写的门扉时，我惊愕地发现自己仿佛踏入了一个深不见底的洞穴。令人惊讶的是，我们竟然缺乏一部属于自己的政协志，而且机关的档案管理竟然已有数年未通过达标验收。大纲编写的资料如同散落的珍珠，杂乱无章。收集这些资料，无异于大海捞针。

千里之行始于足下，就文史馆而言是始于档案。我和李爱萍并肩作战，从市政协档案室出发，一直追寻到市档案馆、省政协档案室。档案如山，一车接着一车地被推来；资料似海，一页接着一页地被复制。经过 3 个月的艰苦努力，我们终于完成了资料的收集工作。为了确保历史的完整性和真实性，我们又特地走访了各县区政协和档案馆，只为还原那段珍贵的岁月。

在随后的一个半月里，我们遵循大纲框架，逐步充实了具体内容。当这份 98 页、65000 多字的大纲文档完整呈现在眼前时，我心中涌起的是一种踏实和满足。紧接着，我们与金大陆公司的设计团队携手合作，共同推进展陈设计方案。经过短短半个多月的初步设计，我们完成了空间布局、参观流线、色彩方案以及技术应用等核心工作，这一成果迅速获得了文史馆建设领导小组的认可。

在项目的立项和审批阶段，我们并没有选择等待，而是并行推进深化设计工作。然而，新冠疫情的影响使得人员流动受到极大限制。尽管我们通过电话、微信等沟通工具在初步设计阶段勉强维持了沟通，但深化设计阶段对细节的处理要求更为精确，这使得远程沟通变得困难重重。为了克服这一难题，我采取了一个临时策略：我在 PPT 上预先整理、组织图片和文字，形成各个立面大概布局，然后再将这些信息传递给设计师。这一方法大约解决了 80% 的沟通难题。最后的 20% 的细节双方还是反反复复调不到一个频道，一次又一次隔靴搔痒让人难受极了。眼见新冠疫情人员管控稍有松动，在我的强烈要求下，金大陆公司派了设计人员到临沧，我们一起用了一个星期完成了深化设计扫尾工作。

整个设计中，有两个部分让我印象深刻，其中之一便是"党的光辉照边疆，政协委员心向党"专题。记得早些年，在整理口述材料时，我曾听到全国人大代表徐向东形象地将临沧近代史概括为"三打一欢迎"。在文史馆的资料收集阶段，我惊讶地发现，住临沧的老一辈政协委员胡忠华、高耀星、保洪忠、罕富有正是这段历史的重要参与者。他们与临沧各族人民并肩作战，抵御外敌入侵，保卫家园。这段历史，勾勒出了一幅幅生动的画面：英国侵略者来了，我们打；日本侵略者来了，我们打；国民党窜匪来了，我们打；而共产党来了，我们热烈欢迎、坚决拥护。这种"三打一拥护"的英勇形象和红色记忆，成了临沧最宝贵的精神财富。特别值得一提的是，卡瓦十七王告祖国同胞书、班老4位头人给毛主席的信，与习近平总书记给沧源县边境村老支书们的重要回信，在历史的长河中形成了一种遥相呼应的深刻联系，这也为我们在策展中深入挖掘和展示这段历史提供了重要的线索。这段历史的重点展示，不仅为全省乃至全国学习习近平总书记的重要回信提供了指引，更成了文史馆的核心展陈内容，吸引了众多观众前来参观学习。

在策划文史馆的序厅之初，张龙明副主席怀揣着一个非凡的创意，希望打造一场视听盛宴。经过深思熟虑，他最终决定利用狭窄的走廊空间，打造出一个360度的沉浸式的序厅。这一想法不仅充分利用了场地空间，更能让参观者迅速沉浸于文史馆的历史氛围之中。

遵循这一思路，我开始着手策划。在硬件设备的选择上，我们迅速确定了使用LED屏，覆盖顶面、地面以及墙面。然而，在视频内容的制作上，我遭遇了前所未有的挑战。我起草了多个脚本，与设计师反反复复剪辑视频，却始终不尽如人意。由于思路的局限，策划构思进入了死胡同，感觉难以逾越。

在我迷茫之际，李银峰主席给予了我宝贵的建议："今年是建党100周年，人民政协史也是中共党史的重要组成部分，你把视角放大一些，从这个角度入手构思试试看。"在他的启发下，我与设计人员共同合作，经过一个多月的努力，终于完成了一部以习近平总书记原声讲述的沉浸式视频。这段视频用4分钟时间浓缩了中国共产党百年历程，顺利通过了展陈领导小组的审核。

如今，序厅"历史的星空"以其超凡脱俗的设计和内容，成了参观者进馆后的第一课。在这片璀璨的星空下，观众们仿佛穿越时空，亲身感受着中国共产党的辉煌历程。

俗话说，独木不成林，单弦不成音，深化设计完成时已经是2021年6

月，离文史馆开馆目标时间只有不到 3 个月，我牵头的设计专班和侯棕耀副秘书长负责的基建团队，密切配合、压茬推进，到 9 月时，文史馆基本成型，胜利就在眼前。布展阶段还是遇到了一些小问题，本地工人工艺水平达不到布展要求，上墙的背景图搭接瑕疵累累、立体字歪歪扭扭，为了工期牺牲质量只会得不偿失。我和金大陆公司项目负责人沟通一致后，叫停了布展，他们迅速从其他项目抽调了精干队伍进场布展，开馆前一天才完成布展和多媒体调试。直到 9 月 30 日开馆，我们都没有时间培训讲解员，只能由全程参与策划、设计、建设、布展的我做首任讲解员，好在整个文史馆一砖一瓦、一文一图早已深深刻在我的脑海里，在激动与紧张交织的氛围中，开馆仪式后的讲解环节顺利完成，文史馆建设也画上了圆满的句号。

三、以小撼大

文史馆一鸣惊人，很多单位和个人慕名而来，省委党史学习教育第十六巡回指导组进馆参观后，更是把参观文史馆作为市级各部门、临翔区各乡镇（街道）、部门党史学习教育的必选动作，预约参观的函如雪片般飞来。这个绣球我们要不要接，同样是个两难问题。一方面，"大门紧锁"不对公众服务，就违背了建馆初衷；另一方面，"敞开大门"热情服务，讲解和服务人员从哪里来？我们也想了很多法子，物色其他展馆讲解员，或者在机关里培养专职讲解员，但因为人选不合适、人员编制落实不了等困难而告终。关键时刻，李银峰主席提出了一个解决方案："机关所有科级干部齐上阵，人人背、人人学、人人讲，行政科等科室做好相关服务工作，各专委会做好对口联系工作。"这样一来，我们一下子就拉起了 10 多人的讲解队伍。一时间，大家在做好本职工作之余，都拿着讲解稿进到文史馆里面对照着每一个立面、每一个专题认真练习讲解。要记忆的内容很多，对所有人均非易事，眼看观展预约已经排得很近，培养合格的讲解员成了火烧眉毛的事情。办法总比困难多，我把讲解员集中在一起，大家你一言我一语，决定"把大木头锯成几段抬"，化整为零把讲解分为4个部分由4个讲解员分段接续讲。2021年10月11日，当第一批预约参观单位到来时，我们的讲解员们脱稿讲解，自信满满，观众们听得津津有味，纷纷点赞！经过一段时间的打磨，从4个人到2个人的合作讲解，再到1个人独自全程讲解，从一天只能接待1个批次，到最多一天接待6批次，党史学习教育期间，文史馆共接待107批4577人次，文史馆成了各界群众的热门打卡地和名副其实的党史学习教育基地。

2022年1月29日，农历壬寅虎年春节两天前，张龙明副主席再次把我叫到了李银峰主席办公室，李银峰主席交代我说："大远，文史馆如期建成投入使用，并在党史学习教育期间发挥了重要作用，得到了大家的认可和好评。特别是'党的光辉照边疆，政协委员心向党'专题给临沧广大干部群众学习好、贯彻好习近平总书记给沧源县边境村老支书们的重要回信找到了索引，市委打算在回信一周年之际，到北京举办一个专题展览，要从'三打一欢迎'切入，整体展示临沧过去、现在和未来，特别是贯彻落实习近平总书记'三好'要求的做法和成效，文史馆在这些方面的内容已经有些基础，市委要求政协迅速拿出一个策展方案，你组织人落实一下。"

接到任务后，我找了一堆书和资料回家过年了，过年7天都在查阅史料，脑海里一直在构思赴北京展览的方方面面，2月10日完成了"党的光辉照边疆，边疆人民心向党"——"三好"临沧主题展大纲框架，把展览分为弱国之殇、民族之恨、寻路之憾、回归之路、守土之责、幸福之歌6个部分。2月15日，元宵节当天，市委杨宇副书记专门听取策展准备情况汇报，看到大纲框架，她很满意，嘱咐我们，要抓紧，工作不要停，她要向省委宣传部和市委专题汇报。汇报结束后，张龙明副主席刚回到办公室坐定，就接到市委办公室电话说："杨宇副书记要给展览安排前期经费。"兵马未动，粮草已先行。在市委领导的倾力支持下，我再次开始了大纲撰写，一切工作好像与过往相似，但大纲的内容体系已经远远超过了政协工作范畴，充满了新的挑战和困难。但这些都不能让我退缩，我深知，这次在首都举办的展览不仅是我个人的梦想，更是边疆临沧各族人民共同的期待。

4 月 23 日，省委常委、省委宣传部部长曾艳带队，全省"喜迎党的二十大·共建书香云南"习近平新时代中国特色社会主义思想读书会活动现场推进会到市政协观摩"书香政协"讲堂，并参观临沧政协文史馆。参观到"党的光辉照边疆，政协委员心向党"部分，在国庆一周年佤族同胞敬献给中央的象牙复制件下，曾艳部长停住脚步，向身边的李银峰主席和我说："我已经很长时间没有看到过这么生动、精致的展览了，如果北京的专题展览能成型也一定很精彩。但是由于展览正值党的二十大前后，请示上级未获同意，请你们理解。希望文史馆继续发挥好功能和作用，让更多的人知道这些感人的临沧故事，更好地学习好习近平总书记重要回信精神。"于是，策展工作暂时停了下来，后来按照李银峰主席的策划，我们把这些内容进一步丰富和完善，形成了《"三好"临沧文史资料选辑》，被列为 2023 年云南省哲学社会科学规划"三边三好"研究专项，文史馆的讲解和服务也成了临沧市政协的一项重要日常工作，本文完成时，我们已经接待了 300 多批 2 万多人次观展。

临沧政协文史馆成了临沧政协的历史殿堂和文化客厅，真正达到了建成党史教育基地、爱国主义教育基地、爱国统一战线教育基地、民族团结教育基地的预期目标，被授予"临沧市学回信、强党建、看发展实训基地""临沧市爱国主义教育基地"，许多单位和系统纷纷联系挂牌共建，除了临沧消防、工商联系统和移动公司等，还有省直机关工会联合会也以文史馆为依托与我们携手共建"书香机关"，每年都安排多批会员参观并开展读书活动。在党史学习教育、创建民族团结进步示范市、学习贯彻习近平新时代中国特色社会主义思想主题教育等重要工作、重大活动中，文史馆发挥了不可或缺的作用，彰显了政协团结民主大情怀和强磁场，把临沧各族各界群众紧紧地吸引到中国共产党的周围。

　　一个小小文史馆何以担此大任？在于小中可见大格局、小中可见大变革、小中可见大道理、小中可见大情怀。如果您想感受新时代基层政协组织的风采，请到临沧政协文史馆！它会给您答案。

（张大远）

边纵！边纵！

——中国人民解放军滇桂黔边纵老兵及后人口述史

题记： 他们每个人都有自己的故事，但是又都在讲述同一个故事。

我的婆婆、两位嬢嬢都是边纵战士，我对她们参加边纵的故事耳熟能详，也时常会在家中的影集里翻到那些泛黄的老照片，那些照片记录下她们的青葱岁月，虽然穿着简单肥大的粗布衣衫，但她们的精神状态、内心燃烧的革命激情，隔着长长的岁月都能感受出来。让人印象深刻的，是照片上的每一位女战士，都有着与她们当时年龄不相符的坚毅目光。

婆婆离休后，每次回单位参加党日活动，总要洗头、换衣服，充满了仪式感，这一切，在我们看来有些不可理喻，但后来发现，这是她们那一代人内心的崇高信仰。

她们坐在一起聊天时，常常会聊到边纵那段难以忘怀的岁月，讲到高兴处，几位老奶会拊掌大笑，像几个老顽童般互相打趣。当然，黯然神伤的时候也有，讲到某一位老战友又走了，她们会沉默半晌，看似是回忆，却弥漫着怀念。

每次在电视里看到触动心怀的物事，或者看到某处美景，婆婆会翻出笔记本，记下一首首的打油诗。时至今日，她已记录下了砖头厚的几大本。当然，作者是她，读者也是她。偶尔，她会兴致勃勃地念给我们听，语句里的高格调以及一系列赞美的语气总让我们听着都觉得有些不自在，但这些文字，确确实实地发自她的内心，充满了真诚的情感。

战争，是他们的启蒙课堂。他们从未理解战争为何物，是炮火激发了他们年轻的心，于是便懵懵懂懂地，怀揣着借此摆脱自身不成熟状态的渴望投身到这场战争中。战争导致了他们的成长，在残酷恐怖的战争面前，他们精神上受到了洗礼也有创伤，他们的出现与消失一样带有激情、萎靡感伤的气息。

如今的他们，都是年近90的耄耋老人，随着一位位边纵队员的离世，记录下他们以往的战斗历程，留下珍贵的历史记忆弥足珍贵。

我用倾听的方式，记录下亲身经历的边纵战士及其后人的陈述，一种倾听内心发出的声音而后尽可能忠实地复制书写下来的写作方式，反映中国人民解放军滇桂黔边纵革命的历程，真实记录下那段峥嵘的革命战斗岁月，记录下他们亲历的那些感人泪下的故事，以及人性中的幽微之处，从个体闪现出人性中的光辉。

几十年过去了，我从他们的讲述中，究竟最想听到些什么？我想我最想听到的是他们内心的徘徊与抗争，在情愿和不情愿中，从平凡生活中被抛入战争中的小人物，他们被抛进了大历史。这就是他们之间的密语，也是他们生命中的同一箴言。我确信，这就是他们的抉择。

最难忘的，是讲述者们那平静的语气和声音，那些惊心动魄的往事，在他们的嘴里，如今已云淡风轻。往事如烟，保存于一个个平凡的生命中。

我没有打过枪

1949年4月，中国共产党领导的迤南人民自卫军一支队解放了缅宁县，成立了缅宁军政干部训练班，又称一支队随军干校，吸收有志革命青年参加队伍。

在革命浪潮的席卷下，父亲带着大哥、二妹参加革命队伍去了。当年

17 岁的我也跃跃欲试，跟随其后，去报考第二期干训班。

记得入学笔试的考题主要是填空题，其中有：是保长剥削农民还是农民剥削保长？读书不多、文化有限的我被"剥削"二字难住了，我不知道剥削是什么意思，仅凭着保长抓兵派款，坑人害人的直觉来判定是保长剥削农民。接下来"中国共产党是哪年成立""是谁和谁在井冈山会师"两道题又难住了我，不知该如何作答。那天恰好是教二妹的吴老师监考，他过来看着发呆的我就提示"七一""朱、毛"，一下让我茅塞顿开。

面试时考官白老师让我写"共产党"三个字时，繁体字"党"的笔画多，我冥思苦想半天也憋不出来，抬头瞭见墙上刚好贴有"中国共产党万岁"的标语救了急，我依葫芦画瓢，交了卷。

看到张榜录取的结果，我兴奋地跑回家，告诉母亲我被录取了。母亲却一脸愁容地打断我：不行，你不能去！

一瓢冷水泼过来，刹那间浇灭了我心中参加革命的热情。心像挂了一个大大的秤砣，死死地往下坠，眼泪就像是断了线似的往下淌。

我是家里的老大姑娘，妈妈想让我留在家里帮衬她，帮她减轻一些家庭负担，不愿意让我去参加革命。再加上我已经到了可以找婆家的年龄，时不时会看见有媒人在家里和母亲嘀嘀咕咕。在我们这交通闭塞、信息落后的地方，女孩子实在没什么地位，到头来都是"泼出去的水"。

母亲用衣角抹着眼眶痛哭着说："阿兰，你不要走，你走了家里怎么办呢？你兄弟和两个妹妹都还那么小，你爹爹和你大哥、二妹都已去了干校，家里的活路就没人干了，你再走了阿妈咋整嘛……"

看看年近 40 岁的母亲，9 岁的二弟文高、6 岁的三妹文玉、3 岁的四妹文锦，家里确实是一地鸡毛。母亲又瘦又小，皮肤黑黄黑黄的，终年穿着黑色的老布裤子，裤腿口是扎紧的，大襟衣衫，天天染布干家务，手皲得像树皮一样。说她是 60 岁的人大概外人也会信。

母亲的哀求让我下不了一走了之的决心。但留在家里帮助母亲操持家务扶养弟妹，天天围着锅边转，然后逆来顺受，甘于命运的摆布，嫁个男人生儿育女，从此断送了自己的出路和前程，又让我心有戚戚，整日泪水涟涟。

此时的缅宁城内已经沸腾起来了，革命的火焰让每一位有志青年沸腾。随时有队伍游行，歌声、口号声此起彼伏，一声比一声高亢，这呼喊仿佛来自每个人的内心深处，大家群情激昂、热血澎湃。既然我出生在这样一个时代，出生在这样一个家庭里，有这样一位父亲，我怎么可能甘心在家里当一名家庭妇女，像母亲一样过完一生。我身上流动着父亲的血，我要像他一样参加革命，实现我的人生抱负。虽然那时我对"革命"还没有更深刻的认识，但知道我们该迎头赶上，这才是时代的需要啊！

矛盾的心左右煎熬着，我越想越悲伤，除了哭，我不知道我还能做什么。

见我天天以泪洗面，眼睛都哭红肿了，母亲心软了，终于松了口。她对我说道："你还是走吧，家里有我呢。"我立即转悲为喜，脸上的愁眉苦脸倏然收敛了，立马放下背着的四妹，赶紧收拾东西，就怕母亲后悔，把说出来的话收回去。

送我走的时候，母亲没有哭，我一步三回头，看见母亲单薄矮小的身影立在门口，直勾勾地盯着我看，一阵难过涌上心头，母亲是个吃得苦的人，她能一咬牙把所有困难都往肚子里吞。我觉得我对不起家里所有的人……妈妈、弟妹，我顿时想放弃返身回家里去。就在这时，前边有同伴唤我：周文兰，快点！我向妈妈挥了挥手，快步追了上去。

在干校学政治、学时事、学军事化管理，在学习期间还排练文艺节目，有话剧、歌舞。除到街头和附近的农村宣传表演外，还在干校大舞台公演。虽然每天每人只有五分钱的菜金，一菜一汤，后来只有米汤和盐巴下饭吃，但让人感到生活踏实，充满了阳光和希望。

由于多年战乱，加之匪患的侵扰，民不聊生。老百姓都缺衣少粮，生活艰难。大部分农户种田无籽种，生活无口粮。同时，部队口粮也面临亟待解决的局面。干校组织5个工作队，深入乡村，发动群众，组织农会，借粮救荒。

去征粮时，富农们不想交粮食，藏起来了，有的甚至会把粮食烧掉，所以主要还是要做好那些富户的思想工作，启发他们认清时局，明辨是非。解除思想顾虑，消除对征粮工作的误解。做通了一个，就能带来涟漪效应带动一批人来交粮。

我们背着背包，今天到这村，明天到那寨，不分昼夜走村串户，访贫问苦，与农民促膝谈心。同时召开穷人诉苦大会，教唱革命歌曲，用扭秧歌、演讲等形式宣讲党的征粮政策。我们演出时，有些二三十里外的老乡都会翻山越岭来看我们的演出，每次看到杨白劳卖喜儿的场面，乡亲们常常看得泪流满面。

我和钱友宽等五六个同志经常提前一两个小时出发，为后续部队填饱肚子打前站。沿途一路跟百姓借米借锅、借锅碗瓢盆，当时物质条件差，拿到手的管它是菜盆、洗脸盆还是洗脚盆，只要能使用就行。当时我们没有现金购买食物，我们只能写下借条给老百姓收着。没有饭吃，地里的青玉米常常被我们掰来生吃。有时实在找不到吃的东西了，就采集野菜野果来充饥。也没有油，野菜又酸又涩又苦又麻，有的战士吃了上吐下泻，又挖草药来治病，那时真正尝到了瘠肠寡肚是什么滋味。

在战争中也不知从哪儿发出来的一股从未有过的力量。我们疾病缠身，睡眠不够，衣衫褴褛，饿肚子更是家常便饭。一不小心，脑袋也随时可能搬家。周围满目疮痍，甚至树木和田地都被烧得面目全非，寸草不生，到处都留下了废墟。时光艰难，但我们从未有过沮丧，坚信我们能取得最终的胜利，因为有亲密无间的战友情谊和百姓的拥护在温暖着我们。虽然老百姓也饥一顿饱一顿，但还是把收藏着的粮食，有时甚至是做种的粮食也贡献了出来。是人民在支援着我们，如果没有人民的支援，我们就可能被饿死。是人民在和我们并肩作战，我们才会取得胜利。

1949年8月初，黎明前的黑暗笼罩着临沧城，昌宁、顺宁、云县、缅宁、双江、耿马6县地主恶霸武装组成"六县联防"，向缅宁根据地进犯，反动势力纠集了近 2000 人的兵力，当时驻缅宁和收编的地方武装总兵力仅 1000 余人，加之收编的地方武装彭硕才、田子昌先后叛变，力量悬殊，缅宁根据地处在敌强我弱的不利局面，为此，二纵十一支队奉命实行战略转移，提出"弃缅返澜、凭江固守、加紧整训、再图后举"的方针，部队奉命往普洱、澜沧撤退。

作为学员的我们理解不了为什么要撤退，正议论纷纷间，只听教育长赵国华大声宣布：大家集合，打起背包，到司令部接受命令。

我们"唰"地一声排列成行，跑步赶到司令部，司令员付晓楼命令我们：干校学员下乡宣传，立即出发。

我们撤离时，道路两排自动排起了送行的人墙：有妇女、有老人、有小孩，大家依依不舍，有的还在抹眼泪，但我没有看见母亲和弟妹。还有父亲，他奉命留在缅宁开展工作，我也没看见他高高大大的身影。

部队经博尚到斗阁，反动派在后面紧紧追赶，战争已迫在眉睫，死神就在周围打转转，可以说如影相随，但青年就是青年，我们一路高歌，我们边唱边舞，边宣传演讲，打扫村寨卫生，为群众做好事，造革命的声势。

第二天，"要变天了！""共产党要败了……"谣言四起。有的学员经不起失败挫折考验的，偷偷开小差了。原本 200 多人的学员，只剩下五六桌人在斗阁大庙里吃饭。

教育长赵国华看大家有些消沉，动员大家要坚定革命意志。他说干革命都是自愿的，就像稻谷一样，要用筛子筛，簸箕簸，簸出去的是瘪谷，留下的谷子才能舂成米。

政治部主任吴佟来到干校，把我和王琨等六七个同志选调到政治部，我才见到了二妹周静，并一起前往澜沧。二妹周静是一个浑身散发着自信的少女，她脸庞圆润，乌黑的秀发从脸上滑落下来，性格开朗，充满着青春的朝气。周静随时笑嘻嘻的，大家叫她小骡马，都很喜欢她。

时值彭硕才反叛武装一部分已到勐托，与十一支队的先头部队遭遇，为安全撤退减少伤亡，部队绕道斗阁经滚岗到千信，准备在双江渡口渡江。双江渡在澜沧江与小黑江的交汇处，这里地势险要，四面是山。澜沧江由北向南，小黑江由西向东。两条江像奔腾在大江中的蛟龙，在山间奔腾咆哮，在此交汇。一路山高谷深，坡陡路滑。

彭匪紧追不舍，并令其手下200余人到三棵桩拦击我们。司令部派了40余名战士到三棵桩牵制敌人，掩护部队主力渡江。三棵桩离双江渡还有很长的路程，这里是制高点，居高临下，只有守住三棵桩，堵住敌人的进攻，才能保证部队顺利渡江。倘若敌人占领了三棵桩，我军三面环水，江水暴涨，渡口窄，船只少，几百人等待渡江，敌人顺山攒下来，后果不堪设想。

我们不能走大路，因为大路常常会遭到叛匪的轰炸和扫射，我们只能走山路，走羊肠小道。此时正逢雨季，大雨滂沱，地上湿滑路烂，加之小道崎岖，行军时，我们上坡拉着马尾巴，下坡支着拐杖走。晚上行军都是后面的人拉着前面人的衣角走，生怕走着走着睡着了摔倒，同时也不至于掉队。我就拉着战友周铎的背包前行，天黑得伸手不见五指，一路攀爬悬崖峭壁。土地非常泥泞和沉重，每个人的鞋底都沾了厚厚的泥巴团，踩在泥坑里拔脚出来都很费劲，深一脚浅一脚，随时有人跌倒，但这些困难都阻止不了我们一个劲地往小黑江赶。我们必须渡过江去，才能活下去。这是生死交关之地，生存的欲望支撑着我们前行。

倾盆大雨哗哗哗地下着。澜沧江水涨，撑高了小黑江的水面，小黑江江面很宽，波涛汹涌，江水吞噬着岸边的一切。先渡过江的武装部队，架起机枪守望着江对面，掩护大部队过江。四五十人上筏后，筏上的水深到膝下。划到江中，竹筏左右摇摆，被巨浪推着沿江而下，非常危险。靠岸边的一伙人死死揪住岸边树根，筏才靠了岸。

筏不够，那天我们政工队乘坐几条大树干抠空树心制作而成的简陋的"黄瓜船"渡江。上船时，我一个闪失，一只脚踏上船边，另一只脚踩空，落到水里，眼见汹涌的洪水即将把我吞没，周静发出"姐呀"一声惊叫，刹那间眼疾手快的蒋参谋长一把将我抓住，扯住我，把我从洪水中提起，几个人七手八脚地使劲把我拽上船板，刚才的状况让周静几乎吓破了胆，此时才缓过神来，扑过来抱住我痛哭，我也为蒋参谋长救我幸免于难而庆幸。

我们刚上岸，就在岸边站着哭啊，个个泪如泉涌。此时此刻，我们知道，这次渡江的胜利是多么的来之不易。几个新参军的女学生还穿着旗袍，不便上下筏，上筏前把旗袍的下半截剪掉了。此时全身湿透了，冷得直哆嗦，脸也冻得发青。司令员说："你们得赶紧跑一跑，不跑的话会把人冻死的。"那几个女学生手脚冻木了，一开始跑得跌跌爬爬，就这样一直跑了三四里。

渡江时，就听到左边山头打响了战斗，轻机枪、自动步枪，各种武器都用上了，火力很猛，打得十分激烈。敌人久攻不下，大部队得以顺利渡江。等到敌人追下江坡时，我们的骡马物资还没有渡完，于是双边部队隔江开火，枪炮声直到半夜时分才渐渐地平息了下来。

到澜沧的那天，大雨滂沱，人困马乏，大家饿得前胸贴着后脊梁，肚子咕噜咕噜直叫唤，冷得上下牙齿直打颤。吴佟主任派出几个年轻小伙子，直接到地里和乡亲们买了一些青苞谷，把他随身携带着的仅有的一点白糖放进水里，煮熟了连水带苞谷每人分一碗。大家风卷残云般，一下就吃得一干二净，有几个小伙子舍不得那甜丝丝的味，还伸出舌头使劲舔着碗边……吴佟主任见状笑了，鼓舞大家说，今天吃的苦就是为了明天的甜，大家要坚定信心，这话至今我仍然记忆犹新。吴佟主任是复旦大学新闻专业的学生，他既善于做思想工作，又关心同志，受人爱戴，被大家亲切地称呼为"嫂娘"。我们在他身上汲取到一种力量，跟着他，让我们觉得很踏实。

每次行军间隙，吴佟主任会打开随身携带的政治部仅有的一台收音机，那是一台外国货，40厘米见方，还算小巧，我们的大字报、油印小报的新闻来源全靠它。那时收音机是稀罕之物，大家对收音机爱护至极，专管专用，还专门缝了一个袋子，行军打仗专人背着走。李鹤同志负责收听时事新闻，再抄写出来供大家传阅知晓。但收音机修过多次，收听时频率不稳，噪声相当大，随时可看见李鹤在调频，发出刺刺的噪声。有时我们几个人一起凑在小收音机旁，大伙儿都竖起耳朵听，生怕有重要消息被遗漏。

有一次，我参加政治部派出的一个小组到忙蚌开展工作，由于忙蚌地处边境一线，拉锯式的革命斗争，形势瞬息万变，十分严峻。纠集在一起的地霸土匪也妄想卷土重来，复辟变天，一小股土匪也趁势包围了忙蚌，想把我们工作组斩尽杀绝。获悉情报的支队领导火速派人送来一封十万火急的鸡毛火炭信。同时从司令部、政治部挑选了宋真、彭勃等几位精干同志组成临时武工队赶往忙蚌增援。

组长看完信后，对我们说信上只有"速找主力"四个字，让我们做好撤离的准备。

当天晚上，我们按原计划燃起熊熊的篝火，照常召开群众大会，结束时大伙儿还一起扭起了欢快的秧歌，大家唱啊跳啊，气氛热烈！一切如常……没有任何异样的情景麻痹和迷惑了敌人。敌人防守松散，此时我们的武工队员已神不知鬼不觉地潜入土匪必经路段打好了埋伏。

夜深人静之时，我们工作组悄悄地撤离了村寨，沿着崎岖山路疾速行军几里后，身后的村寨里传来了牛角号声及激烈的枪战声，枪声大作，炸弹横飞，敌人扑空了，又遭到了武工队的埋伏，惊恐万状，四处逃窜……我们安全地脱了险。

我们到处巡回做宣传、演出，白天黑夜连续不断地行军，我的小腿时常肿得像小树干一样粗，晚上睡觉都不能屈伸着自己盖被子，但我从来不叫苦，也不叫累。行军途中还会帮助青年学生背包，说说笑笑鼓舞年轻人的士气。

我们精神富足得很，因为我们在为解放劳苦大众奋斗。我们从来没有像战争中那么互相爱护，互相珍惜。我们在一起，就是一个相亲相爱的大家庭。我们生死与共，我们是兄弟姐妹。我们一起工作，为着同一个美好的理想而奋斗。那是我一生中最好的时光，是我美好的青春年华。

一路行军，汗水把衣服打湿了又焐干，焐干了又打湿，散发出一股酸臭味，那股酸臭味自己都能闻见。衣物肮脏不堪，爬满了虱子，身上结满虱子叮咬的红疙瘩，同志们风趣地把它们称为"革命虫"。虱子钻进每一个缝隙中，头虱、体虱和阴虱，看到都让人恶心。有时我们女同志互相帮忙捉头发上的虱子，捉到一只掐死一只，听着虱子在自己手里发出的脆响，那感觉就像掐死消灭了一个敌人。去到驻扎地，我们就烧一锅开水，脱换下衣服，把衣物丢进锅里去煮死它，一会儿，烧开的水面上就漂浮起一些密密麻麻的黑点。

我一直在政治部做思想政治宣传工作，整个战争期间就是跟宣传打交道，我们的主要武器就是理想和信念。从我离家到干校，1949 年开始，我跟随着党走的信念就没有改变过。

虽然历经枪林弹雨，但我从来没有打过枪，我觉得自己算不上一名真正的战士。但我记得吴佟主任说过的一句话：千万不要为没有上战场杀敌而感到愧疚，为了人民的美好未来，我们所做的，也是一场永不停息的战斗……

1950 年 3 月，我被调往普洱九支队军政干部总校学习。临行前，战友蔡智不知从哪里找来了一些材质不太好的边角废料的纸张，为我装订了一本约 4 寸长、2 寸多宽、1 寸多厚的笔记本，还用硬纸板裱上当时稀有的绿绸做封面，作为礼物送给我。战友们纷纷在上面题词，司令员付晓楼题写：你此去学习是很幸运的，但请你一面加强学习，一面不要忘记边区的民众在等待你呀！政治部主任赵怀璧题写：在女同志中，你是最坚决的一个，但仅有坚决的革命思想不够，还要有坚决的行动，希望你在学习和工作中齐头并进。李鹤同志题写：在毛泽东时代里生长是中国青年无上的光荣。战友彭勃题写：熬过冬天不会死，受得住磨炼的不会失败……

这本简朴珍贵的笔记本，一直被我保存到现在，伴随我度过了 70 多年的酷暑寒冬。本子已被虫蛀得斑斑点点，留下了像梅花、竹叶般的洞洞，布满瑕疵，但简朴的话语里深藏着战友们的深情厚谊、同志间的真挚关爱，虽然和这些战友从此天各一方，有的离别后未曾相见，但总感到有种无形的力量鼓舞着我、激励着我，跟着党朝着未来，坚定地走下去。

后来部队整编，我被转到思普专区税务局工作，负责收发和文印工作。

由于当地气候恶劣，身体羸弱的我开始发高烧、打摆子、流鼻血、生疥疮，我无法坐在板凳上办公，天天站立着办理上级及 15 个县区的文件运转。由于缺医少药，病情越加严重，一天上班时，我两条腿软绵绵的，一点都撑不起身子。双眼发黑，随后就晕倒了。恍恍惚惚中意识到别人把我抬了起来，听到有人说我得的是疟疾。等我醒来时，我已躺在了医院的病床上。此时司令员付晓楼路过思茅到医院看我，留下了 10 元半开，嘱咐我要好好治病，让我终生难忘。

我的病一时半会儿好不了，组织上考虑到思茅我没有亲人，动员我回临沧边治病、边工作，并为我办好了调动的相关手续。1951 年，我返回故乡临沧，继续参加祖国的革命建设。

理想、信念支撑着我们走下去。是的，生命诚可贵，但还有更宝贵的东西引领着我们向前。那时的我们，内心充满着激情，现在看来是既浪漫又天真。虽然现在的我，已是白发苍苍 90 岁的老人了，我太老了，全身都是毛病，百病缠身，严重的骨质疏松症，医生说若我不小心跌跤的话，全身骨头都会散架。它让我的腰和关节疼痛难忍，常常彻夜难眠。活到这把年纪了，什么事也无所谓了，但是我内心，一直都热爱党。我有 70 多年的党龄，党对我来说弥足珍贵。经历过战争，经历过历次人间浩劫，生活变得格外美好。我会一直保持我们当年的样子，直至生命结束……

岁月转瞬逝去，婆婆现已是 90 岁高龄，走路时弯腰屈背，步履缓慢，因此，要拂去 70 多年的岁月，把她想象为一个风风火火、办事干脆利落的人确实有些困难。尽管身患老年疾病，但她依然思维清晰，头脑灵活。因为耳朵聋，听不清别人说的话，大多时候，婆婆都静默地待着。平时她一人看电视时，也索性关了声音，只看画面和字幕。我们与她交流，要么直接凑到她的耳边大声嚷嚷，或者让她看我们的嘴型和手势，她聪慧，也能猜出个大概。给她配的助听器，她试戴过一天后不愿再戴，她说助听器会把人世间所有的声音都放大，让她听了心慌慌地不好受。如今的她，安然如素，已然沉浸在自己的世界里，不再需要嘈杂的世声相扰。

（周涛，93岁，原中国人民解放军滇桂黔边纵队第九支队战士，离休干部）

守株待兔

1949年12月9日晨，那天我起来后就像往常一样，到学校去。刚走到西门城楼下那儿，我看到街道另一头出现了一群人，正推搡着一个捆绑着的女人，我还没来得及避开……就听见了枪声和惊叫声，我当时大脑一片空白……我正好看到那女人高喊着"共产党万岁"，就倒了下去。那是我熟悉的邓炳荣孃孃，紧接着又看到他们在民众教育馆广场打死了邓炳荣孃孃的丈夫杨宝槐叔叔。

这是在我眼前切切实实发生的一幕，我那时还不知道这就是为了革命所付出的牺牲。来不及害怕和多想，我跌跌爬爬地跑回家去告诉父亲。"阿爹，杀人了！杀人了！"才进家门口，我脚一软，上气不接下气地把刚才看到的情景告诉了正在院子里浣洗布匹的父亲。

"你们还是找个地方躲一下吧。"母亲又焦又急。"赶紧走，要不然就来不及了。"

父亲带上我和大表哥一伙人一起朝南高山大田方向跑去，一直到了蔡家蓄树林才停了下来。"咩—咩—咩"，我养的小羊也跟在身后跑来了。我高兴地搂了搂它，把它拴在窝棚外的桩子上。第二天早上，大表哥告诉我树林里有一大塘鸡枞，我跑到那儿东寻西找，鸡枞的影子都见不到。等我回来，小羊被杀死了。他们说怕小羊叫引来敌人才杀了它的。我可怜的小羊啊！我还想着养大了卖了它，买新衣服呢。我似乎听到它咩咩的声音，我眼睛里噙满泪水，忍不住抽噎起来。他们吃羊肉，我一口也吃不进去。

躲了三四天，赶街回来的大田村民说城里来了很多穿着灰衣服的兵。晚上父亲回城里去探个虚实，搞清楚是朱家璧率领的部队来镇压反革命分子，我们才从山上回到家里。几天后，部队走了，表哥施文南、蔡德仁也追随着部队去了，父亲和我又转移到深山中的南高村里躲藏。父亲晚上总要回城里，他对我说是去办大事情。

当时尽管时局不稳，反动派正作临死前的挣扎，但每一个有着进步思想的人，都积极投身于革命中，都想着自己可以为解放临沧做些什么，有所行动，渴望改变祖国的命运，渴望有一天，边地临沧是一个在共产党领导下，人人自由平等的共产主义社会。

为了胜利，我们家共有 4 人参加了革命，父亲、大哥、大姐和二姐。那时我还是个小男孩，只有 9 岁。虽然小，但我知道父亲在参加革命，因为父亲经常深更半夜出去。

记得那是 1949 年春天的一个夜晚，半夜里我起来小解，依稀听到父母的争吵声，父亲："我要去找条生路。"母亲："你走了我们一家老小咋个办？"父亲："我看他们是和国铭一样的人。"（蔡国铭，我的亲舅舅，1928年参加革命，1932 年加入中国共产党，红军战士。）母亲："唉！你要走我也拦不住你，你有个年纪了，把小美（二姐周静）一起带着去，互相好招呼。"

第二天果然父亲和二姐不见了，我问母亲："阿爹和二姐呢？"母亲说："他和二姐去找条生路。不怕，家里有妈呢，你带着小妹去玩。"

父亲当时已经 40 多岁了，家里一堆孩子需要抚养，可是对他来说，参加革命的念头已经裹挟了他的头脑，母亲的阻止，年龄大又算得了什么呢？母亲百般劝阻无用后，只得让了步，让父亲带着二姐一起去，好有个照应。我二姐当时只有 14 岁，开初没有被批准加入革命队伍，但她一次又一次地去要求，终于如愿以偿。

转眼一个月过去了，有一天小伙伴来约我去操场看大人唱歌。我背着四妹领着三妹去了。到那里一看，果然有许多人，一排排整齐地坐在缅宁师范学校操场的草地上，他们在唱："老蒋打垮了，我们要连根挖……"唱得很起劲，还有啦啦队在助威。唱着唱着，啦啦队里有人提议："大懒碓来一个，大懒碓来一个。"这时只见坐着的人群中一个高个子站了起来，他面带笑容，随口打起了快板："要吃饭的站拢来，要革命的站拢来……"还是三妹眼睛尖，连连叫道："二哥，快看，阿爹，阿爹。"回到家我们把看见父亲的事告诉母亲，说父亲和一些背着枪的人在一起。母亲说："大人的事小娃娃莫去外面乱说，小娃娃不要管大人的事。"又过了一段时日，大哥和大姐也不见了，他们也参加革命去了。

干训班结束后，父亲被分配到缅宁临时人民政府任财经出纳干事。他工作任劳任怨、一丝不苟，就像老百姓加工粮食的"懒碓"一样，不知疲劳，夜以继日地劳作，难怪同志们会给他起了个"大懒碓"的绰号。

一天中午，我砍柴回家，见父母正在嘀嘀咕咕地商量着事情。我凑过去想听听他们在说些什么，父亲递给我一块锅巴，让我拿去分给两个妹妹吃。

"真香啊！"我们 3 个嘎嘣嘎嘣地吃得高兴。过了一会儿，大姐也回来了，也给了我一块锅巴，这是他们在部队上用自己的口粮省下来给我们的。我们 3 个又嘎嘣嘎嘣地吃起来，想着待会大哥、二姐会来，一定也会带锅巴给我们吃。但吃完了好长时间也不见他俩回来，我跑去问父亲，大哥二姐咋不回家？父亲说："他们走了，出远门去了。"去哪儿父亲又不告诉我。

这时又见大姐拿着个小包袱出来，对父母说道："爹妈，我该走了。"我急了，哭着跑过去抱住她，说道："大姐，你也要出远门？不要我们了吗？"大姐泪水哗地淌了下来，她抚摸着我的头安慰我道："将来我一定来管你们。记住，听妈的话，好好活下去!"

父亲没有随着大部队撤离，我还以为他是舍不得我们。后来才从二姐口里得知不是这么一回事。父亲在送别她时说过："小美，爹另有任务，不能和你们一起走。你要听领导的话，好好跟着共产党干到底，干出个名堂来。"

革命队伍走了，父亲随时不在家，天天外出办事。母亲焦虑的目光投向了我，因为家里干活的人除了母亲就只有我能帮上忙了。我帮着母亲，把她做的小食品挑着到处吆喝叫卖，三妹帮着收钱，日子一天天熬着过去了。

有一天，母亲生病了，没有做馒头，我就去挖树疙瘩卖，卖了点钱，买了一小块猪肉，想给母亲补一补身子。我高高兴兴地拎着猪肉往家里跑，不提防一条狗追上来，一口就把我手上的肉叼走了。我哭着、喊着去追那条狗，狗跑进了一户大院，我顺手捡了根木棍冲了进去，这时一个穿着国民党制服的人闻声走了出来，他呵斥道："兔崽子，你怕是想找死，敢来这儿撒野"，把我撵了出来。我眼泪一把鼻涕一把地抹着，回家一头扎进母亲怀里，号啕大哭。母亲安抚我道："算了，吃了那点肉也长不了筋骨。以后有钱了妈再买。"

1950年初，缅宁解放了。父亲每天忧郁地干着活，他一直心神不定，坐立不安，仿佛在寻找着什么，等待着什么。他总是一副魂不守舍的样子，东转转西走走，像是丢掉了魂灵一样，嘴里随时自言自语地念叨着："守株待兔。"我们不知道他所说的"守株待兔"是什么意思，也不敢问他。

时间愈久，愈让他苦不堪言，甚至有些心智恍惚。这种必须闷在肚里，任何人都不能言说的秘密，一直让父亲因此而郁郁寡欢，如鲠在喉，备受煎熬，直到离世。

土改时，我家被划了个"破落地主"的成分，父母亲成为被"管制"分子，我们也成了"重在表现"的对象。那充满杀气的"地主"成分，让我们每次填表时下笔都如千斤重一般。平日里也活得战战兢兢，那种惊恐的感觉，现在也表述不清。

那时候，看见我家的破房子，看见家里人都穿着的补丁衣服，吃了上顿没下顿的日子，我们过得这么苦，怎么会是地主呢？但是，生活在那样的时代里，世人的目光，周边人的觉悟都可以把人"吞噬"。对于我们，那是一个很特别的时期。那是什么样的日子，我都记不清了，只觉得天都要塌下来了。四周开始变成一个填不满的黑洞，内心更多的是一份恐惧和不安，实在是害怕到极点。

此时由于交付父亲留守缅宁任务的肖源县长已经牺牲，当时都是单线联系，父亲就像断了线的风筝接不上线。连续不断的政治运动和阶级斗争，父亲遭受着政治上的歧视和不公正的待遇无处诉说，只有自己默默地忍受着屈辱和痛苦。这样的痛苦，要比死亡痛苦得多。此刻父亲的世界里，"天空冻结着，光明和黑暗一片混沌"。（安妮·普鲁《船讯》）

父亲默默地忍受痛苦。痛苦越深，他越坚信：如果现在他能够忍受，如果他能经受住这种煎熬，那一定是没事的，会有机会证明一切的。沉默的受苦方式，也许是那时境况下的一种生存技巧。

但是现实的境况像铁丝网般死死地缠绕住了他。

1961年，因连续遭受3年自然灾害，生活极度贫困，父亲患上了浮肿病，脚肿得一按一个坑，连鞋子也套不进去。他和其他人一齐集中到生产队的大队部治疗。在那儿能吃上点当时极为有限的食品和红糖水来补充点营养。每次他也硬从嘴巴里省下口水豆腐抬到学校给三妹吃。三妹含泪不忍心道："阿爹，这是供应给你们治病的，你怎么抬来给我？我怎么吃得进去……"那真挚细腻的父爱，让三妹至今提起往事来，依然有泪光在眼中闪烁。

后来父亲的病越来越重，身体情况越来越糟。他瘫在床上，奄奄一息，已说不出话。那一天，我们围在床边，父亲一双暗淡无光的眼睛张开了，里面噙着热泪。他的目光越过我们，一只手伸出指着家里的一面墙，目光怔怔地,嘴里喃喃着"守株待兔",手一垂,脸一歪,走了。我们失声痛哭起来。

1962 年,父亲带着满腹的屈辱和不甘病逝,这种生活猝然终止。

在没有父亲的日子,生活变成了一个填不满的黑洞。我们谨小慎微地活着,那种内心恐惧怎么也无法抹去,刻骨铭心。

我们坚信父亲是清清白白的,对此我们一直坚信不疑。父亲早已不在了,可是我们一直深爱着他。他是善良而诚实的人,相信共产主义思想,真诚跟随着中国共产党走,始终如一。

岁月无声无息地走过了 22 个酷暑寒冬。我们兄妹 6 人在不同的工作岗位从事着不同的工作。

1984 年,我家原先在后寨村的老房子拆除,施工时不经意间,一包东西从墙壁夹层中一个洞里掉了出来。听说后我急忙赶去看个究竟,只见一群施工队的工人这个拿一本,那个拿一册地乱翻着。我也顺手拾起一叠,一翻看,天哪!全是边纵在临沧活动时形成的文件、材料、账册,还有一个臂章,背面清清楚楚地印着"财经出纳干事周耀武"几个字。

好像脑子里散乱的导线骤然接通了似的,我眼前一亮,这不是父亲一直念念不忘、守到生命最后一刻的东西吗?

我连忙跟工人们解释,这是我父亲的东西,你们拿着也没用,请你们全部交还给我。工人们收齐后,完完整整地将一个包裹交到我手中,我不禁愣住了,那是家里多么熟悉的一块旧油布呀!打开,保存在里面的是一包完整的资料,有《告双缅同胞书》《缅宁县农会章程及组织乡镇农会大纲》《民运工作需要》《发展武装》《游击战术》《小组生活与纪律教育》《新政权的行政工作》……一共 35 件。这就是肖源县长郑重交付我父亲"誓与文件共存亡"的革命资料,这些材料父亲守候到生命的最后一刻。我们此刻也才恍然领悟了父亲时常喃喃自语"守株待兔"的含义,让我看见了另外一个父亲,不由得对父亲更多了一份敬重。

我们兄弟姐妹商议,将这些资料捐献给临沧县档案馆,作为历史文物留存。有的同志说组织应该发给我们党史材料征集费。我郑重表态：父亲活着的时候没有交代我们可以用这些东西换钱用，我们无偿捐献给国家，算是帮父亲完成了任务。

因为材料中有一份《小组生活记录》，大姐曾写信问当时支队的政委王松："我父亲是不是共产党员？"王松政委回信说："当时的历史情况非常艰苦复杂。你父亲是肖源同志直接领导安排下的，现在他牺牲了，线断了。不过无论你父亲是不是共产党员，他的确是个忠于党的事业的好干部。"

父亲得到这样的认可，身份的结松开了，他也可以长眠了。

临沧县委落实政策办公室的同志做了大量细致的调查研究工作，对我父亲的历史予以了客观公正的结论，肯定了我父亲参加过党领导下的"一支队""十一支队"的光荣革命历史。同时行文将我家原先被划为"破落地主"的家庭成分更正为"小手工业者"。

"……因该同志的上述问题使其子女受到的影响予以消除……"这是第一次，在公文里看见对我家的家庭成分的描述，这顶戴了 20 多年"破落地主"的帽子，终于从我们身上摘去了。我们每个人，都长长地舒了一口气。

我家先后有 4 个人参加了革命，当时在街坊四邻还被作为了美谈。他们中对我影响最大的除了父亲，就是大姐，似乎在任何时候，大姐都是家里的主心骨。虽然大姐只比我大 9 岁，父母走后，她承担起扶养我们的职责。她既当姐，又做母亲，还做父亲。她像一个港湾，经得起风吹雨打，也让我们兄弟姊妹几个能在里面歇息。更多时候，是在她的身上，找到一股坚韧的力量，支撑着我们走下去。

春天到了，姑娘们都穿着花衣裳，一个个花枝招展的模样。大姐长这么大，我还从没见她穿过花衬衫。她在家时忙着招呼我们兄弟姊妹，是家里的顶梁柱。后来一直参加革命，忙不赢收拾打扮。她可能早已忘记了自己还是个姑娘。幼时我在心里暗暗下决心，等我有钱了，第一件事就是给大姐买上一件花衣裳。但这愿望直到今天也没有兑现，因为大姐确实不爱红装爱武装。

（周文高，原中国人民解放军滇桂黔边纵队第十一支队战士周耀武之子，云南省临沧市民族宗教局退休干部，现居临沧市，现年84岁）

大家叫我小骡马

我那时还是个小姑娘，14岁，当时像我这样的姑娘还很多，我和爹爹一起去报考滇南人民自卫军第一支队军政干部训练班，碰了一鼻子的灰，考官对我说："小姑娘，你年纪太小了，先回去读书，等长大了再来。"

我被人家断然拒绝了，一时间我有些不知所措。但我坚定地说："我家连饭都吃不上，哪有钱读书？我要吃饭，要革命，要和我爹爹在一起。"

我一而再，再而三地缠着工作人员，苦苦恳求着，看我决心那么强，个子也不错，他们收下了我。我从此走上了跟着党干革命的道路。

当时我一跳三丈高，落地时还踩到爹爹的脚，那时的高兴劲直到今天我都还记得，永生难忘。

我从小剪一头短发，一副小男孩的打扮，像个假小子。可能爱和男孩子们一起玩，也培养了我男子汉的性格，生性豁达开朗，没有女孩子的扭捏之态，凡事提得起放得下，也敢想敢干。因为我性格好，爱笑爱唱，谁都爱和我开玩笑，又吃得苦，大家都叫我"小骡马"。队伍行军途中，人困马乏，我就跑前跑后地做鼓动工作，同志们说我真的像匹小骡马一样蹦得欢。

我在缅宁师范附小读书时，在班上学习始终名列前茅，本来小学应该读6年，我只读了5年就被学校保送直接读了初中。我不仅学习好，体育运动会田径项目也常常获奖，所发的那些白色奖章，让幼小的三妹喜欢得天天挂在脖子上当作玩具玩，睡觉时都舍不得摘下来。

那时家里生活艰难，全家仅靠父亲帮人染布维持生计，我每天一放学回到家，就换下仅有的一套好一点的衣服，帮着父母亲干活。我除了蹬不动大碾子碾布以外，那些大人才能胜任的扭布、拖布、洗布、晒布、打滚子等一整套活路我都能做，染好后，晾晒又长又重的布匹时，一次甩不上竹竿就再甩一次，每天那反反复复的甩杆动作让自己的臂力相当了得，和那些男孩子掰手腕我从来没有输过。

我们离家从军时，都是些黄毛丫头，我们都是在战火中长大成人的。

如果生命是一道开始于黑暗并结束于黑暗的光弧，我生命的前 10 多年只是一个普普通通的边地女子的成长过程，而在干校这里，我好像找到了一束光，引领我前行。

第一次战斗洗礼……1949 年 6 月下旬，在反动头目余建勋的策划下，反动派向缅宁县反扑过来，部队立即组织保卫缅宁的战斗。我随所在的二大队六中队 100 多名战士连夜奔赴离城 100 多里的章驮小丙野，迎战敌大队队长李金率领的 300 多名匪徒。

风吹山，位于缅宁西南 30 余公里，南与双江县勐库接壤，西与耿马县大寨河隔河相望，北与缅宁曼来山、小丙野毗连。此地山大林密，山梁纵横交错，谷深坡陡，莽莽苍苍的原始森林，金竹林稠密面广，地势十分险要，是敌人迂回勐托，进击缅宁的必经之道。尤其三棵树丫口更为突出，这里居高临下，易守难攻。

领导决定由艺宣队抽人组成两个战地宣传队，分别到小丙野和勐托前线。我们宣传队一行 10 余人随同增援部队前往敌人主攻方向的小丙野。

人员一经确定，立即分头准备，等候命令，连夜开发。说准备也简单，背包是平时一起床就打好的，行李轻便，背上就走。上前线要配备武器。男同志都领了步枪，女同志配手枪。有个女同志还穿着白色的裤装，晚上行军太显眼，命令她更换掉，她马上到后勤部领了一条浅蓝色短裤换上。

凌晨 2 点，接到出发命令。我们开始了军旅生活的第一次夜行军，这也是我们实战生活的第一课。我们这些宣传队员，年龄最小的就是我，还未满 15 岁，最大的也不过 20 岁刚出头。从未经历过战争，但朝气蓬勃，接受新鲜事物快，热情、单纯、并带有几分稚气，却不怕苦，不怕累，也绝不掉队。

在茫茫黑夜行军途中，只听见沙沙的脚步声。不准讲话，不准打手电筒。经过一夜跋涉，23 日拂晓，部队翻越铁索桥坡头进到塘房小庙时，传来了前线激烈的枪炮声。战士们顿时加快脚步疾行，有时一路小跑，都想着能早一点上前线打击敌人。

到达邦卖时，我们接到了上级通知，宣传队暂缓前进，留在邦卖、勐外一带做群众工作，发动和组织群众支援前线。

因邦卖、勐外离小丙野最近，物资能及时送达前线，是支前的重点。群众一经我们发动，纷纷捐献粮食、腊肉、咸菜、新鲜蔬菜以及鞋子等支前物资。第二天一早，我们组织了青年农民和民兵，用骡马把这些支前物资驮了送往前线。老百姓还很细心，考虑到前线正打着仗煮不了饭，专门煮熟了饭菜送过来。前线指战员们看到源源不断的支前物资，吃着热乎乎的饭菜，勇气倍增。

我们稍事休息后，随即上阵开展慰问活动，演出短小精悍的节目，鼓舞大家士气。

那次战斗十分残酷，对于我来说尤为可怕，因为那是我第一次与敌人面对面开战，那时我还不满 15 岁，胆子还小得可怜呢！从指挥部到主阵地原先长满了苦荞，此时到处是炮弹落下后炸毁烧焦的痕迹。我躲在掩体里，看到廖老五等几个同志守在前沿高地散兵坑里阻击敌人，炮弹不时落在坑旁炸响，那炸起落下的石块像冰雹一样砸下来，我本能地抱起头，但战士们没一个退缩。一次炮弹袭来，轰隆一声炸响，地面腾起一片火光，廖老五扑在旁边一个小战士身上，他为了掩护战友，不幸牺牲了。那是我第一次看到战友在我眼前死去，还是孩子的我哭得稀里哗啦。

由于敌众我寡，阵地几次险些失守，支队决定调八大队二十二中队到小丙野助战。

刀三中队长率领战士，冒着绵绵细雨，连夜赶往小丙野。当队伍到了小丙野白坟村，他们冲进村里时，发现敌人火塘里的火星尚未熄灭，锅里剩余的羊肉还有热气，断定已误入了敌人的包围圈，正准备撤出村子，一时枪声大作，敌人已发起进攻。刀三迅速组织小分队突围。因夜色深沉无法判断敌情，刀三不顾个人安危，手持轻机枪一跃而出，率人从寨子侧边向敌人枪声密集处冲去，一直冲进了敌人的营地，其他战友紧随其后，迫使敌人连忙后撤。激战中，刀三、刀小荣、周三保同志壮烈牺牲。

我们清理战场时，看到周围全是横七竖八的敌人尸体。见到浑身鲜血，被打成千疮百孔、面目全非的战友时，我一个劲地哆嗦，浑身发抖，似乎都能听到自己的心怦怦直跳的声音。晚上睡觉一闭眼就浮现出那血淋淋的场面，常常在梦魇中惊醒。他们死在地上，眼睛还睁着……有的肚子都被炸烂了，肠子都流了出来……我梦见我被打死了，像那些死了的人一样，我常常被吓出一身冷汗……但是看到敌人烧杀抢掠，村庄变为废墟，看到我们的战士用自己的血肉之躯和敌人血拼时，我的勇气被激发了出来，我很快就为自己与战友们一起献身革命的激情所替代，我可不能自己就先把自己给打败了。

三天三夜的拉锯战，武器装备在燃烧，大地在燃烧，人也在燃烧……没有一块完整的土地，后来，在我增援部队猛烈反击下，叛匪们纷纷抛下武器，抱头鼠窜。我军乘胜追击，一举解放了何家寨、蒙化寨、齐家寨、大户肯、大营盘及谅山等地。

战斗结束，才发现我的脚上和其他战士一样磨起了蚕豆般大的血泡。每天跑上跑下做宣传鼓动工作，我的嗓子喊哑了，话也说不出来了。

王松政委用自己的马把我送回城里治疗，临行前战友们和我开玩笑："小骡马，等你断了奶，再接你回来。"

听着战友们的话，平时嘻嘻哈哈的我，眼泪都流出来了。

那时我常常胃疼，一疼起来脸色煞白，直冒冷汗。我常常用拳头，甚至是板凳顶住痛点来止疼。有一次发病，我蹲在床上，用一个口缸顶着痛处，痛得脸呈死灰色。大姐见状心疼我，劝我道："二妹，你病成这样子，还是回家算了。"

我嘴里痛得直哼哼，却轻声反问道："姐，你是要救我还是要害我？你知不知道，让我回去就是害我，留下干革命就是救我。"

一席话让大姐无言以对，无从反驳，其实大姐比我还革命，她内心也不愿自家亲妹子背上逃兵的名。

见大姐心焦，我又安慰她道："没什么好害怕的，我们什么事没经历过？打仗，不也挺过来了？我们参加革命，什么苦没吃过，这点疼算什么？共产党员连死都不怕，还怕什么生病。我是一个共产党员，一切都交给党了。"

我们那时的革命思想明确、强烈，发自内心，私下在家里也会说些调子很高的话。总以为自己应该做一些对党、对人民有益的事情才是最崇高的理想。不过正是有着这样的追求、单纯的信念，我们也才会那么的单一、纯真，没有杂念，一心跟着共产党走。

大姐对我说："你实在疼不赢，就哭几声吧，哭哭，你也许会少疼些。"

我想起了妈妈，于是哭了起来……大姐见状，那么坚强的人，眼泪也跟着淌了下来。

当时医疗条件差，不知道我犯的是胆结石病，总以为是吃了不干净的东西闹肚子。

我不怕苦不怕死，这毛病伴随了自己一辈子，我依次做了切除胆囊、胆总管、空肠吻合等手术。一辈子与疾病相伴，但我从未有过丝毫的沮丧。我遇上过无数的磨难，但我依然是个嘻嘻哈哈的乐天派。

每个人都有自己的路，参加革命这样的经历对我来说弥足珍贵，就此改变了我的一生。生活在这样的时代，我也亲眼见证了祖国的发展。

时代就是命运。我们这一辈子，做了那么多的事，值了！

二孃人长得漂亮，是家里的美人。80多岁的人了，腰板依然笔挺，脸色白白净净，没有一丝的斑点。在灰蒙蒙一片的老人堆里，穿着得体，清清爽爽，永远不会淹没在人群里。

什么事到了二孃那儿，都变得简单起来。她生活不大与人计较，凡事过得去就行。那简单里也显现出一种智慧，大智若愚的智慧。

如今，二孃的节奏，慢下来许多。但她还有许多活动要参加，参加老年合唱团，参加老年门球队、乒乓球队的比赛，有时，还会坐上高铁到处跑去会战友……生活充实而忙碌。时不时会和我们后辈开玩笑，她说她们已经多余了，生活已渐渐把她们抛弃了。

（周静，原中国人民解放军滇桂黔边纵队第九支队战士，四川省内江市商业局离休干部，现居四川省内江市，现年91岁）

老宅大院的深处

双江拉祜族佤族布朗族傣族自治县的大文乡千信村，距县城69.5公里，距乡政府驻地约7.5公里，是一个以布朗族、傣族为主的多民族聚居村，有布朗族72户325人、傣族58户204人，国土面积16.37万平方公里。

千信原名圈控，是打响双缅解放第一枪的地方。

寨子内榕树森森，寨子整洁，开满鲜花的院落，鸡狗安然。几个妇女在村口的大榕树下一个卖杂货的铺子前聊天，当我向其中的一个小媳妇问路时，一群人都聚拢来，七嘴八舌，指手画脚，热情地给我们指路。

并未走出寨子多远，竹林环绕间，就见到了大榕树旁的纪念碑，一排长约30米墙面塑着当时战争的场面及人物雕塑，一长排画面延伸过去，恢宏显眼，虽然人迹罕至，仿佛依然能够嗅到空气中弥漫的硝烟，解放战争的枪声由远及近。

天之苍苍，沧江泱泱，英烈之风，山高水长。在那里，耸立的纪念碑上，镌刻着功勋和自豪。在纪念碑的台阶前坐下，似乎是对那段历史的一次祭奠。

大文乡千信村是革命老区，现在已是小有名气的景点了。只是路途遥远，山路弯弯，即便在今天看来，也相当偏远。平日里并无他人前来观望游玩，偶尔会遇上下地干活的农人，一个妇女背着沉沉的背篓从铜质浮雕前走过。见到我们，她抬手擦了擦满是汗水的额头，和我们打了个招呼。

1949 年 2 月，就在榕树下，在地下党人李培伦等人组织下，浦世民、刀三等秘密联络 150 多人宣誓起义，打响了解放双缅的第一枪。沿着雕塑墙慢慢观望，一幅幅画面，渗出的战争气息，让人似是隐隐听到多少年前这密林深处发出的沉闷枪声。几十年了，榕树依然枝冠浓密，郁郁苍苍。对于有悠久历史的圈控村来说，它还是那么的年轻。对于波澜起伏的革命斗争来说，它见证了沧桑。

千信村三面环山一面临水。一个地方有山又有水，已很不容易，难能可贵的是这些山山水水，在大文千信都有机地和历史文化交织在了一起。远望东南面，群山起伏间，圈控河一路蜿蜒向前并入澜沧江。千信村东邻景谷，南靠澜沧，虽有澜沧江、小黑江所隔，但有竹筏可渡。多年以来，这里的水上交通一直占据着主要位置。过去这儿的人做生意、读书，与普洱的澜沧、景东往来都在此坐筏渡江。解放战争年代，澜沧江被作为天然的屏障，许多战斗都在此地打响过。

千信村骂料村的寨子中心位置，有一栋特殊的四合院，这就是原先浦世民家的老宅，又称为浦家大院。经年累月，在旁边一栋栋新立起的砖混楼房前，越发显得晦暗。即使这样，浦家大院依然是千信骂料村的一个地标，鹤立鸡群地杵在那些现代化的建筑群里。它周围的天际线，已经被高楼改变，但依然看得出这院子所处的位置，是村寨的中心。

今日浦家旧迹寥寥，仅残留此院，几间低矮土木结构的两层楼房围成的一个四合院。门口挂着"爱国主义教育基地"的牌子，门虚掩着，推门进去，发现四合院并不大。听千信村支书说起过这栋老宅，说专门请了大理剑川的木匠师傅来维修这栋院落，花了30万，但是长期无人居住，不管怎么修理这栋房子，它还是一副荒凉憔悴的样子。

院子里只要有土的地方都被守屋子的人见缝插针地种满了形形色色的蔬菜，蒜苗、芹菜、茴香、香菜、葱、韭菜……看上去绿油油的一块一块。蔬菜里还间栽着花，太阳光洒过来，让花泛着细微而明亮的光泽。有蜜蜂在菜花上嗡嗡，能依稀听见邻人的话语，后院显得很安静。

一面鲜红的党旗悬挂在低矮光线晦暗的一楼门厅，最为显眼，内心的隐晦灰暗瞬间变成了光明清澈。这艳艳的红，使它仿佛活了一样。无论岁月荏苒，总有些东西保存了下来。这所房子对当下的人有某种意义。

这是一栋吱吱作响的木头屋子，有许多雕花木窗，藏在不可思议的角落里。虽然是在白天，但屋子内依然处在昏暗的光线中。一个以梁和柱组成的立方体。护墙板上依稀可看到"备战、备荒、为人民"的大字，这应该是20世纪六七十年代就刷上去的标语了，几十年的时光印迹，现在还依稀可辨。光秃秃的柱子，被遗弃后的寂静，陈腐的味道，蜘蛛网、尘灰，仿佛里面从来没人住过，过往的声音和活力都被抹掉了。

在那样一副风烛之躯上，在这间塞满了另一世纪的屋子里，也没有人对浦世民过往的故事感兴趣。遗忘在当下人这里似乎变成了必然。浦家大院里的事情渐渐被封存遗忘……

我在老宅内四处观望，试图找到"裂口"，好从中体味一些浦世民所处时空的信息。在这儿，似乎可把浦世民的一生编织成一条环环相扣的因果链。在那里，有很多很多故事曾经发生过，还有很多很多不为人知的命运发生着变化。

身处这大院，身为"地主"，浦世民的生活应该是衣食无忧，可是，在他的故事里，我看见的却是坎坷的人生，荒凉的往事。

浦世民，生于1914年。7岁入私塾，因背书常被教师鞭打，遂逃学回家，跟人放牛放马、砍柴、割马草。各种粗重的农活，他不以为苦，反而喜欢上了这种自由自在的生活，一待就是 6 年。13 岁重新上学，读四书。14 岁到公立小学读初小三年级，续入高小就读一年半。普洱县设立省立边地师范后，由县政府保送入学。读了 3 年，因学校停课返回。

1934 年，浦世民任双江县二、三区两级小学校长。开学不久，因土匪猖獗，无法上课，学校停办。浦世民以教育救国的梦想破灭。当时，得胜铁厂众股东力荐他出手挽救濒于破产的得胜铁厂。为满足当地的铸造生产，经过半年多的筹备，浦世民恢复了铁厂的生铁生产能力，满足了地方所需。

1936 年，浦世民被举荐为双江县第三区区长，他大兴教育，将辖区内的小学由 3 所恢复至 11 所，适龄儿童入学率大大增加。

兴办教育，改进生产技术，扶持铁厂，也有富厚地方百姓，积聚自身实力之效。

当时的千信村，天高皇帝远，地旷人稀，政权的触角难以覆盖广大乡村。盗匪横行，民不聊生，底层民众不得不以武力自卫，乡民团由此应运而生。浦世民被县长张友人委任为乡民团指挥，负责维护地方治安。景谷土匪罗哈四数次窜入双江三棵桩一带抢劫行商及路人，浦将其捕获交县府法办。后又相继歼灭了南美、邦驮、那来的匪首，浦世民苦心孤诣，为维护地方平安尽了一己之力，得到乡民们的赞扬。

1937 年，抗日战争爆发，浦世民积极宣传抗战，组织民工 200 多人，到保山龙陵参与修筑滇缅公路。1939 年，组织民工 250 人到耿马境内修筑滇缅铁路，并动员民众捐款，支持抗战。

浦世民是当地的开明绅士，坚决支持抗日，在地方上很有号召力。他是一个有着家国情怀的人，认为国家有难，匹夫有责。

1942 年 4 月，缅甸沦陷，日军入侵阿佤山新地方一带，铁蹄所至，尸横遍野。浦世民组织双江县德胜、文祥、复兴三乡的民团骨干及爱国青年 200 多人，率队奔赴佤山抗日前线，配合中国远征军十一集团军作战，并被十一集团军总司令宋希濂任命为佧佤游击队第三支队副司令兼第二大队队长。

抗战的过程，比浦世民想的更艰苦。这支部队的粮食由当地政府供给，枪弹服装装备及副食品费用由后方负责，因筹集困难，完全由浦世民承担。尽管大家节衣缩食，但枪弹装备损耗开支浩大，每月仍需一两千银圆的支出。浦世民为了抗日，一边变卖家产，一边派人承包景谷县茂灭盐矿，筹措资金。

浦家的家业一点点败下去的时候，他整个人困顿着、茫然着，对这个世界，对今后的时日，人，该如何选择？

一次一次磨难，使他对自己生命的价值重新认识。国民党统治下，政治上毫无改进，经济上也无任何建树，民不聊生、家破人亡、颠沛流离的日子，让他对旧社会恨之入骨，也让他最终追随革命而去。

1948 年 8 月，云南省工委派地下党员李培伦率"新联"盟员王维人、"民青"盟员魏文才到双江开辟革命工作，组织武装。他们找上了浦世民，经多次做工作，浦世民愿意组织游击武装队伍。但他仍有顾虑，认为自己势单力薄，迟迟下不了起义的决心。

但他们的激进思想，对浦世民影响很大。这些新思想，闪闪烁烁地照耀了浦世民的脑海。这个民族最干净的血液，依然在一些人的脉管中流淌，理想主义的光芒，像地火一样，给人们以希望，也让浦世民有了下一步的打算。

经过反反复复的思考，再加上李培伦等人多次交谈做工作，景谷罗景明、澜沧傅晓楼和王天翔几人亲笔书写的信件也交到了他的手上，他们晓以大义，谆谆劝导他要识时务、顾大局、跟党走。1949 年 2 月中旬，浦世民毅然下定决心，组织双缅第一支人民武装参加革命。部队以澜沧的革命武装为序，编为迤南边区人民自卫军第一支队第八大队，浦世民为大队长，魏文才为教导员，王维人为参谋。

2 月 27 日，起义部队在李培伦的共同指挥下，打下了双江得胜乡政府，打响了双缅解放第一枪。这是一次彪炳史册、改变边地历史和命运的起义。

经此胜利，鼓舞了士气。各族青年踊跃参军，部队迅速发展到 250 多人。

3 月 17 日，迤南边区人民自卫军一支队奉命追歼从澜沧逃向双江的匪帮，浦世民率队先到澜沧江江岸东面阻敌东窜景谷。后悉匪帮已逃至博尚，又率队从东南两侧冲入博尚街，同澜沧过来的迤南边区人民自卫军四大队配合，一起将土匪围歼。

双江、缅宁相继解放。浦世民率队进驻缅宁，受到缅宁临时军政县委管理委员会和群众的欢迎。

1949 年，浦世民奉命率八大队由缅宁撤回双江圈控，与江对面的景谷、澜沧解放区联合开展游击战。罗正明副司令根据当时匪帮紧跟其后的严峻局面，改变原先准备在双江开展游击战的计划，要浦世民带上八大队人员同他所带的二纵队人员一同回普洱整训。浦世民上有老母，下有妻女，还有庞大的房屋家产，要他抛下老母，别妻离女，确实一时下不了决心。处于当时的纷乱局势下，可以想见，浦世民的内心多么纠结。如何随流随势，坚持信念，同时又如何自保，种种思虑，让他难以抉择。

但在关键时刻，经过激烈的思想斗争，浦世民还是作出将老母亲就地疏散，托付亲戚照顾，带上妻女过江的决定。浦世民说："我参加革命虽然短暂，可我认识了一点，如果离开共产党的领导，个人将一事无成。我不能半途而废，坚决跟着共产党走，听从党的指挥。"

1951 年，清匪、反霸中，浦世民因私自处理了一批武器被逮捕。这是浦世民最灰暗的日子，这样的人生，还会有什么样的未来啊！此刻的他，惦记的不是自己的腿痛，也忘记了自己是个失去自由的人。他只希望组织能够证明自己的清白。

据浦世民自述：当年沧源十大队同八大队一同出击缅宁时，浦世民向十大队借了 11 支枪，后因故未及时归还，对方多次向他索取。浦世民由澜沧返回后，沧源又派人来专门索要，浦世民便把自己所带的步枪 6 支、卡宾枪 1 支、手枪 1 支，共 8 支归还了他们，以致造成了误会……现在，党和政府帮助我查清了问题，我衷心感谢政府，以后，我将站稳革命立场，永远跟共产党走，做一个忠诚的人民勤务员。

1953 年，政府查明了事实真相后，浦世民被释放回家。

浦世民回家后参加生产劳动，安心当了一个自食其力的农民。1955年，土地改革时，他被任命为协商委员会副主任。和平协商，把土地分给农民家庭。勤勤恳恳地为人民服务，直至 1956 年因病离世。

这是从志书和党史材料中找到的几则浦世民过去的光阴的切片。

1982 年，县委统战部落实政策，认定他为起义人员，并为他重建了坟墓，家属享受定期生活补助。浦家老宅也被作为文物保护单位留存了下来。

这大概是浦家故事的后续，也是对浦世民一生的最后补充。

我想起在千信村村委会陈列室里见到的浦世民，照片上的他，身形消瘦，穿着一套老式黑色布衣裤，打扮完全就是一个地地道道的农村乡绅模样。文史资料里那个有着波澜起伏人生的人，全然消失了。

追溯半个多世纪前的事，想到了浦世民身份的多面性，要写出他的多面来，还需要找更多书籍之外的事来支持和印证，我专程去拜访了现居双江县城内浦世民的大女儿浦应秀。

当年 10 多岁的浦应秀，现在已是一位 91 岁的老人。浦应秀的老伴在前几年去世了，她和小儿子住在一起。儿子是名公安，工作忙，也没更多的时间陪她，一个人在空荡荡的大房子里晃来晃去，她有些寂寞，在院子里的芒果树下养了几只大鹅和旱鸭，喂食、捡蛋，逢年过节还可以杀了吃吃肉，她觉得自己还能做点事。她清瘦，精神矍铄，看上去比实际年龄小许多。因为她小时候到缅宁中学读过书，表达起来非常清晰有条理。

我们的到来，撩起了 70 多年前的尘封往事，显然让浦应秀很激动。浦应秀的讲述，慢慢掀开了覆盖在史书中的尘垢，让我们看见了浦世民鲜为人知的一面。

"我父亲是个话少的人，这也许跟他 12 岁才会讲话有关系。父亲总是很忙很忙，平时我们很难见到他。他去外面打仗，一两年才会回家来。回来时领着一些穿着军服的人，还骑着大马，我们姑娘家，又没见过世面，有点害怕，常常躲在房子里看他们。父亲个子不高，可是他总是给人很威严的感觉。"

浦应秀把珍藏着的影集翻给我们看，又介绍给我们每张照片上的人和事。照片上有一张是她年轻的父亲和母亲的合影。因为年代久远，照片是扫描后合成的，面目有些虚幻不够清晰，但依然看得出浦世民神情坚毅有英气，母亲有着大户人家的温婉端庄。

"父亲是个耿直、善良的人，平时扶困济贫，在老百姓中人缘好、口碑也很好，没人说过他坏话。老百姓遇上什么事都会来请他帮忙出主意。刀三，你是否听说过，就是那个烈士刀三，也是父亲收服了他，教他走上革命道路的。"

见我点头，浦应秀又说道："刀三长得矮矮胖胖的，很结实，尤其是脸上一双浓眉让人记忆深刻。他力气大，会武术，仗义勇敢，打仗牺牲后拉回老家都是父亲安排安葬的。"

这中间，浦应秀还讲了她父亲小时候的一个小插曲。"父亲 12 岁了，还不会讲话。这可把阿奶急坏了，以为生了个哑巴儿子，遂请了个游历四方、眼瞎的算命先生来家里替儿子算命。那先生说，你这个儿子以后要当官，以后是要帮老百姓说话的。老爹听了责怪阿奶找了个骗子来骗钱。阿奶分辩说：瞎子又看不见他不会讲话……"

"我母亲生了两个女儿，我妹妹现在在玉溪。小妈妈也生了一个姑娘。浦家没有男丁，这是让父亲如鲠在喉的一件事。父亲风湿重，天天脚痛，随时用草药包着脚。那时医疗条件差，不知道会导致风湿性心脏病，父亲 42 岁就走了。他不在的那年，我刚出嫁到大文的姚家，我是家里的大姑娘，后事是我一手张罗操办的。1982 年重新整父亲的坟时，政府还给了

500 块钱，碑文都是政府帮立的。"

听说我们去了千信村骂料村她家的老宅看过，浦应秀有些怅惘，"前几年我都回去上坟，这两年年纪大了，儿子不让去了。那老房子比我年纪都还大呢，我就是在后院那栋房子里出生的。父母亲的墓地，离老宅不远，我怕是再也看不着啰。"

浦世民离世得早，但他在民族大义面前，信仰和价值取向如一盏灯般一直在浦应秀的记忆里亮着。今天让她回眸过往，或许让她有重新撕开伤口的疼痛，但却能让我们更明朗地对待未来的人生。

浦世民的一生，充满了选择，充满了被裹挟，充满了抵抗，也充满了他向往自由、新生活的追求。

浦世民所置身的时代，处于乱世颠沛流离之时，他的经历与生活，有着波折和起伏的情节，徘徊、张皇、滞重、艰辛、缺乏方向感，其个体遭遇，是那个时代的具体显现。有什么样的土壤，即有什么样的人物出现，古今如此，中外皆然。

（浦应秀，原迤南边区人民自卫军第一支队第八大队队长浦世民的大女儿，现居双江，现年 91 岁）

（周　涛　周　静　周文高　浦应秀 口述　曾庆芳 整理）

对水的渴望

—— 沧源第一隧道永瓦隧道打通纪实

    沧源县岩帅镇建设村，由于自然条件、地理环境因素，全村没有一条有水河流。新中国成立前，建设村被人称为"蜜蜂过路不歇脚的苦荞寨"。新中国成立后，党的光辉照耀阿佤山，1956 年建政，成立南马乡，1958 年取建设社会主义之意，更名为"建设乡"。从此，建设人民感谢党和毛主席的救命之恩，组织发动群众开展农田水利基本建设，投入 3.7 万个人工，开挖小水渠和修筑小水塘，满足了 1114.6 亩水田灌溉。1964 年积极响应"工业学大庆、农业学大寨"的伟大号召，又掀起了大搞水利基本建设高潮。为解决农田灌溉用水，建设党支部根据建设的地形山势，在开田时，把开水田与解决蓄水结合起来，削平山头开起"母子田"，解决在高山水田灌溉的困难。所谓的"母子田"，是把山顶上大田的田埂加厚加高，使其成为既能蓄水又能栽秧的"母田"，在"母田"下方再开小水田，作为"子田"。冬季在"母田"里蓄满水，春天就有充足的水灌溉"子田"，保证栽插季节有水栽秧，形成佤山特色的母子田灌网。最大的"母田"一坵有 19 亩，被当地群众称为"自力更生大寨田"，成为"沧源第一大田"。1969 年 12 月，云南省委下文授予建设大队"云南省活学活用毛泽东思想先进集体"称号；1970 年 10 月，建设大队被评为云南省农业学大寨典型，被誉为"阿佤大寨"。

    为永久解决建设灌溉用水问题，党支部决定把流向中贺勐方向的小河水引到建设方向来。要把这股水引到建设来，需要开挖的沟渠大约有18公里，开沟渠难度大，而且破坏生态环境严重。为保护生态环境，党支部决定组织村民打通"永瓦隧道"。1970年9月开始勘查，1970年12月7日正式动工，1972年3月31日，386米长的永瓦隧道顺利打通，成为"沧源第一隧道"。

1999年9月至2000年6月，我进驻永瓦隧道防拱修复工程工地，负责修复工程质量监督。在修复期间，当年参加打通隧道的许多建设村的老人，时常到工地上看看，他们给我讲了有关打通隧道工程的许多感人故事。事过多年，建设人当年的精神和那些感人的故事一直浮现在我的脑海里，挥之不去，于是我就有了收集整理建设永瓦隧道打通过程材料的想法。正好我和赵赛嘎老人是隔壁邻舍，通过跟他交流，才知道他就是当年建设永瓦隧道打通的建议者、组织者。赵赛嘎老人又给我讲述了永瓦隧道打通过程的许多经过，这更加激起我收集整理永瓦隧道打通过程史料的信心。为了继承和弘扬建设阿佤大寨精神，让更多的人，包括现在建设村的许多年轻人，了解这段难忘的历史，现在把赵赛嘎所讲的内容，整理下来，以飨读者。

寻找水源

我叫赵赛嘎，曾任沧源县岩帅镇建设乡党支部书记。带领人民走向发展脱贫致富道路是共产党人追求的奋斗目标。20世纪60年代末，还是"文化大革命"高潮时期，因经济落后，政治干扰，很多事情办不成。时任建设乡党支部书记的赵岩那同志因不堪批斗折磨而服毒自尽，临终前他把我叫到跟前，握着我的手说："以后建设乡的发展就靠你们了。"说完他撒手人寰。

老支书、老乡长走了，建设乡发展的担子自然落到了我的肩膀上。我把老支书临终前给我说的话铭记在心，并当作是一种责任。当时，建设大队和其他地方一样，天天开会、批斗，搞得人心惶惶，极度影响农业生产发展。为完成前辈领导未完成的任务，继承前辈的意志，我顶着政治上、经济上的各种压力，想着有上级的支持一定要拿出自己的魄力来接受建设乡的工作担子。我组织党员群众抓好学习，抓好生产，安排好群众生活，在学习会上，给党员和群众讲："我们建设大队要从老支书乡长的悲剧中汲取深刻教训，不能再搞批斗了，我们这样搞下去，怎么抓生产？怎么发展？怎么解决温饱问题？"我在会上说的这些话，得到了广大党员和人民群众的支持和拥护，建设大队在政治上得到了稳定，工作上党员和群众的积极性也发挥出来了，此后，党支部才有精力思考建设大队如何发展等问题了。

建设大队因自然地理环境因素，辖区内没有像样的水源，所以全大队没有多少保水田，栽秧要等老天下雨，群众吃饭是以杂粮为主，大部分是吃苦荞，而且还吃不饱。为了彻底解决农业用水问题，我走遍了建设大队所有大山箐沟，时刻想着如何解决建设农田灌溉问题，同时私下决心：在我任建设大队领导时期，无论难度再大再苦再累，一定要想方设法把建设的生产用水问题彻底解决。

有的事说起来容易，做起来难。在建设要解决"水"的问题就十分困难，原因是在建设辖区没有很好的水源，有些小箐沟的水都流向中贺勐，流向新华方向去。新中国成立前，建设南马大寨与永肖（新华）寨为争水源，曾经发生过村寨械斗，造成人员伤亡。

"水"对建设大队的农业生产发展是最根本最基础的，"水"成为摆在建设大队党支部面前的重要任务。如何解决建设生产用水问题，像一块大石头压在我的心头上，有时让我夜难入眠。我想着自己是大队领导干部，党和人民把建设发展任务的担子交给了我，群众盼望着党支部带领他们发展生产、摆脱贫困、解决温饱、走向富裕，所以，我要在任职期间，想方设法把前辈没有完成的农业用水问题承担起来。于是，我决定依靠党员和群众，以群众利益为重，排除各种思想障碍，决心带领群众采取措施，想尽一切可能的办法解决建设农业用水问题，而且必须从现在开始，树立行动晚不如行动早的思想。

在建设永瓦寨子的东北边有一片湖水湿地，建设人叫"浓给（hnong mgrie)"，意即水芹菜湖。这湖地流有几股小清水，有些建设人家已在那里开了一些有水田，然后，几股小清水就流向中贺勐的方向去，我看中了这股流向中贺勐方向的小清水。这股流向中贺勐方向的小清水，雨季流水量有0.2立方左右，干天时会更小一些，为了解决水源问题，我想到了要在水源处修建一座水库。有了修建水库的想法，首先要考虑引水沟渠的走向。

水源看好了，现在要解决的就是引水沟渠问题。为了实现这一引水沟渠目标，获得第一手地理情况资料，以便向上级领导提供参考，我自己从水源头踏勘了三次沟渠走向。在第一次走了10多公里的林中后，来到一棵移依树下坐下，又饿又渴的我捡来一个移依果一吃，这移依果又嫩又甜，连续吃了五六个。第二次、第三次踏勘时，我照例到那棵移依树下歇息，照例吃几个移依果用以解渴。后来，我告诉了寨子里的人那棵移依树的移依果又嫩又甜，因为当时我担任建设大队革命领导小组指导员，所以，建设人便把那棵移依树命名为"指导员移依树"。

通过自己踏勘后，我就组织全大队的各生产队干部一起踏勘沟渠走向。通过大家实地踏勘丈量，从水源头到建设大队可以灌溉的地方，需要开挖的引水沟渠大概有18公里，并且开挖沟渠难度特别大，并造成自然生态环境破坏也比较严重，按500∶1的水渠开挖18公里的渠长挖到建设，从渠头到渠尾可以灌溉处有40米左右的落差，这也大大降低了可以开水田灌溉的面积。

18公里的长沟渠，开通后最少需要10个管理工，这些管理工要建设解决他们的吃饭问题。当时，整个建设大队只有400多个劳动力，如果真的动工开挖这沟渠，最少要用10年时间才可能挖完，因沟渠太长，正常通水不可能保证。通过社队干部讨论分析后，要挖通这条沟渠代价太大，一下子可能实现不了，很难解决建设大队眼前的实际问题，所以，大家否定了开挖这条沟渠的方案。

怎么办呢？因缺水困扰着我的脑海，又自己到水源处，即现在永瓦水库附近地方走走看看好几次。在现在永瓦水库下方 200 米左右处有个山窝处，这地方建设人称"浓索（hnong sō）"，意即回水湖。我站在那里，从上看到下，从左看到右，突发奇想：水渠挖不成，如果从这里打通隧道行不行呢？这里不是老天爷为我们打通隧道留下的地方吗？我又想：打隧道难度太大，也很冒险，按照建设当时的情况，要打通这座山是不可能的。但我又再想：能不能把不可能变成可能呢？这想法又跳到我的脑海里。最后我决定试一试，只要有一点希望，一定要付出百分之百的努力，一定要树立敢为天下先的精神和决心。有了这想法，我又自己爬山步行查看了好多次。

经过多次踏勘，估计隧道长 200—300 米，按照当时建设大队的实际能力和劳动力，要打通这隧道可能要 3—5 年的时间。在我看来，不管遇到什么困难和问题，把水引到建设这应该是唯一正确的愿望，然而，这个愿望坚定了我打通隧道的决心。为实现这个愿望，我又组织各生产队队长实地踏勘，踏勘后大家认为：打隧道我们没有见过，打隧道也肯定有困难，很危险。面对大家的不同想法，我说："如果我们现在该打而不打就会误了时间，如果误了时间也就是误了我们，误了我们的后代，以后我们将会后悔的。虽然说现在我们没有条件，但我们要克服困难，想尽办法创造条件也要打通这座山。"

经过大家充分讨论分析，基本达成了共识：打隧道的工期比开挖沟渠要短，今后的管理效能也大大减少，也不破坏生态，所以，大家坚定了非打通隧道不可的决心和雄心。党支部把大家讨论的结果向岩帅区委领导作了报告，领导听了建设党支部的情况汇报后，安排技术人员到现场踏勘。因各方面的因素，按照当时的条件，建设大队自己要挖通这隧道难度非常大。所以，上级领导不太同意建设挖这隧道的请求，理由是：群众没有挖隧道的先例，没有什么经验可取，挖隧道需要各种设备作保障，比如照明、通风、防烟、防尘、防透水等，这些设备都没有，如果群众自己挖隧道施工难度非常大，挖隧道属于风险性很高的工程施工。但是在建设党支部和群众的强烈恳求下，最后，上级领导同意派沧源水利局的技术员李本怀同志前来进行测量设计。通过测量，隧道总长有386米，比原来估测的200米长186米。隧道设计高2米、宽3米，需要开挖2316立方的土石方工程量。测量结果报上后，上级领导原则同意建设开挖隧道，但上级领导明确：国家没有资金给予补助，开挖隧道只有靠建设大队自力更生想办法进行施工。

打通隧道

接到上级同意打通隧道的通知后，建设大队的党员群众非常高兴，但也出现了一些风言风语，大部分都是出于各种安全的考虑和担心。有的说：如果党支部领导真能够带领我们打通了这座山，我们可以用引来的水先煮饭煮肉喂他吃。根据建设大队当时的实际情况，打通隧道计划用3—5年时间，并且把打通隧道过程中可能发生的各种问题进行研究分析，做了一些预案。为确保安全，排除群众安全思想顾虑，在动工打通隧道前，我选派两个木匠到芒回煤矿学习如何打通隧道、安装道内撑木等工艺和技术。在动工打通隧道前，党支部组织发动群众做好施工前的准备工作，各生产队精选了50多名年富力强的人员。两个木匠学习回来后，给大家讲述如何打通隧道、如何安装撑木等工艺和技术，基本消除了群众思想顾虑和担心。为加强打通隧道工程施工管理，成立了由我任指挥长，原建设乡副乡长李那布勒任常务副指挥长，各生产队长为成员的打通隧道工程指挥部，下设隧道打通组、撑木安装组、后勤保障组，还有负责打制维修铁具的铁匠等。

指挥部成立后，指挥长、副指挥长做了相应分工，我负责总协调，常务副指挥长李那布勒驻扎工地负责工程施工安全，有什么困难和问题及时向我汇报。并明确要求：各生产队指定参加施工人员，没有特殊情况不随便更换人员，要保证施工人员相对稳定。指挥部始终把安全摆在第一位。按照建设佤族习俗，做任何工程，最忌讳出现安全事故。一项工程一旦出现安全事故，这项工程将前功尽弃。永瓦隧道是要打通一座山，过去建设佤族没有打过隧道，现在打隧道也没有什么安全设备，只有简易工具，自然成了高风险的工程，因此，指挥部始终把安全这股劲绷得紧了又紧，千万不能出现安全事故。所以，从隧道工程开工后，我除负责建设全盘工作和外出开会外，几乎每天都来到工地察看施工情况，一年多了没有回过一次家。

经过充分准备，1970年12月7日，建设永瓦隧道打通工程正式动工。为了按期完成隧道打通目标任务，打隧道组分成两个组，一组从进口处开打，一组从出口处开打，两组从两边同时相对开打，每一组20人，每班10人。撑木安装组，负责两边的撑木安装，共有10人。每当隧道打进一两米后，撑木安装组要及时跟随安装撑木，以防隧道坍塌。开挖到100米处时，还遇到70多米的岩石地段。在隧道用炸药炸石头时，没有吹风机，只有用竹笋叶编成的扇形扇出烟雾。打隧道时使用的只是锄头、铁锹、铁锤、小推车、铲子、背篓、煤油灯、火把等简易工具和设备，后来为解决隧道内照明问题，才把南马大寨的柴油发电机用来发干电解决隧道内照明。

在打隧道前，上级领导已经明确说：国家没有资金给予补助，只有靠自力更生想办法了。为完成打通隧道的目标任务，确保施工人员的后勤保障，大队党支部根据各生产队的实际情况，安排各生产队出资出粮。当时，建设大队有8个生产队，其各生产队出资情况是：1队3000元，2队600元，3队400元，4队400元，5队的红光社2000元，5队的星光社2000元，6队1800元，7队600元，全大队共筹集资金10800元。各生产队所筹集资金由岩帅营业所、原建设乡信用员、建设村五组的赵源同志负责筹集、管理。各生产队所筹集的这些资金，都是用来购买钢筋。买钢筋要到勐省批发站去买，当时公路不通，早上五六点钟从永瓦出发，当天用人工把钢筋从勐省批发站背回到永瓦隧道工地，再由铁匠把钢筋打制成抓钉，用来固定道内撑木。

粮食也由各生产队来筹集，8 个生产队结合自己的实际，共筹集粮食11500 千克。开始按照人均每顿 5 两，其中大米 3 两（0.15 千克）、杂粮 2两（苞谷砂 0.1 千克）来供应施工人员、指挥部人员和来往工作人员的伙食标准。因为劳动强度大，民工普遍反映不够吃，后来又提到每人每顿 7两，其中大米 5 两（0.25 千克）、苞谷砂 2 两（0.1 千克）来安排民工的伙食标准。

为确保安全，打隧道需要支架道内撑木。建设永瓦隧道全长 386 米，按高 2 米、宽 3 米计算，每一米左右两边各支起 10 棵撑木，上面 10 棵横木，共 30 棵撑木，386 米长的隧道需要原木 11580 棵。需要那么多的木材，必须经沧源农林局报批才能采伐。按照当时沧源农林局的批复，一棵原木按 0.16 立方米计算，386 米长的隧道需要原木 1852 立方米，按照当时的原木价格，每立方米 260 元计算，共计 48.17 万元。1971 年 5 月的一天，沧源水利局局长李随来到建设永瓦隧道打通现场进行调研，通过汇报情况后，他约我到山上去看采伐木料的现场，到山上后，被建设人民苦干、实干的精神感动，他从山上抬起一根木料回到施工工地，当天晚上还跟民工一起住在工地上，第二天才离开建设。李随来局长的行动更加激励着建设民工的斗志，他们不分昼夜，轮流开挖，力争早日把隧道打通。

在要打通隧道时候，我特意吩咐施工人员，不管白天黑夜，只要隧道挖通，两边合龙，必须鸣放铜炮枪（当时没有鞭炮）告示，让附近村寨村民都知道隧道已经顺利打通。经过一年零三个月的艰苦作战，1972 年 3 月31 日凌晨 2 点时分，全长 386 米的建设永瓦隧道顺利打通合龙。听到铜炮枪声后，附近的永瓦、南马大寨、永诺翁等村民，有的点着火把，有的打着电筒，男女老少都来观看隧道打通后的景象。听到铜炮枪声，党支部一班人迅速起来，我马上到购销组，把购销员吴培春叫醒，把建设购销组所有的 27 斤苞谷酒全部买下，背到隧道工地上，慰劳施工人员。建设群众集中在隧道出口处的场地上，大家相互拥抱，庆贺隧道打通，有的高兴地哭了出来，大家在那里唱歌跳舞，直到天亮都舍不得回家。这个夜晚可以说是建设人历史上最激动、最高兴、最热闹的夜晚。

有群众说：隧道打通了，这是共产党领导的胜利，是社会主义制度的胜利，是建设党支部的胜利！有的说：如果负责测量隧道的技术员（建设永瓦隧道测量设计技术人员是沧源水利局技术员李本怀同志，后任沧源佤族自治县水利局局长、临沧地区水利局副局长），今天能同我们在这里庆贺隧道打通，我们一定煮鸡蛋剥好给他吃（过去，建设佤族认为能剥给人家吃鸡蛋是最高礼仪）。

建设永瓦隧道挖通后，沧源县水利局局长李随来同志来到建设察看隧道时说：建设人民群众在党支部的坚强领导下，用土办法、简易工具，靠自己的力量、团结苦干实干，克服各种艰难险阻，不屈不挠，用拼搏的大无畏的革命精神，在施工中不出任何问题，实现了上级要求零事故的目标，按质按量，只用一年零三个月的时间，提前完成打通隧道任务，这是了不起的事，是沧源的一个奇迹，解决了沧源难题。后来，李随来同志担任沧源县人民政府副县长，他分管农业农村工作，每次召开农业农村工作会议，都要提到"自力更生、艰苦创业、团结协作、苦干实干"的建设阿佤大寨精神，要求全县学习建设大队的创业精神。

修筑水库

隧道打通后，为解决建设农业用水困难问题，在积极申报永瓦水库建设工程项目时，采取了边申报工程项目边开展工程前期工作。1972 年底，永瓦水库建设工程清基开始动工。该水库初步设坝高 16 米，最大蓄水深

15 米，可蓄水 30.4 万方，计划灌溉 1000 亩，增溉 500 亩。为解决永瓦水库建设物资运输问题，同年，又开挖了岩帅至永瓦的公路。1973 年 10 月 26 日，上级同意批准兴建建设永瓦水库。11 月建设永瓦水库正式破土动工。同年 12 月，起于岩帅镇人民政府驻地，止于建设永瓦水库，全长 18 公里，投资 3.8 万元，投工 5 万多人工建设的公路全线开通。

1975 年 5 月 28 日，建设永瓦水库建成。永瓦水库实际坝高 19 米，坝顶长 61 米，顶宽 3.5 米，坝顶高程 1960 米，设计灌溉面积 1100 亩，实际收益面积 800 亩，年供水量 30 万立方米，总库容 36 万立方米，投工 12.16 万工日，投资 26.67 万元，其中：国家投资 11.87 万元，自筹 14.80 万元。永瓦水库建成后，在隧道出口处开挖了南北两条 24 公里的建设灌溉水渠。经过水利部门申报，国家补助 8 万元，用于购买钢管铺筑在永瓦隧道里，保证隧道流水畅通。临沧地委书记林山同志到建设大队调研时说：现在的建设已经不是过去所说的贫困的苦荞乡了，而是一个群众走向脱贫致富的茶米之乡。

1988 年"11·6"地震把隧道里的钢管震断，水流不畅，严重影响建设农业灌溉用水。为解决建设农业用水，1998 年底，县水利部门申报建设隧道修复工程项目，用钢筋混凝土进行防拱修复。1999 年 8 月修复工程项目获批，9 月份修复工程动工。防拱修复工程由县水利局的朱萍英同志设计，县水利局派我进驻工地，负责修复工程的质量监督。如今，建设永瓦隧道及建设水渠仍用于灌溉建设村南马大寨等 5 个自然村的 1000 多亩水稻、烤烟种植。

精神不应该丢弃

在我进驻修复工地期间，参加过打永瓦隧道的建设老人时常到工地看看我们怎么修复。他们跟我讲："我们打通这隧道不简单，隧道坏了不通水，我们十分心痛难过，我们早就盼望上级政府给予帮助修复，希望通过这次修复，隧道不能再坏了。"虽然他们的话语不多，但是非常深切，表达了他们对隧道的真情实感，对打通隧道那段历史的真情留恋。如今80多岁的赵赛嘎老人是打通建设永瓦隧道的建议者和组织者，他给我讲，打这个隧道是他一辈子工作中最困难、最艰苦、最危险、最难熬、最难忘、最深刻、最留恋的时期。他每次回到家乡建设，一路过隧道出口，他都要停一下，出来看一眼隧道出口。为了让后人记住打隧道那段历史和阿佤大寨精神，他自己出钱购买榕树苗，约健在的参加过开挖隧道的南马大寨老人陈改保一起在隧道出口处附近种植。第一次种下的没有成活，他又跟班洪村胡德学老支书要了几棵榕树苗，约陈改保老人再次种植。这虽然只是一棵小树，一件小事，但是却反映出赵赛嘎等建设老人，他们对建设永瓦隧道和建设阿佤大寨精神的崇敬。

一个国家，一个民族，如果失去了自己的精神索引，就会失去方向。岁月可以风化坚硬的山石，唯有精神不可随风而去。建设人民渴望水、热爱水、敬畏水，并形成了人水生命共同体的特色水利文化。在这特色水利文化的内涵里，贯穿中国共产党人的精神特质。"自力更生、艰苦创业、团结协作、苦干实干"是阿佤大寨精神的内涵，这是中华民族伟大精神的生动体现，是中国共产党的宝贵精神财富，是中国共产党人精神谱系的重要组成部分，这是我们时代的精神，更是中华民族的精神。无论我们将来多么富有、多么强大，这种精神都不应该丢弃。习近平总书记在党的二十大报告中强调："全党同志务必不忘初心、牢记使命，务必谦虚谨慎、艰苦奋斗，务必敢于斗争、善于斗争，坚定历史自信，增强历史主动，谱写新时代中国特色社会主义更加绚丽的华章。"从"阿佤大寨"精神的内涵来看，也映照着"三个务必"的要求，需要我们永远传承。

建设村的发展，与当代中国前进的节奏，是那么吻合。20世纪70年代，建设人民解决了水的问题；20世纪90年代，建设人民解决了粮的问题；21世纪，建设人民逐渐开始解决钱的问题。2019年4月，经过第三方评估检查，中共云南省委、省人民政府批准沧源佤族自治县正式脱贫摘帽，建设村顺利通过省、市、县、乡镇验收，整村脱贫摘帽，与全国、全省、全市、全县人民一道迈向小康社会，走向共同富裕的康庄大道。

（赵赛嘎 口述　李玉明　陈卫东 整理）

云县创建"全国文化先进县"始末

1990 年 5 月,县委决定成立云县文化局,结束了多年来文教合署的局面,开启了新的文化征程。通过多年的不懈努力,云县先后在 1997 年 3 月,荣获"全省文化先进县"称号,1998 年 5 月,荣获"全国文化先进县"称号,成功地进入了全省 13 个"全国文化先进县"的行列,创下了全区 8 县第一。

一

20 世纪 90 年代初,文化部在全国开展了"创建文化先进县(市、区)"和"建设边疆文化长廊"两项工程。按照文化部制定的标准和要求,每年由各省将文化工作达标的县上报文化部,经文化部派考察组实地考察合格后被定为"全国文化先进县"。1995 年 6 月,云南省人民政府办公厅转发省文化厅《关于开展创建文化先进县活动实施意见的通知》(云政办发〔1995〕143 号),接着,临沧地区行署又批转了行署文化局《关于在全区开展创建文化先进县活动的意见的通知》。接《通知》后,我们对全县文化现状进行了认真分析研究,认为,发展我县的文化事业,虽然有基础差等不利因素,但我们也占有一定的有利条件:一是我县少数民族多,民族文化历史悠久,历史上有过一些文化事业的繁荣时期;二是我县有一批热心文化事业的骨干力量,群众对文化需求的热望很高,容易调动积极性;三是有一定的区位优势,临沧地区通往内地的 214 国道横贯云县境内,澜沧江百万千瓦级的大型电站建设在一定程度上激励了我县文化市场的繁荣发展;四是有一定的发展基础,全县 14 个乡镇早已建立了文化站,农村文化室逐渐建立,一个点线成网的群众文化网络已基本形成,在发展群众文化事业方面积累了一些成功的经验;五是有各级领导部门的重视和支持。于是我们向县委、县政府作了专题汇报,县委、县政府听取汇报后召开了专题会议,深入领会党中央提出的"两个文明"一起抓的战略思想,总结了全县文化工作的经验,统一了思想认识,认为创建文化先进县是我县紧紧围绕和服务于"两个文明"建设并向"大文化"发展的一项重要举措,必须真正列入党委政府的重要议事日程。于是成立了以主管副县长为组长的"创建文化先进县"领导小组,并提出了调查摸底、制定规划、组织实施的具体步骤。县委、县政府先后出台了《关于加强全县宣传思想工作的决定》《云县沿线文明走廊工程实施意见》和《关于加强农村基层组织建设五年发展规划》等文件。为切实抓好抓实创建文化先进县的活动,县人民政府又向全县发出了《关于在全县开展创建文化先进县活动的通知》。领导的重视支持,思想认识的高度统一,为创建文化先进县提供了可靠的思想基础和组织领导保证。由此,云县吹响了创建文化先进县的集结号。

二

如何把创建文化先进县从务虚变为务实、把理想变为现实,必须制定一个切实可行的发展规划。为此,县文化局提出了"摸清家底、实事求是、不说瞎话"的工作思路,于1994 年6 月由局长带队,组成了一个由财务审计、文书档案、群文辅导等业务干部参加的农村文化工作调研组,历时近一个月,深入 14 个乡镇进行全面调查。在调查工作中,我们始终坚持实事求是的态度,分别召开乡镇领导和村社群众代表座谈会,倾听他们对全县群众文化工作的意见建议，做到情况明、底子清、心中有数。

通过调查，根据行署文化局《关于云南千里边疆文化长廊建设临沧地区"2331"文化建设工程的实施意见》，结合我县实际，制定了《云县沿线文化长廊建设工程计划》《"八五"期间争创文化先进县的计划》和《"九五"文化建设发展规划》，按照县委、县政府确定的"以县城为依托，热坝开发为重点，沿国道214线和大朝山电站对外公路布置建设项目"的经济发展战略，我们计划在"八五"至"九五"期间，抓好"一点四线"的文化长廊建设，即以县城为中心点，以国道214线和大朝山电站公路为主干线，以云（县）、保（山）线、羊（头岩）、耿（马）线4条公路沿线的乡镇进行长期规划分期建设，争取在两年的时间内，以各乡镇为主，逐步建成有文化娱乐、科技培训、理论教育3项功能的一个文化中心，实现"点线成网，设备配套，活动经常，全民参与"的文化发展战略。

当时，县文化局共有18个下属事业单位，事业人员100人；全县有各类文化娱乐经营单位196个，从业人员530多人；有电影放映单位38个，正规影院3个（县城电影院、草皮街电影院、漫湾电影院），农村简易影院7个；有文物保护单位7个，其中云城清真寺和忙怀新石器遗址为地级文物保护单位，现有馆藏文物66件；县图书馆现有藏书4.2万册。全县195个村公所（办事处）已建立文化活动室108个，农村业余文艺宣传队75支。14个乡镇文化站，有4个站上了省等级站。1993年9月，县文化馆被国家命名为"标准文化馆"。

1995年12月21日，省文化厅厅长毛治雄等一行4人，在地委宣传部部长连宝佩、行署文化局局长等领导陪同下，到云县视察文化工作。22日上午，在县文化局召开了座谈会。县长、分管文化的副县长、县委宣传部副部长、县文化局局长等领导参加了座谈会。座谈会上，毛厅长作了讲话，对我县的文化建设和群众文化活动给予了充分的肯定和高度的评价，并对我县今后的文化工作提出了要求，希望继续努力，更上一层楼，为进入文化先进县的行列积极创造条件,并鼓励我们要大胆向省里呈报。他说:"现在我省全国文化先进县只有 4 个,太少了。明年一季度我们向省争取省级 8—10 个县,我希望云县的文化工作朝这个方向努力!"毛厅长的讲话给我们极大的鼓舞,更加坚定了我们创建文化先进县的信心和决心。

三

根据县委、县政府的要求,力争在"九五"期间,实现创建全国文化先进县的目标。为实现这一目标,我们在创建省级文化先进县工作的基础上进一步巩固和发展,抓实基础,抓好落实。主要从"软件"建设和"硬件"建设两个方面来抓。

"软件"方面,我们主要从完善内部管理机制,实现从办文化向管文化过渡,开发文化艺术资源、培养文化工作队伍等方面入手,通过抓改革、抓培训、抓活动、抓作品建设等不同形式来分步实施。

一是抓改革。在强化队伍建设和完善管理制度方面,我们把热爱文化事业且有一定业务能力的人用好用活,在对文化馆、图书馆、新华书店、电影公司等县直文化单位领导力量配备上,做到了大胆起用,使之更好地发挥"龙头"作用。同时,我们加强了党团组织的建设,在过去整个县直文化单位只有一个党支部的基础上,大胆培养优秀职工向党组织靠拢,成立了党总支,下设 4 个党支部,以发挥党组织的核心领导作用。在完善管理制度方面,我们将文化单位按企业、事业、行政 3 种不同的管理办法,分别制定了不同的干部职工考核规定和劳动制度,实行目标责任、定期考核等办法,以调动干部职工的积极性。二是抓培训。根据我县文化工作者专业结构情况,我们组织各种不同形式的岗位培训,14 个文化站工作人员除了一年两次培训外,还组织他们到外地参观学习,参加地县组织的各种文艺表演活动,鼓励他们参加成人高考和自学考试等。几年来,受培训达

50 多人次，有 3 人已获大专函授毕业证书，其中 2 人已调局工作，有 5 人进入省职工大学学习，县级文化单位有 8 人报考了函授大专班。1992 年，我们与省艺校联系，选送了 28 名初中生到校学习，1997 年 7 月毕业，有 19 名分配到文化单位工作。我县虽然没有建立专业文艺团队，但只要县上有什么重大的会议和庆典活动，我局就把他们召集起来开展文艺演出等活动。这支队伍已顶替着县专业文艺团队的职能作用。除了专业培训外，我们还抓业余培训，以壮大业余文化工作队伍，培训的内容有文学创作、音乐、舞蹈、器乐、美术、书法等。我们还与教育部门联合下发了《关于加强校园文化建设的意见》，以学校为基地，为学校培养文化人才。三是抓创作。作品建设，繁荣文艺，丰富群众文化生活，必须要有作品。有一定数量，才能有一定的质量。搞"民族文化工程""文化精品工程"，用优秀的作品鼓舞人，就必须有高质量的作品。1993 年 6 月 30 日，漫湾电站第一台机组建成发电，县委、县政府在县城组织举办了慰问漫湾电站建设者的专题文艺晚会。晚会第一次以云县音乐爱好者创作的《漫湾组歌》来展示，向漫湾电站的建设者们献上了一台永载云县史册的文艺晚会。先后收集整理出了《云县民族民间故事选》《云县民族民间器乐集成》，编辑出版了《云县民族民间舞蹈集成》。四是抓活动。普及是基础，提高是根本，只有在普及的基础上提高，才能在提高的指导下普及。在发展企业文化方面，我们采取以企业的经济优势与文化的人才优势相结合创办企业文化。一些厂矿企业纷纷创办刊物，建"职工之家"、活动室、图书室，丰富职工的业余文化生活，提高职工队伍素质，塑造企业的形象。群众文化活动的开展方面，我们采取多层次、多渠道、全方位办文化的形式。本着群众文化社会办的原则，宣传、鼓励、引导群众办文化，积极组织开展群众性的文化活动。社会办文化、群众办文化、单位办文化的劲头十足，群众参与意识逐渐增强，由欣赏型变为积极主动的参与型。五是抓文"经"结合。我县通过长期实践，逐步拓宽了"群众文化群众办"的路子，对校园文化、机关文化、企业文化、军营文化、农村文化等分块管理，实行条块结合、分级辅导、群众自愿的组织办法。条条上，地县乡三级相互贯通，通过行业文艺展演或艺术竞赛的形式来广泛开展活动；块块上，我们根据不同行业，派出各种辅导力量进行组织引导。例如：我们帮助县啤酒厂专门组建了一支文艺队伍，既是演出队，又是篮球队，还是产品推销队，不断增强企业自我宣传意识和产品宣传意识。1991 年，这支文艺队带着《送你一首祝酒歌》等自创节目到西双版纳参加泼水节，一次订货 70 多万元。

"硬件"方面，我们主要以县图书馆、文化馆、电影院和乡镇文化站为重点，完善基础文化设施，保护、维修、开发、利用文化资源项目的建设规模和标准从我县实际出发，按大、中、小三种乡镇规模分别确定，乡镇文化站实现"五有"，业务用房分别逐步达到 200 平方米、400 平方米和 600 平方米。截至 1997 年底，全县 14 个文化站均做到人员、经费、用房和必要的办公设备"四落实"，有 11 个文化站达到了黑板报、宣传栏、图书阅览室、录像放映室、篮球场"五有"。1998 年，由省、地、县投资 70 万余元，建成了建筑面积为 1136.84 平方米的一幢文化馆业务综合楼，改变了文化活动功能不全、设施不足的问题。

四

1998 年 6 月 13 日上午 9 点，云县荣获全国文化先进县庆祝座谈会在县招待所会议厅举行。除了前来道贺的省地有关领导之外，云县"五班子"领导和各部委办局负责人都到会参加。会议没有鞭炮雷鸣，唯有掌声迭起。

会上，云南省文化厅厅长贺光曙和前任厅长毛治雄（时任省人大华侨工委主任）向云县人民政府颁发证书、授牌。临沧地委委员、宣传部部长连宝佩和行署副专员刘世胤宣读决定、颁发证书、奖金。吴正昌县长上台领奖、接受牌匾（锦旗）。接着，副专员刘世胤在会上宣读了行署专员段兴祥的书面讲话。地区人大工委主任李明三、行署文化局局长禹崇全、地区广播电视局局长马跃华、《临沧日报》总编杨明远以及县文化体育局领导参加了会议。

会后，记者采访了时任云县文化体育局局长尹家玉，她说：云县被国家文化部命名为"全国文化先进县"，无疑是对云县文化事业发展的肯定，也是对我县文化事业高度重视的褒奖和鼓励，我们将珍惜这份荣誉。我们要在成功创建"全国文化先进县"的基础上，发扬成绩，进一步繁荣云县文化。

想想昨天一路走来实属不易，但看看今天的发展进步让人充满着信心和希望。认真总结和回顾这段历史，对推进云县文化大发展、大繁荣，建设大美云县定会有所启发和助益。

（刘宏胤）

扎根阿佤山　青春献给教育

——我的佤山情缘和教育生涯回忆

一、到边疆去，到祖国最需要的地方去

我 1958 年毕业于云南省昆明师范学校，简称昆师，是云南最早创办的师范专科学校。"到边疆去，到祖国需要的地方去！"是当时党和政府的号召。

当年最流行的一首歌《毛主席的战士最听党的话》中的唱词，"毛主席的战士最听党的话，哪里艰苦哪安家……"歌是这样唱，话是这样说，事也是这样做。1953 年，昆明的刘小三就发起知识青年到边疆去的倡议，在他的倡议下，一大批青年胸戴大红花奔赴云南边疆，投入建设的战斗。《云南日报》陆续报道刘小三等知识青年建设边疆的情况。我们心中的边疆，是美丽富饶、急需人才的地方。1958 年，到边疆去的口号喊得更响，到边疆作贡献是我的向往，到边疆工作的愿望更加强烈。我没有向母亲讲述我要到边疆的想法，就自作主张地报了到边疆工作的志愿。学校对到边疆工作的学生还作了规定，表现不好的不能去，连报名的资格都没有。我能报上这一志愿，感到很光荣。1958 年 7 月底，学校公布了分配名单，分配到临沧工作的 40 人中，我就是其中之一。

8月5日那天，我告别了母亲、姐姐、妹妹，告别了昆明，与40个同学一道，乘上大客车，一路高歌，奔向梦想中的边疆——临沧。当时的临沧十分简陋，只有一条街，一个电影院，几分钟就逛完了临沧城。居民生活也很简朴，从穿着看，临沧还很贫穷落后。过了几天，领导又召集我们开会，宣布我和另外19个同学，分到沧源县工作。沧源是什么样子，连地名都没有听说过，在学校上地理课，老师从来没讲到过沧源，但我们就要到这个陌生的地方。当时，领导只讲教育事业大发展，沧源需要很多教师，沧源需要我们这样受过专业教育的人才。至于其他，他们讲得很少，那时的信息十分闭塞，对沧源确实一无所知。就这样，我们又乘了客车，继续朝前走，到祖国最需要的地方——沧源县。

二、扎根佤山第一站：勐省小学

1958年9月8日，我们到了沧源县北边的一个村庄勐省寨。客车在勐省大桥旁边的公路上停了下来，叫我们下车。司机说，河那边是沧源，河这边属耿马县，沧源还没有通车，只能步行进去。我们下了车，车子继续往耿马方向开去。勐省桥头，也就是在公路旁边建盖了几间草房，是沧源的物资转运站，沧源各族人民用的盐巴、布匹、日用百货都是车子运到这里存放着，再由马帮运到全县各地。站在公路旁，展现在我们面前的是一条由西向东的河流（勐省河），把勐省坝分成南北两大片，河堤两岸是大片大片的芦苇丛，看不到村寨，见不到行人，似乎此地无人居住。勐省属于低海拔亚热带河谷气候，9月初的勐省没有丝毫的秋色，火辣辣的太阳晒得我们个个面红耳赤，汗流浃背，天气热得真叫人喘不过气来。休息了一小会儿，领队的发出命令，各自带上行李，步行到勐省小学去。就这样，走走歇歇，我们艰难地到达了勐省小学——我从事教育工作的第一站。

勐省寨是个傣族村寨，后来陆陆续续搬来几家汉族、佤族，是勐省乡政府所在地。勐省寨对面是 1958 年 3 月新建的国营勐省农场，农场职工都是部队转业干部，随着勐省农场的成立，勐省设立了购销组、饭店、营业所、邮电所、粮食购销点。但村寨、农场和所有的单位，都是清一色的茅草房。勐省寨附近还有永康、芒阳等几个佤族村寨。这就是我今后工作生活的地方。

勐省小学建在一条小河岸边的一块平地上，全是茅草房。教室简单得没法再简单了，可以说是世上最原始的学校了。所谓的教室，是几根树杈栽进土里，用些树干或竹子架起来，接头处用竹篾子捆起来，盖上编织好的茅草片，四周的墙壁是用一些小树条栽在地里，用几根竹片或树条固定，再用稻草拌上泥浆挂上去，把泥巴抹平滑，墙壁只有一米多高。所谓的课桌凳，是用树杈栽在土里，把竹子架起来，摆上木板或竹笆就是桌子。把竹子砍成一节一节的竹筒，再在竹筒两端各砍一个筒，地上栽两棵木桩，把竹筒的两个洞对准两个桩套下去，就算是凳子了。教师宿舍是简易草棚，竹笆床，没有桌凳，备课、批改作业在床上进行。这就是勐省小学。我们把行李留在教室里，沉默无言，没有议论，可能是太累了，也可能是心冷了。当天吃饭是到饭店吃的。饭店建在离学校不远的一棵大青树下，也是一间茅草房，用竹子搭成的长形饭桌，竹筒凳子。我们吃的是白米饭、粉丝炒腊肉。营业员讲，当地没有蔬菜，吃的都是从内地运来的干菜和腊肉。晚上开会，县里来的干部赵杨讲，第二天要到县城——勐董，行李用马帮驮运，大家步行跟着马帮走，要早早出发，天黑才能赶到县城。同时赵杨宣布，我和杨崇惠留在勐省小学工作。杨崇惠是因为丈夫在勐省农场而留下的，我是工作需要还是当天走路时的狼狈相而留在勐省小学就不清楚了。

勐省小学共有 5 个教师。杨光鸿是勐省小学的创始人，1958 年 5 月到勐省筹建勐省小学，他是 1957 年永德县初中毕业分来沧源的。另一个是陶思荣老师，傣族，临沧县人，1958 年昆明民族师范初师毕业分配来的，比我们先到几天。杨崇惠等另外两人，属农场职工的妻子，她们吃住在农场。勐省小学学生来自勐省寨的傣族子女、永康等佤族寨子的佤族孩子和勐省农场干部职工的子女。学校固定的学生是勐省农场干部职工的孩子，傣族和佤族的娃娃没有读书的习惯，流动性很大。开学一哄而上，来得很多，过几天就不来了。特别是傣族，男孩都不到学校读书，必须到缅寺当和尚，到学校读书的是清一色女孩。

学校教师由原来的1人，一下子增至5人。住处好解决，两个女教师回农场吃住，我和陶思荣老师住在一起。教室成了大问题，一年级人数最多，占用了大教室，二年级至五年级都有学生，都是农场职工子女，但学生人数少，一个班只有几个到十几个学生不等。要现盖教室，杨老师领着我们自己动手，动员当地群众捐草片、竹子、木料等，师生上山砍树条，到田里背稻草，群众和我们一起建盖教室。群众负责挖坑、栽柱子、上屋架和椽子、上草片，我们负责栽树条，再把栽好的树条或竹条夹起来，编成篱笆墙，然后再用拌有泥浆的稻草挂在栽好的树条上，外面用泥浆粉刷光滑，一间教室就建成了。建盖这样的教室，用不上钢筋水泥，连铁钉都不需要一颗，全部用竹子和树木，两三天就可以盖起来一幢房子。听说佤山老百姓建盖住房，必须当天建成，不许拖到第二天。五年级人数最少，只有9个学生，要建盖一个教室，不划算。杨光鸿老师领着我们到傣族田边，把他们建盖的废工棚拆回来，改建成五年级教室。边疆校舍就这样简单，不用花一分钱，群众、师生动手，学校就建起来了。

杨光鸿老师和我们年龄差不多，但算是一名老教师了。他在佤山待了一年多，到过佤山的许多地方，对佤山情况知道得很多。他对我们讲，勐省小学算是条件较好的地方了，除县城、岩帅等一些地方，就算勐省好了。勐省好在有个农场，农场的职工都是军队转业干部，农场可以为学校提供很多有利条件，生源也稳定。勐省每5天赶一次街子，四面八方的百姓都到勐省赶街，买东西方便，勐省傣族比较富裕，比别的地方好多了。听了杨老师的介绍，我增强了工作的信心。

勐省农场是由几百号军官带着妻儿集体转业安置的。他们在芦苇丛生的荒野上白手起家，住的是芦苇搭成的茅草房。用他们的话说，他们是生产队，要为国家创造财富；是工作队，要宣传党的政策，带动边疆少数民族群众建设新边疆；是战斗队，担负着守卫边疆的神圣任务。军官们的生活十分艰苦，住的是茅草棚，吃的是从内地运来的食品，生产工具都是从内地运来的。他们每天顶着炎炎烈日，在酷暑中开垦荒地，个个手上起了大泡，仍坚持垦荒，晚上忍受着蚊虫的叮咬，许多人被蚊虫咬得手脚溃烂，变成一个个脓包疮。学生中就有不少手脚溃烂、长着脓包疮的，看着十分心疼。军官们身经百战，转战南北，为祖国的解放立下了汗马功劳。今天，他们放下手中武器，在祖国边疆开荒种地，为国家创造财富。相比之下，我吃的苦头比他们小多了。他们能做到的，我也能做到，要以他们为榜样，坚持下去，做好教师。

我教的是五年级，一共9个学生，其中军官子女7个，农场民族大队的佤族学生2个，他俩一个叫赵其贞、一个叫田志勇。他们的年龄都不小了，都是十六七岁的青年人，他俩都懂汉话，不用翻译。对于一个师范毕业生，又从事将近一年五年级实习的我，所学专业知识都能用上，教学不成问题。学生虽然少，但课程负担很重，除了音乐、体育课外，都得自己包干。备课是最麻烦的一件事。整天围着学生转，还要跟随杨老师去做社会工作、动员学生，备课、改作业只有晚上一点点时间，有时候晚上也被社会工作占用。时间没有保障，备课也就马马虎虎，甚至来不及备课就得上讲台。尽管这样，凭着自己的功底热情，还是能把学生教好。学生很喜欢我，课余时间都和他们一起玩，学生们问长问短，有的说他在大理见过我，有的说我当过兵，像个军人。知道我是从昆明来的，他们十分羡慕，向往昆明。这9个学生学习都比较刻苦，赵其贞是年龄最大的一个，农场领导认定他已是全劳动力，不准他继续读书，要求他参加农场劳动。赵其贞说，不给吃饭他也要读书。由于他读书的愿望强烈，领导就不再追问此事，他得以继续读书。

尽管边疆少数民族地区情况特殊，但"大跃进"的激流仍不断涌向阿佤山，涌进勐省。大炼钢铁、公共食堂、亩产万斤……这些"大跃进"的壮举都在勐省应运而生。我们学校在农场的帮助下，师生动手在小河岸边建起了小炼铁炉。听说革改（地名）有铁矿石，我们就去寻找，背回来一筐又一筐矿石，反反复复炼了几次，一点铁水都没流进来。为了亩产小麦万斤，在学校旁边的一块空地进行种植。地挖了几尺深，肥料一挑又一挑地堆在那块地里，把那块地的土拌得黑黝黝的，撒上密密麻麻的麦种。没几天，长出的麦苗绿油油的，真好看。又因为太密了，过了些时候，麦苗逐渐变黄了，慢慢地死了，一无所获。那时候，吃饭不用自己动手做，也不用掏一分钱，每天两顿饭都到勐省寨公共食堂去抬。一盆一盆的饭菜抬到学校，吃不完的倒了，浪费十分惊人。傣家同胞吃的大多是糯米饭、牛肉、酸笋、豆豉（傣族人做的一种豆酱），傣族风味饭菜很好吃，我有生以来首次饱尝傣族风味饭菜。整天忙忙碌碌，在学校上课，课间休息和学生在一起，到勐省寨子走访群众，有傣族陶老师当翻译，到佤族寨工作有杨老师和懂汉语的"大学生"当翻译。我只觉得新奇、好玩，虽然想念母亲、姐妹，但更多的时间是在新奇中度过。

三、农场民族大队小学邂逅爱情

在勐省小学工作生活过了半年，也就是一个学期。1959 年 3 月，勐省农场和平大队，也称为民族大队，需要一名教师，点名要我去，原因很简单，勐省小学 5 个教师中，两个女的是农场干部家属，属于照顾对象，她们不能去，杨老师是学校领导，更不能去，陶老师是傣族，勐省寨子的工作需要他，也不能去，只有我这个单身青年是最适合的人选了。杨老师介绍，和平大队是岩帅区和平乡迁下来加入农场的，全是佤族，农场将其命名为民族大队。原来任教的老师因强奸罪被捕。学校还得办下去，由我去接替他的工作。

和平大队由土窝、安也两个寨子组成，隶属于岩帅区管辖，解放后陆陆续续下坝子开垦了一些稻田，农场为了耕作方便，必须把那些稻田划归农场统一耕作，也为了团结佤族同胞一道建设边疆。经协商，并取得和平乡群众同意，决定将和平乡整体迁入农场，加入勐省农场，命名为和平大队。和平大队全系佤族同胞，共有100多户人家，和平大队住着一排排茅草房，隶属农场的一个生产队。农场选派团级干部张齐兴任民族大队总领导。为了和佤族同胞打成一片，按佤族的习俗称呼，他改名叫张老大。另外还选派了管理生产、生活等方面的干部。大队部建在一个小山丘上。学校和大队部建在一起，和平乡的原领导（该乡的头人）任大队长，大队下分为若干小队，小队长都由佤族担任。大队办了公共食堂、小卖部、托儿所。大队除了耕种原有的稻田，还要继续开垦田地。农场派来的干部及家属吃饭要交伙食费。佤族同胞吃饭不付钱，根据他们的劳动工效，每月还领到几元的零用钱。

我到了大队当老师，有利条件是生产生活比较有规律，跟机关学校差不多，统一作息时间，学校按大队的作息时间，上午上3节课，下午上3节课。最大的困难是语言不通，佤话我只会一两句，我的话学生听不懂，学生说的话我听不懂，无法与学生和佤族群众交流沟通。另外，虽然实行的是免费教育，学杂费、书费都不收，但佤族群众还没有读书的习惯，不愿读书。再说学校除了一间教室，别的什么都没有，课余时间没有玩的，加之师生语言不通等，导致学生逃学的不少，有的在家领弟妹，有的到河里洗澡玩水。我急需解决语言不通的障碍，掌握常用的佤话，才能与学生、家长沟通，才能正常进行教学工作。当时我很苦恼，在和张老大等领导交谈中，大家都认为语言不通是个大问题。张老大他们还好，大队长会讲汉话，是当然的翻译，开会、到田间地头指导生产，都是张老大讲过后，再由大队长翻译一遍，青年中也有一部分会讲汉话的，所以他们开展工作比我有利得多。学校则不同，到校读书的学生是七八岁到十一二岁的孩子，他们一句汉话都不会，不管我说什么，他们的回答都是"安懂洛米"（不懂你的话）。当时县上正办着佤语培训班，我向领导提出请求，到县上参加佤语培训。领导的答复是教师紧缺，不可能到县上参加培训，只能边工作边学习，佤族人民就是老师，拜佤族同胞为师是克服语言障碍的有效办法。

在我最困难的时候，遇到了我的妻子李菊兰。李菊兰是她的学名，佤名叫叶茸。李菊兰在大队托儿所领娃娃，大队托儿所是为了妇女安心生产而组建的，大队领导的妻子都安排在托儿所工作，但还需有既懂汉话又懂佤话的佤族妇女参加，才能领好清一色的佤族孩子。李菊兰读过两年书，常用汉话她会讲，是托儿所的适合人选。李菊兰工作认真负责，同那两个汉族妇女配合得很好，精心照顾孩子，家长把孩子交给她们很放心，受到家长的好评。托儿所和学校在一起，我便认识了李菊兰。李菊兰是纯朴的佤族女青年，十八九岁，身体健壮，穿着十分简朴，性格坚强、开朗、活泼，喜欢跳舞、唱歌，待人热情。由于在她很小的时候就失去了母亲，父亲染上了大烟，到处流浪，很少回家。她领着年幼的妹妹，在富裕的佤族人家打工度日，每天天还不亮就得起床开始一天的工作，舂米、抬水、喂猪、找猪饲料、煮饭、洗衣服，一直干到天黑，白天黑夜不停地干活，再苦再累她都忍受着，从小养成了能吃苦的品质。1957年，李菊兰家乡开始办学，送孩子读书作为政府下达给村寨头人必须完成的一项行政任务，无依无靠的李菊兰被送到学校读书。那时，学校实行供给制，凡愿到学校读书的学生，都吃住在校。学生吃的穿的、铺盖行李、学习用具，全由学校供给。李菊兰到班奈小学读书，得到老师的关心爱护。她很快就适应了学校生活，学习特别刻苦，成绩很好，积极参加学校活动，很快学会了常用汉语。

1958年和平乡并入农场，勐省办起了小学，原和平乡在班奈读书的学生转到勐省小学就读，李菊兰也转到勐省小学读三年级。从班奈小学转到勐省小学的学生，年龄普遍偏大。和平大队的领导提出，年龄偏大的学生不能继续读书，要求回队参加劳动。于是，李菊兰依依不舍地离开了学校，转入生产劳动行列。我在和平大队小学工作，李菊兰在大队托儿所领娃娃，由于地缘关系，相处在一起，又都是青年人，我们很快相识了，她渴望学文化知识，我迫切需要学会佤话。俩人相互学习，自然而然地达成了不成文的默契，她教我学佤话，我教她学习文化知识。每天备课，语文课文中的词语，数学中的加、减、乘、除、数字，请她翻译成佤话，我跟着她说，并用汉字记在本子上或课文的词组下面。她对我帮助很大，她教得认真耐心，我学得刻苦。经过一段时间的努力学习，我基本上掌握了常用佤话。李菊兰还是我们学校的义务辅导教师，经常到课堂为我翻译讲解课文，讲述她自己很想念书，但领导不准她读书的痛苦，鼓励孩子们好好学习，做个好学生。

我到和平大队小学任教不久，根据上级指示精神，办起了夜校，我是当然的夜校教师。大队领导十分重视这项工作，动员青年入学，还配给了一盏汽灯。在当时，算得上是一流水平的夜校了。那时候，农村条件很差，大多数夜校用的只是马灯或明子照明。很多青年参加夜校学习，教室挤得满满的，李菊兰也来参加学习，学习的内容主要是农民识字本、唱歌。下课后，青年人一起跳佤族舞蹈、唱佤族民歌。在工作生活中，我们逐步加深了了解，她成了我的常客，经常到我住处玩。她虽然黑，但黑里透红，这正是我从小喜欢的肤色。我记得，在初中读书时，不少同学都拿我的皮肤过于白嫩开玩笑，说我太白了，比女人还白，不像个男子汉。所以我经常脱光了衣服在阳光下晒，进行日光浴，以求紫铜色的肤色。李菊兰虽然是佤族，文化很低，但她勤劳俭朴、意志坚强、工作积极肯干，经常受到领导的表扬，是场里重点培养对象。慢慢地，我喜欢上了她。

在和平大队工作了一年。一年的时间过得挺快，从熟悉环境、熟悉人，到有序开展工作，刚刚理出头绪，进入工作状态，我的工作又要变动了。1960 年 1 月，学期工作结束，教师集中到勐省小学开会，其内容是学期工作总结、布置假期工作。会议结束前，杨老师宣布，满坎小学的杨惠廷老师调回凤庆老家工作，抽调我到满坎开展扫盲工作，实际上是调满坎小学教书。我这个机动使用的青年男教师无话可说，只得服从。当时，我只知道满坎是在勐省坝子西边的大山后面，其他一无所知。我在和平大队工作一年，与当地干部群众、学生建立了深厚的感情，相互处得十分融洽，学生知道我要离开他们，围着我大哭，不准我离开他们，家长也纷纷前来告别。李菊兰更是只要有空闲就来找我玩，我们依依不舍，不愿分开。但那个年代，叫走就得走，别无选择，只能服从命令，离开和平大队小学。

四、14 年青春年华献给满坎

满坎一个佤族青年赶着一头老黄牛到勐省小学来接我。青年名叫赵岩夏，二社人，民兵小队长，会几句汉话，是当民兵时向"工作"（佤族把干部统称"工作"）学的。赵岩夏先找到杨老师，杨老师领着佤族青年到我的住处，把行李搬出来，捆在牛鞍上，再把捆有行李的牛鞍抬到牛背上。就这样，我跟着赵岩夏向着满坎大山前进。

经过 5 个多小时的跋涉，下午 4 点多钟到了满坎，接待我的是满坎乡政府的汉族同志。满坎乡政府（现村委会）有两间草房，土春墙的一幢是住房，竹篱笆墙的一幢是厨房兼开会的地方。乡政府人很多，驻有农场工作组、县武工队，还有县委工作组。见不着乡长，只看到一个民兵队长，名叫赛板。乡政府人太多了，十分拥挤，无法安排我的住宿。满坎小学建在离乡政府还有五六十米的地方，坐落在寨子北面的一块平地上。从勐省到满坎，一进寨门的右边就是学校。学校就是隔成两格的一幢茅草房，大的一格做教室，不到 10 平方米；小的一格，既是住房，又是厨房。床是用树杈搭成的竹笆床，门也是竹子编成的竹笆门。教室前面有一块空地，供学生玩耍。这就是我所在的满坎小学，我今后工作的地方。

通过乡政府同志陆陆续续的介绍，我对满坎有了粗略的了解。满坎乡由满坎大寨、满坎小寨、贺科老寨、贺科新寨 4 个自然村组成，其中，满坎小寨距离乡政府驻地，即我所在的满坎大寨 10 多里的北面大山深处，满坎大寨东边是贺科老寨、贺科新寨，这两个寨子距离满坎大寨有七八里路程，人口1600多。虽然都是佤族，但语言、生活习惯又略有不同，大部分是当地土生土长的佤族，还有少数从别处迁来的佤族，有从境外迁来的佤族，有从岩帅贺勐迁来的佤族，满坎大寨也来了几户境外的佤族。因此，满坎宗教信仰也较为复杂，但各寨之间又有差异，满坎小寨是单纯的民间信仰，满坎大寨部分中老年人则信仰傣族的小乘佛教，一些中老年人会讲傣话，贺科新寨则有部分信仰基督耶稣，还有个撒拉传教士。

满坎佤族同胞的生产生活，是典型的自给自足的自然经济。以耕作旱地为主，轮耕制，砍一座山上的树木，放火烧树木成灰，再用黄牛犁上两三次，种上旱谷、小米、苞谷等。寨子附近的山地是固耕地，多种植苞谷或蔬菜。水田在勐省坝、永安河边开了些。由于路途较远，对水田很不重视。一块旱地耕作三五年，草太多，种上旱谷无法薅产，这块地就不要了，再重新开新地。不遇大的自然灾害，所生产的粮食是够吃的。生活上，除了盐巴，妇女用的头巾、腰带，煮饭用的工具等少数东西外，都是自己做，可以说是万事不求外界，完全自给自足。住房不用铁钉等金属，全是竹木结构的孔明帽式的草房，固定竹木的是竹篾子。生产上用的犁头、夺铲，妇女佩戴的首饰，寨子里有"匠坎"（即银匠、铁匠）负责加工，穿的衣服，从种棉花、纺线、织布、染布、缝制衣服都是他们自己做。满坎人十分喜欢赶街，勐省街5天一街。去勐省赶街的人很多，大多数是去卖菜，他们背着自己种出来的青菜、南瓜、黄瓜、洋瓜、青苞谷、葵花子等等，卖了背去的东西，买盐巴、白酒带回家。秋天，葵花子成熟的季节，五六月攀枝花收获的日子里，他们不但到勐省街卖，还有不少人背着葵花子、攀枝花走几十里山路去赶耿马街，正向着商品经济迈进。

满坎佤族同胞，过去曾同汉族共同居住生活过，1957年才离开满坎到勐省的，部分中老年还会一些汉话。但不知什么原因，他们同汉族的隔阂很深很深。常把汉人视为虎豹，称工作干部为老汉人。说工作干部是水，是要流走的，靠不住，佤族是石头，世世代代留在佤山，更有甚者，把佤族干部称为黑汉人，这些人都不受欢迎。工作干部走在村寨里，玩着的孩子见到他们，就会不约而同地往家跑。正在哭闹的孩子，母亲只要说"达贺回"（意为汉人来了），孩子就会躲到母亲怀里，不敢哭了。他们十分害怕工作干部，根本不敢和我们说心里话。与工作干部的隔阂，也反映在生活上，合作社或老百姓杀猪、杀牛，都要留一份给乡政府（乡政府是照市价付钱的），有时在大河里捕到鱼或猎到大的猎物，也要分一份给乡政府。这样做，不是对干部的敬意和爱戴，而是秉承向"新头人"纳贡旧制。

工作组的同志说，满坎情况很复杂，群众发动不起来，境外敌人赵得经常派人到满坎活动，进行策反，企图进行暴动。迷信活动也很猖獗，工作很难开展。满坎的乡长陈老大是挂名的，他出身贫农，家住贺科新寨，有事叫他来一下，平时不在乡政府。在满坎工作的干部几乎个个都带有枪支，武工队的当然是全副武装，农场派来的工作组也人人配有枪支，县区下来的工作人员都配备枪支。连他们住房的墙也设有枪眼。在我之前的那位教师也带着一支冲锋枪。现在就我一个没有枪，他们给我，我不要。一方面，是因为我从来没有玩过枪，不会使用枪；另一方面也是相信群众，信任群众。但在日常工作中发现，满坎各方面工作确实都难开展。合作社的干部会、群众会开了不少，县、区、农场下来的工作干部讲了很多，讲得很详细，工作布置得很有条理，就是贯彻执行不了，会等于白开。在这样的情况下，无法开展扫盲工作。我只好跟随乡政府的同志做些社会工作，跟着他们去合作社开会，到田地里参加生产劳动，到群众家中走访。就这样，在陌生的环境里，一天一天地熬着。我怎么想也想不通，满坎与农场和平大队，同样都是佤族，他们的差别怎么会这样大？！

新学期快开学了，我着手准备开学工作，从留下来的学生花名册看，全校学生人数是33人，其中一年级25人、二年级8人。这些学生中，有5个是贺科新寨的。我跟着工作组的同志到贺科新寨做动员工作。先到老寨社长李岩满家，李岩满30来岁，中等个头，身体结实，待人热情，很听"工作"的话。我们一到他家，他就烤茶慰劳我们，主动与我们交谈。我说 3 月 1 日新学期要开学了，请他通知贺科老寨的 3 个学生按时到校读书。工作组的同志问了些情况，布置了工作，坐了大约个把钟头。我们离开了社长家，前往贺科新寨。到乡长家，他很客气地欢迎我们的到来。乡长把社干部叫来，我们照样听他们汇报情况，并布置工作。正在交谈中，一个青年男子，拿着一只两斤左右的鸡进来。乡长说，时候不早了，吃了饭再走。说完乡长带我们到寨子附近的地里转了一圈，检查备耕工作。看到的是一派繁忙的备耕景象，男的驾着黄牛在抄犁旱地，妇女有的挖地除草，有的把挖起来的杂草捡在一起，一堆一堆地堆起来。工棚里几个大孩子和几个婴儿在玩耍，娃娃领娃娃，这就是满坎村村寨寨的现状。

乡长说，佤族祖祖辈辈都这样，娃娃到了七八岁就要开始学做事，早晨背水，白天到地里背娃娃。到了十二三岁，男娃娃要放牛、赶牛驮柴、学犁地，女娃娃找猪草、学纺线、织布。边看边交谈，"工作"很满意这里的备耕情况。我们返回乡长家，饭已经煮熟了，一锅鸡肉烂饭，一锅青菜汤。乡长说，洗手吃饭。乡长的老婆起身，领着几个女儿往外走。我说，吃饭啦，你们别走。乡长说，不要管她们，我们先吃。"工作"解释说，佤族的规矩，妇女和小娃娃不能同客人一起吃饭，要等客人吃好了，他们才能吃。那个青年男子把菜抬到篾桌上，每人一碗鸡肉烂饭，一碗青菜汤。装有鸡头的那碗烂饭摆在同我来的那个"工作"面前，给我们盛饭、递筷，他自己也不吃。

得到乡长、社长的支持，还得逐户学生家访。到学生家反反复复动员，要求他们按时到校读书。然后，我到勐省小学领取教科书和住校学生的生活补助费，每生 3 元，主要用于购买盐巴、辣子和蔬菜，并用我的工资购买了作业本、铅笔等文具。3 月 1 日开学那天，学生陆陆续续来了，他们以新奇的目光看着我这个新老师。学生年龄差别很大，有七八岁的，有十五六岁的，学生基本到齐。而在具体教学中需要克服的困难却很多。

首先是上课，在满坎上课，与勐省小学、和平大队不相同，与内地无法相比。虽然定在 8 点钟上课，但一般要等到 8 点半，甚至 9 点学生才到校，问他们为什么不能按时到校上课，回答是要抬水、舂米，做完家务事才能来学校读书。不到放学时间，10 点钟左右，他们又急着要回家，他们还要跟着父母到地里领弟妹。下午，有半数学生不来上课，他们要么放牛、要么背娃娃去了。街天，不少学生要去勐省赶街，更无法上课。学生根本不买文具，全靠我供给。今天这个不来，明天那个缺席，迟到早退更是家常便饭，一天 6 节课，实际上课时间不到 3 节课，正常的教学秩序建立不起来，这个学生学过了，那个学生因迟到、早退、缺席没有学过，无法进行教学，一个学期结束了，一半的课程都完不成，真叫人头疼。

其次是生活，特别是 1960 年困难时期，严重缺粮，不少群众以山茅野菜充饥。谣言四起，形势十分严峻，群众惊慌。一是大批群众外迁，当时俗称跑外国，有的寨子走得空空的，一片荒凉景象；二是物资匮乏，严重缺粮，普遍以山茅野菜充饥。只要猪能吃的野菜、茅薯、橄榄树皮、狗核桃等，都采集回来当食粮，用以充饥。满坎的山挖得到处是坑，到处是"伤"。住校的 5 个学生，有的带一两碗杂粮来，有的空着手来，没有吃的，我把自己的 32 斤供应口粮搭进去和他们几个合伙仍然不够吃，只有放学后，带着几个学生去找些野菜来，一起充饥。

而最难的是组织学生上学。学生不来，教谁啊？课备得再好，再好的教学方法，也无法施展。因此，那时候，我的主要精力不在教学上，而是放在社会工作上，做社干部、群众工作。社长家我是常客，学生家的门槛被我踏坏了。他们答复："我们佤族世世代代种地，不需要文化。老师，你有文化怎么样，又不会犁地，文化又不能当饭吃。当'工作'才要文化，可我不想让孩子当'工作'。"一句话，文化无用。满坎人不愿外出，更不想当"工作"。的确是啊！我不会犁地。满坎出去当"工作"的也没几个。直到 1960 年，满坎出去当"工作"的才有 3 人，都是孤儿，在家无依无靠，胆子又比较大，才出去当"工作"的。离开寨子时，一句汉话都不会说，连自己姓什么都说不清楚。其中一个姓赵的男子，报到的时候，单位领导问他姓什么、叫什么名字，回答都是"安懂洛米"（不懂你的话），单位领导姓张，就决定给他取名张金保。于是，一家人，他的几个哥哥姓赵，而他却姓了张。另一个本来姓魏，参加工作时，成了姓肖的。其中一个女的，因为父亲病故，母亲改嫁，保长送她出去当"工作"的。因此，满坎老百姓普遍认为，读书无用，在家学会耕织就行了。在我进行家访时，学生家长中经常听到的回答是："老师，我没办法，娃娃不听话、调皮，我们打了、骂了，好话说尽，他就是不想读书。"学生则告诉我，爸爸、妈妈不准读书，说去学校读书就不给吃饭，他们要去领弟妹、放牛、找猪草。因此，读书问题，深层次的是认识问题，佤族世世代代不读书，照样种地吃饭，又不想当"工作"，读书有什么用处？实际困难也存在不少，领弟妹、放牛、家务活计都要有人来做。这些问题不解决，儿童上学成了一句空话。但这些问题和困难只能逐步解决。

　　唤起民众，解决问题，才有出路。在深入调查过程中，发现部分干部、群众还是愿意给孩子读书的。他们在实际生活中，遇到没有文化带来的困难也不少，也尝到了没有文化知识的苦头。合作社缺会计，不少会计只会几个阿拉伯数字，懂点佤文，不会算账，造成合作社财务混乱。群众都是文盲，会计记的工分看不懂，积极出工的，工分反而少了，意见很大。合作社财务经常出现错误，张冠李戴的事时有发生。这些问题的产生，都说明农村迫切需要文化知识。我对愿意读书的社干部、学生实行优待，作业本、铅笔满足他们，晚上提着马灯到他们家进行辅导，教他们读书识字。农村没医没药，当时满坎没有一名医生，只是勐省有一个医生。群众生病了，得不到医治，把生病说是着鬼害，祈求神灵保护。为驱出魔鬼，杀鸡送鬼是家常便饭，随处可见。杀猪杀牛送鬼也时有发生。更有甚者，遇到产妇难产死亡、意外死亡，还要把他们的住房拆了烧毁。我利用当时的免费医疗制度：干部公费医疗，群众是免费医疗，到勐省卫生点领取常用药品，为群众治病。群众对西药能治病很不相信，持怀疑态度。为了取得效果，我从见效最明显的疾病入手，给孩子吃了打虫药，蛔虫打出来了。夏天，拉痢疾、拉肚子，给他们吃氯霉素、黄连素，病就治好了。

感冒发烧，吃感冒退烧药，病很快就好了，而且看病吃药不收任何费用。慢慢地来要药的人多了，群众感谢我，开始信任我。勐省的杨应昌医生也很满意。

艰苦细致的工作，改变了群众对我的看法，他们不再把我这个汉人视为"老虎"，孩子不再怕我了，敢同我一起玩耍。但由于习惯势力的影响，复杂的社会环境，学校工作仍展不开，学生流动很大，有时候才几个学生来学校读书，"剃光头"的日子也不时出现（学校只有老师，没有一个学生）。

1960年严冬时节，据可靠情报，境外赵得与蒋残匪勾结，要在满坎、贺科、耿马的贺派一带策反，进行暴动。上级派驻满坎的干部更多了。有武工队的、公安局的、武装部的、党政部门的，他们都在各司其职，准备着应对突发事件。一天下午，在贺科工作的干部急急忙忙到乡上汇报，乡长毒死老婆后，带着大女儿逃跑了。晚上，贺科新寨一个青年男子来学校告诉我，说乡长没有跑，躲在寨子下边的树林里，想见我一面。我分析，乡长想见我，可能是平时我俩相处得很不错，想要跟我说明他妻子是病死的，不是他毒死的。我及时到乡政府汇报了此事，领导为了安全，没让我去见乡长。等了一天，见不到我，乡长真的逃跑了。接着贺科老寨的社长李岩满涉嫌参与暴动，被逮捕法办。

后来，虽然暴动平息下来了，但人们紧张起来的情绪并没有消除。满坎的工作更难开展了。学生大量流失，人数越来越少，办法想尽了，铓都敲破了，学生就是不来。我很苦恼，独自一人面向昆明方向呆呆地站着，哼着《小白菜》歌曲，流着伤心的泪水。我是枯黄的小白菜，孤单没人疼爱的小白菜，多想回到母亲身边，多么想离开满坎。直到与勐省农场李菊兰结婚，扎根佤山教育的思想才真正扎下根来。

我离开了和平大队，离开了勐省后，一批退伍军人和一批湖南移民安置到农场。随着农场规模不断扩大，和平民族大队撤销了，同外来职工混合编队，李菊兰编在了八队。八队离勐省较远，我与李菊兰很少见面，一个月甚至几个月才见到一次，但我们保持书信来往。农场退伍军人正是谈恋爱的年龄，小姑娘成了抢手货。李菊兰劳动能吃苦、爱唱爱跳，成了农场的积极分子，被评为三八红旗手，加入了共青团组织，农场领导把她列为重点培养对象。这样，李菊兰自然成为许多青年追求的对象，但她没有答应任何人。我也到了结婚的年龄，面临着选择。经过认真思考，决定与李菊兰结为终身伴侣。

我写信告诉母亲要和李菊兰结婚，并寄去李菊兰的一张照片。母亲心里不赞成我和外乡人，特别是少数民族女子结婚，正在昆明为我物色对象，目的是要我返回昆明。但母亲还是违心地同意了我们的婚事，并寄来了床单、被面等结婚用品。但是我俩结婚，既没有照汉族的习俗找媒人（或介绍人）提亲，没有送礼；也没有按佤族的风俗送小酒、大酒，没有给李菊兰的舅舅送礼，征得舅舅的同意。而是我自己单枪匹马，没带钱物礼品，连一瓶酒、一包香烟都没有带（那时我还不会抽烟，更不会喝酒），独自一人闯进了李菊兰家。岳父认为我是个好青年，同意把女儿嫁给我，还说："你远离昆明，来我们地方工作不容易。今后，我就是你的亲人，我会好好待你。"同年3月，我和李菊兰便到糯良区政府办理了结婚登记手续，成为合法夫妻。在那个特困的年代，我俩的婚礼不可能大操大办，连小操小办、小打小闹也不行。收入微薄，物资匮乏，结婚没有请客，没有新房，没有家具，住房仍旧是李菊兰原来住的茅草房，最新最值钱的东西算是母亲送的被面和床单了。我在满坎，她在勐省，俩人相隔太远了，要走四五个小时的路程才得见一次面，农场领导同情我们的处境，把李菊兰调到三队，后又调到二队。这两个队都在勐省坝子，路程近了不少，方便了我俩的生活，让我更加安心地工作。

结婚有了孩子后，我也想过、申请过调离满坎，但由于教师紧缺，始终不能如愿。于是，下定决心要在满坎干出点成绩来，要以愚公挖山不止的精神，感动群众，发动群众，扎扎实实工作，一步一个脚印，把学校办好，哪怕只有一个学生，也要认真教。决心已定，剩下的是家庭问题，那时我已是两个孩子的父亲了，夫妻两地分居，的确给家庭生活带来很多困难。怎么办？妻子是否支持我的工作？菊兰愿不愿意到满坎同我一起受苦？我向妻子、向岳父说了我的想法，他们支持我，妻子愿意放弃农场优厚的待遇，到满坎与我同甘苦共患难。满坎群众听说菊兰要搬到满坎同我一起生活，表示欢迎！说吃的粮食不成问题，愿意帮助解决。1964年冬天，我们一家在满坎定居了，成了满坎乡的一员。

妻子和孩子的户口落在靠近学校的二社，10多户农民组成的二社，就有干部家属两户，一户是我家，另一户是区委副书记肖老九的妻子，还有一户是无子女的孤寡老人。当时年终分配已经结束了，我们没有社里的粮食，口粮是单干群众帮助解决。妻子太辛苦了，一个人要干几个人的活路，除繁重的农业劳动，还承担合作社会计工作。在家养猪、养鸡，做饭、洗衣服、照顾孩子，一大堆家务，还要种好自留地。满坎购销组被盗后，就一直没有再办。勐省购销大组的领导得知我妻子到满坎，认为她有点文化、人可靠，委托她在满坎代销，妻子成了代销员。代销店成立了，卖的是烟酒食盐等日常生活必需品，10多个品种，酒特别好卖。每月代销费收入最少30来块，多的月份可达四五十块。乡上派人到区上学习缝纫技术时抬回来的一台缝纫机，长时间闲置，妻子征得社上同意，抬回家学习缝纫技术，帮群众缝缝补补。工钱给多少算多少，从不计较，所得收入交合作社。慢慢地，回珠、永安的群众也送来布料缝衣服，群众很满意。就这样，每天，妻子天蒙蒙亮就起床，手脚不停地做，一直忙到深夜。过年了，还会杀一头自家养的猪，与群众同庆同乐，很多人都来庆贺，一头猪吃得所剩无几。为开展工作，妻子还协助我动员学生，宣传读书的重要性，送给学生作业本、铅笔。有了妻子这座桥梁，我与群众的关系也越来越紧密，感情也越来越深，对我很热情。

我到小寨、贺科家访、动员学生，经常受到社干部和学生家长的热情接待，他们用平时舍不得吃的肉、大米接待我，他们自己吃杂粮，给我吃白米饭，我于心不忍，但却拒绝不了他们的好意。猎人打着猎物，渔夫捕着大鱼，都会送一点给我。有个从境外搬迁到满坎的佤族老人，是职业猎手，只要他打得野味，都不会忘记我，要亲自送一点给我尝尝鲜。随着工作的开展，时间的推移，满坎人对我很热情，不存在敌意，我手无寸铁，既不带枪，也不带刀，但很安全，从没出过什么意外。他们杀猪、结婚都会请我去做客。到了百姓家，主人招呼我坐最尊贵的席位，即主人睡觉的那边，摆上牛鞍垫子，主人陪我坐在那里。按佤族规矩，火塘靠天窗那边摆放炊具，进屋的左侧方是招待一般亲朋好友、邻居的座位。我成了满坎百姓的尊贵客人。

为了活跃群众文化生活，我和妻子组织青年人开展文娱活动，自编自导，与年轻人一起唱一起跳，偏僻山村热闹起来了。其中，有个节目是《满坎就是好》，歌词是这样的："满坎，我的家乡，满坎是银子的大山（满坎译成汉语是银山），牛群满山坡，猪鸡多又多。满坎，我的家乡，土地肥沃，山石含油多，遍地是宝。满坎，我的家乡，男女老少，用灵巧的双手，把你打扮得更美！更美！满坎，我的家乡，我们热爱你，世世代代守着你，天灾人祸不离你。满坎，我的家乡，我们在勤劳耕作，秋天家家粮满仓。"节目编出来后，妻子带着文艺演出队到贺科、小寨演出。参加糯良区文艺汇演，并得了奖，受到区领导的特别表扬，说这个妇女不简单，积极组织开展农村文艺活动，几个娃娃的母亲，背着娃娃来参加汇演。

边疆地区，特别是阿佤山区，教育工作与内地截然不同。教师不可能像内地学校一样单纯抓学校工作，还必须学习掌握农业生产技术、农村经济管理、农业会计知识、医药卫生知识、行政、文书等多方面的知识技能。因此，在抓好教学之余，我的工作是多种多样的，十分繁忙。从春到夏，秋去冬来，一年到头没有休息天，要做的工作很多：上课、改作业、备课、家访；组织青年上夜校，教他们唱歌、跳舞，配合武装干事搞民兵操练；还要辅导会计，参与合作社搞年终分配。区上的电话会议很多，没有人会记录，我既要当乡文书，记录电话会议通知，参加群众会。区上召开农村工作会议，有时领导点名要我参加，群众生病也来找我。学校开展勤工俭学，又要带领学生种苞谷、放养收获紫胶。

因此，工作上，常常是妻子和我同上阵，白天黑夜辛勤工作，用我们的工作和实际行动服务群众、感化群众。群众不再怕我这个汉人了，逐步理解支持学校工作。学生逐步多了，教师也由我一个，逐步增加到两个、三个、四个……"文化大革命"期间，学校坚持上课，没有带学生去串联，坚持开展群众工作，组织群众搞好农业生产。满坎仍像往常一样平静，没有武斗，没有打砸抢，只开展批斗地富、反对封建迷信活动、破除"四旧"等活动，群众安心，生产正常，学校教学正常进行，社会稳定。就是"文化大革命"期间，阿佤山再次动荡，群众害怕，又一次出现外迁，但满坎没有跑缅甸的。

经过十年的发展，满坎小学已经成为具有一定规模的全日制小学，一至六年级都有，教师六七个。那时沧源掀起了办附设初中班热。别的地方能办附设初中班，满坎也要办，上级支持我的想法，分配来一名昆明师范学院的大专毕业生来满坎任教，当初中班教师，初中班办起来了。学校越办越好，受到各级领导的表彰。临沧地区召开全区教育工作先进表彰大会，我以先进教师的身份出席这次会议，会议把我的先进事迹编印成小册子在会上散发。随后，我的事迹得到《云南日报》的大篇幅报道。苦尽甘来，上天不负有心人。曾经柔弱的袁俊昌，成了受人尊敬的人民教师，满坎人更是喜欢我了，我也真正爱上了满坎，要在满坎干一辈子。

成绩来之不易，14年青春年华，人生最宝贵的时光，我一生的精华，都在崇山峻岭的满坎度过。昔日的落后满坎，也正在逐步改变着落后的面貌，粮食多了，手中的钱多了。通过发展教育，满坎人培养出了自己的党支部书记、乡长、队长，有了自己的会计、文书。后来，县区下派来的干部、学校教师、新调来的购销组干部，共同为改变满坎而努力工作，共同为改变满坎贫困落后面貌而积极工作。我是满坎的元老，倍受群众尊敬。这时，我最想加入中国共产党组织，这是我读初中以来的愿望。公社党委书记舒学贵到满坎工作，我向他谈了我的愿望，他对我的工作给予了高度认可，同意我加入中国共产党。1973 年底，妻子和我双双加入了中国共产党。1974 年初，我告别了满坎，调到勐省公社从事政府秘书工作，离开了教育岗位。虽然今年已是 88 岁高龄的耄耋老人，但在满坎从事教育工作的 14 年，至今仍历历在目，满坎的 14 年青春年华成为我一生中最难忘的记忆。

（袁俊昌）

我做了回"烟农"

"老乡，请问你们的常书记在哪？"2020年8月的一天，正在山坡上和村民们一起收割烤烟的我突然听到一声熟悉的京腔，一抬头见到的却是前来监督检查扶贫项目的中远海运集团纪检组的领导和同事。

瞬间，从以往再熟悉不过的单位领导和同事那诧异的目光中，我清楚大家一定是被自己那黝黑的脸庞、湿漉漉的衣衫、高卷的裤脚……一副实实在在的"烟农"样所惊讶。

"再忙也要见田地！""再忙也要见村民！"这是2019年5月，我由中组部选派来到云南永德忙见田村任第一书记时的第一个闪念，也正是这一闪念让我每天都融入田间地头和村民之中，不仅是做第一书记，更多的是当村民、当农民，最值得我一生回味的应该是2020年实实在在做了回"烟农"。

烤烟，是忙见田村的主要经济作物之一。初识烤烟是任第一书记的第二周，站在忙见田村的山间坡地上，只见10多人在德党河边阿面寨烤烟地的山坡上分散开，正在清棵点塘，"偏坡300棵""河边对面草地处450棵""河边上面平台处216棵"……漫山遍野传来报数字的声音，有一种当年当兵时"野外作战"的亲切感觉。

"常书记，我们今年不想种烤烟了！"又到了种植烤烟的季节，但村民们却给我这第一书记出了道难题。由于连年干旱少雨，烤烟长势不好、病虫害多，再加上种植周期长、工序多、付出的辛苦多，种植烤烟收入普遍不高，且还存在风险，许多原来种植烤烟的村民都打起了退堂鼓。

烤烟种植，不仅是扶贫任务，更是政治任务。全县近三分之一的税收来自烤烟，政府给忙见田村的任务是完成120亩烤烟种植。摆在我面前的是不可能完成的任务。怎么办？作为村第一书记面临从未有过的压力和考验！

3月1日，疫情还未完全消除，我在家中再也待不住了，几番"请战"，在得到领导和防疫办认可后，匆匆从北京返回了忙见田村，投入烤烟种植任务落实之中。

烤烟种植说起来容易，做起来却困难重重。难题一道又一道地摆在了我这第一书记和村两委的面前。为了落实种植面积，扶贫干部们和村委班子几次三番去多年种植烤烟的阿面寨动员村民种植烤烟，我们甚至采用了"曲线救种"，用原来征用的德党河边的土地免费给村民种植，再给烟农倾斜政策、烤烟补助等，但响应者依然寥寥无几。

"烤烟，就是考人！"我明白了这是扶贫工作给我第一书记出的一道全新考题，必须圆满交卷，我暗下决心。为了完成扶贫和烤烟种植双重任务，经过不知多少回合的奔走忙碌，最终采用租地返种的方式解决难题。就是由村里包租23户村民单散平掌的土地作为种植烤烟示范田，我与村支书及包村干部、驻村工作队、自然村长等13人垫资6.5万元，再聘用建档立卡贫困户或相对贫困的村民与我们一起种植烤烟，这样既完成了烤烟任务，又扶持了村民，让这些贫困人群有了一份收入，也给持观望、怀疑态度的村组干部和村民吃下了定心丸。

从此，我这驻村第一书记也成了实实在在的"烟农"。以前真不知道种植烤烟的辛苦，当我真正自己参与了，才知烟农们的艰辛，整地、打垄、拉肥料、施肥、铺薄膜、拉水管引水、挖水池、拉烟苗、插苗、浇水、补苗、打药、揭膜培土、除杂草、掐烟尖、点药、整理脚烟叶、摘烟、夹烟、装炉烤烟、出炉、整理仓库、分类、分拣、出售……细细算来有几十道工序。在种植烤烟的半年多时间里，我时常跟着大家一起忙碌在烤烟地里，"晴天满身灰，雨天一身泥"，脸变黑了、皮晒掉了、一双手弄得像木耙一样粗糙，但我熟悉了烤烟从育苗到成烟的全部过程，我的心也更接近了烟农。

烤烟种植有严格的时令，每年必须在 4 月 15 日到 5 月 15 日期间完成种苗。时节不等人，土地一落实，我便立即与大家一起进入整地、犁地、处理玉米秸秆、晾晒土地等紧张的前期工作中。

"垄距 1.2 米、株距 0.5 米"……听着烟农们的对话，才知自己对农作物的种植只是"幼儿园"的水平。但既然上手了，就没有退路，必须咬牙走下去。

我们租种的土地，地块大小不一、形状各异，大的几亩方块，小的只有 8 分长条，犁地翻耕的难度相当大，大块土地翻耕就租用大型深耕机械，小块地翻耕租用小型犁地机械，但边边角角及后面的平整、铺膜、挖苗坑、施底肥等工序只能由我们和聘用的烟民自己动手。上百亩的土地，对这些从小在农村长大的烟农们来说都是件"苦差事"，更不用说我这样一直生活在城市的人，连见都没见过，更别说亲自动手干了，感觉有点像"愚公移山"，永远做不完。就在最艰难的时刻，我们发挥党支部的战斗堡垒作用，把党旗插到了地间，鲜艳的党旗在青山绿水间高高飘扬。"党在我心中"，每当手上磨出了血泡，每当腿走得迈不动，每当腰累得直不起……但看到地间的党旗，就想起第一书记的责任和担当，心中便有一种无形的力量。

时节不等人。这些天，我每天早晨顶着星星开始在地间劳作，晚上踏着月光回到宿舍。为了节省时间，中午我们在地头支起土灶，自己烧一些简单的饭菜，几个人围在一起"野餐"。一天、两天、三天……终于到了烤烟苗移栽阶段。此时，正值"五一"期间，本来根据县里的规定我有 13 天的假期，但考虑到正是烟苗移栽的关键时期，我们自我加压决定取消节假日，大干 20 天，带领烟农一起确保在 5 月 15 日节令前完成全部移栽烟苗任务。说真的，这样的事我不愿与爱人说，这些年我一直在外地工作，离多聚少，家里的老人与年幼的一双女儿都靠爱人一人照顾，非常不容易，我已经亏欠爱人太多太多。但没有办法，谁让我是村第一书记，谁让我是共产党员，心里是初心和使命，肩上是一份沉甸甸的责任，我没有退路！那一天晚上，我与远在北京的爱人相隔千万里连上了线，千万般的"哄"后，终于取得了她的理解和支持。就这样，2020 年的五一劳动节，我与大家一起在烤烟地里以劳动度过，过了一个真正的"劳动节"。这一天，我把我们种植烤烟的劳动场景拍成照片发在了微信朋友圈，党旗、地垄、绿苗与我们构成了一幅劳动节最美的照片，得到了许许多多朋友的点赞和转发。温暖在我的心中油然而生，一切的苦与累也随之烟消云散，我明白这是大家对我工作的肯定与支持。

5 月，永德的雨季来了。在雨天的山坡里劳作，更是一件艰苦的事。雨里的地间泥泞不堪，脚踩在地里有时会拔不出来，每天劳作后大家都像泥猴似的，浑身上下都是汗水、泥水、雨水。新华社记者在一篇采访我的稿子里写道："常雷的衣服里时常拧出'汗水'，黄胶鞋里时常倒出'泥水'。"这一点也不夸张。这也是我实践自己作为选派第一书记时立下的"脚上沾有多少泥土，心中就沉淀多少真情"承诺的见证。

记得有一天，雨下得特别大，我与大伙儿冒雨从镇育苗站往地间运送烟苗。由于草地被雨水打湿后变得非常光滑，再加上运输车的动力不足，在爬坡时车轮开始打滑，险象环生。我们只好下车，在泥泞的道路上使尽全力推车，但就是油门踩到底、车轮冒出呛鼻黑烟，车还是上不了泥泞的坡路。此时，淋着瓢泼大雨、望着一望无际的山野、看着陷在泥里载着满满烟苗的车，我产生一种绝望的感觉。怎么办？不能耽误了明天的运苗任务，我们还得坚持前行。几经努力，我们打电话找来附近村的 4 个村民一起全力推车，同时在车轮下除草、垫干土，车终于一步一步爬上了坡路，而我们浑身上下全是车轮甩出来的泥浆，鞋底也沾满厚厚的泥和草，浑身一点力气也没有了。确实够累够苦，但也享受了劳动和成功的快乐！

烤烟终于全部种下，地间管理问题也随之提上了议事日程。"病虫害是烤烟的天敌，如果没有好好治理病虫害，可能会导致烤烟绝收。"老烟农的话着实让我"吓"得不轻。从此，每天一大早，我就会先到烤烟地里溜达一圈，仔细察看每一棵烤烟苗，就像在家时每天都想抱一抱"两个千金"一样。当看到掐尖点药、抑制新芽生长的效果不好时，就顶着烈日与大家一起对那一片烟地重新点药、掰叉。烤烟种植期间，除做好日常管理外，最重要的是预防病虫害，一般要打两次预防枯叶病、白粉病的农药。每次喷洒农药时，我必须到场，督促严格按配备比例科学使用农药，防止农药残留超标。其间，我请来技术员多次对烟叶农药残留进行检测，结果都为合格。

有付出总会有收获，我们迎来了采摘烤烟的金秋时节。不承想采摘烟叶不仅是体力活，更是一个技术活。"不能摘不成熟的绿烟，不能摘底部发育不好营养少、叶片薄的脚烟"，自然村长"光头强"告诉我。有时雇佣的烟农为了方便、省时，往往会采摘一些不合格的烟叶，影响烤烟的质量。这些天，我每天在镇烟站烤房烟炉与地间奔走忙碌，一有空就去地间与村民们一起采摘，说是组织、督工，不如说是学习、服务。雇佣阿面寨的烟农们采摘烟叶，就是让他们增加一份收入，帮助尽早走上致富路。

烤烟烤烟，"烤"才是最关键的工序，烤烟的品质较大程度上通过"烤"来体现。我们把烟民当天采摘下来的新鲜烟叶用车拉到德党镇的烟站，由烟站统一装炉熏烤。一炉烟往往将近400夹，一夹湿烟16公斤，一炉湿烟6吨多重，一炉烟需烤制一周时间，烤房温度从30℃逐渐升到70℃左右。为了节约成本和保证烤烟质量，许多事情都是我们自己做、自己跑。那些天，我在烤烟地、烤烟站、成烟仓库间不停地奔波，既是管理员，又是经销员，更是一名真正的"烟民"，可谓费力、费时、费嘴。往往是上午到采烤烟叶地间，与烟农们共劳动，保证采摘出合格新鲜烟叶，下午把摘下的烟叶运到烤烟房，夹上烤烟烟夹，装炉，还要积极主动与烤炉师傅沟通，保障烤烟的质量。然后，还得去租用的仓库现场，与烟农们一起按上部烟叶、中部烟叶、下部烟叶进行分类，按烤制的品质进行分拣分级，保证最后卖给烟草公司的烟叶的品质。

……

9、10 月是收获的季节，采摘还在进行，烤制还需继续。看着当初一棵棵绿油油的小烟苗，终于变成一坨坨金灿灿的黄金叶，我感觉这半年多在汗水、雨水、泥水，甚至是泪水里浸泡着的辛勤付出，值了！

2021 年 5 月，我结束村第一书记挂职，但在云南永德忙见田村的一点一滴永远地留在我的脑海，我的人生也有了一个满满的"采烟东篱下"的美好回忆。

我骄傲，我曾是村第一书记。

我自豪，我也曾是一个"烟农"。

（常　雷）

用歌声扶贫人心
用歌曲感怀人智

　　我是耿马本土傣族歌手——岩罕更，一直以来我致力于创作、演唱傣族歌曲，至今创作歌曲百余首，荣获"2012 中国乡土文化风采榜年度人物"、中央电视台《争奇斗艳——少数民族冠军歌手》傣族优秀歌手奖、"临沧市非物质文化遗产器乐项目代表性传承人"称号等诸多殊荣。厚重的荣誉没有让我脱离家乡、远离人民，我深知我的音乐灵感、我的创作源泉来源于这片生我养我的傣乡热土。

　　我出生于耿马傣族佤族自治县孟定镇下城村委会波乃组，从小，能歌善舞的母亲给予我许多生活的乐趣。那个时候，傣族小伙姑娘认识靠对调、唱歌，谁对得好、谁唱得好就能赢得未婚姑娘的青睐，村子里的姑娘最喜欢来和母亲学调。通常，寨子里的姐姐们还没学会，在一旁玩耍的我就已烂熟于心，也能随意哼唱，这样的环境让我在潜移默化之下对音乐产生了浓厚的兴趣而不自知。其实，从那时起，音乐就已在我幼小的心灵中埋下了深深的种子，只待阳光一触即发。

　　在这条坚持音乐的道路上，我和很多歌手一样走得异常艰辛，但就是这些艰难和困苦让我有了很多让人骄傲的第一次，它们正正经经流淌着我的汗水与泪水、光荣与喜悦。

第一把吉他

20世纪80年代，喇叭裤、黑墨镜、背把吉他最诱人。我没有听过吉他，也不会弹，但是异常喜欢这种新奇的乐器。因为太喜欢，我常常去借吉他，但是因为家离镇里太远，有时候我还没有将吉他背到家好好摸一摸，主人家就骑着单车追到我拿走了，我懊恼地继续走在回家的路上，总是梦想着能有一把自己的吉他，背着它，弹起它，洋洋洒洒。

那个时候家里太穷，无法满足我的这个要求，年少轻狂的时候，谁都会为自己的梦想搏一搏，不顾一切。我做出了一个疯狂的决定，偷偷把家里的6袋稻谷装上推车，从下城家中走了3公里拉到了镇上的粮管所，360斤稻谷卖了90元钱，拿到钱，顾不上手酸脚疼，我立马飞奔向百货公司，购买了人生中的第一把吉他，至今我依然记得价格：吉他83元，肩带3元，一共86元。360斤稻谷换来了父亲的一顿责骂、母亲的一顿数落，但是也换来了一个少年梦想的启程。

自从有了吉他，白天我更加卖力地干农活，夜里，为了消解身体的疲乏和内心的苦闷，我悄悄来到家旁的酸角树下，轻轻弹唱，夜深人静，连狗叫声都清晰可数，为了不影响别人休息，我只敢将耳朵贴在琴箱上，轻轻拨动琴弦，日复一日，刻苦练习，我找到了自己的和弦，逐渐学会变换指法。闲时，我将木头刻成话筒的模样，假装在唱歌。我沉迷在吉他诱人的旋律中，沉浸在自己的音乐世界里，吉他与唱歌带给我极大的满足，抚慰着我疲惫的心灵。我向天祈祷：今生，让我拿着话筒站在人群中放声高歌吧。我甚至梦想着靠歌声吸引少男少女们的注意，弹着吉他被他们围坐中央，仰慕羡慕……

第一份收入

1991年，孟定镇第一个歌舞厅"潇潇歌舞厅"招工。亲戚中一位识字的大妈找到刚刚干活回来的我，"你去试试嘛，你不是喜欢唱歌吗？"做音乐一直被认为是不务正业的，抱着试试看的心态，我去面试了，老板娘钟潇鹏是我的第一位伯乐，她说："只有你一个人报名，你唱唱吧。"我用发抖的双手拿起吉他，用颤抖的声音唱了一首齐秦的《大约在冬季》，一曲唱完，老板娘告诉我"开业时候过来，就你了，吉他手。""潇潇歌舞厅"在我的一曲《大约在冬季》中如期开业，11月25日，我终生难忘的日子，从此我有了第一份靠音乐得来的收入，那一年我19岁，第一笔月收入90元。

在歌舞厅的日子里，我与许多热爱音乐的同事成为朋友，并在那里学会了敲架子鼓、弹贝斯、弹电子琴，一边工作一边学习，并在圈里积攒了一些人气。我一直想唱歌，但是这里没有我的位置，歌手已有，而我只是伴奏，这个梦想一直深深隐埋在我的心中，亟待爆发。1996年，歌舞厅渐渐淡出人们的视野，取而代之的是卡拉OK。也是那一年，母亲去世，家里弟兄又多，每年光靠种田养猪只能收入2000—3000元，入不敷出，而我也有了自己的小家庭，必须做点什么补贴家用了。

1998年，我和朋友合伙卖起了竹筒鱼，没有客人的时候，我就拿起吉他，自己弹唱，没想到大家都夸赞我唱得好，毫不起眼的我被一个精明的朋友卡南旺发现了商机，他邀请我去他的露天冷饮店驻唱，我欣然应允。他在冷饮店搭建了一个亭子，我准备了一张有200首歌曲的歌单放在每一张桌子上。天时地利人和，我们的合作马上带来了盈利，他的冷饮店因我而日日爆满，我的歌曲因他的店而夜夜笙歌，每点一首歌3元钱，我们每日结账，雨天20—30元，人多50—60元，每天唱到凌晨两三点，再骑自己的小单车回下城家中，日日往返，再苦再累，我都咬牙坚持，从那时起，我有了可观的收入，而更让我高兴的是我终于靠音乐养活了自己。那一年，我有了自己的第一个孩子，为了孩子我要更加努力。

第一首自己的歌

会唱的歌越来越多，驻唱的机会也越来越多，但是我一直很苦恼，因为我一直在翻唱别人的歌，感知别人的情感，我一直没有一首属于自己的歌曲。我想歌曲不是天上掉下来的，我可以把自己的想法写进歌里，把我自己的感情编进曲里。尝试创作歌曲实在是对音乐执着的热爱和对本民族文化的喜爱，毕竟我不会五线谱和简谱，可不是科班出身、没有受过专业训练也丝毫不影响我对音乐的执着喜爱，不会汉字，我仅靠夜校学来的少量汉字学写歌词；不会简谱，就用录音机录下来，一句句歌词想出来，不知怎的，旋律也跟着出来了，然后就唱出来录下，一遍又一遍修改试听录制……凭着满腔热血和一股子韧性，功夫不负有心人，1999 年，我创作的第一首歌《恋你南汀河》问世。万事开头难，这首歌，我整整写了三天三夜，绞尽脑汁。写出来后，我在一次驻唱中对大家说："现在，给大家唱一首我自己写的歌。"大家听了都觉得很稀奇，平时听的都是大歌星的歌，原来我们寨子也有人会写歌，都觉得这个岩更（我的小名）是个不错的小伙。一传十十传百，我在孟定变得小有名气起来。而我自己也因为处女作的成功，受到极大的鼓舞，创作的闸门一下打开，后来，我又创作了《莫罕丽》《摇沙》《竹楼里的小卜哨》等一大批歌曲。我这个边陲小镇的驻唱歌手、街头艺人终于有了自己的歌曲、自己的点唱歌单，心里别提多高兴了。

第一个原创傣歌文艺队

经过几年的锤炼，我的歌写得越来越顺手，甚至已经可以应现场观众的要求现编现唱，而我却因为一件小事想要做一点有益于家乡的事。我在外出唱歌的时候，有时会看到寨子里年轻人打架吸毒，那时我已有了自己的女儿，为了让自己的孩子有一个好的成长环境，我有了一个大胆的构想。我把想法说出，同样爱好音乐的朋友决定资助我，让我的构想成为现实——我们决定组建孟定第一支原创傣歌文艺队，开展文艺下乡。我们与文化站联合联系了各个村组，利用农闲、传统节日等时机，编排群众喜闻乐见的文化节目，传播党对农村的各项方针政策。凭借自己多年积攒下来的人气，我每到一个村寨，男女老少都早早拿了凳子等着我。我知道我唱得并没有多好，但是我的家乡我的同胞执着地喜欢我接地气的傣音傣调、口水话般通俗易懂的歌词话语，有的老人家甚至听得老泪纵横。两年间，我和我的朋友们走进了孟定40余个村寨，把文艺队的概念带到了孟定的村村寨寨，闲暇之余，群众唱歌跳舞的多了，喝酒赌博的少了；友爱互助的多了，邻里纠纷少了，呈现出了欢乐和谐幸福的景象。你们寨子赶摆我们来助兴，我们寨子做赆你们来热闹，互相帮衬，学新舞，学新歌，带动村村寨寨的精神文化生活，也为年轻人引领了一种正确的文艺潮流。

第一张专辑

命运总是眷顾着我。2001年底，我遇到了我人生中一位非常重要的人，他是我的恩人——孟定街子队的阿朋亮。他支持我选出之前创作的10首歌做成一张音乐专辑。那个时候我们都用卡带机，所以就想做磁带，去了德宏芒市找朱刚帮忙编曲，我在那里录音，然后拿回来翻录做磁带，做好母带拿到昆明以后，人家说，磁带已经不流行了，现在流行VCD，有画面，还可以把人像放在里面，于是改成录制VCD，在昆明拍了两天，花光了阿朋亮资助的2万元钱，最后压成3000张碟片。

2002年4月14日《南汀风韵》发行，我们在孟定电影院专门搞了一个专辑发布会暨演唱会，彼时，孟定电影院人山人海，而我也因此一度名气大增。《南汀风韵》收录了《赶摆归来》《像我这样的男人》《分离》《傣族字母19个》《你我相聚遥远时》《故乡母亲》等10首歌曲，一时间，我的歌曲传遍了孟定的村村寨寨，甚至卖到了西双版纳、德宏及缅甸、泰国等傣族地区，不到一个月的时间碟片就卖光了，而盗版频出。

我的第一张专辑就这样匆匆面世了。"赶摆那天我遇见你，是你偷走了我的心。从此我天天想着你，身心两分离，茫茫人海我找寻你，找不到你我心焦急……花再美也不如你，我已爱上你，花再香也不如你，梦里见到你。"这首《赶摆归来》是家喻户晓的歌，在全民健身跳广场舞的年头，你可以不知道是我唱的，但是歌曲响起旋律一出你定会闻声而和，甚至手舞足蹈起来。一种深深的成就感和满足感在激励着我写更多人们喜欢的歌曲。

第一个"铁饭碗"

专辑一出，广西的朋友马上联系到我，让我到那边去发展，昆明的朋友也让我去民族村工作，西双版纳的朋友邀约合作一张新专辑。我只有歌声，唯独没有资金，离乡背井，没什么可怕的，抱着这种破釜沉舟的心态，我答应了版纳的合作，我带着自己创作的 10 首歌赶赴版纳，出版了第二张专辑《手足情深》。此次合作，我获得了 1000 张碟片，大都送给了喜欢我的歌迷、家乡的亲人和资助过我的朋友。对于金钱，我已经没有太多奢求，只要能让我唱歌，唱我自己的作品，什么分成、收入都无所谓。很多人说我傻，可是谁能理解我这颗想唱歌的心。

2004 年底，耿马文化局局长找到我，想将我特招进文化局。当时，我正纠结去哪发展，如果我选择去广西，那以后就得写广西的美景，赞美歌颂那里了；如果我去西双版纳，以后唱的歌曲就是版纳风格的歌曲了。思来想去，我最后还是决定留在家乡，留在这片生我养我的故土，我想要赞美我的家乡，保留我自己本土的演唱风格。

2005 年 1 月 1 日，我来到耿马文化局上班，从此，我不再是漂泊无依单打独斗的一个人，而是一个拿着"铁饭碗"吃着公家饭的单位人，祖祖辈辈引以为傲的岩更。

成为一名在职在编的文艺工作者，有了稳定的工作、收入，我知道我的坚持、我的歌曲得到了大家的认可，创作的灵感更加活跃，作品数量、质量不断提高，新的个人专辑不断问世。那一年，巧遇耿马50年县庆，于是我再取《竹楼里的小卜哨》等10首歌曲出版了第三张专辑《勐相耿坎我的家》。2006年，《摇沙》等10首歌曲结集出版第四张专辑《山魂水韵》。2007年，出版了第五张专辑《泼水欢歌》……前前后后一共出版了8张专辑。

进入文化局以来，每年都有大大小小70多场下乡演出任务，自脱贫攻坚以来，我们更是以脱贫攻坚为主旋律，讴歌脱贫攻坚先进典型，向乡里乡亲讲好扶贫好政策，采取文化下乡巡演、展演、会演的形式走完全县大大小小的乡镇村组、农场、管委会，用舞蹈用歌声用大家喜闻乐见的方式把扶贫政策传递到田间地头、坝子广场，我们的歌舞来自民间又回馈民间，横幅一拉——"耿马县文艺下乡演出"，乡村田野就是我们的舞台，村民百姓就是我们的亲密舞伴，扶贫扶智也扶人心乐融融。这一次次文艺下乡活动不仅为群众送去一份丰厚的精神文化大餐，还使群众更加深入地了解"促脱贫·奔小康"的重要意义。

第一支本土傣族乐队

我一直有一个梦想，那就是组建一支自己的乐队一起做音乐。2014年，我组建了耿马本土第一支傣族乐队——曼左乐队，我任主唱，副唱散团，吉他手岩宴，贝斯手岩陆底，键盘手岩七，木吉他散长，鼓手依伦，他们既是我的学生、徒弟，也是我的朋友、队员，我们一起交流音乐，唱自己民族的歌曲，宣扬自己民族的文化，乐在其中。乐队常常受邀到德宏、西双版纳、缅甸等地演出，受到傣族地区同胞的欢迎。

乐队之外，近年来我又创作了许多鼓舞人心的歌曲：《傣乡美》《不能这样过》《泼水节的水》《祝福耿马》《孟定昭武定的传说》《送别歌》……

我从农村走出来，我熟悉那充满泥土气息的村庄，熟悉那些让人绝望的瞬间不仅仅是物质的匮乏还有精神的贫瘠，人只有精神丰富，心中有梦才能战胜一切困难，义无反顾，就像当年的我一样。

扶贫路上，我们的歌声传遍每一个山村角落。"实现中国梦，宏伟的蓝图，我身负着重任（我牢记着使命），走进你的心灵深处（走进农村最深处），决胜脱贫攻坚，事事关联各民族，一个不能少，直奔小康的路途，你饱尝人生的苦，我劝你不要哭，人生有风霜也有日出，没有过不去的坎，走好前面的路，我们肩并肩，我们手拉手，阳光大道齐迈步……"这首《我们手拉手》，由李有旺作词，我作曲演唱，勾勒出一幅山村扶贫的真实画面，扶贫路上，我们互帮互助，不让一个少数民族掉队。

"我离开城市，走进了田园，只为群众能把生活过得更好。看着父母妻儿不舍的脸，离别的伤感让我泪湿了双眼，山乡农村，缺乏经济来源，发展产业将是最佳途径。强化路房和水电，乡村振兴让大地焕然一新……决胜脱贫攻坚，咱们作战并肩！"歌以咏志，歌以表情，这首《醒来的梦》，由周培华作词，我作曲演唱，志壮情深，旨在深情讴歌情系每一位奋战在脱贫一线的工作者。

抗疫路上，我心系疫情，1月专门为抗击新型冠状病毒感染的肺炎疫情创作了新歌《新冠肺炎防护歌》。我写这首歌是想告诉大家，人群密集的地方不要去，少出门，勤洗手，不造谣，不传谣，相信党和政府，团结一心，战胜疾病。音乐从来就没有语言的障碍，虽是傣语歌曲，但许多朋友告诉我只听这旋律就感到铿锵有力、激动人心。

3月，我携手女儿再度倾情演绎由王贵斌老师作词作曲的抗疫新歌《一起加油》："戴上口罩，把病毒隔离，抗击疫情的路上我们在一起，心手相牵，我们不分离，众志成城在一起把病魔驱离，一起加油，一起经风雨，相亲相爱直到永远，共护一片蓝天我们同呼吸，不畏艰辛保护你，还有咱白衣天使/忠诚卫士……"疫情面前，每一个人都不是局外人，投入这场没有硝烟的战争，我们众志成城坚定如一，总有一种力量让人热泪盈眶，我要把它唱出来。

在我的潜移默化下，两个女儿也走上音乐创作之路，我也倾尽全力教导她们，让她们能够进入专业学校学习，学一点专业知识，举办一次个人毕业演出，让傣族音乐得到更好的传承与传播。作为一个非物质文化遗产传承人，我想尽自己的能力，把傣族的古歌古调、民间古乐收集起来，做成一个专辑；作为一个傣族歌手，我想写一些大家喜欢的歌，唱一些感动人的歌，通过音乐鼓舞人心、深入人心，用自己的歌声来表达对家乡的无比热爱，对民族的深厚感情，让更多的人欣赏到动听的傣族音乐，喜欢上我的家乡耿马。未来，希望我能写出更多脍炙人口、鼓舞人心的歌曲，让傣乡傣语傣文化走得更远更长……

（岩罕更 口述 张燕燕 整理）

我"刻骨"的从警生涯

——"打拐"

 我叫李锋强，1969 年 3 月出生在沧源佤族自治县勐来乡的一个农民家庭。1989 年 10 月我被招录到沧源县公安局工作，1994 年 7 月加入中国共产党，至今已在公安岗位奋战 35 年了。35 年风雨，我一直在公安工作的第一线，沧源 147.083 公里的国境线我基本踏遍，缅甸佤邦勐冒县、南邓特区的部分村寨我也基本走完，抓罪犯、解救被拐妇女儿童，境外追逃、追缴被盗摩托车，我一样没落下。很庆幸我没有辜负党和群众的期望，没有辜负父老乡亲的重托，我用实际行动践行了人民警察为人民的铮铮誓言。但 35 年的风雨，最让我刻骨铭心、终生难忘的还是我在刑侦大队期间13 年的打拐经历。有辛酸，有汗水，也有泪水。每次的解救、每次的全力以赴，一个个家庭的破镜重圆，如今仍历历在目，成就感油然而生。

 我是 2004 年 2 月从沧源县公安局治安大队调到刑侦大队工作的，从2004 年 10 月接到第一起被拐卖妇女案件报警到现在，我走遍了大半个中国，先后 60 多次只身一人前往江苏、山东、湖南、山西、河南、河北、安徽、新疆、甘肃、内蒙古、江西、四川、福建、浙江等多个省市和 100 多个县区，行程几十万公里，共破获拐卖妇女儿童案件 81 起，打掉拐卖犯罪团伙 9 个，解救被拐中缅妇女儿童共 131 名（其中：中国籍 92 名，缅甸籍39 名），让近百个破碎的家庭破镜重圆。

 说我只身一人到外地解救妇女，也许大家有些不相信。但，这是真真实实的。在所解救的 131 名妇女儿童中，只有 2 起 8 人是与战友共同完成的，之后就是我一个人去了。原因很简单，一是我是佤族，懂我们本民族的语言，去解救人方便与受害人交流；二是我虽然是佤族，但我长得还不算太黑，容易乔装深入被拐妇女藏身处开展解救工作；三是我们局经费紧张，警力不足。当时的打拐工作没有专项经费，多去一个民警，就要多一份支出。每次我一个人去的时候，局领导都很担心，要增派民警，都被我拒绝了。当然，不是说我多有能耐，真的是因为那个时候受害人家属凑不了多少路费，而我们局又太困难了，所以能省一分是一分。就这样，从第一次主动报名参加解救妇女儿童工作到 2017 年，我一干就是 13 年。下面，我就挑几件让我刻骨铭心的故事讲讲吧。

初涉打拐

我第一次打拐解救的是两名 16 岁花季少女。2004 年 10 月的一天，刑警大队接到一名佤族群众的报警求助说：他家娃娃被人骗到了江苏省，在涟水县一个农户家做儿媳妇，时常被困在家中受折磨，请公安局救救娃娃。接到报警后，我局领导高度重视，马上召集刑侦大队民警开会，要求刑侦大队要不惜一切代价将被拐少女解救出来。这是我调到刑侦大队上班后接到的第一起涉拐案件，不知道解救旅途艰辛的我，以为很好玩，就主动报名到江苏参加解救工作。鉴于我是佤族，懂佤语，被拐卖少女也是佤族的特点，局领导同意了我的请求，于是我踏上了漫漫打拐路。和战友一起从沧源出发，辗转 7 天 7 夜后，我们赶到了江苏省涟水县，按照报案人所提供的地址及号码，在当地公安机关的配合下，我们找到并顺利解救出被拐卖的佤族少女赵某某。意想不到的是，我们解救出赵某某后，发现还有一名少女也被拐卖到此地。最后，在当地公安机关的大力协助下，我们又顺利将另一名被拐卖的少女陈某某解救出来了。这次的解救过程虽然没有想象中惊天动地的场景，但当我看到两名被拐少女与亲人重逢时的喜悦和交织着太多的痛苦和感动的泪水时，我的心颤动了，我深深地意识到作为人民警察的崇高职责。作为一名佤族民警，我自问能为自己的民族做点什么？能为自己的姊妹做点什么？我暗下决心，一定要尽我最大的努力把这些离散的姊妹一个个找回来，把人贩子绳之以法。也就从那个时候起，我与打拐结下了不解之缘。

"死人"复活

拐卖案件充满了蹊跷，我解救的第9名少女李某某就曾蹊跷地"死而复活"。2005年5月13日，沧源县勐省镇芒阳村的一名佤族群众接到了一个让他惊悚不安的电话，电话那头赫然是遭人拐卖、并已经宣告"死亡"的侄女李某某，哭诉她2月13日被一名男子拐骗到山东，并以1.4万元卖给一个山东人为妻，求家人赶快到山东解救她。家人震惊不已，不是说李某某在山东病逝了吗，现在怎么又"复活"了？这究竟发生了什么？又暗藏什么玄机？带着疑问，5月18日，李某某的家人走进了沧源县公安局大门请求帮助。原来，就在一个月前，也就是2005年4月15日，李某某家人接到山东邹平县王某打来的电话，说李某某被卖到他家，因病不幸死亡，需带两万元人民币到山东处理尸体。因家境贫困，李家人无力到山东处理遗体，悲痛万分之余，只能按照佤族民俗在勐省的家为李某某操办了丧事。可现如今，家人突然接到了李某某自己打来的求救电话，只能到公安机关报警了。接到报警后，沧源县公安局刑事侦查大队把这一项任务交给了我，我二话不说，没有提任何条件就整装出发了。根据以往经验，我先单独乔装侦查，找到李某某被拐卖的地点后，迅速与当地警方取得联系，得到了当地警方的大力支持与配合。经过10天的斗智斗勇，我顺利将被困在王某家中的被拐少女李某某解救出来了。5月29日，当我将李某某安全送到勐省镇芒阳村时的情景让我此生难忘。记得当时全村人都出来迎接，见到李某某的那一刻，村里哭声、感谢声一片，大家怎么都想不到李某某竟然真的能"死而复生"并被公安机关解救回来了。她的家人长跪地上行了合手礼，感谢党、感谢政府、感谢公安机关对女儿的救命之恩，还要叫李某某拜我为干爹。这个故事，当时在当地引起了不小的轰动，还被拍摄成专题片《千里走单骑》在云南电视台《云南警方》行动栏目播出。

四省救六

一次出警跨多省解救被拐卖人员，是我"打拐"生涯的常态。2005 年 6 月 21 日，我再次孤身一人前往千里之外的湖南、山西、河南、安徽等 4 省救回了 6 名被拐卖妇女。

那一次出警，经过三天两夜的赶路，我赶到了第一站——湖南省永州市祁阳县，解救被拐卖到这里的勐省镇芒阳村田某。田某是个残疾人，在解救她的时候，遭到买方的强烈阻挠。买主唐某及其家人对我们进行了围攻，先后在村里和村外展开了两场惊心动魄的"抢人"拉锯战。为了保住自家的"儿媳妇"，买主的母亲紧紧抱着我的脚咬着不放，鲜血从袜子里渗了出来，唾沫也雨点般向我的头上、脸上飞来。在村外的拉扯、厮打中，我从两米多高的田埂上跌了下去，扭伤了左脚脚踝无法动弹。一边是买主家人的拉扯、厮打和唾沫，一边是田某不愿松开的双手和求救的眼神，尽管自己满身伤痛，但我只有一个念头，不能松手，任凭买主家如何拉扯、厮打，我抓着田某的手始终没有松开。最后，在当地警方的保护下，我忍着剧痛，拉着田某的手一点一点地向警车靠近。买主家人见厮打、拉扯没有作用，干脆躺在警车前挡住去路。祁阳警方只好调集警力，强行为我和田某开出一条路，我们才得以安全离开。这次的解救行动前后持续了 6 个多小时。把田某解救出来后，虽然满身伤痕，但我不敢停留，带着田某，又赶到"下一站"解救被拐卖的姐妹。

第二站是山西省沁县和武乡县，这一站，我分别将被拐卖的李某和田某解救出来了。在解救李某时，我们又遭到了围攻。在我准备将李某带离沁县公安局刑侦大队时，村民们把刑侦大队围得水泄不通，三层高的楼道里挤满了前来"抢人"的村民。最后，经过几个小时的僵持，在当地警方的大力协助下，李某才真正安全得救；在解救田某时，由于不懂当地语言，我装扮成当地计划生育检查组成员，深入田某所在的村民家，秘密核查田某身份后，成功将田某解救。

紧接着，我带着从湖南解救出来的田某和从山西解救出来的李某和田某，又马不停蹄地赶到河南和安徽，将被人贩子拐卖的勐省镇芒阳村叶某和糯良乡贺岭村安某、李某安全解救出来。

每到一个地方，我都是把之前解救出来的人员第一时间交给当地警方帮助保护后就立即投入新的解救任务中。在这里，我真的要感谢一路"打拐"曾给予我极大帮助的全国各地同行们，感谢他们的无私帮助，才能让被拐卖的姐妹们安全回家。

救二带七

每一名被解救回来的妇女，她们的遭遇都会深深地烙在我的心上，每一次的解救，我内心就会多一份牵挂和责任，同时，对人贩子多一分愤恨。2006年6月的一天，我到山东省邹城市开展解救工作，那次出去的任务是要解救两名被拐缅甸少女。由于是涉外案件，解救工作受到了云南、山东两省公安厅的高度重视，但解救过程还是遇到了阻碍。买主将两个被拐卖的缅甸女孩藏得很严，我无法接触和核实她们的身份。在当地公安民警的配合下，我着便装在村子里蹲守了两天两夜，终于通过肤色辨认出其中一个。我悄悄接触她，并试着用佤语与她交流，证实了她就是被拐卖的缅甸少女之一。简单的交流中，她把另一个女孩的下落告诉了我，最后在当地警方的帮助下，我顺利地把两个缅甸籍被拐卖女孩解救出来了。但在我们准备返程回云南的公共汽车上，我突然接到一个陌生电话，电话是一个16岁少年打来的，他说他是沧源单甲乡永武村人，半年前他与同村的魏家三姐妹带着一个两岁的小男孩，被人以打工为名骗到山东。但是，到山东后，小男孩就被卖到深山里一个老妈妈家，魏家三姐妹也被卖给当地人做媳妇了，请我救救他们。本来，我这次出来时任务已经完成，现在还要孤身解救那么多人，想想自己心里也没底，但一想到那些被拐妇女儿童还在苦海中挣扎，他们在人生地不熟的地方，能够向我求救，这是他们对我的信任，我不能犹豫。于是，我带着那两名刚被解救出来的女孩返回了邹城，将情况向当地公安机关作了汇报，请求他们的支持。又是一番斗智斗勇以及种种触目惊心的解救过程和波折后，在邹城警方的大力支持协助下，我成功将所有人都解救了出来。从单位出来时任务是解救 2 个，回家时，我带回了 7 个。等我们到了昆明，我已经身无分文，只能带着大大小小一群人到云南省公安厅求助。厅里的领导和同事得知情况后，非常感动和支持，他们帮我们解决了路费，我们一行人终于回到了久别的家乡。

身陷重围

每一次解救行动，都潜藏着艰辛和牺牲，我常常身陷重围，曾多次遭到不明真相村民的围攻，身体也多处受伤，有一次还威胁到了生命。2005年，沧源已婚妇女叶某因生活贫困不得不外出谋生，不料却被人贩子以招工为名诱骗卖到内蒙古兴和县的一座大山里，迫为人妻。但由于家中有丈夫有孩子，她始终不从，于是遭到无尽的殴打和虐待。而她的丈夫，自从她失踪后，多年四处寻找未果，一直在家苦盼着。2009 年 11 月，终于盼来了等待 4 年多的电话，失去人身自由的叶某借外出看病之机给丈夫偷偷打了一个电话。接到报警后，11 月 28 日，我只身赶到内蒙古兴和县。为了方便工作，我化装成外省来的招工头，以招小工的名义到村里实地核查叶某踪迹。功夫不负有心人，傍晚 5 点多，我在村口见到了劳动回来的叶某。为了不打草惊蛇，我远远地尾随她，见到她进了一户农家，确认她的落脚地后，我迅速赶到当地派出所请求帮助，得到了当地派出所的大力支持。当晚,我以新民警的身份与当地公安民警一起进村查户口。到了叶某所居住的农户家,我见到房屋一角蜷缩着一个妇女,从皮肤和身形上看,我再次确认这人就是叶某,于是趁这家主人不注意时,我用佤语与叶某搭话,听到我说家乡话,叶某鞋也来不及穿,就跟着我往外跑。村里人闻讯追了出来,我马上叫与我同去的当地民警先带叶某跑,我自己善后。没想到村里人把我团团围住,我无法脱身。石头、泥沙、拳头、唾沫雨点般朝我飞来,我的身上、脸上全都是黏糊糊的唾沫和泥沙。后来,在前来增援的当地民警的帮助下,我才被连抢带拖地拖到警车里。在回兴和县公安局的路上,民警们发现我的头被石头砸出一个口子,血一直往外流,染红了我的衣服,手臂、大腿多处被打肿、抓伤,鞋也不见了一只,裤子皮带也在救人时被拉断滑落不知踪影。看到此情此景,兴和县同行的民警被感动到了,他们带我到医院进行了包扎,还拿来他们自己的衣服给我换上。正是凭着这种坚忍顽强的毅力和精神,我把这名被拐卖了4年之久的叶某带回了家。只可惜,她丈夫因之前思虑过度已重病缠身,她回家不久,就因病治疗无效去世了。

化装救人

2006年2月,15岁花季女孩董某正处于朦胧的恋爱期,被涉案嫌疑人陈某以谈恋爱为名诱骗到云县后,辗转到甘肃省通渭县,卖给一个比她大20多岁的哑巴汪某为妻,从此她掉进了人间地狱,不仅失去了人身自由,还经常遭受欺凌。17岁那年,她为汪家生下了一个男孩,汪家人为了防止她逃跑,在她生小孩的时候,残忍地给她做了节育手术,剥夺了她的生育权利。更不幸的是,两年后她生下的小男孩因病死亡,使她不满20岁就开始饱经人世沧桑,经常遭受汪家人的殴打。但尽管如此,她仍一直在寻找机会逃出来。而她的父母,由于不是沧源本地人,在沧源打工结束后,也没有离开沧源,怕哪一天失踪的女儿回来找不到他们,所以在继续打工的同时，不停地四处寻找，不更换住址也不更换手机号码。终于，2011 年 7 月 20 日，他们盼来了苦等 5 年多的电话，董某趁汪家人不注意，借外出就医之机偷偷给父母打了一个电话。

接到报警后，我局及时与当地公安机关取得联系。有了多次打拐经历的我再次独自出征，于 24 日赶到甘肃省通渭县，不料却扑了个空，汪家人已不知去向。在当地派出所的协助下，通过大量的走访、查询其亲戚的电话，得知敏感的汪家人已于日前将董某秘密转移到兰州市。可偌大一个兰州市，要找一个失联 5 年的女孩，谈何容易？叫我这样就返回，我无法向领导交差，更无脸面对董某父母那殷殷期望的双眼。因此，我克服了语言不通、人生地不熟等困难，力争当地公安机关的支持，终于在当地警方的大力协助下，经过多方走访调查，了解到汪家有可能将董某藏匿在建筑工地或沙场。后经排查，范围很快缩小到 15 个建筑筛沙工地。为不引起汪家人的警觉，我化装成打工仔，只身一人前往一个又一个建筑筛沙场对照董某 15 岁时的照片进行辨认。功夫不负有心人，7 月 28 日，在第 13 个地处偏僻的建筑筛沙场，我找到了董某，于是请求当地公安机关前来支援。在解救董某时，汪家煽动亲属及不明真相的工人又一次与我们展开"抢人"拉锯战，在一个狭窄的楼道里，汪家 70 多岁的父亲紧紧拽着我，其弟弟则死死拉着董某往外拖，我紧紧拉着董某的一只手不放松，很多人把我们团团围住，拳头、唾沫已分不清从什么地方飞来，落在了我的身上和脸上。前来救助的几名当地民警一边劝说一边使劲地把人群扒开，连抢带拖地将我和董某弄到了警车旁，我拉起董某钻进了警车。然而，警车却开不了，汪家的父亲死死拉着警车倒车镜与门扶手不放，汪家弟弟也钻进了警车，致使一名当地民警无法挤进警车。为了不引起更大的骚乱，未能上车的民警强行将汪家的父亲拖开，让警车在人群中强行通过。

车上，我一手拭去脸上的唾沫，一手拉住董某的手，生怕一不小心又被汪家弟弟抢去。下午 6 时许，当我们返回到通渭县公安局时，没想到汪家人及亲属也包车尾随到公安局。在确保董某的安全后，我又参与了对围攻家属的说教工作，直到 29 日凌晨 2 点。此时，我已经三天三夜没好好合眼了。29 日上午 8 时许，在通渭县公安局的护送下，经过两次警车倒车，再换出租车，再倒两次火车，我带着董某终于踏上了返回云南昆明的列车。当我把董某安全带回到沧源交到她父母手中时，董某含泪长跪不起。

"跨境" 营救

由于沧源地处边境，边民互市是生活常态，这也给一些不法分子可乘之机，他们以打工挣钱为由，诱骗入境务工境外边民到内地贩卖的事时有发生。2010 年 4 月 5 日，我在办公室值班时接到了一个缅甸妇女陈某打来的求助电话，说一个月前，她和两个女伴陈某和米某从缅甸到中国沧源县城找工作，她找到工作去上班了，可陈某和米某出去找工作后，就不见了，直到几天前其中一个打来电话说她们被卖到别的地方了，求中国公安救救她们。接到电话后，我本能地作出反应，要求这个妇女把那个女孩打来的电话号码告诉我。我在手机上输入了这个号码，手机上显示这个号码是座机电话，归属地为湖南祁阳。我迅速将案情报告了县局领导，在征得局领导的同意后，我马不停蹄地赶到湖南祁阳，通过当地警方查询，该号码是湖南祁阳县的一个小镇。于是，我试着拨打了这个号码，所幸这家人为了防止她逃跑，把她锁在家里，家里只有她一个人。我用佤语简单地跟她交流后，我知道了她的被困地点。我立即联系当地警方，并与他们一起把这名被困女孩解救出来。在返回沧源的路上，被解救出来的女孩用佤语告诉我说，另一个女孩被关押在距离她被关押地方不远处的一间小屋里，那个女孩曾经多次试图逃跑，都未成功，现在不知被转移到什么地方了。听到这个消息，我没有丝毫的犹豫，迅速向领导请示后，又踏上了发往昆明的班车，辗转到了祁阳县公安局。说明来意后，得到了当地警方的大力支持。经多方查找，我找到了另外一个被拐卖的缅甸女孩并将她成功解救。可是正当我带着两个女孩准备离开的时候，女孩们的买主带着 10 多个人提着长刀棍棒冲进了公安局，要求我退还他们从人贩子手中购买两个女孩的2.6万元钱，否则就别想离开。当时祁阳县公安局里值守的民警很少，情况十分危急。为不引起后患，我给两个女孩乔装打扮了一下，带着她们悄悄从公安局的后门逃了出来。买主知道后带人尾随到车站找人，我带着两个女孩东躲西藏，昼伏夜行，在祁阳县多次乔装、多次更换乘车地点和所乘车辆后，才摆脱买主的追踪，将她们安全带上开往昆明的火车。但就算火车开动了，我还在担心她们的买主会不会尾随而来，所以，我始终保持着高度的警惕，吃饭、住宿尽量选在僻静处，平时几乎寸步不离地跟在女孩们的身边，睡觉不敢合眼，连上厕所都处于高度警戒状态。这是一起跨国拐卖案，被解救回来的两个女孩陈某和米某都是缅甸人，如果解救途中出现什么意外，后果不堪设想，还好我把她们平安带回来了。13年里，我共解救被拐卖缅甸籍妇女39人。

艰难历程

每一次解救，除了要历经惊心动魄的围攻、殴打外，解救的旅途也充满了艰辛。因为当年办案经费紧张，为减少开支，大多数时候，都是我只身一人去解救被拐人员的。每次坐火车，我都选择硬座，住旅馆也都找最便宜的，甚至每到一个当地公安机关，都尽量争取"值班"。这还不算什么，最难适应的还是气候。由于被拐卖人员大多数被拐卖到北方，南北温差大，我有几次就吃了温差大的亏。夜里到达目的地，天黑分不清东南西北，在路桥涵洞里过夜、在垃圾桶旁焚烧垃圾取暖，是常有的事。记得有一次，我到内蒙古乌兰察布市去解救被拐人员，当时临近深秋，我们这边的气温，穿件薄外套也就够了，可内蒙古那边气温已经是零下十几度了。由于走得匆忙，我没有了解当地气候环境，带上一件薄外套就匆匆赶路。夜里2点多，我乘班车到了乌兰察布市附近，驾驶员在路边停车，给我指了一个大概的方向就走了，我摸黑下了公路，发现路下方有个路桥涵洞，我便在涵洞里取暖休息。凌晨4点多，天微微发亮时，看着前方依稀可见的房屋，我想那大概就是我要去的地方，于是，顺着公路，我一路小跑，一路打探，终于到了乌兰察布市公安局门前。但由于太早，人家都还没有上班，只见路旁有一烤红薯的男子，我以买红薯为名，在他的烤炉旁边吃红薯充饥，边取暖边等上班民警。7点30分，乌兰察布市公安局开始有人上班了，我向门卫说明来意后，门卫把我带到了刑警大队办公室。当我抖抖索索地"闯"进刑警大队办公室时，在场的刑警们惊呆了，简单地自我介绍后，刑警大队长当即脱下他身上的棉衣给我披上。还有一次我到甘肃去解救人，在甘肃天水市的一个土窑里蹲点守候，一蹲就是好几天，我又冷又饿，开口讲话上下牙就开始打架，使得我无法开口跟家人及领导汇报，急坏了家人和领导，直到成功将人解救了，我才跟家里联系。

每次带着被解救人员回家的途中，对我也是一种考验，因为她们都是妇女和儿童，所以为了防止途中被买家发现，把她们抢走，为了确保途中安全，不论乘坐什么交通工具，我都不敢睡，她们睡觉我放哨，她们上厕所，我在厕所外等候，她们吃饭，我在旁边站岗……这一站就是13年。13年来，每次踏上解救被拐妇女儿童的路途，我都心急如焚，不想别的，一心只想让姐妹同胞们尽快脱离苦海；而每一次小心翼翼地带着她们踏上回家的路，我都心如刀绞，不愿再回首那些人生最凄惨的场景，那场景已超过了生离死别，总希望这是最后一个、最后一个……所以，一直以来，我只是做了分内的事。破刑案，惩犯罪，解救被拐妇女儿童，维护社会治安稳定，保障人民安居乐业，这本来就是我义不容辞的职责和义务，我为能有幸成长于这支政治坚定、前进发展、战绩辉煌、风清气正、英雄辈出的队伍而自豪。

永不放手

所有被解救回来的姐妹，从解救她们的那一刻起，一路奔波我都是紧紧抓着她们的手，一个个把她们安全带回来的。所以，她们回到家乡后的生活状况，我也没有放手过。我一直保留着她们的联系方式，时不时跟她们通通电话，了解她们的情况，只要有时间，就会到她们家中坐坐，尽力帮助她们解决生活中的困难。通过走访，我了解到大多数姐妹生活得比较好，有的回家后重新结婚生子，生活幸福美满。但还是有几个，由于没有任何技能，身体有缺陷等，生活十分艰难。为了帮助她们走出困境，我曾给予过她们相应的经济支持，但很快我发现，一时的经济支持终究不是长远之计。于是我想教会她们一些生活技能，让她们靠技能改变自己。

不是有一句老话叫"授人以鱼不如授人以渔"吗？为了从根源上解决她们的困难，我"因人施助"，多方努力筹集资金，尽最大努力帮助她们。李某某是沧源勐来乡民良村人，把她从甘肃解救回来后，她想学开车搞运输养家糊口，但由于没有培训费，培训计划一直得不到落实。我及时帮她筹到了4000元钱报名交了培训费，现在生活过得不错。从湖北解救回来的李某，是沧源县班洪乡人，回到家后，由于没有任何技能，只会一些基本的农耕劳作，生活捉襟见肘，我出钱给她买了一头母猪，叫她把母猪养好，通过卖小猪来提高生活质量。从山东解救回来的勐角乡拉祜族女孩娜某，她说想养一头牛，我很赞成，筹了5000元钱给她买了一头牛，她现在牛越养越多，生活得很好。从山西解救回来的肖某，家住沧源县单甲乡，单甲乡地处偏僻，交通不便，很多当地农作物运不出来，城里的一些生活用品又运不进去。我筹集资金帮她建了一个小卖部，帮助她把家乡的产品运出大山，又为大山换回必要的生活用品，她的生意做得很好。像这种情况的还有从安徽解救回来的勐省镇满坎村李某和从江苏解救回来的勐省农场8队赵某和她的女儿。我帮助李某在满坎村建了一个小卖部，帮助赵某在农场8队不仅建了一个小卖部，还给她买了鱼苗，投放到她的小鱼塘里，多渠道增加她的经济来源，她们的生活都得到了极大的改善。赵某的女儿到现在还叫我警察爸爸，原因是当年解救她们母女时，从江苏到沧源，这小女孩一直就在我的怀里，是我一路抱着回来的，我们相处了七天七夜，她一路都叫我警察爸爸。我又多了一个女儿，现在小女孩都上高中了。最值得一提的是从湖南解救回来的田某，由于家住乡村，又身患残疾，她的生活更为艰难。我多方努力后，在糯良到勐省的中途，给她建了一个小卖部和汽车加水站，现在还在经营。这样的事例还有很多，我只希望通过我的绵薄之力，能彻底帮助她们摆脱困境，否则就违背了我解救她们的初衷。对她们，我永不"放手"。

无悔抉择

人间最贵是亲情，但我欠家人的太多了。2003年因公司改制，我爱人下岗，经济收入减少，家庭十分困难。但看到我一门心思扑在工作上，爱人悄悄将所有的困苦都埋在心底，独自挑起家庭的重担。繁重的家务、子女教育和照顾老人，她毫无怨言，默默地操持着这个家。为增加收入，她曾经悄悄一个人到街上卖过大米。下岗21年来，为了让我安心工作，她独自照顾好瘫痪在床的老父亲和身体日渐羸弱的老母亲，一次次错过了上岗的机会，日子极其艰苦，但她仍能以苦为乐，以乐观的精神支撑着小家庭，以贤惠的美德教育孩子，以孝顺的爱心赡养老人，以无言的行动勉励我。在家里，我是一个"不合格"的丈夫、父亲和儿子，但一想到通过我的努力，那些受害的妇女儿童能与家人团聚，我无怨无悔。我也受到了各级党委政府的充分肯定，荣获了"首届全国维护妇女儿童权益贡献奖"；被人民日报社、中国新闻社、中华文化报社等8家新闻媒体授予"爱我中华共创和谐社会优秀新闻人物"荣誉称号；被授予第五届"全国各族青年团结进步优秀奖"、云南省"五一劳动奖章"、云南省人民满意公务员、全国公安系统二级英雄模范、云南好人等荣誉称号，荣获"2014年云南十大法治新闻人物"提名奖、"云南省第四届百姓最喜爱的人民警察"提名奖、"2015年云南省第五届道德模范人物"提名奖，并光荣入选"中国好人榜""感动临沧年度人物"等，先后荣立个人二等功2次、三等功2次，多次被各级各部门表彰嘉奖，还是中宣部党建网《身边的感动》栏目《佤山雄鹰》纪录片正能量人物。

有人曾问我，你一个人去开展解救工作，不怕吗？说心里话，每一次出警，我好像真的没考虑过"怕"字，满脑子都是如何成功解救、如何请求当地公安机关的帮助。因为，无论到哪开展工作，当地公安机关就是我的依靠，是我的"娘家"。我每到一个地方，都把自己当作一名普通刑警，在当地刑警值班室住宿值班，任听差遣，不但节约了住宿费，还能得到支持。但每次出警归来，回想过往，我开始"后怕"了——万一我在他乡牺牲了，我的父母、妻女怎么办？想想还是会不寒而栗的。然而，每次的"后怕"又一次次被无数双渴望自由的双眼"照亮"，我不能因为"怕"而无视她们的祈盼，我只能往前看而不能往后看。因此，又一次次地奔赴打拐战场。现在，我们边疆群众的生活条件越来越好了，接报被拐案件的线索也越来越少，这是一种好的社会现象，我衷心祝愿我们伟大的祖国繁荣昌盛，国泰民安。

成绩已然成为过去，也许在我今后平凡的工作中不再有鲜花和掌声，但我青春无悔、生命无悔。

（李锋强）

亲　人

　　我对上海有点记忆是从《孽债》这部电视剧开始的，片尾插曲记忆深刻："美丽的西双版纳，留不住我的爸爸，上海那么大，有没有我的家？"看这部电视剧那年我 12 岁，对上海知青回家后留下云南的妻儿天各一边这个扎心的结果难过伤心，边看电视边哭了起来。那时，我时常望着山里公路上来回穿梭的汽车想，上海离我遥不可及，这辈子可能不会走进上海这个繁华大都市。

　　直到 2018 年 9 月，命运以别样的方式带我们走到上海。生二孩时，我遇到了生命中最艰难的那道坎，那段刻骨铭心的记忆终生难忘。遇到苦难的同时，同时也会遇到给你雪中送炭、值得感恩一辈子的人。黑暗里照亮我们继续前行的恩人从上海来，也许是冥冥之中注定的缘分，他从上海市崇明区新村乡到耿马自治县挂任县委常委、县人民政府副县长。他叫陶政江，从上海来耿马不到 3 个月，就成为我们孩子生命中的贵人。

　　我于 2018 年 7 月底，在临沧市人民医院妇产科生二孩，孩子生下来一天还不会解大便，护士隔一段时间就来询问一次孩子的情况，主治医生也很重视。第二天早上医生查房时，孩子还是没有解大便，护士只能把裹在褓褓中的他抱进新生儿室。在新生儿室观察了一天，直到夜里 12 点，孩子的病情愈加严重，肚子饿却不能喝奶，整个腹部又胀又鼓。情况紧急，医生通知我们需要连夜送到昆明儿童医院治疗。经过一整夜近 8 个小时的颠簸，孩子被送到昆明市儿童医院，医生通过钡剂灌肠以及一系列的检查，查出他有段结肠发育不良，必须经过手术才能治愈。手术比较安全的时机是 3 个月或 6 个月大时，在术前只能靠塞开塞露和灌肠解大便。由于不能解大便，孩子吃得很少，基本是靠静脉输入营养液维持身体营养供给。

在昆明儿童医院治疗期间，新生儿外科白强主任和主管医生李传新医生及珍妮、玲玲护士全力救治这个苦难中的小生命。因为不敢喝太多奶，孩子整个人瘦弱无力，面上的青筋都露了出来，经过半个月医治，脸色逐渐红润起来。爱人发视频给我看，看到睡在保暖箱里吸着氧气、头上留置着软管、吊着静脉点滴的孩子，我心疼极了，刚出世就要承受成人都难以承受的痛苦，想起这些，泪水止不住地流下来。

孩子在昆明市儿童医院新生儿外科住院了一段时间，医生说让我们先回家把他养大点再做手术。把孩子带回家后，我们开始了艰难的育儿之路。昆明市儿童医院医师诊断出来的"有一小段结肠先天发育不良需要手术"的消息让我难以接受，祸不单行，接下来查出我的免疫系统也出了问题，患上凶险致命的肾病，"屋漏偏逢连阴雨"，我们很难接受又不得不面对。我们先后辗转于临沧市医院儿科、昆明市儿童医院以及云南省各大医院的免疫风湿科，治疗我们母子的病。父亲总是鼓励我要坚强面对，自己的孩子需要我照顾，亲人朋友给予我的关怀支撑着我。孩子一个多月时，有次给他灌肠时，他哭得喘不过气，马上脸色苍白口唇青紫，暂时没了呼吸，刹那间，我觉得天快塌了，此刻才意识到他就算先天不足仍是我最珍爱的宝贝，不能让他还未长大就离开我们。我迅速冷静下来，用拇指按压他的心脏给他做人工呼吸，经过两分多钟的抢救，"哇"的一声哭声就如同刚出世时一样洪亮，面色唇色也随之红润起来。我面对着孩子随时会遭遇不知的险情的煎熬，提心吊胆地过着每一天，真的是度日如年。

就像走钢丝的演员一样，终于熬到了孩子 60 多天时，再次把他带到临沧市医院儿科补营养液消炎治疗。由于疾病导致孩子重度营养不良，儿科胡晓忠主任得知我家情况后，跟我们说孩子太小太弱了，建议我们去上海救治。

去上海！我们没有亲人，人生地不熟，不知道哪一个医院能给孩子做手术，也不知道怎么去找医生。我的爱人马上想到了从上海崇明区新村乡来耿马挂职的县委常委、县人民政府副县长陶政江。我们找到他，并向他说明了孩子的病情。热心的陶副县长帮我们联系到上海复旦大学附属儿科医院新生儿外科的沈淳主任，我那颗悬空已久的心终于放了下来。陶副县长戴一副眼镜，斯文儒雅，就是这样看似柔弱的知识分子及时帮我们引线搭桥，让孩子抓住了救命稻草，给了他重生机会。

在准备去上海的期间，遇到什么难题我就打电话向昆明市儿童医院专家和临沧市医院的胡主任请教。胡主任时常打电话问我到上海了没有，反复交代注意事项，还让我们不要担心，在上海这种手术很常见。亲友的关心极大地鼓舞着我们全家人，亲朋好友给予我们精神上的支持和物质上的帮助，帮我们走出困境走出阴霾。要走的前几天，二姨带着表哥表姐来到家里，满头白发的二姨告诉我："遇到磨难更要加倍地坚强，慢慢就过去了，命中注定的劫难躲避不了，一切都会好的"，一家人也凑了些钱给我们。回忆起这些细节依然倍受感动，在困难面前，亲情的力量很伟大，让我有了勇气克服困难。

做好充分准备后，我们于2018年9月28日早上从耿马出发去沧源机场，临走前，陶副县长在县委大院前送我们，他穿着蓝色的休闲外衣、深灰色的裤子，提着公文包来送行，显得干练十足。他告诉我们："路上要注意安全，到了上海打电话给我报平安，行李一定要收拾够，不要在途中落下忘记。"我爱人告诉他我是护士，平时会护理孩子的，陶副县长这才放下心来。透过车窗，望着陶副县长和我们挥手道别，我的眼泪又来了，怕被陶副县长看到，赶紧把车窗摇上来，陶副县长一直目送我们的车子走远。他让我们感受着亲兄弟般的手足情深，不是我们的亲人却胜过亲人，如同黑暗之中的那一束光温暖照亮着我们一家前行的路。

在车上，我的眼泪像断线的珠子滑落，直到陶副县长在风雨里送别的身影不见后才慢慢止住。尹国光副县长也一直惦记着我们。当时爱人在县上工作，为了回来照顾我们，在尹副县长全力帮助下，我爱人得以调回孟定工作，为孩子的康复了却了后顾之忧。

在飞机上孩子很乖，一直睡觉，飞机慢慢离开地平线，穿梭在蓝天和白云间，云海滚滚。50多分钟后飞机在昆明长水机场降落，我们准备转机。在候机厅等待的两个小时，我们抱着孩子靠在行李箱旁边休息，周围的人看到疲惫不堪的我们和怀里抱着的饱受病痛折磨的婴儿，纷纷过来问候，对孩子的遭遇很同情，说了好些安慰的话。几经周折，晚上9点多钟，我们终于到了上海。下飞机后我们排着长队打出租车，怀抱中的婴儿，又让旁人投来怜悯的目光。过了半个小时，出租车师傅带我们找到了离上海复旦大学附属儿科医院约15分钟的酒店，入住酒店已经是晚上10点多钟。爱人经过一天一夜的折腾已是筋疲力尽，刚想休息孩子又哭了，我悄悄地把他抱到外面哄他，可他声音越哭越大，我担心再遇到什么危险，立刻抱起他前往上海复旦大学附属儿科医院。抱着孩子走在陌生的街头，冷风吹着盖孩子的披风，我没有害怕，打开手机高德导航找到了儿科医院，快到医院门口时遇到开旅店的江西大姐，穿一件粉红色的外衣，短发配上稍方的脸看起来和气善良，她把我带到新生儿外科门诊，带我去挂号，直到孩子看了医生，她才离开。异乡街头大姐给我的帮助我一直牢记心里。

我和爱人来到新生儿外科，办好住院手续后，爱人给陶副县长打了电话。陶副县长说一家人安全到达上海他就放心了，让我们配合医生治疗，过一段时间抽空过来看我们。

孩子已经两个多月大，由于长期没有能够正常喝奶，瘦得皮包骨，体重和刚出生时一样只有3.6公斤，医生说要把孩子的体重增加点才可以做手术。孩子交给医生护士全天护理，只有接到护士通知我们才可以去看，我们在出租屋每天看看视频和照片想着他，觉得没有底气时看看儿科医院门口矗立着的一块石头上刻着的江泽民同志的题词："一切为了孩子"，又感到特别的踏实安心。经过半个多月的调养治疗，孩子体重增加了两斤多，面色也红润起来，沈主任和主管医生宋医生通知我们10月16日做手术，那一天是孩子出生的第 81 天，就像唐僧取经，经过 81 难终于要苦尽甘来了。

16 日早上 7 点钟，我们就到新生儿外科门口等着，8 点左右医生用小推车推着孩子进手术室，孩子安静地吮吸着安抚奶嘴，乖乖地睡在推车里，不知道等待他的是一次大手术、一个大难关。手术室门上的电子屏里播着好几个患儿的名字，约 8 点 15 分终于播到孩子的名字，时间在一分一秒地熬过，一小时、两小时、三小时，一辈子仿佛都没有这样长，时间在心里熬出茧、熬出泪。我的眼泪在眼眶里转却始终不让它滴落，必须坚强。12 点左右医生推门出来，我仿佛看到了神圣的天使之光，医生把手术中切下的约 20 厘米长的发育不良的结肠拿出来给我们看，告知我们手术很成功，我们如释重负地松了口气。待孩子麻醉苏醒医生推出手术室时已是凌晨 1 点半了，看到经历生死考验的孩子顽强坚毅的小脸，我有种想给沈主任和宋医生及整个医护团队下跪感谢的冲动，孩子终于得以重获新生！那天整个人的感觉如云朵舒展开一样轻松，我们把手术成功的好消息第一时间告诉一直关心着我们的父母和亲友，大家都替我们高兴，纷纷为这个不屈服于命运的小生命祝福。

我爱人及时告诉陶副县长这个好消息，陶副县长说他正好过来上海参加第一届中国国际进出口博览会，把我们耿马的生态食品、美食、茶叶推向世界各国，等过几天过来看我们。孩子手术后第 6 天，陶副县长就来到了医院，焦急地询问医生孩子情况，就像在问自己的孩子。我深深被这个上海亲人感动着，是他，我们的上海亲人帮我们寻医问药，顺利圆满地完成了孩子的手术。他是我们的恩人，上海的亲人，孩子生命里的贵人，指引我们走过了生命里最难过的这段路。当时在上海交通大学医学院附属新华医院崇明分院和另一所上海医院进修的同事也从百里外赶来，他乡遇亲人倍感温暖亲切，是所有亲朋好友的关心才让我们战胜病魔。

上海崇明岛是继台湾岛、海南岛后中国的第三大岛屿。土地肥沃，自然环境优美，是镶嵌在长江口的一颗宝石。来自祖国第三大岛屿的亲人，他用自己的实际行动想方设法让耿马人摆脱贫困，步入小康。

如今陶副县长挂职结束已回到上海，他对我们家庭的帮助和对耿马人民的贡献，我们永记心间，看着孩子茁壮成长，看着他扶持的项目稳步发展，他用实际行动诠释了一名共产党员的责任和担当，指引一个孩子奔向光明，帮助一个县城发展经济，感恩啊！亲人！

（陈彩萍）

我的坚果缘

初　识

我和澳洲坚果这个树种很有缘分。第一次认识它是 1992 年，那时在云南省林业学校读书，到热带植物园实习，树木学老师指着一棵开着一串串米黄色花的植物告诉我们：它叫澳洲坚果，是一种原产于澳洲的坚果树，属于山龙眼科、澳洲坚果属，是常绿乔木、双子叶植物，享有"干果之王"的美称。回来后我记住了这个树种，不仅因为它具有极高的经济价值，更因为它另一个独特好听的名字——夏威夷果。

1997 年，我在双江自治县林业局营林站工作已有 3 年。这年，县委、县人民政府明确，双江山区面积占全县土地总面积的 96% 以上，帮助山区各族群众发展产业脱贫致富，前提就是要念好"山"字经，念好"山"字经林业必须打前站。根据双江立体气候明显的优势，县委、县人民政府提出了"三条绿色经济带"的产业发展思路，就是在海拔 1900 米以上的山顶，发展以华山松为主的用材林基地；海拔 1600～1900 米的山腰，发展以泡核桃为主的油料林基地；海拔 1300 米以下的山脚，发展以澳洲坚果为主的经济林果基地，最终形成山顶华山松戴帽、山腰泡核桃飘香、山脚澳洲坚果环绕的"三条绿色经济带"。

按照县委、县人民政府的安排部署，县林业局迅速行动起来。澳洲坚果种植在当时属于一个新课题，因此县林业局成立了由分管副局长张明带队、营林站技术员为主的澳洲坚果造林技术指导服务组。工作组兵分两路开展工作，一个组由副站长刘世平带队，到西双版纳热带植物研究所考察，要求他带回种植 800 亩澳洲坚果所需的优质苗木。一个组由我带队，深入山头地块做好造林规划设计和造林技术指导。当我站在小黑江沿线的山地上，用 1:5000 比例的地形图勾绘下一块块米粒大的造林地块时，我知道澳洲坚果产业发展的时代来临了。

在县委、县人民政府的高度重视下，县林业局技术干部充分发挥技术专长，认真落实地块和苗木，查阅资料因地制宜确定造林技术措施，深入沙河乡布京村发动群众，圆满完成了当年的澳洲坚果造林任务。还记得那年的农历六月二十四，刘世平副站长从西双版纳植物研究所拉来了一万多株优质的坚果苗，沙河乡布京村的佤族群众用背篓和牛车把苗木从小黑江的公路边运到山上，就着温润的气候和雨水种下了四季常绿的致富树。当时一株坚果袋苗就重达一二十斤，但是我看见，背着上百斤坚果苗的佤族群众，黝黑的脸上除了汗水，还洋溢着对未来充满希望的笑。后来，布京村和知了寨的佤族群众成了第一批从澳洲坚果产业中获益的人，在价格好的年份，有的农户每年能获得 20 多万元的收入。

发 展

1997 年之后，县委、县人民政府在财政资金很紧的情况下，仍然安排资金无偿扶持群众澳洲坚果种苗，县林业局营林站承担了技术指导服务、种苗供应的任务。在政府的带动下，小黑江酒业、咖啡公司、县供销社、有实力的个人等社会资本、民间投资也纷纷投入澳洲坚果产业发展中来，推动了全县产业基地规模的迅速扩大。

2008 年，按照组织的安排，我调到邦丙乡人民政府工作。当时邦丙乡丫口村委会塞罕自然村是一个比较特殊的村庄，一是因为它是一个布朗族聚居村，全村 200 多户人家，布朗族人口占 99% 以上；二是巍峨高耸的亮山阻隔了塞罕村布朗族群众的出行和外界的进入，由于与外界交流较少，有的布朗族群众还听不懂汉语；三是当时塞罕村群众主要依靠种植玉米维持生活，产业结构极其单一。为帮助塞罕村布朗族群众发展支柱产业，让他们感受到党委政府的关心和支持，2011 年邦丙乡领导班子研究决定，要充分发挥塞罕村土地宽广、肥沃，气候热量充足的优势，扶持群众发展 2000 亩咖啡＋澳洲坚果产业基地。

因为我对澳洲坚果产业比较熟悉，乡长李发忠给我安排了两个工作队员，让我带队入驻塞罕村发动群众发展产业，在当时乡政府车辆极少的情况下，还给我们指派了一辆吉普车作为交通工具（虽然经常爆胎）。2012 年 3 月，我们和丫口村支部书记赵万新、文书李金明一起入驻塞罕村发动群众发展坚果产业。

入村的第一个晚上，我们的工作就遇到了困难。入驻前我们与塞罕村组长李金山电话沟通，让他通知全村的群众每户派一个代表在塞罕小学球场开会，给他们宣传澳洲坚果产业的经济效益、补助政策和种植技术，动员群众开挖种植坑塘。但是那个晚上我们等到 10 点，只有 10 多个群众来开会，动员效果不佳，群众认可澳洲坚果产业、上山开挖坑塘的积极性根本发动不起来。

第二天早上我们拜访了组长李金山。在他家火塘边，他给我们分析了群众不来参加会议的原因：一是由于多年来在塞罕村很少召开群众会议，他们不习惯；二是由于好多群众都不懂汉语，即使来参加会议，也听不明白。弄清楚原因后，通过认真讨论分析，我提出了一个宣传工作方案：把塞罕村的组干部纳入工作队，队员分成 5 个组，每个组两个人，其中一个会讲布朗族语言，每个组负责 50 户农户。方案确定做好分工后，我们利用早上群众出工前和晚上回来后的时间，到每一户群众家中开展宣传。在群众家火塘边先用汉语把种植澳洲坚果的经济效益、补助政策、种植技术说一遍，又用布朗族语说一遍，没听明白的，咱们就再说第二遍、第三遍，直到布朗族群众听明白为止。我们采用这个方法，用6天时间走完了全村每一户农户，第七天我告诉队员放假两天，回家洗洗澡、换换衣服。

记得我们再次回塞罕村是晚上9点左右，天已经黑了。当车子来到塞罕大桥的时候，我们看见对面塞罕山上火光点点，我吓了一跳，"是着火了吗？"我问。旁边的驾驶员李时能是个土生土长的邦丙人，他说："不是，应该是老百姓在'歇山'"。我问："'歇山'是什么？"他说："歇山"就是我们当地的老百姓在农忙季节，为了节约在路上来回的时间，拿上罗锅和米、咸菜，晚上不回家，住在山上，直到干完活路。"旁边的工作队员黄成丹说："哎，是不是老百姓在挖坚果种植塘？"我想："但愿如此。"

第二天一早我们就进山了。我们遇到的第一户挖定植塘的农户是一对60多岁的老夫妻，我问他们小娃为什么不来一起做，他们说有一个姑娘嫁人了，还有一个儿子没有讨媳妇去浙江打工了，家里就剩他们老两口，想种一些坚果树和咖啡当养老树。遇到的第二户农户是一对年轻的小夫妻。年轻的妻子在牛肋巴树下奶他们六个多月的孩子，我说她娃娃太小，山上太阳毒、蚊虫多，放在家里要安全一些。她羞涩地说，家里没有人领。接着她奶完孩子，把孩子放在牛肋巴树荫下的一块塑料布上，和她丈夫一起继续挖坑塘。我跟她说，晚上还是回家睡，怕孩子晚上在山上着凉。遇到的第三户农户是一个健壮的布朗族汉子，他独自一人在干活，我问为什么不约上家人一起来。他说老婆嫌他穷，带着孩子离家出走了，他要多种一些坚果树，有收益了再把他们接回来。接着我们遇到了第四户、第五户、第六户……每到一户都给他们讲解、示范坑塘开挖和种植技术，纠正他们错误的做法，再跟他们一起拉一拉家常。几天后我发现，每一户塞罕村的群众都有不同的家庭故事，但相同的是他们都对种植澳洲坚果脱贫致富充满了希望。

在塞罕村驻村期间，我们白天串山开展技术指导，和群众拉家常，还吃了很多他们刚从干枯的苞谷杆上摘下来的小挂蜂蜂蜜，又香又甜。晚上看着满山的点点火光，觉得它比过年燃放的烟花更美，睡在塞罕小学教室的水泥地上也不觉得苦了。两个月后我们完成了1000多亩澳洲坚果定植塘开挖，3个月后塞罕村布朗族群众种下了一株株致富树。在塞罕村布朗族群众的带动下，邦况村、忙安村、邦丙村、丫口村的群众也积极投入基地建设中来，邦丙乡澳洲坚果种植面积2013年以后快速增长，成为又一个帮助群众增收致富的好产业。

改　进

2020年，是我调到双江县政协经济和人口资源委工作的第八年。随着全县澳洲坚果种植面积的快速扩张，重视发展速度、忽视建设质量，面积大、单产低等问题也越来越突出。为充分发挥政协"政治协商、民主监督、参政议政"职能，经双江县政协主席会议研究，决定组织委员开展全县澳洲坚果产业发展调研，深入查找存在的困难和问题，提出切实可行的意见建议，向县委、县人民政府积极建言献策。

按照职能分工，由经济和人口资源委承担这个调研课题，我义不容辞承担了这次调研任务。记得是2020年白露节令后，澳洲坚果已经采摘完成，县政协副主席罗锦会带队，经济和人口资源委全体政协委员参加了澳洲坚果产业发展调研。我们深入勐勐镇、沙河乡、大文乡、忙糯乡、邦丙乡进行调研，与乡（镇）党委政府和林业局、招商局、工业园区等相关部门座谈，实地走访种植农户、查看种植地块，在充分调研的基础上，摸清了全县澳洲坚果产业发展中存在的五个问题：一是产业发展整体效益欠佳，挂果率低、平均单产低。二是种植品种质量参差不齐，同一地块、同一年种植的坚果，有的产量较高、有的产量极低、有的不挂果。三是技术推广服务能力亟待加强，指导群众开展标准化种植、采收、加工等方面的工作力度不够。四是规范化丰产栽培园建设投入不足，基地建设起点较低，道路、灌溉等基础设施不配套。五是精深加工产业发展滞后，收购市场混乱，提前采收、不按规范进行加工处理等现象突出。

　　针对存在的困难和问题，我们向县委、县政府提出了几点建议：一要提高对临沧坚果产业重要性认识，摒弃在产业发展中只追求数量的扩张，不注重质量提升的粗放经营思想。要根据坚果对栽培条件反应敏感、品种间差异较大的特点，统一规划布局、突出重点、分步实施、有序推进，带动全面发展。二要增强科技服务能力实行责任挂钩，把技术指导服务责任落实到人，同时建立完善的考核奖惩机制，充分调动现有技术人员服务基础群众，提高基地建设质量，推动产业健康发展的积极性。三要创新投入机制发挥金融支持作用，采取低息、贴息等金融政策扶持企业和种植大户，积极引进国内外资金，努力形成政府引导、市场化运作、企业带动、林农积极参与、部门配套政策服务的发展模式。四要把引进扶持、培育龙头企业作为坚果产业发展的关键措施来抓，积极引进资金雄厚、技术先进的加工生产企业落户，并在政策上予以重点扶持，营造良好的发展环境，积极引导企业与种植户形成"风险共担、利益共享、互利互惠、共同发展"的经济共同体。五是推动一二三产业融合发展旅游业，建立坚果生态庄园，把我县的峡谷风貌美景与坚果文化结合，加大向外宣传推介力度。在坚果成熟季节，让游客参观坚果生态庄园，品尝新鲜坚果仁，将旅游观光与采摘体验融为一体。开展"坚果王""坚果采摘能手"等评选活动，增强文化节的趣味性和娱乐性。要加大临沧坚果与其他食材相结合的研制开发，形成别具一格、风味独特的临沧坚果双江美食。六要充分利用网络渠道提高营销水平。目前网络技术正改变着社会生活的方方面面，一根网络线能把封闭落后的山村与世界相连。坚果产品营销中，要把传统营销模式与新兴营销模式相结合，利用电商平台开拓国内外市场。要围绕坚果产业加大网络主播的培养力度，让主播记录坚果的基地原貌、采摘过程、加工工艺，让主播拍摄的短视频带动产品销售的同时，使美丽村庄成为网红景点。

　　我们的建议得到了县委、县人民政府的肯定。同时，县政协结合"协商在基层"工作，在邦丙乡邦况召开了一次由林业、招商、工信等部门和群众参加的协商会议，群众、政协委员和部门领导各抒己见，共议坚果产业持续健康发展举措。大家一致认为，随着澳洲坚果园区灌溉系统、路网系统建设的推进，以澳洲坚果为原料的食品加工产业和旅游业等产业链的延伸，必将在实现各族群众增收致富的同时，为社会提供更多的就业机会和财富，推动全县经济社会发展水平不断提高。

记得在调研过程中我们到了塞罕村，时隔7年，当年种下的小苗已经挂果，虽然已是秋天，但是澳洲坚果树依然翠绿茂盛。赵万新支书还是丫口村的支书，调研结束后，他说一定让我们再去群众家坐坐，好些布朗族群众都还记得我，正好澳洲坚果已经采摘完成，带些回去给家人尝尝。但是由于还要到沙河乡调研，没能再进村去看看那对老夫妻、那个6个月大的婴儿、那个要接回妻儿的布朗族汉子……

未　来

我与澳洲坚果这棵树的缘分似乎到这里就要结束了，但是我知道这个产业仍然具有巨大的潜力等待挖掘，因为到2021年临沧市已经成为全世界澳洲坚果种植面积最大的区域。我相信，今后在县委、县人民政府的领导下，在无数踏实、敬业、肯干的基层干部的努力下，在我们最能吃苦耐劳、最朴实善良的佤族、布朗族等各族群众的汗水中，一定能让植物学家改写一个树种的名字，把澳洲坚果更名为临沧坚果。

（胡玉莲）

为祖国而战

　　1952 年十二月二十六日（农历），我出生于临沧邦东曼干村一个农民家庭。1970 年 11 月在临沧武装部应征入伍，成为中国人民解放军十一军三十一师九十一团二营四连二排班用机枪手；1973 年 10 月参加中国共产党，历任班长、排长、副连长、连长、副营长、营长；1979 年参加对越自卫反击战、老山者阴山两山防御作战，荣立一等功 1 次、三等功 2 次；1987—2001 年，先后担任祥云县、临沧县、凤庆县、云县武装部军事科科长、武装部部长，被云南省军区表彰为"优秀师团干部"，被廖锡龙上将昵称为"机关枪"；2020 年荣获"建国 70 周年纪念章"，现任云县延安精神研究会副会长兼红色老兵宣讲团团长。

一

　　1979 年 2 月 17 日，在中越边境延绵 500 公里的边界线上，万炮齐发，对越自卫反击战正式开始！中国人民解放军十一军三十一师九十一团二营四连在韩应学副营长的带领下，奉命打响船头穿插战，向 929 高地和 674 高地左侧发起冲锋。与此同时，当时我任步兵第十一军三十一师九十一团二营四连副连长，接到二营营长杨昌奎（贵州人）下达的作战命令，四连连长邓多典（四川人）立即组成一支由我率领，共 38 人参加的主攻突击排，在师团营炮火对越阵地实施火力覆盖之后，向 13 号高地丫口右侧小山包 674 高地发起冲锋。敌人一个排拼命用火力压制，我因地制宜、采取迂回包抄来到八班长毛福才的位置，准备组织掩护突击。只见越军机枪手双手扣动机枪正准备向我二人疯狂扫射。八班长毛福才闪电般地一掌推开了我，子弹击中我俩原来的掩蔽地方，打得地面尘土飞扬。毛福才眼疾手快，不但救了我，反将敌机枪手瞬间击毙，让我毫发无损地继续指挥战斗，掩护全连顺利通过 2 号阵地。38 名英雄组成的奇兵以十分惊人的速度插入敌后，向船头奔袭，12 公里的路程突击排只用两小时就提前到达指定位置，并迅速占领有利地形阻敌增援，断敌退路，为全连打开前进的通道。

2 月 17 日下午 2 点，我用望远镜观测到有 3 名越军误闯我军阵地，正驾着一辆三轮摩托从清水河方向飞驰而来。善战者，善于根据战场错综复杂的情况把握稍纵即逝的战机。我果断命令八班机枪手许禄运（山东人）向敌军摩托车开火，由于刚进入令人窒息的临战气氛，许禄运太紧张，没有击中目标，敌军疯狂加速向右侧逃窜。我火冒三丈，飞身进入射击位置，凭借自己多年担任班用机枪手实弹射击训练锤炼出的过硬本领，一阵扫射之后，敌三轮摩托车被击毁，3 名越军也同时毙命。在打扫战场时，缴获敌军一个公文包，获取两份重要军事情报。其中一份是越军七十四师发布的一道命令，要求清水河一线的部队死守一线防御阵地；另一份是越军清水河阵地防御要图。我"机关枪"的名号也从此传开。

料敌先机，方能决胜千里，军情上报，刻不容缓。我立即命令通讯员马晓光（四川人）将获取的情报火速送达连部。

2 月 17 日晚上 7 点，突击排在前方位置发现敌军 107 火箭炮阵地，在公路左侧一个十分隐蔽的地方，敌人的炮口正对着我军阵地的方向。关键时刻显勇毅，危急关头见担当。我熟练地打开军用地形图测量，并逐级向师炮兵团报告方位坐标。18 日凌晨 4 点，我军密集的炮弹呼啸而至，越军炮兵阵地被炸成一片火海，被我军炮火精准摧毁。

　　两个小时之后，越军一个连在夜幕掩护下驾车向封土逃窜。为了抓住战机设伏，出其不意地打击敌人，我命令重机枪手许云宝（山东人）和弹药手一起用重机枪火力断敌退路，自己也端起一挺班用机枪带领主攻突击排以公路为依托伏击歼敌。我们用班用机枪对逃往封土的敌人进行固定扫射，将越军封锁在伏击圈内全部歼灭。当时突击排还未来得及打扫战场，又接到命令投入新的战斗，也不知晓这场经典伏击战的战果。

　　第二天九十二团、边防十四团在向引巴封公路巴沙丫口开进时，发现沿途路段到处丢有越军尸体。九十二团向师部汇报，与此同时，师前指挥所向封土转移时在途中也发现大量越军尸体，并从师团、营往下查实，才得知是九十一团二营四连副连长张先文指挥的主攻突击排在此打下了一场漂亮的伏击战。

　　这次战斗名垂军史，我本人荣立一等功、许云保荣立二等功，共歼敌67名，缴获冲锋枪12支、步枪18支、82无后坐力炮1门，捕敌8名。

　　船头穿插战，是在时任九十一团副团长廖锡龙的亲自指挥下，众多穿插战中最成功的一次穿插战斗。堪称经典，赢得盛赞。"船头穿插战"成功入选对越作战经典战例，成为军事院校的教材。

　　我所在的九十一团在廖锡龙的指挥下机动灵活，战功突出，战后，九十一团成为云南前线各部队中唯一荣获"二等功臣团"的步兵团，被派往加强指挥的该团三营被军委授予"英雄营"的光荣称号，该营九连被授予"猛虎连"的光荣称号，该营还涌现出了"董存瑞式的战斗英雄陶少文"、特级战斗英雄李光辉。

二

　　2月21日6点天刚蒙蒙亮，四连连长邓多典下达作战命令，6点10分，攻打1642高地的战斗正式打响。全连趁着夜幕的掩护，从1642高地侧后鞍部摸到了离主峰只有30米的地方突然发起冲击。一排手榴弹爆炸后，四连乘着硝烟冲上了1642高地，神兵突现，防不胜防，打得越军落花流水。尖刀三排在我和排长王忠志带领下与敌展开对攻。在敌人火力点被摧毁之后，生死瞬间四连向敌人发起冲锋。我冲向敌人指挥部，看到一个越军正向我射击，我眼疾手快，一枪毙敌，但尚未断气的敌兵仍死死抱住冲锋枪不放手，我一脚踏住敌兵胸部，一手端起冲锋枪继续搜剿残敌。此后这支国产冲锋枪战利品一直伴随着我凯旋。

2月22日上午9点，越军开始用82迫击炮群和60炮猛烈向1642高地轰击，炮弹封锁了整个山头。四连孤军固守，克服着难以想象的生死煎熬。在敌人炮击中，四连付出了牺牲7人、伤7人的代价，靠着血性男儿的钢铁意志守住了阵地，为师团主力攻打巴沙山口赢得了空间和时间。七班火箭筒手冯达（昆明晋宁人）在干掉敌人的一个暗堡火力点之后，正准备第二次开火时，不幸胸部中弹，我快步上前扶起他时，冯达血染胸膛，但在生命的最后一刻，他仍用尽最后一丝力气，留下了"为我报仇"的遗言。

由于敌人的火力封锁，我军后勤补给困难，加之亚热带地区气温过高，战士们的水壶里没有一滴水，口角干燥得起皮破裂。有的战士用刺刀、铁锹挖茅草根放在嘴里慢嚼，有的用手扭压芭蕉水，喝起来又苦又涩。就在这断水断粮极端艰难的环境里，我和战友们不畏艰难地坚持了3天3夜。

3月4日，部队根据师首长的命令，九十一团由巴沙山口至达棱地区回撤，向班绕散杀敌军一个回马枪。

3月5日，中国向全世界宣布，从越南撤军！军首长命令三十一师九十一团挺进班绕散。九十一团二营四连首先歼灭凉水井地区1642高地守敌，然后奔袭班绕散，采取迂回包围、穿插分割的战术，将敌军像牛肉一样切成几块，逐一吃掉。廖锡龙副团长冷静决断，将处变不惊的大将之才和歼敌有道的指挥艺术展现得淋漓尽致，他带领三营和独立师一营对班绕散迂回包围，待各部到达攻击位置后发起总攻。此战我军大获全胜。

3月9日，我接到穿插新寨、断敌退路的战斗命令，临行前我与负伤的战友告别，走到正在为伤员包扎伤口的卫生员易理定（保山人）身边，和他表示最庄严的告别。摘下手中伴随我出生入死的英拉格手表，郑重地对易理定提了两个要求：如果我牺牲了，这只手表就作为我的党费，请帮我转交给组织；要是我负伤，请你为我及时止血包扎，拯救生命。就这样我和我的战友在祖国和人民最需要的时候，义无反顾地再次奔赴硝烟弥漫的战场。

我率主攻突击排按时到达新寨，配合主力部队一举攻克148高地，完成了断敌退路的作战任务。在会师的队伍里，易理定高举着英拉格手表和我紧紧地拥抱在一起，并向全体参战官兵发出了铿锵有力的声音："物归原主了！"

3月15日，九十一团官兵挥师凯旋，精神抖擞地乘车进入个旧市老厂，受到当地党委政府和人民群众的热烈欢迎。

3月16日下午4时，我和战友一起圆满完成断后任务，奉命回国。率领着主攻突击排的队员，行进在英雄行列里，回到了祖国的怀抱。

三

战后，我升任五连连长、二营副营长、营长。1984年再次奔赴南疆前线，参加者阴山、老山防御作战。

1988年7月，时任成都军区副司令员廖锡龙中将，到临沧军分区调研，在临沧军分区司令员石伦常大校的陪同下，亲切会见了时任临沧县武装部军事科科长的我。一见面廖将军直呼我"机关枪"。

1998年9月，已经是成都军区司令员的廖锡龙上将，再次来到云县武装部视察，与时任云县武装部部长的我再次见面。在漫湾电厂大坝瀑布前，我俩的手紧紧握在一起，久久不松开，彼此只看着对方的眼，千言万语，尽在不言中。在场的人无不动容。

这就是战场上生死与共的兄弟，这就是军人友谊渗透到相互的血液之中的战友情。这种战友情不一定人人都有，但有了就铭刻一生。

（张先文 口述　宋荣坤 整理）

我的 20 年政协情缘

　　1992 年 12 月，我主动要求，经组织批准，我从永德县班卡乡人民政府调镇康县政协文史委工作。很多人都不理解，怎么年纪轻轻就到政协工作？我无所谓，就认一个理，"不管在哪里，只要干一行，就爱一行，干好一行"。在镇康县政协文史委，我从科员成长为副主任、主任，至 2012 年 12 月调离，足足 20 年。

　　1992 年 11 月 24 日，我到镇康县政协报到，就被安排在文史委工作。当时的政协机关，设有"两委一室"，即文史委、提案委和办公室。全机关包括政协主席、副主席、秘书长在内，共 15 人。那时候，政协机关有个很好的工作氛围，工作上，大家都共同帮忙，不分彼此。当时，文史委正在打印、校对《镇康县文史资料选辑》第三辑稿件（一、二辑已出版发行），见同事们积极校对，我也很快投入校对工作中。这是我第一次接触文史资料工作。因为是刚接触，又是我今后的本职工作，在校对工作中，从不马虎。加之我之前从事党政部门的文秘工作，对于校对工作很是认真，经我校对的稿件，错误率都控制在万分之二以内，符合国家标准。由于自己工作认真，同事们一下子就注意到了我的这个优点，说我细心，连他们校对不出来的地方，我也能校对出来。有了同事们的鼓励，我更加认真了。平时，我还多留个心眼，看看前辈们是怎么撰写文史资料的，写出来的文史资料是怎样的。工作之余，把《文史资料工作概况》一书读了几遍，又拿出全国、省、州（市）、县（区）交流来的文史资料翻翻，看

"概述""综述",看"序言""前言",学习各地文史资料工作的做法和经验。召开审稿会议时,认真听与会人员发言,从中学习对文史资料工作的见解……通过不断学习,逐步对文史资料工作有了新的认识,对今后如何做好文史资料工作也有了自己的思考。

1994 年,滇西八地州文史资料横向联系会议在德宏召开,当时的临沧地区,由临沧地区政协工委文史委、临沧县政协文史委、镇康县政协文史委各派一人参会。在会上,我以《镇康县开展海外文史资料征集》为题,作了交流发言。发言中,我提到一个"舒子杰"人名,引起了当时省政协文史委主任杨真元的注意,等我发言完毕,杨真元当即发言,肯定了镇康政协文史委开展海外文史资料征集的成功做法。当时,我很奇怪,别的州(市)、县(区)都发言,杨主任怎么不插话?唯独镇康发言后,引起了他的兴趣?会间休息时,杨真元主任找到我,第一句话就说:"我找你半天了,现在才见你,来来来……坐坐坐……"随即,把我招呼到他身边一条长凳上,我向他问好后,在他身旁坐下。刚落座,杨真元主任就对我说:"你交流时提到的那个舒子杰,是我亲二大爹,我们都是保山人,我小时候,就和他同住在一个大院子里,每天晚饭后,大家常在院里聊天,二大爹曾到镇康县勐捧代理过县佐,后来,移居到了缅甸,我们再也没见过面了……"随后,杨真元主任又再次肯定了镇康开展海外文史资料征集的做法,让镇康继续做好这方面的工作。省政协文史委主任的肯定,增强了我进一步做好文史资料工作的信心。

20 世纪 90 年代的镇康县政协文史委,曾自定任务,每年要征集、整理、编辑、出版一辑《镇康文史资料选辑》。我作为文史委的专职人员,自知责任重大,就不断地了解线索,找历史当事人、知情人、见证人回忆镇康县某个领域的历史或片段。能亲自撰写史料的人,就让其亲自撰写;不能撰写史料的人,就找人代笔,成稿后,署"某某某口述、某某某记录整理",以示负责。

每征集到一篇史料,我都及时整理、核实,并交专人打印,送分管的政协副主席审定，严把"三关"，即政治政策关、史实关和语言文字关。逐篇定稿后，又进行分类，按设置的栏目对号入座，用时间顺序进行排列，完成编辑。待史料稿件达到预定的成书规模时，装订成册，形成初稿，提交文史委委员和"四班子"（县委、人大、政府、政协）领导和撰稿人初审；初审完毕，我按照大家提出的意见和建议，再进行修改完善，确认没有问题后，召开审稿会进行终审定稿。

定稿后，最头疼的事情来了，就是申请出版经费。文史委得亲自写经费申请报告，亲自把报告呈送给有权批复的领导。有时，一个月能申请到资金；有时，几个月才申请到资金；有时，一年也申请不到资金……这就打破了原定每年编辑、整理、出版一辑《镇康文史资料选辑》的计划。

后来，从一位县政府主要领导口中得知，已出版的《镇康文史资料选辑》有些杂乱，每一辑突出不了主题，跟杂志一样，什么都有一点，却什么也说不彻底和完整。加上出版经费申请困难，穷则思变，这就引起了我对进一步做好文史资料工作的思考。

于是，我以文史委主任的身份，与当时的镇康县旅游局局长刘晓慧协商，让县旅游局出钱，文史委负责征集、整理资料，共同编辑、出版《镇康民间故事》，以专辑的形式发行。这提议，得到了刘晓慧的同意，2006年，《镇康民间故事》一书出版发行，印数1万册，出版发行后，一年内就赠阅完毕。出版专辑的尝试获得成功，决定了今后就走征集、整理、出版专辑的路。于是，我不断了解线索，制定计划，分步实施。

2008年，我仍以文史委主任的身份，与镇康县民族宗教事务局协商，挖掘、整理一辑《镇康德昂族》，全面、系统地记录镇康德昂族的历史、现状、风俗习惯。我的提议，得到了镇康县民族宗教事务局的支持和配合。县民宗局还派刀云红配合我，深入镇康县9个德昂族村寨调研。经一个多月的田野调查，拿到了第一手资料，再经半年的整理、编辑、审定，2009年《镇康德昂族》一书出版发行。

1993—2012年，我从《镇康文史资料选辑》的编辑，成长为主编，编辑了《镇康文史资料选辑》第三辑、第四辑；主编了《镇康文史资料选辑》第五辑、《镇康民间故事》《镇康德昂族》《镇康落实政策纪实》。这期间，因我负责过《云南政协通志》第 75 章"政协镇康县委员会"的撰写，学到了志书编纂的做法，我又承担起《镇康政协志》一书的主编任务，开始了志书的资料收集和整理工作。我拟定好《编纂工作方案》，对成书框架、成书规模、篇章节目等都进行了细化。我查阅了有关镇康县政协的所有永久卷、长期卷档案，采访了政协离退休干部，动员政协各委室负责人提供各类资料、图片，尽量把 30 万字的志稿做到"齐、清、定"，交付初审。2012 年 12 月，因工作需要，我调离县政协文史委，到新成立的镇康县社会科学界联合会工作，《镇康政协志》在政协机关的努力下得以出版发行。

回顾我在镇康县政协文史委工作的 20 年，用一句话总结，就是收集整理了一堆资料，出版发行了几本书。

（李 应）

我的"抗疫"和"打跨"经历

2020 年初，当新冠疫情汹涌来袭，眼看着疫情在全国各地蔓延开来，各级公安战线随即启动勤务模式，在党委政府的领导下，开启了疫情防控阻击战，打击整治跨境违法犯罪专项行动也同步开展。毗邻沧源的缅甸，当前政局动荡、形势严峻复杂，这样特殊的地域和政治环境，以至于大量不法分子盘踞于此，长期以"高薪招聘"的方式诱骗中国公民偷渡出境从事制贩毒、电诈、赌博、绑架拘禁等违法犯罪活动。受新冠疫情影响，境内就业问题凸显，全国各地更多务工求职人员被诱骗出境，进而造成被拘禁、绑架以及从事各类跨境违法犯罪活动，使沧源县成为全省、全市疫情"外防输入"和打击各类跨境违法犯罪斗争的最前沿阵地和主战场，边境管控形势更加严峻。在这样的大背景下，沧源自治县公安局既承担着疫情防控的国家责任，也承担着打击整治跨境违法犯罪的职能责任。

"疫情就是命令、防控就是责任"，作为新上任的副局长，我主动请缨负责分管此项工作，同时也兼任了沧源自治县疫情防控指挥部打击惩治组组长，将疫情防控和打击整治跨境违法犯罪专项行动做到无缝对接、统筹推进。同时，我报请局党委成立了我们县公安局的第一支打击整治跨境违法犯罪专项行动特战队，将我所分管的部门统筹协调在一起，整合警力、物力资源，全力严打偷渡、走私、电诈等各类跨境违法犯罪，严防疫情传播。

身先士卒　战疫打跨

为了更好地贯彻落实上级关于疫情防控和打跨工作相关要求，我每天三点一线不停地奔波在县委、县政府和公安局之间，在疫情防控和打跨工作上，将党委、政府和公安机关工作很好地串联了起来，发挥了公安机关的尖刀作用。疫情防控和打跨工作开始后，沧源自治县公安局全警投入这项工作中，随着疫情形势愈加严峻、打跨专项深入推进，全县查获了较往年数十倍增长的违法犯罪嫌疑人，全县抽调了大量民警投入隔离留观场所值守、巡逻查缉、卡点值守等工作中，民警长时间、超负荷投入工作，警力不足的问题凸显出来。为了解决这个问题，我将自己所分管的业务部门全部统筹起来，改变了以往各自为战的工作格局，各个部门之间协调联动，团结奋进，互相支持和帮助，做到了"聚全警之智、集全警之力、尽全警之责"，很好地完成了上级交给的各项工作任务。随着疫情防控和打跨工作的不断推进，公安机关查处的案件越来越多，以现有的警力无法及时消化案件，严重制约案件快侦快诉快判，甚至存在执法不规范的风险。为了解决这些问题，每次上级党委政府和公安机关调研指导工作期间，我在局主要领导的带领下，都实事求是地将问题反映给上级领导，请求上级协调市内其他县区援助沧源开展打跨工作，共享战果。通过努力，市公安局采纳了我们的意见，指派了凤庆、双江、云县等地公安机关援沧。同时，市局还向省公安厅请示报告，省公安厅先后安排了厅机关、大理、曲靖等地公安派出100余名警力赴沧支援。省支援警力抵达后，我又马不停蹄地开始安排人员分配问题，结合县局各部门的工作实际，将援沧警力一一安排在了适当的岗位上，有效解决了警力不足的问题。随着打处的违法犯罪嫌疑人的不断增加，全县羁押场所几乎全年处于超押50%以上的状态，羁押风险严峻，在县局党委会上，我向局党委提出了自己的想法和建议，由县局及时向市局公安机关请示报告，将目前超押情况详细作了分析和研判，确切指出了目前的风险和隐患，并提出了合理建议，请求全市公安机关协调联动，酌情分流部分羁押人员。通过请示，全市公安机关建立了羁押场所分流的相关规定，及时向内地县区分流了部分嫌疑人，有效缓解了超押问题。通过全县公安机关共同努力，沧源在疫情防控暨打击整治跨境违法犯罪工作中，取得了前所未有的战绩。2020 年 1 月以来，全县共查获非法出入境人员 18566 人，其中非法拟出境 3811 人，非法入境 7722 人，自首入境 7033 人；共办理妨害国（边）境行政案件 12941 起 16367 人，行政拘留 307 人；共办理妨害国（边）境刑事案件 522 起 1550 人，刑拘 1241 人；查获数、案件数较往年都是数十倍的增长，重重打击了偷渡违法犯罪分子的嚣张气焰。

夫妻同心　携手抗疫

我妻子鲍娟芹是县文化旅游局的一名干部，疫情开始后也和我一样，立马投入疫情防控工作中，只不过我们俩所负责的工作有区别，我主要负责打击违法犯罪，她负责县城区域隔离酒店的相关工作。年初疫情刚刚开始，文旅部门需要上报相应的酒店床位、房间相关数据，以单位向业主收取数据延迟较高，一定程度影响了工作进度。为了及时更新数据，保障疫情防控工作，我找到了我们单位治安部门的同事，请他们协助调取旅店业管理系统自动生成的相关数据，再由妻子与业主逐家核对，第一时间提供了相关数据。其间，我们两口子生活上相互理解、相互包容，工作上相互配合、相互支持，就这样，夫妻双双投入疫情防控工作中。疫情期间，我们夫妻俩几乎没有休息日，都很难照顾到家中大小事宜。2020 年 11 月中旬，家中年仅 1 岁的女儿持续高烧不退，时值沧源辖区疫情防控以来偷渡案件高发期，疫情防控形势空前严峻，我和妻子都奔波在各自岗位上，几乎没有时间陪孩子去医院检查、治疗，只有年迈的父母带着我们 6 岁的儿子在医院里陪着女儿打针输液。夜深人静时，我们夫妻俩忙完工作后才匆匆忙忙赶到医院看望孩子，眼看着扎着针还在哭泣的女儿，看看在病床旁睡着的儿子，心里很不是滋味。母亲看着我说："你就别担心了，医生说打两天针就好了，你和喃（我妻子）就安心工作，艾（我儿子）和叶（我女儿）有我们照顾着，现在疫情防控工作压力那么大，你们就别分心了。"听完我不禁湿了眼眶，心里更加愧疚不已。

远赴境外　跨境合作

在县疫情防控指挥部和市公安局的工作要求下，2021年6月28日，抽调了公安、卫生等部门7名工作人员，由我带队赶赴与沧源接壤的缅甸联邦共和国掸邦第二特区佤邦勐冒县和南邓特区，就两地疫情联防联控工作进行调研和交流，引导对方与我方相向而行，积极落实疫情联防联控各项措施。刚到境外的时候，我发现滞留缅北中国籍人员预约自首回国的工作十分混乱，存在诸多问题：一是报名登记点多。两地并未明确指定此项工作具体负责的单位和部门，人员重复登记、管控不到位等情况较为突出，登记报名人数与实际被统一管理的人员数出入较大，人员底数不清。二是预约报名后人员入住管理混乱。两地将人员指定在辖区内包括酒店、政府指定点、公司指定点、农户家中等场所，居住较为分散，人员活动频繁，不便于人员管理和数据统计，疫情风险较大。三是插队现象十分突出。两地未针对滞留辖区中国籍预回国人员的登记、管理、排序等方面制定出科学、可行的方案，导致出现人员管理不规范、排队秩序混乱现象，甚至出现付出高额费用插队现象，多次发生了骗取插队费用事件，还对排队人员收取高昂的住宿、用餐、核酸检测等费用。以上原因也直接导致了部分预约回国人员长期排队并负担了高额的费用后仍未能回国，最终选择冒险偷渡回国，给双边联防联控工作带来了风险。针对这些情况，我们及时找到了勐冒、南邓两地的主要领导，及时与他们开展了会谈会晤，并取得了他们的支持和理解，达成了共识。在我们的积极引导下，两地逐步规范了中国籍人员预约回国相关程序，解决了前期管理混乱、插队现象突出的问题，尤其是勐冒县委书记肖赛保，还热情地邀请我参加了勐冒县2021年半年工作总结会，并在会上安排部署了双边疫情联防联控及滞留缅北中国籍人员预约自首回国相关工作。其间，我们积极配合勐冒县和南邓特区组织共3000余名滞留在境外的中国籍人员自首回国。

同时，根据疫情防控形势，我们还积极引导两地进一步强化查缉管控，勐冒县在与中国沧源县接壤的边境必经之道东嘎乡司岗惹、得龙乡、梅不老乡新增设了3个武装卡点。南邓特区在与缅管区交界的拥莫乡、班控乡分别设置了2个帐篷隔离点（每个隔离点设50个帐篷），在南邓特区拥莫乡至中国沧源班老乡路段、班控乡至中国沧源班老乡路段、橄榄寨至中国沧源芒卡公勐胶队便道路段、南邓特区至中国沧源芒卡马洛路段分别增设4个武装卡点，对过往人员及车辆实行严格查控，引导人员通过口岸正常出入境，严防人员潜入潜出导致疫情传播。

为了进一步推进双边合作，提升友邻地方抗疫防疫能力，我们积极协调沧源自治县红十字会先后向南邓特区援助了29个集装箱、400套被套、400张高低床、200个帐篷；向勐冒县援助了4000片层板、600个床位、600套行李，沧源自治县公安局向勐冒县警察局援助警务装备10套（防暴盾牌10块、齐眉棍10根、防弹衣10套、防刺服10套），缓解他们疫情联防联控物资紧缺压力。

这一次赴境外，一去就是40余天，处理了很多问题，也更加熟悉了很多境外的情况，为下一步双边开展警务合作奠定了坚实基础。其间，县局里我所分管的部门定期给我打电话汇报工作，还提出为便于工作开展，很多文件、材料以及单据需要我审核签字。我只有抽出时间从勐冒县赶到永和口岸，在工作人员的帮助下，按照防疫相关要求，一一审核、批阅了相关文件、材料和单据，确保工作正常有序开展。8月10日，我们启程回国，抵达沧源后，便是为期21天的隔离，为了及时投入工作，我仍然与佤邦勐冒县和南邓特区保持联系，持续跟进相关工作进展，确保将双边合作成果进一步深化。

"涓涓如流,汇聚成海。"抗击新冠疫情需要全国人民众志成城、万众一心,守护边境需要我们边境地区全体人民群众共同努力、不懈奋斗,需要每一个平凡的人在危难面前不畏艰险、积极行动、默默付出。投身到疫情防控和打跨工作这一年半多的时间里,我收获颇丰,有上级领导的暖心关怀,有同事之间的体贴关心,有下属的信任和支持,更有来自守边抗疫的责任感、使命感和荣誉感。2021 年 6 月底,在建党 100 周年之际,我荣获了"云南省优秀共产党员"的光荣称号。回想获此殊荣的点点滴滴,我所付出的行动,都只是一名人民警察的职责所在,但是上级和组织却给了我极大的认可、激励和鼓舞,这也成了我工作的不竭动力,在往后的工作和生活中,我将永远感党恩、听党话、跟党走,继续保持兢兢业业、任劳任怨的作风,建设好美丽家园、维护好民族团结、守护好神圣国土,为边境防疫抗疫和打击跨境违法犯罪贡献智慧和力量,助力全县人民唱响新时代阿佤人民的幸福之歌。

(赵云峰)

感怀篇

临沧文史资料选辑第十七辑

我们一起走过

山乡巨变

　　站在49年前当知青插队落户的小山村——云南省临沧市永德县德党镇何家大塘的村口，放眼望去的一切，是那么的陌生。村头那一蓬青翠挺拔、迎来送往的龙竹，没有了！那熟悉的鸡鸣狗吠、牛羊欢叫，销声匿迹了！完全颠覆了过去清晰的印象和记忆。蓦然，我脱口而出已故著名作家周立波先生一部小说的名字——《山乡巨变》。

　　1975年8月，我们8名应届高中毕业生来到何家大塘，这个在县城可以遥望挂在半山腰上的小山村，开启人生中那一段"走与贫下中农相结合的道路，接受贫下中农再教育""广阔天地，大有作为"的重要经历。而我，直到1978年1月被招录为汽车修理工，继而收到大学录取通知书离开，在这个小山村劳作、生活了两年零五个月。在这里，我第一次赶着牛扶犁耕田犁地，第一次挑起比自己体重还重的担子，第一次持鞭放羊。在这里，我知道了农民的艰辛，粮食的来之不易。两年零五个月，我接触了社会，历练了身心，锤炼了担当，丰富了人生。

　　我本以为，会找到一些痕迹，但找不到了，一切都找不到了。我们进村时头几个月居住的那一栋老房子，已没了踪影。记得当年那栋老房子，一层当牛圈关牛，二层三间房住着我们8个人。而当知青几个月后新盖的那栋用松木支架、土坯砌墙、瓦块覆顶的知青户房子，连地基也找不到了，取而代之的是一栋二层的楼房。农户的主人是嫁入20多年的主妇，根本不知道她们家宅基地的前世。唯一能找到的，只有那因此而得村名的、不到两亩地面积大小的一湾水塘。

步入村中，遇到一位后背微驼、在家门口晒太阳、怡然自得的老妇人。看到"外人"来访，她微笑着与我们打招呼并邀请我们到她家中坐坐、喝杯茶。我上前问她："您记得当年在这里插队的知青吗？"她当即说道："当然记得。"然后准确地说出了我们 8 名知青的名字。我既惊喜，又惊讶，问她："您认出我是谁了吗？"她茫然地摇摇头。在我报出姓名后，她很激动，一把抓住我的手说："你从北京来看我们啦！太好啦！你是第三个回来看我们的知青。"她还告诉我们，前晚做了一个梦，梦中说第二天会有个事，没想到是你回来了。看得出来，她非常高兴。梦应验了，话音未落，她便反问我："记得我是谁吗？"我同样一脸茫然。她哈哈一笑："我是你们的李大嫂。记不记得？你们没菜吃的时候，就到我家，进门就喊'李大嫂，没菜了，给点酸腌菜'，你们则把一些瓶子、铁盒子等给我小儿子，他拿着会玩上一天……"听到此，我恍然醒悟，真没想到，面前这位老人，就是当年家里家外一把好手、飒爽英姿的妇女队长李大嫂呀！

在李大嫂家院子的凉棚下，傍着茶桌，喝着涩中慢慢回甘的山茶，听李大嫂讲她家和村里发生的变化，宛如时光倒流。李大嫂说，"现在吃、穿、用都不愁了，日子很好过，与过去大不一样了。"我笑着说："您家一栋三层现代化的小洋楼，院里停放的私家车，厢房屋檐下挂着的 6 只大火腿，都让我们羡慕了。"李大嫂略带谦虚地说，村里像他们家这样的还有几家。谈了一会儿，李大嫂说，村里有的老人去世了，有的不在家，还有的不记事了，只能带你们去当年生产队副队长家看看。

走进副队长家，见到的又是另一番景象。一栋二层的小楼与两侧的厢房、对面堆放杂物的废房，组成了一个小院。四周的阳台、围台上，排放着形态各异、色彩缤纷的众多多肉植物，蔚为壮观。老队长告诉我们，这都是他孙女养的，在网络上售卖，颇受欢迎，生意不错，是他们家的一项收入。

变了，一切都变了。过去，生产队各户人家，土坯砌墙，茅草或瓦片覆盖的破旧房子，与相邻的猪圈、鸡窝以及门前的一小块自留地形成的一个农户的布局，全都变成了不太规则、大小高低不一，用现代建材建成的洋中还带着些乡土气的二层或三层小楼房。过去一到雨季就泥泞不堪，不时还会踩到猪粪、牛粪、羊粪蛋的村中小路，早已变成了水泥路、石块路。听乡亲们讲，作为县里乡村振兴重点帮扶点，村里最近正在开挖、接埋污水管道。建成之后，各家各户的生活污水将进行集中收纳处理。

当年，小山村不通公路，不通电，生活用水靠一根根竹管顺势而下，将山水"输送"到农户家中。我们入住村里时，是靠生产队的一匹小骡子，将行李从县城驮上山的。每年冬季交公粮，都要翻山越岭、肩挑背扛送到县城粮库。而现在村村通，公路穿村而过，交通十分便捷。当年每十天一个集市，村民挑着一担木柴或在自留地种的蔬菜、家养的鸡或蛋去集市售卖，以买回夜间照明用的煤油、食用的盐及其他日常用品。乡邮递员每周下乡一次。路过何家大塘时，就会送来一周前的报纸刊物，那是当时难得的精神食粮。现在，自来水户户有，生活用电户户通，无线网络全覆盖，农村生活与城镇生活无二。

当年，村民们面朝黄土背朝天，日出而作，日落而不息，在六分水田、四分山地的土里靠辛勤劳作刨食。记得插队的那几年，全劳动力每天全勤12个工分，值0.11元。年终算账分红时，有的户还倒欠生产队钱。全村每年开春时，都有一两个月因缺少粮食而闹春荒。现在，这都成了老人的记忆。全面小康，解决温饱，"春荒"早成了过去时。村里人已不种地了，土地都由公司和专业户承租，进行月季花幼苗开发种植。月季花幼苗开发种植与石榴、茶叶、鸵鸟养殖和节假日休闲观光等，形成了山村的产业布局。村里有4家有一定规模的农家乐，节假日时，城镇的人会到山上休闲娱乐，最多的时候有几百人。当年，每天早上，在村里随处可见牛、羊、猪，有的是一早赶上山、傍晚接回来，有的是到收割过的田地里自然放牧。现在，这些都不见了，来来往往的是汽车、摩托车和观光的游人。

过去，村里有一所小学。一间教室，一名民办教师，一至六年级混班上课。20多个学生，多数读到六年级就不读了，极少有到县城读初中的。记得当年，我们几个知青发动，在村小旁边的空地上义务劳动，谋划为村小、为村里的年轻人建一个篮球场。对于肚子都吃不太饱的青少年，义务劳动挖球场，打篮球，不同人的想法确实不在一个频道上。因此，直到我们离开山村时，才断断续续挖出半个球场的面积，连篮球架都没有支上。现在村小没了，只有两栋三层的新楼，分别挂着"云南月季花种业创新研究院""乡村振兴实验室"的牌子，挂着"党的光辉照边疆，边疆人民心向党"的标语。原计划建篮球场的位置，办起了一家农家乐。公路通了以后，开车、骑摩托车，十几分钟就到县城。村里的孩子都到城镇读书，享受优质教育资源了。李大嫂不无自豪地告诉我们，她的孙子在昆明读大学，已经读到二年级了。

衣食无忧，人丁也兴旺了。当年整个村32户人家，130多口人。现在村里已有52户人家、222口人了。过去全村人都姓尹，现在也有其他姓氏的人家了。前些年年轻人都往外跑，现在村里有活干、有钱赚，用李大嫂的话说，"好吃好在"，有些人又陆陆续续回来了。

我们是中午到的何家大塘，在村里停留一个下午，晚上在村里的一家农家乐吃完晚饭后便返回县城。正是人间四月天。傍晚的山村，和风拂煦，天高云淡，令人流连。更让人流连的是岁月。人生能有几个49年？半个世纪，一转身就成了岁月。半个世纪才有此一回，现在又将离去，我不知不觉中掉进了宋代苏东坡在《满庭芳·归去来兮》中所营造的意境："归去来兮，吾归何处……百年强半，来日苦无多……山中友，鸡豚社酒，相劝老东坡。云何，当此去，人生底事，来往如梭……"

我感慨，岁月是一台雕刻机，终究会将曾经青春年少、略带青涩的我们，雕刻成头顶着一穷二白的头发、挺着中部微微崛起的腰腹、行走在黄昏的人。

我感慨，岁月是一台复读机，终究会将一些抹不去的记忆不断回放，画面清晰如昨。18 岁时的经历，是磨难，也是磨炼，不愿重复，也不可能重复了。但值得珍藏、汲取，是人生不断向前、向上的台阶。所以，导师说："忘记过去，就意味着背叛。"

我感慨，岁月也是一个推进器，终究会推动着大到国家、社会，小到一个山村、一个家庭不断发展变化。历史的车轮，终将滚滚向前。何家大塘，是中国广大农村的微缩景观；何家大塘的"山乡巨变"，是改革开放以来中国经济社会发展变迁的微观影像。人生无再少，社会有生机。

返程途中，蓦然回首，暮色中，那熟悉而又陌生、陌生而又熟悉的何家大塘，灯火点点，山水清晖，一派安澜。而我却心潮起伏、波澜阵阵……

今日一别，何时再来？

（常荣军）

走笔临沧城

引　子

　　临沧城地处临翔区中部临沧坝。临沧坝面积50.6平方公里，南汀河、西河蜿蜒穿坝而过。临沧城就坐落于临沧坝子南侧班凤山麓延伸而下的5条小山梁上，海拔1460米，南靠班凤山，西横南高山，北面旗山，南临忙东山、打雀山。

　　明正德五年（1510年）始筑城，以木为栅，无城郭。清乾隆十四年（1749年）筑土城墙，墙高1丈2尺6寸，周长3里3分，上覆以瓦，没有四门，无城池。清乾隆三十三年（1768年），改建土城墙为砖城墙，墙高1丈8尺6寸，建有城垛1200口。民国时期的临沧老城建成区面积不足1平方公里。1950年5月缅宁解放时，老城人口约5000人，城墙和城门保存比较完整。1952年10月，政务院批准设立缅宁专区后，临沧城成为专区的政治、经济、文化中心。当时的街道依山就势修建，街道短窄坎坷，当时有名的凹腰街、肖祠街均是起伏不平的"菠萝路"。街道两侧的房屋多为土墙草顶或土墙旧式瓦房，街道明沟排水，污水自然流淌。随着大批量党政机关、企事业单位、人民团体、军警部队入驻临沧城，狭小的临沧老城已经无法满足其作为政治、经济、文化中心的功能需要，随即开始拆除阻碍交通和物流的老城墙和城门，临沧城逐渐呈放射状向东、南、西、北四个方面扩展至今。

我在临沧城工作生活了 20 年，这些年来亲眼看到临沧城的日新月异，历史的旧容已沉入历史深处，怎能不心神激荡。

临翔往事

交通是临沧城发展的"大动脉"，路网是支撑城市的骨架。我在临翔区工作时，听老干部讲，"当年，为了开发客运站至东阁坝这个片区，规划了世纪路这条主干道，但因占用良田太多，干部反对、群众上访……"邓小平南方谈话后，原临沧县组织了党政考察团到广东深圳考察学习，因怕别人笑话，凌晨才到深圳大道用皮尺丈量路宽几米、绿化带怎样种植……通过解放思想大讨论，修建了双向 8 车道并配建人行道、绿化带且现在也不过时的世纪路。随着城市功能的提升完善，为发挥中心城区的辐射带动作用，临翔区委、区政府力排众议，举全区之力新建东西两条双向 4 车道环城路，把原穿城而过的 319 线扩建为双向 6 车道的城市主干道，当年征地拆迁、尘土飞扬、机器轰隆的场面，至今仍历历在目……大临铁路、墨临高速、机场高速、世纪路、缅宁大道、南天路、团结路、白塔路、旗山路、汀旗路，等等，这么多条新路见证了临沧新变迁，记载着临沧城市的发展，更让人有刷新时空的感受。

随着城镇化进程的不断推进，大量的人口、产业向城镇聚焦，城镇中失地农民、下岗工人、新就业职工不断增加，房价上涨、住房困难、一房难求等问题在临沧城的发展中普遍存在，已经严重制约了城镇的健康、协调和可持续发展。从 2008 年起，临翔区委、区政府抢抓城镇公共租赁住房建设的历史机遇，将临沧城中区位较好、交通便利、环境优越、通风采光好的地块优先选址用于建设城镇公共租赁住房，克服时间紧、任务重、建设资金短缺等重重困难，以玉龙花园、文林秋苑为代表的一座座高楼拔地而起……拉动了临沧城镇化率 20 多个百分点，给了住房困难群体一个家，圆了他们的安居乐业梦,"安得广厦千万间,大庇天下寒士俱欢颜!"

1965年前,临沧城无自来水设施,都是掘井而饮,当时有玉龙井、邱家井、月牙井、双水井、文昌井、三眼井、和尚井等180余眼水井。80年代初,临沧城的供水以博尚水库为水源,转山大沟为输水沟渠,由于原水水质差,加之当时制水工艺落后,我们在师范读书时饮用的水都浑浊不清,当时有"每年都要喝下三个土基"的戏称。2008年一场大旱,整个临沧城饮水告急,生产生活用水告急……如何喝上放心健康水,成为大家的痛,成为一种奢望,找水源、兴水库、建水厂、滤污水,是我当年在临翔的重要工作。目前,中山水库、铁厂河水库、鸭子塘水库已成为临沧城的重要水源点,3个水厂的供水已并网运营,可根据供水需求适时调度、缓解矛盾。特别是两个污水厂的投入运营,南汀河临沧坝段的治理,不仅保护了生态环境,也亮丽了临沧城。

百年大计,教育为主。南屏小学始建于1908年,即清光绪三十四年,是一所有百年办学历史的学校。随着临沧城的快速发展,占地仅23亩的老城区南屏小学已远远不能适应教育发展需求。为此,2011年下半年,区委、区政府下定决心,再穷不能穷教育,决定将南屏小学搬迁至城北青华村旁,寓意"学子北上清华"。仅用了11个月时间,占地94亩、建筑面积2.5万平方米、容纳66个教学班3000多人、投资1.4亿元的新南屏小学就建成且投入使用,既解决了老城区交通拥堵问题,促进了临沧城教育资源均衡发展,又为全市标准化小学的创建树立了榜样。

紫气东来

今天,我们站在新时代的历史起点,回眸临沧大地改革开放的变迁,一幅幅美丽动人的画卷震撼心灵,一桩桩辉煌的成就催人奋进。临沧是"国家可持续发展议程创新示范区""全国低碳国土实验区""中国十佳绿色城市""国家森林城市"和"中国十大避暑旅游城市",是中国少有宜居宜游的首选之地，避暑避寒双重的度假养生天堂。临沧是亚洲微电影艺术节的永久举办地，已连续举办了十届亚洲微电影艺术节。临沧是唯一承办了云南省运动会、省农民运动会、省残疾人运动会、省少数民族运动会4个大型运动会的城市。七彩陶瓷文化主题园被评为2023年国家工业旅游示范基地。

如今的临沧城，"森林城市、园林城市、卫生城市、文明城市、智慧城市、平安城市"六城同创，绿水青山美家园。如今的临沧城，城市人口与面积大幅增加，城市的高楼大厦不断刷新高度。如今的临沧城，养老不用愁、看病不再贵、上学不再难、住房有保障、出门有车坐，处处花团锦簇，笑语欢歌，临沧变美了、临沧干净了。

在举国上下共同庆祝中华人民共和国和中国人民政治协商会议成立75周年之际，深深审视"个人"和"祖国"的关系，清晰地意识到，祖国前进的每一步都深深影响我们生活的变化，而我们生活的每一个变化也都折射出祖国取得的辉煌成就。我再一次在临沧城漫步，鸟语花香争艳，花园临翔叠翠，我不希望错过最新的最具激情的变化……

（唐文庆）

父 亲

　　父亲65岁就过世了，他离开我们已经整整28年。每当清明节来临，我们兄弟姊妹一起上坟祭拜，都是五味杂陈，内疚、自责、无奈，更多是那掠过心头的阵阵刺痛。看着父亲墓碑上雕刻着的一件件功勋等级，我们始终不明白，父亲曾经历过什么样的硝烟战火，什么样的残酷岁月，他用自己的青春热血在那惨烈的战火之中书写过什么样的人生？这些我们都不得而知，父亲把它尘封在自己的岁月中，直至带进坟墓，归为泥土。父亲活得很平凡，平凡得像划过星空一抹不知名的流星，平凡得直至过世也没有任何组织单位给他送一份小小的花圈和致一句悼词。

　　我至今依然深深记得，父亲过世前的一个傍晚，他孱弱地挥挥手，让母亲拿出一包沾满污渍又十分陈旧的白纱包袱，层层摊开。呈现在我们眼前的是林林总总的军功证书、立功喜报和各种证章，有特等功、大功、一等功，有的已经破碎，有的字迹模糊。我们兄妹几个愣怔住了，大哥当过兵，知道这些军功证书意味着什么？大哥顿时泣不成声，握着父亲的手问道："爸，您为什么不早点拿出来告诉我们？"父亲闭着眼沉默了许久才缓缓摇了摇头，他说："不要说出去，也不要给组织添麻烦，我能活过来，有家庭有你们已经知足了，我的战友，多少人活不到今天……"眼泪顺着父亲干枯布满黑晕的眼眶淌了下来……

　　28年了，每当想到父亲，他的音容笑貌，他的言行举止，仿佛历历在目。父亲的刻板、严厉，甚至他对子女教育的粗暴方式，在我少年时的记忆当中，常常觉得他是个怪物，不可理喻。"文化大革命"时期，因为家庭姊妹多，生活很艰难，父亲也因为工作很少顾家，十天半月难回一次，下乡时经常还接济贫困的百姓。有次父亲到偏僻的岩榴寨下乡，在一户农家吃了顿饭，因有急事回勐撒公社，在办完事后，才发现忘了交伙食钱，父亲不顾天黑，走了 3 个小时返回岩榴寨农户家，补交了 3 角 8 分的伙食钱，直到天蒙蒙亮，父亲才回到家里，气得母亲直翻白眼。可家里的状况呢？大妹因为饿吃了别人丢弃霉变的食物而得了伤寒，弄得整个家十分狼狈。生活的困顿，也经常看到母亲在父亲跟前不停地唠叨、抱怨，甚至是哭泣。父亲总是默默地走开，我常常看到他站在窗前，手指夹着"春耕"牌香烟，眺望着远方朦朦胧胧的山峦，一站就是许久许久。此刻的父亲，背影是那么的落寞，他那在战争年代被子弹擦过眼角的疤痕时不时抽搐着、颤动着，我感到父亲很陌生，甚至有些狰狞，让我对父亲产生了一种畏惧感。

我十分纳闷父亲内心深处涌动着什么样的情感和沉浸在什么样的场景煎熬之中，他的神情总使我产生一种奇怪的想法。好似看到泥潭中一条受伤挣扎的鱼，在泥浆的包裹中艰难地喘息着，它是恐惧泥浆的干枯还是惧怕被泥浆所吞没。总之，给我的感觉是父亲的神秘及许多难以言状的怆然。

父亲是个文盲，仅有的一点文化知识是从部队转业到地方前，被组织送到北京中央民族学院参加了为期两个月的扫盲班，初步能写写自己的姓名和认识少部分的文字。他也经常在大会上因念错文件和报纸社论而闹出不少笑话，并导致我的同学不时模仿父亲的语调及念错文字的尴尬表情调侃我和哥哥，让我哥俩在同学中很没面子，少年的我觉得父亲真笨真蠢。

然而让我十分自豪的是，父亲有一个皮制的公文包和驳壳枪套，还有一支精致小巧的拉奇手枪，父亲说是外国货，是军长李成芳奖给他的。他经常把拉奇手枪擦得铮亮，并反复地拆卸着，娴熟的手法看得我眼花缭乱。父亲仿佛闭上眼睛都能完成拆卸装配，我十分佩服父亲。我哥俩也时常挎着父亲的公文包和驳壳枪套在小伙伴们面前炫耀，惹得小伙伴们眼神一愣一愣的，写满羡慕和惊奇，我哥俩虚荣心也得到了极大的满足，因为这种皮制的公文包只有在电影当中看到解放军指挥员才有资格挎的，不由得心头为父亲冒出点小骄傲来。后来我因为写了一篇作文，得到老师的表扬，父亲十分高兴，很慷慨地奖赏给我做书包，弄得我哥郁闷了很长一段时间。

我是在成长过程中，逐渐对父亲有所了解的。父亲从来没有和我们讲解过他战斗中的事，似乎对战争这个词很忌讳。后来慢慢通过了解我才知道，其实父亲是得了一种战争创伤性综合症，只因经历过惨烈的战争场面，痛彻肺腑的情感折磨而导致身体机能的自我保护作出选择性遗忘。如果没有坚强意志力和选择性遗忘，就会走向崩溃。这就是经历过战争的许多革命老兵隐姓埋名的缘由，他们不愿被勾起回忆，回到那噩梦般、血淋淋的场景之中。只是有一次看一部解放战争的电影，影片中一名战士中了好几枪，依然一次次站起，端着枪和敌人拼杀，看得我热血沸腾激动不已。父亲看着我，淡淡地说了句："子弹打到是很疼很疼的，如果不致命基本难以动弹，子弹中夹裹着火药弹片很灼人，能疼死人的。"我鄙夷地看着父亲，愤愤地想，这家伙，在战场上肯定是个胆小鬼，怎么能诋毁我们高大的解放军英雄形象呢？父亲看到我不满的神态，讪讪地摇了摇头。后来我通过看越战片，美国大兵中枪号叫着首先要打一支吗啡止疼，我这才信服父亲说的是真的。

然而，父亲也有让我们兄弟姊妹长脸的时候，那就是每年的清明节前后，有不同的小学、中学请他去讲革命战争史、解放大西南的剿匪历史，带着学生去公墓祭奠牺牲的解放军烈士。每当这一天，他表现得很肃穆，穿得干净整洁，一丝不苟，脸上的表情十分的坚毅。但我有些不以为然，讲个故事有必要搞出一副视死如归的模样吗？我不知道，埋在那里的是他的战友，是一起走过刀山血海的兄弟，每一次讲述都是对他心灵的一次折磨。

有一年清明节，父亲被批斗，没有学校再请他去讲革命历史和扫墓了。父亲显得十分烦躁，动不动就发脾气。母亲也不敢再唠叨，我们兄妹几个看到父亲就像老鼠见猫，躲得远远的。一天清晨，父亲喊醒了我，他让我跟他去一个地方，尽管我心底老大不愿意，但看到他黑着的脸，也不敢忤逆，乖乖起来，跟着他朝远方的公墓走去。

墓地位于耿马县勐撒镇撒马坝的一座坡面上，那里安葬着 3 名被悍匪沈小青杀害的解放军战士。一路上父亲默默无语，他的步伐很快，我常常得跑着才能跟上他的步伐。父亲时常骄傲地说，战争年代他们一副脚板能赛过国民党的汽车轮子。这我信，因为父亲走路，从来都是如风一般的步子，和他走，累死你。

墓地已经被疯长的荒草和藤萝等植物覆盖住了，简陋、低矮的 3 座墓冢有些坍塌了。看着残破和被茅草覆盖的墓地，父亲眼眶顿时湿润了，他大步走过去，哽咽着不停地用手撕扯着茅草、藤萝，片刻他的双手血迹斑斑。我被父亲的举止吓到了，看着他脸颊上布满了汗水和泪水，我震惊于父亲竟然会哭会流泪，他可是从我记事起展示出来的都是强悍充满军阀作风的硬汉形象。父亲在墓地坐了很长时间，也流了很多很多的眼泪。

后来我告诉了母亲，母亲伤感地和我说，那 3 个解放军战士和父亲是一个排的战友，一共 5 名，在勐撒箐门口中了土匪沈小青的埋伏，牺牲了两名，最后 3 名重伤被俘，被凶残的土匪活活用刀剐死了，十分残酷。

土匪沈小青在当地十分有名，为匪多年，血债累累，他性格暴戾，手段凶残，善使双枪，凭借着对地形地貌的熟悉，父亲有几次差点死在他手里。箐门口事件后，部队立即发动群众组织大规模清剿，沈小青随即带领残匪沿南汀河逃往缅甸，加入国民党军溃败金三角残部，被任命为反共游击纵队司令，后因与克钦族一山官头人发生冲突，被枪杀于密支那的山地中，结束了罪恶的一生。

父亲得了一种怪病，每隔一段时间就会发作，他浑身酸疼又会浑身发痒，犹如无数蚂蚁啃咬着肌肉骨头，时常坐卧不安，痛苦得脖颈上的青筋凸起，大汗淋漓，很瘆人。他让母亲用手抓捏用拳头敲来减轻疼痛。一次父亲脱光上衣的身体看得我胆战心惊，骇然不已。他前胸后背都是疤痕连着疤痕，皮肉有的地方扭在一起，有的地方又像绽放的秋菊，一副十分残破的躯体，我的心不由得悸动了起来。几年后在解放军第 66 医院拍 X 片时，一名军医告诉我们，父亲体内残留着 1 个弹头、5 块弹片，布满身上不同位置。军医充满敬佩地说："你父亲真了不起，意志力超强。"当时我和哥哥都失声痛哭，深深体会到父亲一生过得是多么的痛苦，多么的不容易。

父亲的枪伤反复发作，他把自己的前胸后背抓挠得鲜血淋漓，内衣也常常布满血渍斑痕。我们也不时听到从父母的房间里传出咚咚的撞击声，偶尔听到母亲沙哑着嗓子道：受不了你就喊嘛。沉寂，依然是咚咚的响声。有一次小妹被吓哭了，母亲这才告诉我们，那是父亲因为枪伤发作疼得受不了用头撞墙壁的声音。这种情况一年在父亲身上要发作几次。父亲并没有因为异常的伤痛而哼过一声，更没有在我们子女和外人面前表露出丝毫的痛苦状，他那不苟言笑的脸颊上似乎透露着的只是刚毅和镇静。

父亲的苦难并没有因此而结束，后来因脑血栓导致了半身不遂，经常住进县医院。当时医院条件有限，十几平方米的病房，住着五六个患者，空气不畅，很难闻，病房很拥挤，陪护十分困难。母亲有一次忍不住唠叨："谁谁谁和你一样，都住单人病房双人病房，难道你的功劳比他们少吗？谁不是打解放得来的病……"父亲满脸不悦，吐字不清地斥责母亲："打解放是为了享受吗？你不看看还有多少老百姓生病都看不上。你不陪就滚，让儿子过来。"吓得母亲再也不敢提此事了。

母亲是个大字不识的农村妇女，善于忍辱负重的她，8 年中不离不弃一直陪护着病中脾气暴躁的父亲。父亲在病痛的折磨下仍坚强地活了 8 年。父亲过世后，母亲凄然地说，父亲这辈子没有轻轻松松地活过一天，是个苦命的人，死了是一种解脱。

父亲走了，走得那么匆匆，留给我们兄妹的只是那些陈旧破碎的部分军功证书和他在疾病折磨中的痛苦形象。我不时想起父亲会潸然泪下，有时会翻出他遗留给我们的军功证书，肃立念诵着：

张攀杰同志：

你在一九四九年伟大胜利的战争中，忠心耿耿，为民服务，获得光辉成绩，被选为"人民功臣"，这是你的荣誉。特颁予奖状，以示表扬，并望在今后执行党的任务中，更能再接再厉功上加功！

军长：李成芳

副军长兼参谋长：王启明

政治部主任：朱佩瑄

十四军司令部政治部

张攀杰同志：

你在一九五一年建设滇西巩固国防剿匪征粮等工作中，忠心耿耿，为民服务！获得光辉成绩，被选为"大功"，这是你的荣誉，特颁予奖状，以示表扬，并望在今后执行党的任务中，更能再接再厉功上加功！

军长：李成芳

政治部主任：朱佩瑄

十四军司令部政治部

眼泪再次打湿了我的眼眶。苦难的父亲，我的父亲，归去来兮，您在天堂还好吗？

（张龙明）

说道临沧茶

  澜沧江、怒江怀抱中的临沧大地，印度洋暖湿气流和西南季风输送着充沛的阳光雨露，红黄土壤养育着千娇百媚姹紫嫣红的大好河山。天赋异禀的热土培育出3200多年的"锦秀茶尊"，临沧茶源远流长，养育临沧世居民族茁壮成长。清雍正《顺宁府志》"顺宁杂著"记："茶，味薄而微香"，民国郑鹤春《云南之茶叶》中记录："滇南六大茶山，为世界茶树发源地。树高一二丈，叶大二三寸，味醇质厚，品种特优，在国茶中有特殊地位""云南所产之茶，以产地别有凤山茶（顺宁县产）、勐库茶（双江、缅宁等县产）"等，道明临沧是茶树起源的地理中心和核心地带，是云南省核心产茶、制茶区，是茶的故乡。《茶叶》：清明春尖采，凋杀揉炒晒。生熟不夜候，香甘苦涩明。沸水入壶醒，一杯使清风。

  茶树乃多年生木本常绿山茶科植物，唐陆羽《茶经》称："茶者，南方之嘉木也"，茶叶是茶树生长的叶片。临沧"冬无严寒，夏无酷暑；冬干夏湿，四季如春；一山分四季，十里不同天"，有"恒春之都""大美临沧"之美誉，得天独厚的天时地利诞生了临沧茶树。临沧9000多平方公里的森林中分布着40多万亩野生茶树，濮人驯化栽培型茶树，"勐库茶"带着甘甜八方向往，"白莺山茶""蛮鹿山茶""忙糯山茶"带着清香走遍四方，"滇红茶"带着汤红艳亮呈送英皇，现生长3200年的"锦秀茶尊"，冰岛、蛮鹿山茶、香竹箐、白莺山古茶园就是历史的见证。"勐库大叶茶、凤庆大叶茶、清水香茶、香归银毫、云抗10号、清水三号、凤庆9号"等优良品种种植于海拔 1050~2720 米红黄土壤高山峡谷中，面积约 170 万亩，百年以上古茶树、古茶园近 10 万亩，茶园面积占全国的 3.2%，占云南省的 23%，居云南省前列；茶叶产量占全国的 5%，占云南省的 30%，居云南省首位；红茶产量占全国的 20%，占云南省的 60%，居云南省首位；普洱茶原料占全省的 37%，是全国最大的普洱茶、红茶原料基地。临沧制茶历史持久不断，明、清两代生产的太平茶、玉皇阁茶、晓光山茶，民国时期滇红茶，现代的普洱茶、滇红工夫茶、早春绿、永泉玉针、滇绿烘青茶、香归银毫、蒸酶茶代表临沧制茶水平。临沧茶古有好评，明《徐霞客游记》之《滇游日记》中记录"店主老人梅姓，颇能慰客，特煎太华茶饮予"可见一斑，云南省文联原副主席、著名作家、诗人李鉴尧的《凤庆品茶》"喝一口，神清气爽；喝两口，嘴角留香；喝三口，味中有味；喝四口，云游仙乡，识得茶味与世味，今日诗仙应你当"道出临沧人喝茶的感觉。临沧人卖茶远走四方，智慧临沧人逢山开路，遇水架桥，开辟亚洲大陆最为庞大复杂的商业道路——茶马古道，民间的《赶马调》"大路上下茶树林，欢乐不过赶马人。山涧头骡铜铃响，马帮驮子茶叶香。上走大理鹤与剑，下走孟定滚弄江；西走腾越龙象山，东走盐井马台江；本地茶叶驮出去，驮回金山和银山"，茶因民生而用，因文化而兴，因茶贸繁荣，伴随茶叶交易兴盛，助力经济繁荣发展。

临沧茶"香、甘、苦、涩"，是澜沧江、怒江，永德大雪山、邦东大雪山等地理位置造就的特色风味。清王昶《滇行日录》"顺宁茶味薄而清，甘香溢齿，云南茶以此为最"，明徐霞客笔下"嘴尖肚大耳偏高，才免饥寒便自豪，量小不堪容大物，两三寸水起波涛"。临沧人追思着"茶道铃响马帮"，回味"小茶罐烤茶"飘香创造了太华茶"味淡而微香"、玉皇阁茶"唯香过烈"、晓光山茶"鲜香回味"、勐库茶"回甘持久"、蛮鹿山茶"香色味佳"、滇红"香味鲜浓"。临沧有红茶（滇红工夫茶、红碎茶）、晒青毛茶（普洱茶原料）、普洱茶、绿茶［蒸青茶、炒（烘）青茶］；清香型（澜沧江沿江茶区）、甘香型（勐库茶区）、色香型（红茶、绿茶区）。临沧的土质、气候、土壤、历史、人文、种质、栽培、产品培植"天下茶仓（尊）、红茶之都"伴随茶马古道美名扬。《茶树》："本是山中树，栽到千万家。十年百年种，采叶不看花。"

临沧茶叶厚实品质，代表临沧人忠厚情怀，有道"春回大地过新年，香茶美酒待贵宾"。临沧的"香茶"在宋、元、明、清、民国至 20 世纪七八十年代是临沧农村主要经济来源，研发出"滇红功夫茶""普洱茶""烘青绿茶""炒青绿茶""蒸青绿茶"等多个茶叶驰名品牌。凤庆民歌唱道："凤庆到处茶青青，凤庆遍地出黄金。黄金有时用得尽，凤庆茶叶万年青。"功不可没的"锦秀茶尊、冰岛茶、忙麓山茶（昔归茶）"宣扬临沧得天独厚的种茶气候、土壤，优良的生态环境，优良的茶种，悠久的种茶、制茶历史和茶马古道临沧故事。但 21 世纪以来因对"茶"产业发展历史定位认识不清和市场资本裹挟，以"滇红"为代表的红茶势微，"烘青绿茶""炒青绿茶""蒸青绿茶"基本淡出市场。万亩左右"冰岛茶""忙麓山茶（昔归茶）"为代表的"山头"晒青毛茶（新名生普洱）赋名"茶树王""茶树母"被资本裹挟搅乱临沧茶叶市场，"山头茶"动辄几千上万元一公斤，严重背离了价格围绕价值上下波动的经济规律，"山头茶""茶树王（母）"基本丧失商品属性，成了奢侈品。上万元"天价"茶，被赋予金融属性、收藏属性大肆炒作，加之民间资本的猎奇投资，使临沧上百万亩茶山哀鸿遍野，惨淡经营。

纵观临沧茶产业的历史和现实，唐樊绰《蛮书》"茶生银生城（普洱市、西双版纳州、临沧市）界诸山，散收无采造法"，民国郑鹤春《云南之茶叶》"况滇为山国，农产不丰，而全省之土壤气候地势，几无不宜茶，茶叶一项，为主要农产物，实占农村建设之重地位，尤不应该与其他各省仅以农村副产而忽视之也"。冯绍裘老先生、吴国英老先生经历 33 年（1939—1972）创建顺宁实验茶厂和"滇红"，汤仁良老先生 1965 年研究云南大叶种"蒸青绿茶"长达 30 多年，唐登崇高级农艺师多年研究选育"香归"系列茶种经历几十年试验、示范、推广探索方得正果。春秋管仲

《管子·权修》："一年之计，莫如树谷；十年之计，莫如树木"，农业产业打造"久久为功"是基本规律。中国加入 WTO 后商品市场的重构，使临沧茶叶消费市场急剧改变，茶叶市场波谲云诡。临沧茶产业的政策扶持普惠性、持久性、持续性严重缺失，以及政府有形政策手段偏激宣扬、鼓励"山头茶"，建"山头茶"村寨、街，追捧"天价茶"，摧残"大众茶""边销茶"市场，茶贱伤农，大面积"台地茶"弃采现象十分普遍，硕大茶产业风雨飘摇，摇摇欲坠。《当下临茶》：生于临沧，汝名临茶。问君何用？饮品最佳。占地百万，羞愧为茶。

开门七件事"柴、米、油、盐、酱、醋、茶"，是对茶本质最准确的定位，茶是世界三大饮品之一。宋代苏轼"何须魏帝一丸药，且尽卢仝七碗茶"，唐代白居易《食后》"食罢一觉睡，起来两碗茶""驱愁知酒少，破睡见茶功"。茶是用来满足人们对生存、生活需要的日常生活物资，具有食品的基本属性，最突出特点是营养、文礼。临沧天时地利给足造茗茶的根基，人和给足说茶道的话茬。说道临沧茶，饮茶是华夏民族对人类贡献，唐代封演《封氏闻见记》"茶道大行，王公朝士无不饮者"，提出"茶道大行"观点。临沧茶以勐库大叶种和凤庆大叶种为代表，茶叶色、香、味、形符合中国传统质量，中国著名茶叶专家陈椽先生评价临沧茶"形质并茂，还我国饮"。当代茶圣吴觉农老先生考察临沧提出"在临沧地区建立世界一流大茶园"建议，省政协常委、临沧市政协主席李银峰《关于推进茶叶产业高质量发展》阐述"临沧茶都是好茶"观点，临沧茶业经历代茶农种、养、制积蓄面积超百万亩，种茶人超百万，说明茶业是临沧传统支柱产业，是云南产最好茶之地，是临沧必须坚守好和发展好的普惠性最广泛农业产业之一。

唐代陆羽《茶经》"茶之为饮，发乎神农氏"，提出"茶之为饮"观点，唐代陆羽《神农食经》"茶茗久服，令人有力悦志"说明茶因民生而用，茶是大众饮品。不可炒作，不可附加金融属性，施行"限高限低"茶政茶法，还"原料茶""成品茶"的价格在价值上下的合理期间内，取缔

"天价茶"，限价"山头茶、古树茶、单株茶"，回归茶叶是普通商品、大众饮品的属性，还茶于民，走好临沧茶叶大众化、时代化的根本道路。

临沧茶"香甘味俱佳、内含物俱优、汤色鲜耐泡、苦涩感微重"，是历史记载、现代人感觉，大自然的恩赐。滇红茶区：代表为凤庆县，海拔1600~2000米种植凤庆大叶茶、清水香茶、香归银毫、云抗10号、清水三号、凤庆9号等地区，生产红茶香味鲜浓、汤色红艳，与印度、斯里兰卡红茶并驾齐驱，香飘海外，誉满天下；滇绿茶区：代表为耿马县、永德县、临翔区、沧源县海拔1400米以上种植勐库大叶茶、清水香茶、香归银毫、清水三号高产台地茶等地区，生产蒸青茶、炒（烘）青茶，香气高锐、汤清明亮；普洱茶区：代表为双江县、云县、临翔区沿澜沧江带海拔800~1600米种植勐库大叶茶地区，生产双江县勐库茶，甘味强烈、汤清色黄；澜沧江江边茶，茶味清香、色泽乌润。走好临沧茶业产业化、现代化是农村发展产业必须坚持的道路。

临沧好茶，彰显"五大优势"：品种最优（大叶种）、面积最大（约170万亩）、品质最佳（茶叶中的味精）、产量最高（云南省第一）、历史最久（锦秀茶尊）。做强做大恢复高优茶园管理，抓牢修枝打权、合理用肥用药台地茶；传承滇红，蒸青、炒（烘）青绿茶，维系"中老年"茶人饮茶习惯和茶文化；"创新茶技茶艺"拼配甘香避苦涩普洱茶，满足"新时代"茶人饮茶追求和嗜好。走好临沧茶叶优质化、特色化是茶叶商品的发展道路。《临沧好茶》：临沧茶好茶，大叶种养育它。临沧茶好茶，两江水滋润它。临沧茶好茶，濮民人创造它。临沧茶好茶，利国利民是它。

（袁清祥）

脚　印

我是孔继勇，曾经担任临翔区委常委、区委办公室主任和区脱贫攻坚工作指挥部副指挥长，现在担任临翔区政协党组书记、主席。

"各级立下军令状，坚决打赢脱贫攻坚战"，这是临翔区脱贫攻坚工作指挥部办公室里的一条醒目标语，它时时刻刻都在警醒着我："今天再晚也是早，明天再早也是晚。"在"信心更比黄金贵"的信念支持下，我带头学政策、抓脱贫、促攻坚，一线督战、一线指挥、一线办公、一线解决问题，为解决千百年来困扰临翔人民的贫困问题，尽了自己的绵薄之力。

可以说，能赶上脱贫攻坚这样一个伟大工程、伟大实践，这是我人生之幸、事业之幸。在脱贫攻坚那个"没有硝烟的战场"上，有我洒下的一串串汗水，踩出的一个个脚印。

用心拌好每一桶"沙灰"

作为区委办主任和副指挥长，有时候我的工作其实是承担起区委、区政府的"秘书"工作，每一份文件的起草、每一个方案的制定，都需要字斟句酌、细之又细，在区委办和区脱贫攻坚工作指挥部的诸多年轻干部中，我可以说是妥妥的"老者"，许多"交给老人拌沙灰"的工作，我便当仁不让地承担起来。长期的熬夜加班，总是容易让人燥热上火。办公室茶几下摆着的"药罐子"，乍一看，还以为是零食，其实里面盛放着的是金银花、蒲公英、白芷、菊花、胖大海……种类繁多的清热解毒中草药。

脱贫攻坚考验的不仅是耐力，更是心力。记得脱贫攻坚刚刚启动的时候，大家都不知道要怎么干，脱贫攻坚的业务知识涵盖面又非常的广泛，如果不熟悉业务，我又怎么去要求别人？带着这样的心理压力问题，我秉承"活到老，学到老"的理念，一丝不苟地学习脱贫攻坚业务知识，对上级的政策一项一项地进行分析研究、深挖细读；我完全放下区委办主任和副指挥长的姿态，真真正正地做到不耻下问，虚心地向领导学、同事学，向80、90后的年轻干部学，直到把所有的政策都学懂弄通，才敢放心大胆地用活、用好区委、区政府交给的"尺子"，绝不让政策执行和尺度把控在我们指挥部的统筹协调工作上"走偏、走样"。山高路远、泥滑路烂，对于我来说已经是家常便饭，有时候为了走访一户贫困户，我和村组干部甚至需要走一两个小时的山路，渴了就喝山泉水、累了就在路边的草地上躺一躺、饿了就在农户家凑合着吃……多数时候，由于民族饮食习惯不同，我便自带面包干粮用水渡着吃，看得连老百姓都心疼。走得多、访得多、问得多了，就连贫困户家中的狗都向我们"摇尾巴"，甚至在我们离开的时候都会沿途"追路""护送"。

精准扣紧每一颗"纽扣"

要解决好"扶持谁、谁来扶、怎么扶、如何退"的问题，就务必要扣好对象精准的"第一粒纽扣"，花足"绣花的功夫"。在扶贫对象精准识别过程中，我把"对象精准"作为"第一粒纽扣"扣紧扣好，确保贫困人口不"戴错帽"，真正让对象识别工作做到政策公开、规则公平、结果公正、群众公认。

我和负责统计监测的干部，每天盯着系统和表格转，被大家戏称为"表哥、表姐"。殊不知，系统信息是脱贫攻坚工作指挥部调度指挥的"鼻子和眼睛"，容不得丝毫的大意和错漏，每一个信息疑点都会造成政策执行上的偏差，唯有做到让数据说话，深入了解数据背后的真实情况，确保一户一人"账账相符、账实相符"，才能做到"对症下药、药到病除"。记得我的挂钩户陶文忠，是村里最为困难、较为特殊的贫困户，陶文忠本人本分老实，生活算计差，其妻子失明，丧失劳动力，女儿不到 1 岁，全家仅靠陶文忠打零工维持生活，2014 年家庭人均收入只有 1039 元，多次走访后，我千方百计协调相关部门，结合实际制定帮扶措施，帮助陶文忠妻子协调残疾人创业帮扶资金 0.5 万元，个人出资 0.5 万元开了一间小卖部，又帮助联系陶文忠到附近工地务工。脱贫后的陶文忠，遇到我不再生分，对我的称呼也从"孔主任"变成了"孔大哥"。

用力排查每一颗"地雷"

面对脱贫攻坚这样的"攻坚战"，我深入分析工作中存在的"上热、中温、下冷"问题，给攻坚"疲软症"开出"良方"，在采取"明察暗访"机制的基础上，坚持问题导向，整合临沧市驻临翔区脱贫攻坚督查巡查组和临翔区脱贫攻坚督查组力量，按照"指挥部移交问题清单—跟踪督办—办结回访验证—启动问责"程序，全方位开展脱贫攻坚督查巡查和明察暗访工作。

脱贫攻坚督查巡查是一项艰苦而又容易得罪人的工作，我自始至终都坚持问题导向、直击短板弱项，认真组织协调脱贫攻坚督查巡查组，按照"村不漏组、组不漏户、户不漏人"的要求，对全区有建档立卡贫困户的 89 个村开展全覆盖督查巡查，做到督查巡查全覆盖、整改全覆盖、回访全覆盖，问题整改销号清零。在督查巡查过程中，我充分发挥"退居二线"老干部多年来在基层工作积累的工作经验，发挥好老同志的"余热"，促使他们在脱贫攻坚这个没有硝烟的战场上不断学习提高、不断地突破自我，脚踏实地、勇于发现问题，敢于较真碰硬督查整改问题，为区委、区政府和区脱贫攻坚工作指挥部调度全区脱贫攻坚工作发挥"探头、触角"

作用。然而，正是因为有了这群特殊的"老头、老者"，在脱贫战场上较真碰硬、直揭问题短板、黑脸督查整改落实，当好脱贫攻坚的"排雷兵"，有力促推了临翔区4个贫困乡、56个贫困村全部脱贫退出，所有贫困户高质量脱贫，让临翔区从容兑现"小康路上不落一人"的庄严承诺。

沉着应对每一次"考试"

"大浪淘沙才见壮志豪情，沧海横流方显英雄本色。"脱贫攻坚是"战场"也是"考场"，我一直在"战斗"，也一直在"赶考"。

贫困户都是村寨里的弱势群体，他们的心理是压抑自卑的，我在宣传贯彻好脱贫攻坚政策的同时，更是要关心关注他们的"两不愁三保障"和饮水安全保障问题，只要是贫困户提出的合理诉求，我都会认真细致地记录在案，认真向党委政府，以及有关行业部门和挂包责任单位反馈，直到问题完全整改落实、销号清零。入户走访过程中，我坚持每月下乡不少于10天，在全区10个乡（镇、街道）的所有村（社区）都留下了我的脚印，累计入户800多户，开展各类培训70余次。许多时候，我总有"怒其不争、哀其不幸"的感叹。面对醉汉、懒汉，我顿足捶胸，恨铁不成钢，一遍遍地教育开导、一次次地"上门服务"；面对体残志坚、意外致贫的贫困户，我感动得流泪，在身心受到鼓舞的同时，发自内心地珍惜自己的幸福生活；我尽心尽力地为贫困户出思路、想办法、找政策，恨不得让他们一夜之间就摆脱贫困，但有时候也时常自责于心，无奈于自己能力有限，无法帮助他们解决更多的诉求和问题。每一次脱贫攻坚检查考核、每一户贫困户脱贫退出，对我来说都是一次"考试"，都要经得起监测系统的"笔试"和入户核查的"面试"。

科学谋划每一场"协商"

临翔区全面脱贫后，我进入政协系统工作，面对新的工作环境、新的工作角色，我从"第三只眼睛"的角度去审视过去、思考未来，对"有事好商量、众人的事情由众人商量"有了深层次的理解。

作为一名政协人，我谨记习近平总书记关于"人民政协要把不断满足人民对美好生活的需要、促进民生改善作为重要着力点，倾听群众呼声，反映群众愿望，抓住民生领域实际问题做好工作，协助党和政府增进人民福祉"的重要指示精神，在政协战线上，我以相同的态度，不同的视野和角度，以"协商在基层"为平台、以"院坝协商"为抓手，致力于巩固脱贫成果、助力乡村振兴。努力推动形成"党委领导、政府支持、政协搭台、多方参与、服务群众"的良好协商格局，促推"院坝协商"走深走实。我认真审核把关协商议题清单，专题向区委常委会汇报"院坝协商"协商选题计划及工作推进情况，确保所有协商议事活动都在党的领导下开展；我把"院坝协商"列入主题教育"四下基层"为民办实事清单，把"院坝协商"纳入政协常委会年度工作要点，完善"院坝协商"工作规则，以"院坝协商"推进组的方式组建形成工作专班，组织各专委会、各乡（镇、街道）政协委员履职小组进行工作经验交流，召开"院坝协商"工作推进会，确保"院坝协商"走深走实，让"协商在基层"充满温度，发挥出雪中送炭、扶贫济困作用，凸显人民政协春风化雨、润物无声的桥梁纽带作用。

"星光不问赶路人，时光不负有心人；以梦为马，不负韶华。"回想脱贫攻坚中遇到的事和人，每一件事、每一个人都历历在目。脱贫攻坚让我得到了学习和锻炼，让我收获了一笔人生经历的宝贵财富。我终将老去，褪去身上的光环，成为一个普通的老百姓，可是在脱贫攻坚这个特殊的战场上，我至少留下了一段不可磨灭的印记。

跨越山峦，那些年留下的脚印拼出一幅画，最美的风景是脱贫致富的笑容。经过脱贫攻坚的洗礼，我前所未有地感觉到自己和党中央的距离是如此之近！这所有的一切，都归功于信仰的力量、自信的执着。

（孔继勇）

我与政协结缘的 23 年

我跟政协的情缘，始于 1990 年，当年 20 岁的我以共青团界别的身份被协商成为政协云县第三届委员会委员。

2004 年 8 月，我从云县人民政府调到云县政协工作，至今已经 20 年。这 20 年，我先后担任政协云县第六、七、八届委员会副主席；政协云县第九、十届委员会党组书记、主席。担任政协临沧市第三届委员会委员，政协临沧市第四、五届委员会委员、常委。

1990—1992 年，我以政协委员身份认真履职 3 年。2004 年我调入云县政协工作，那年我 34 岁；2024 年，我 54 岁，依然在人民政协战线上履职。今年是人民政协成立 75 周年，也是云县政协成立 40 周年的重要日子，我有幸与人民政协事业发展同行 23 年，可以说，我一生中最好的时光，都在人民政协事业战线上辛勤工作。

这 23 年的政协履职经历，记录着我在人民政协战线上奋斗的足迹，我在这里不断成长，在这里收获满满。这一路走来，是我成长、经历、思考、感恩的一条既平凡又不平凡的道路。一个人的成长，离不开组织的培养和自身的努力，我从一名普通的妇女干部，光荣加入中国共产党，走上领导岗位，是各级党委和组织的关心、教育和培养的结果，我个人在成长的过程中也很努力，我在做一些平凡工作的时候，比别人更专注、更认真。

对待人生，我始终用一位老领导送我的"人生能有几回搏"和"虚怀若谷"两句话激励自己。我的职务经过数次变迁，始终觉得每个人都有干事创业的平台，要学会自加压力，无论做什么工作，都要力争做到最好，不要因为错过时机留下遗憾，要珍惜"人生能有几回搏"的机遇，不断保持对事业的进取心。我始终淡泊心境，懂得舍得和放下，既懂得团结紧张，又热爱严肃活泼，无论遇到什么困难和挫折，首先从自己身上找原因，进行深刻地反省，坦然学会调整自己的心态，任何时候，都用我理解的"压得下气、吃得了亏"的虚怀若谷的胸怀和格局去化春风为细雨。

作为一名党员领导干部，我坚决服从组织的安排和决定。在担任县政协副主席期间，我先后分管过文史委、提案委、民宗委和办公室的工作。2012 年和 2013 年，我先后到大寨镇、后箐乡担任新农村工作队队长，2012 年获得临沧市第六批新农村建设优秀工作队长表彰。2013 年获得临沧市第七批新农村建设指导员优秀个人表彰，连续多年的年度考核为"优秀"等次。2016 年 3 月，我被提拔担任云县政协主席。

作为一名妇女干部，我始终注重家庭家教家风建设，以建设文明家庭、实施科学家教、传承优良家风为重点，注意处理好在单位是领导，在家是妻子、母亲和女儿的角色定位。我的家庭和睦，家庭成员遵纪守法，品行端庄，2006 年 12 月，我的家庭被临沧市委、市人民政府表彰为"未成年人思想道德建设先进家庭"。2009 年 12 月，我的家庭被云南省总工会表彰为"和谐家庭"。

作为一名政协委员，我深深懂得委员永远是人民政协事业发展的重要力量，委员的所作所为要永远与政协事业心心相连。23 年来，我深切感受到政协委员在履职过程中所承担的社会责任，能够做到积极主动地发挥委员在履职工作中的带头作用、在政协工作中的主体作用和在界别群众中的代表作用。作为一名市、县政协委员，在履职实践中，我关注社会和群众的问题与诉求，珍惜每一次调研和考察的机会，积极撰写提交提案和大会发言材料，在政协全会和常委会会议上作大会发言。我充分发挥自身优势，深入调研、建言议政，先后提交了云县第二完全中学建设、滇西铁路物流园区建设、乡村小广告专项清理、在白莺山建立茶树演化自然博物馆，推动临沧文旅融合发展等多件提案，参与集体联名提案多件，提出了在实施临沧市乡村振兴战略中注意保护和拯救传统民居和古村落的建议、关于用好用活全市中小学教育体育器材的建议、各县（区）政协委室主任分别列席市政协相关会议的建议等多件社情民意。我积极参加市县政协常委会和专委会组织的各类会议和活动，以坦诚、求实的作风，积极建言献策。我认真组织好住云县的市政协委员开展履职视察和学习交流，认真抓好政协党建"321"模式、云县政协党建"六个新作为"的推广和"协商在基层"协商议事活动助推脱贫攻坚、促进乡村振兴等各项工作。我提交的提案，都得到了相关部门的及时办理和答复，提案反映的相关问题已经得到有效解决，许多工作取得了阶段性进展，为推动临沧市和云县经济社会高质量发展发挥了积极作用。我坚持为国履职、为民尽责的情怀，把事业放在心上，把责任扛在肩上，认真履行委员职责。积极主动参加和响应脱贫攻坚、疫情防控的各项政策和号召，带头捐款并发动委员和社会各界及企业积极捐助款物用于扶贫帮困和疫情防控，有力助推了临沧市和云县经济社会高质量跨越式发展，做出了新时代人民政协的新样子。能够通过委员履职服务社会、服务发展，我感到很自豪。

作为云县政协的主要领导，我深深地认识到我的一言一行必须要释放出正能量才能带领好政协机关高质量发展。人民政协是大团结大联合的爱国统一战线组织，我和同事、委员之间 8 小时内是团结协作、并肩作战的战友，8 小时之外是相互信任和支持的朋友。经过一届又一届的传承和发展，近几年来，云县政协在党风廉政建设、基层党建工作、综治维稳、安全生产等年度考核中连续多年被评为"优秀"等次，县政协科级领导班子连续多年被评为"好班子"，县政协机关被授予省级"文明单位"荣誉，县政协党总支、机关党支部被县委认定为"规范化建设达标党支部"，县政协机关党支部被县委表彰为"先进基层党组织"，县政协机关退休干部党支部获得市级"示范党支部"，县政协机关妇委会被市妇联授予"临沧市三八红旗集体"荣誉称号。县政协机关多名干部在参与脱贫攻坚、疫情防控、民族团结、爱国卫生、家庭教育和建设等方面受到多次表彰,多名干部家庭分别获得省、市、县级"清廉家庭""绿色家庭"表彰,县政协干部队伍建设得到加强。这些成绩的取得,是我和云县政协机关全体干部职工共同努力奋进的结果,凝结着我和县政协机关全体干部职工的共同价值追求。

我是一个善于学习、善于思考和懂得感恩的人。回顾这一段人生旅程,我的生命中因为融入了政协的责任和情怀而变得更加有意义,我将坚守初心,满怀豪情和激情,继续履行好政协委员的职责和使命,更好地团结和凝聚各方面的智慧和力量,为云县经济社会高质量发展作出积极贡献。

（钟汝菊）

感悟营盘村"院坝协商"会议

2020 年秋,双江县政协组织调研组到沙河乡营盘村调研乡村振兴工作时,了解到该村经多方争取资金建成的 100 余公里农业产业灌溉沟渠(管道)存在"重建轻管""只用不管"的问题突出,损毁较为严重,影响了当地产业发展和持续增收,群众意见大。县政协迅速"搭台"组织召开"院坝协商"议事会议,由群众共商共治,解决了营盘村引水管水用水问题,这场会议得到了群众认可点赞。

这场会 真的不一样

清新的晨光漫过远山之巅

明亮而有穿透力的光芒洒落在营盘的山野

薄纱般的晨雾曼妙在嵌于山间的村庄

勤劳人家、山林栖鸟……

一切从梦中渐渐苏醒

金色的深秋已有些清冷

但在营盘村老杨叔家的小院内

却热气高涨

一群迸发着企盼发展目光的村民

在政协干部的主持下

围坐几张小桌促膝商谈

这场会真的不一样

走出会厅进庭院

携手共话同心圆

众人之事众人商

群众自主谋发展

各抒己见不离题

理性有度表心迹

打开天窗说亮话

同心同向合力发

干部不替民议事

主持总结达共识

民主氛围贯始终

自管自治显神通

这群人 商出管水用水好妙方

有水，我家要发展烤烟

有水，我家要种植柑橘

有水，我家要扩展养殖业

有水，我家要开办农家乐

有水，我家不再外出打工

……

水是生命之源

缺水哪来生机

这群人，世世代代

在看得见山，望得见水的营盘生生不息

但又时常苦于水到渠不成的尴尬

这场会议探寻着基层自治的良策

让协商民主在基层落地开花

我提议"群众自用自管理"

我赞成"制定办法管长远"

我建议"择优聘人来管护"

我认为"分片调度才科学"

我觉得"按亩收费最合理"

我直说"人为损坏要赔偿"

我承诺"按时缴费不拖拉"

……

这场会议

民主协商融真谛

人民当家行权利

群众意愿存同异

凝聚共识达目的

这方乡土不再"渴"

营盘，一个普通得不能再普通的地名

就在双江县境都能找出多处重名地

但就双江而言

这里承载着许多历史与沧桑

七十五年前

营盘是双江旧政府据地

这里也曾有

南来北往的客商和铜铃声声的马帮

肥沃丰盈的土地和辛勤耕耘的村民

但车水马龙与人勤地丰掩不去人民的水深火热

披星戴月的村民依然难以解决基本的温饱

解放后的营盘

一切在变，冲向美好

七十五年的时间长河

冲刷掉旧时的污泥浊水

同时涵养着新生的营盘

在共和国的风雷激荡中

营盘共担过穷与白

营盘经历过困难境

营盘见证过改革潮

营盘体验过脱贫战

同步乐享全面小康

辛劳不息的营盘人

与共和国一起走进新时代

民族要复兴，乡村必振兴

党中央审时度势吹响全面推进乡村振兴集结号

如今，营盘再次凝心聚力

谱写乡村振兴新篇章

然而，因缺水

迟滞着这片土地换新装

拖拽着这片土地耕耘者奋进的加速度

党有号召，政协见行动

双江政协人怀着"为国履职、为民尽责"的担当

身沉营盘

越陌度阡，近民谈

遂愿"搭台"凝聚村民共识

探寻管水用水良方

解决渠到地头无水用的愁盼

自此，营盘水欢渠畅

这方乡土不再"渴"

这场以水为题的协商商出乡村振兴好"妙方"

助推营盘奋进在乡村振兴的征途上

而今，营盘站在了新起点逐梦前行

从全面小康奔向下个百年的文明富强

一场院坝"小协商"，解决用水"大难题"

这场"院坝协商"已印刻在营盘大地上，留存在历史里

说起用水"幸福账单"

群众自编对联点赞：

引水用水管水，小议题关乎群众增收致富路；

多商好商能商，集众智谱写乡村振兴大文章。

（王顺云）

父女共携手　两代政协情

——父亲和我与政协的不解之缘

　　我的父亲，少年时代从大理来到沧源从军，后来大学毕业后又毅然选择回第二故乡临沧就业安家。父亲是为数不多的学机电专业的大专生，在那个时代里，父亲是妥妥的技术型人才。父亲先后在设计室、机械厂、纸厂干过。在纸厂期间，根据当时政协的机构设置，父亲成了一名企业非党兼职副主席。

　　当时我正上大二。也就是那个时候，我开始对政协有了一些了解。放假回家，总能听父亲提起"政协要开会了，我得把提高工人医疗保障的建议再提一提"，或者又是"企业技改的事也要再提一提"。当时我就感觉，政协是个"管闲事"的部门。

　　1999 年我参加工作，父亲从兼职副主席成了一名非党专职副主席。2002 年我调到团委工作，通过协商成了市区两级政协委员。成为政协委员后，我终于了解了当年我认为的"管闲事"其实是参政议政，而它只是政协众多职能中的一项。当时临翔区政协的办公地点还在老政府，那时的临翔区还是临沧县。作为一名政协委员，当时很多关于政协职能的认识，并没有专门的培训，而是通过一些会议和老委员的讲授才知道。

　　我的第一份提案是关于青少年成长方面的，当时的提案还是手写，很多表述我是在父亲的指导下完成的。那一份提案提交后，印象中并没有答复。当时政协的提案工作由于办理并不重视，也没有对办理单位进行评议，提案工作不尽如人意。

父亲退休后，我又担任了几年的政协委员。随着党委政府对政协工作的重视，我在担任政协委员期间，参加了专门的培训，如何撰写提案也有了规程。记得有一年我提的加大对科技型企业扶持的提案，被列为当年的重点提案，区政府分管副区长专门进行面复，而通过提案，对科技型企业的重视也被纳入了政府的重要工作内容之一。父亲看过我的提案，一直很关心我的提案，当他知道办理的结果后，他感叹道，政协工作越来越受到重视。作为一名退休的政协干部，每年政协会他都受邀参加，父女俩一同走进会场成了一道亮丽的风景。

父亲一直对我说，我赶上了好时代，作为一名政协委员，我不是一种政治摆设，而是真真切切的参政议政，让我要珍惜这份政治荣誉，担好这份政治责任，履好职，尽好责。在这期间我每年都提提案，都得到了回应，也得到了及时的办结。

2016 年，由于工作调动，我不再担任政协委员，但我依然关注政协工作。特别是近几年，政协无论软件还是硬件都有了质的飞跃。区委、区政府的中心工作在哪里，政协委员的关注就在哪里，人民群众的需要是什么，政协委员的协商就是什么。在产业提升、民生领域，政协和政协委员一次次深入开展专题调研，提出了高质量的提案，"协商在基层"更是体现了政协工作的务实、高效。

去年，由于工作调动，我又一次被协商为区政协委员。父亲知道后很高兴，他叮嘱我要与时俱进，要认真履职。作为一名新委员，我发现现在政协的工作真的是走在前列。现在政协工作可以实现数字化，新委员可以通过移动履职 APP 随时随地开展学习，提案也可以通过 APP 及时提交，并能实时看到提案办理进程。政协还为委员创造了更多的调研、学习、交流机会。现在成为一名政协委员，不仅是一种政治荣誉，更是责任重大，而且要不断学习。我把这些变化告诉父亲，父亲听了感到无比高兴，他说，时代赋予了政协新的使命，政协也跟上了时代的步伐，他虽然老了，但依然是政协的一分子。他让我随时都和他交流政协的工作。

父亲和我与政协的不解之缘，其实也是政协发展的一个小剪影，父亲和我见证了政协 25 年的发展，身为其中的一员，我们参与其中，倍感光荣。时代在发展，政协也必将随着时代而发展。作为两代政协人，父亲和我将一如既往地参与到政协的各项工作中，不辱使命。

（杨　凡）

"甲子"镇康"三迁"之变

——回望镇康县60年县城"三迁"的历程

1963年9月14日，国务院第135次全体会议决定镇康县析为"镇康、永德"两县，批建县城于凤尾坝（凤尾镇）。为维稳固边，实行"新县老名、新名老县"，于1964年1月1日分署办公。从此，镇康走向新的建县之路，翻开了历史的新篇章。

暂驻之地——忙丙

1964年2月，镇康县直机关正式从永德县德党镇搬迁到镇康县仁和区（今忙丙乡）临时办公。当时的仁和区生产落后，经济萧条，住的是简陋的茅棚、低矮的丫杈房，偶有几间土木结构草房，运输全靠人背马驮，人们"脸朝黄土背朝天"，以石磨、杵臼等石器工具碾米、磨面，以火把、油灯照明，街道简陋，仅百余米，一眼望穿。"四靠"可概括经济社会全貌——"交通靠走、通讯靠吼、治安靠狗、取暖靠抖"。

在当时一穷二白的情况下，县委书记刘政带领全县干部职工拖家带口、背上行囊，沿途跋涉走入了仁和区。"首次县城迁到此，艰苦岁月志气昂；自力更生盖房子，草顶竹笆泥挂墙。"这是后人对当时暂驻忙丙的场景作的描述。当时县直机关，没有办公室、没有宿舍、没有电灯、没有道路、没有车辆、没有……但这些都难不倒勤劳的镇康人民，没有办公室，各单位就租借老百姓的牛棚、楼阁等空闲房屋或另盖草棚当办公室，没有宿舍,夜晚就把办公桌当床铺,全县干部使出浑身解数,如同"孙猴子"一样,"无中生有""从无变有"。记得当地老人讲,没有道路,县委、县政府就发动干部群众自力更生,动手挖路,"一包雷管炸药、一把锄头、一个镐子、一个刮板"是挖路工具,1966年5月1日,镇康挖通了永德勐汞水磨房岔路至仁和区公路,次年1月7日挖通了仁和区至凤尾镇的公路,镇康县的第一条公路正式开通,镇康人民从人背马驮时代进入了车辆时代。

如今的忙丙乡已今非昔比,从地瘠民贫的冷凉山区蜕变成"光伏小镇",实现了生态、经济和社会效益的有机统一;简陋的百米街道变成如今的集政治、经济、文化为一体的"康庄大道";刀耕火种的传统农业转变为科技种植经济林果,"镇康马鞍山茶"获得国家地理标志商标、入选全国名特优先农产品名录。忙丙村97岁李太元老人感叹:"一转眼已过60年,做梦都没有想过,吃不饱、穿不暖的日子能变成今天这种样子。"

开荒建城——凤尾

1967年2月,随着仁和区至凤尾镇的公路开通,镇康县开启了第二次搬迁之旅,从临时暂驻地仁和区搬迁到凤尾坝。当时凤尾坝只有傣族寨和移民社两个寨子,各单位都是从荒山野林里开建出来的,县城建设从零开始。有人曾经这样描写过凤尾:"解放初期夹皮沟,毒蛇野兽土匪多,自从县城搬凤尾,高楼林立遍山坡。"

因为财政拮据,县城建设只能自力更生。1964年,为新建县城,抽调全县擅长铁、木、泥、石、砖、瓦等技术的工匠及青年民工500余人建立基建队伍开始筹建县城。基建队就地取材,挖洞造窑,烧砖烧瓦,起土架木,盖起了间间以砖木结构和土砖木结构为主的办公用房。与此同时,遇上了十年"文化大革命"特殊时期,镇康社会经济事业几乎处于停滞状态。镇康有一载满回忆的所在——人民会堂,这是那个激情如火的年代的记忆。1972 年 1 月，镇康组织机关干部出义务工参加开挖人民会堂地基土方，1974 年 10 月 1 日，镇康县人民会堂落成，在大礼堂买票看电影已成为近两代镇康儿女精神文化的支撑点。1978 年 12 月 18—22 日，党的十一届三中全会在北京召开，会议作出改革开放的伟大决策，这是我国历史上的一大转折点，也是镇康经济社会发展的一个新起点。1978 年 12 月，镇康首建砖混结构楼房（红茶加工车间）竣工验收，以后逐渐推广，人民群众的居住环境得到质的提升。1984 年 10 月 1 日，这是祖国母亲第 35 个生日，也是镇康县全县人民的重要日子——镇康县县城踩街（开始第一个街子天，往后 5 天为一街），全县村村寨寨、男女老少身着盛装，相约到县城来赶集，县城街道万人空巷、热闹非凡，自此凤尾每年 10 月 1 日赶 "国庆街" 的习俗延续至今。每当妈妈讲起 "国庆街" 的经历，我仿佛还能看到当时的情景："那时候穷，日常'赶街'需要一并挑着家里种的茶叶、菜蔬等山货来售卖，再用卖得的钱换回家里需要的东西，但到了国庆节这一天，我们就不再挑卖山货，而是换上自己最好的衣服、约上寨子的小姑娘到街上购买自己喜欢的货物。" 经过全县人民 38 年的共同努力，凤尾坝成了集政治、经济、文化等为一体的现代小城。

如今的凤尾城乡风貌得到提升改善，但仍保留着老城的历史痕迹，镇康县人民会堂已成为市级文物保护单位，灯光球场继续造福着子孙后代，全镇盛大活动仍然在此举行，小落水党员教育基地已成为全县党员干部警示教育基地及古村落文化旅游胜地，成为每个人的乡愁记忆。

开放新城——南伞

登南天门山，眺镇康县城，"一河两城三片五寨十园" 城市美景尽收眼底。一幢幢灰白色楼房伫立在绿植里，透明的玻璃在夕阳的照射下闪着彩色的斑点；一辆辆汽车在两旁姹紫嫣红的 "公主大道" 上川流；人们三五成群在绿荫下的草地上高谈嬉笑。夜晚，华灯初上，"阿数瑟" 响彻湖畔公园、响彻边境一线,这座新建的边境县城正焕发勃勃生机……

因遭受地质灾害和发展空间规划需求,2001 年 12 月 20 日,国务院批准,民政部以〔2001〕352 号文件批复,同意镇康县城由凤尾镇迁至南伞镇。随着一排排整齐的楼房拔地而起、一条条柏油大道相继建成……新县城崛起于祖国西南方边境线上,2005 年 5 月 29 日,镇康在南伞隆重举行县城搬迁启动仪式,自此开启了镇康发展新纪元,南伞成为临沧市最年轻的县城,也是全国最抵边的城市。

新的县城,基础设施建设更加完善,教育资源更加均衡,医疗设施更加健全,文化生活更加丰富多彩,社会治安稳定,民族团结和睦,居民的生活质量有了质的提升。镇康县紧跟时代步伐,落实"美丽中国、绿美云南、醉美临沧"建设要求,聚焦"边美镇康、公园城市、开放新城"的目标定位,依托群山环绕、山山相连、一城连两国的地理优势和"水城共融、蓝绿交织"的山水格局,建成了"城在林中、房在园中、人在景中"的生态山水园林城市景观,2017 年被命名为"国家园林县城",2022 年被命名为"省级绿美城市"。镇康民众正享受着"推窗见绿、抬头见景、出门进园"的美好生活。2019 年 4 月 30 日,云南省政府宣布镇康达到脱贫条件,成功退出贫困序列。

南伞毗邻缅甸果敢,是通海向洋的重要商埠,是对缅开放的重要前沿窗口,清末草创集市,为中外物资集散的主要口岸和边民交往的重要通道、中缅通商互市的第一市场。2011 年 9 月 21 日,首届临沧市边境经济贸易交易会在南伞举办,一颗新星城市正在祖国的西南边境线上徐徐升起。

"岁月不居,时节如流。"一甲子光阴,镇康走过六十年,是一代又一代镇康人民筚路蓝缕、宵衣旰食的六十载,"县城三迁"是镇康人民苦干实干、接续奋斗的见证。镇康,正以永远在路上的坚定书写着固边、睦边、兴边的优异答卷,正以一往无前的奋斗姿态大步登攀。

(李 群)

心愿的年轮

　　缅宁县人民政府成立时我不满 5 岁，模糊记事了。那是 1950 年的春末夏初，我跟着哥姐们站在土官祠下面的小坡头看热闹。只见大人们挥舞着各种颜色的小旗子，呼喊口号前行，后面跟着化了妆的腰鼓队、高跷队、扭着秧歌的妇女，人们脸上洋溢着欢笑，像盛开的鲜花。游行队伍从县政府老衙门口涌向南塘街。到处在讲说缅宁解放了，国民党统治政权被彻底推翻，人民当家作主的日子真正来到了。后来的日子里，解放军文工队的女战士教大家唱《解放区的天是明朗的天》《咱们的领袖毛泽东》《金凤子开红花》等歌曲，男女老少都会哼几句。部队的文化教员还在小学校办起了夜校识字班，扫除青壮年文盲，人们学习热情空前高涨。解放军卫生队进驻了城里，南门的城楼上，每天早晨司号员练习吹军号，小广场上有穿着黄军装、戴"八一"五角星帽徽的解放军战士在操练，传来整齐的脚步声。大路交叉口有民兵在站岗，检查出入人员的通行证。

　　老城南门的城楼曾经做过粮仓，楼门紧锁。拱形的门洞里，厚厚的门板已经腐朽，下端关闭不严，夏秋时节常有浑浊的雨水从土官祠流下来，淌出城外。城门口有路通到小团山，从两棵古老的榕树下穿过。大榕树上栖息着白鹭，偶尔有喜鹊飞来喳喳叫几声。明清时期残留的城墙垛口被扒掉，露出一层厚厚的黑土，有人在上面种了苞谷，长出修长的青苗。后来记不得什么年月，东、南老城门楼以及残存的城墙全部拆平了，改成种地或者盖上房子。

　　缅宁解放初期，真正的天翻地覆，人们感觉一切都是新的。新天地、

388

新思想、新观念、新名词、新事物、新变化……民众对新生事物感到非常好奇，接受也很快。原来的洋盆、洋火、洋碱、洋锅那些老叫法，逐步换成了搪瓷盆、火柴、肥皂、钢精锅等新名词；新版人民币的元、角、分被人民大众接受了；新学的歌曲在人群中很快就传唱开来，学着解放军称呼老百姓为"老乡"。有的人感觉自己名字里含有封建思想的成分，就改了名字。老凹腰街、头塘街、双水井一带就有"革命""解放""向阳""忠红""抗美""援朝"等新的名字，带上了时代印记，寄托着初始的心愿和对未来的憧憬。

后来，缅宁实行土地改革，农民分到了属于自己的田地牲畜。农户们实现了"耕者有其田"几代人的心愿，他们早出晚归，生产积极性空前高涨。那时候听说乡下有极少数土匪流窜抢劫，危害民众。政府随即开展清匪反霸、镇压反革命运动，在缅宁老粮食局广场召开宣判大会，把一贯横行乡里、为非作歹的土匪恶霸五花大绑插上落魂牌，押赴刑场执行枪决。开展正风肃纪后，威慑力强大，城内城外社会治安逐年好转。

解放初期的文化生活，除了过年看耍龙灯、表演节目以外，就是去菜园坝唐家院子看"土电影"，其实是放映幻灯片，名叫《解放了的中国》，只有图像和解说词。人们兴致勃勃地盯着屏幕看那些画面，听喇叭里讲的解说词，十分新奇，结束后仍然不愿离去。那时老城内大街小巷没有照明的路灯，人们摸黑走夜路回家，不用担心被抢劫。印象最深的黑白影片《白毛女》在缅宁老县委会广场放映，知道这个消息后，一下子人山人海，大家蜂拥而入，寻找位子，全身心投入剧情当中。同情喜儿悲惨遭遇的边看边哭，痛恨黄世仁恶霸歹毒的边看边骂，看到北方大平原人们生活的镜头啧啧叹息。据说有一次组织民兵看电影，当少东家和帮凶穆仁智出现时，一个小战士突然起立拉动枪栓对着银幕就要开枪，幸好被及时劝阻，否则场面不可收拾。这也充分体现了那个时代，民众朴实纯真的思想感情。从1954年起，缅宁县改为临沧县，直到2004年，临沧县的称呼沿用了半个世纪。

1955 年，中国少年先锋队在城关小学首批建队，辅导员讲解红领巾的象征意义，宣布加入少先队的标准，读小学五年级的我们除了读书学习以外，最重要的事就是能不能加入少先队，也成为那个时期我最美好的心愿。终于在第二批入队的名单里有了我的名字，胸前飘扬着红领巾。那时，心中涌起的神圣感和庄严感，是现在刚入学的适龄儿童"六一"节戴上红领巾时所无法想象的。

凡是四〇后、五〇后出生的一代人，都知道北方有个苏联"老大哥"，那个时期的中小学课程基本上学习苏联模式，开设俄语课。语文课本选了不少苏联文章，其中主人公的名字如阿廖沙、凡尼亚、高布诺夫、穆萨托夫、什么什么斯基等，十分难记。我读初一下学期的一天，几个同学在东大街闲逛，有人拉拉我的衣袖，示意我看看前面走的人，原来是两个高鼻梁、蓝眼睛、黄胡子的外国人，临沧县这么偏僻的地方竟然有外国人！人们感到十分新奇。后来才知道，那是苏联专家到临沧作短暂考察。1958年，全民大炼钢铁，邦东、平村的原始森林里修建了土高炉，农村的青壮年都抽去土炉子炼钢了，劳力缺乏。要求学生实行"半工半读"之后，又停课到农村参加"秋收秋种"，吃住在田地里。我们当时只有十几岁，曾经到过李白水、昔本、遮奈、博尚等地劳动锻炼，有时早上接到通知，马上带着行李出发，步行几十里山路连夜赶到村寨，第二天就要投入秋收秋种劳动。那时候，同学们拖着疲惫不堪的身躯，只想着哪一天能够安安稳稳地坐在教室里上课。现在回忆那时的吃苦受累还真是值得，印象极其深刻，不仅让我们"劳其筋骨"，更让我们坚定了强有力的心志，练就和具备了动手能力，特殊经历让我们这批学生终身受益。

三年自然灾害时期一般是指 1958—1960 年，物资缺乏，人民生活特别困难，有的贫病交加。"民以食为天"，临沧老百姓见面时大多数会问一声："咯吃啊？""吃点什么？"吃是第一位的。由于缺粮带来的饥饿，在当时及以后的几年都成问题。尽管用红薯片、玉米砂、芭蕉心、干蕨菜、涩皮果等食品掺饭，固定的口粮很少，仍是吃不饱。生产队春耕时节，农村有一位大嫂，伙伴们很早叫她去拔秧，她揉着惺忪的眼睛埋怨道："一大桌子热乎乎的菜饭，正要吃呢，被你们叫醒了。"有的一家子，年轻人想让老人多吃点，老年人却把自己碗里的扒给年轻人，理由是，年轻人干活费大力气，吃不饱咋行！每年十月，正是种小春点豆麦的时节，为防止偷吃豆种，生产队把拌过大粪的蚕豆分发下种，仍然有人背过身子用稻草擦擦，悄悄咬吃蚕豆充饥。

那时外出吃东西要粮票，买衣服必须有布票，穿仅次于吃。布票多的年份每人发一丈二尺，最少的那年每人只发一尺七寸。孩子多的人家，老大穿小了的衣服老二接着穿，老二穿小了老三再接着穿。我们下放到农村劳动的几年，穿的都是补丁衣服，上衣打 5 个补丁，左右肩膀补两个，后背补一个，两袖口补两个。裤子打 3 个补丁，两膝盖补两个，屁股补一个，要请有缝补经验的嫂子帮剪得圆圆的，俗称"团屁股"。生活更困难的人家，穿补丁头上摞补丁的衣服，或者用不合色的手帕补在衣服上穿，从来没有人笑。添置新衣服、新被褥简直是奢侈品。年轻人长个子快，衣服袖子和裤腿短了一大截，穿出去上街是常事。

吃饱穿暖，就是那个特殊年代人们最基本的需求和初始的心愿。

至于居住的房屋，最低要求就是能遮风挡雨。老临沧城虽然有抽厦房、走肩房的四合院，但是地瓦房、闪片房、茅草房仍然居多，几代人挤在一间屋子。条件稍好的隔墙用边皮板，有用硬纸板甚至笋叶做隔墙材料，最大的问题是不隔音。夜晚两家人睡觉的时候，隔壁咳个嗽、翻个身、说梦话都听得见，实在不方便，却总比"仰睡看见过天星"开天窗式的房子强多了。

70 年代中期，几次失学的我，终于有机会到临沧师范学校读书，成为一名中学教师，当年分配到澜沧江畔平村公社那玉大队，开办附设初中班教语文课。那玉大寨分上中下 3 个寨子，东高西低，汉族和傣族、彝族杂居。最为珍贵的是，那个年代保留着古老的 7 间懒碓房。从那玉尖山流下来的山箐水，人们用木筒槽引到懒碓的大木槽里，待到水流灌满木槽，重量逐渐增大，"咿呀"一声，木槽拗起懒碓，高高扬起的木杵重重落下，发出沉闷的春碓声。一夜之间起落往复，谷子春成了晶莹的大米，主人第二天去筛簸背米回家。

山寨的村民们待人纯朴、热情好客。我任教的时候，曾在农忙假期到下寨和东岗村打谷子、铲田埂、敲土垡等。平时走村串寨进行家访，做细致深入的学生思想工作。我教过的初一班1979年参加中考，平均成绩在平村乡位居第一，有同学被临沧财校录取。在我调离那玉之后，同学们时常打听老师的消息，我也在关注那玉学校的发展变化。6年的教学生涯，师生结下了深厚的情谊，我时常怀念那玉寨子的山山水水、一草一木。

春夏秋冬四季轮回周而复始，而生活的变化如同春风轻拂大地，万物萌动，生机勃发，一切在悄然进行着。70年代末，老临沧城最繁华的地段当数东大街到凹腰街。有人从上海买回"的确良"衬衣、涤卡布料，买回上海挎包、上海表，让人们惊羡不已。也有人从外省带来了苹果、香蕉，过去只在书本上读到过的水果，见到真的了。不知什么时候，港台校园歌曲也可以收听了，邓丽君甜美的嗓音征服了千千万万听众。收录机、喇叭裤几乎同时出现，音乐磁带让人们记住了谢莉斯、王洁实。五六十年代的经典影片又可以观看了，那些熟悉的电影插曲又回到大众中间，让人们应接不暇，喜上眉梢，高兴时哼哼唱唱，没人指责你。市场上破天荒出现了第一袋大米，不要粮票也可以买到。食品公司摆出了冷冻肉，可以排队购买，意味着不是过年也可以吃到肉了。市面上出现了私人糕点铺，味道并不比国营食品公司的差。经营了几十年的队为基础、集体所有制，已经明确搞责任承包，土地划分到户，农民耕种收获都在自觉地换工，邻居亲戚互相帮助，春种秋收，共同应对，收获着喜悦。老临沧人胆大的另谋出路，把承包田租出去，自己去搞生意、做买卖，一心发家致富，都想尽早成为"万元户"。

临沧县中小学校办学越来越正规，强调教师"立德育人"，提高教育教学质量。校园红领巾广播有了一大批悦耳动听的少年儿童歌曲，班刊、校刊的内容丰富多样,学校领导听课评课逐渐成为常规,教育正在走上正轨。1986 年的一天,我和大哥接到通知,让我们到县政府侨办领取一份文件。我的父亲早年曾在泰国定居构成华侨身份,妻子儿女也成了侨属侨眷。

八九十年代后,人们生活逐年改善。普通人家从红米饭、白米饭管饱,到开始选择软米、香米,口味不断提高;从起先每星期可以吃一餐肉,到每餐桌上都有一至两碗肉,而且佐有其他或煎或煮的蔬菜。再进一步肉类的丰富,鸡鱼鸭鹅、牛羊虾蟹等都有了,老临沧的"土八碗"上桌也不再稀奇,人们可以大饱口福。至于穿着,临沧人更是有了质的飞跃,清一色的灰蓝时代消失后,的确良、涤卡、腈纶等面料迅速被淘汰。好布料缝制笔挺的西装、休闲服、夹克等装饰了男人,各种式样不同花色的旗袍、套裙、工装、职业装等扮靓了妖娆的女人,同样佩戴了金玉首饰,穿着打扮入时,早已无法分辨城市和农村女人了。

进入 21 世纪后,临沧城变化赶上快车道,一天一个样。城区面积扩大了十几倍,高楼林立,十字街道宽阔、整洁,商品琳琅满目。城内增设了红绿灯、护栏、广告牌、监控等公共设施。除了汽车运输外,临沧到昆明开通了航空线,出行到省城更加快速。随便走进人家的院子,钢筋水泥结构的小洋楼式样新颖,功能齐全。院内栽种绿草鲜花,干净整洁。玻璃窗透亮的厅堂里,电视沙发茶几桌柜等一应俱全,有的家里悬挂字画,增添了文人雅趣。居室讲究,环境优美,临沧人日子一年比一年过得殷实富足。2004 年,临沧撤地设市,临沧县更名为临翔区,城市建设翻开了崭新的一页。在我履职区政协委员的 20 年时间里,每当一年一度"两会"召开,我能从政府工作报告的字里行间,解读激动人心的前景规划,并且通过全民的实干苦干,逐步实施把蓝图变为现实。

参加教育工作早期,我们领到的工资叫行政级,每月 41 元,教师们课间闲谈的时候说,如果每月能够领到 100 元以上,此生足矣。为了提高自己的思想素质和业务能力,我报考了首届云南师大函授中文专业,通过 5 年的刻苦自学及集中学习等方式,取得本科毕业证,当年工资每月增加到

61元。从此以后，收入逐年增加。退休后，遇到工资改革，增资更是快速。2022年，我每月领到的退休金是刚参加工作时的200倍有余！真是这辈子做梦都不敢想的事情啊！

新世纪新变化带来了新风貌，是从高科技进入人们的日常生活开始的。20世纪50年代用发竹（削尖的木片蘸上硫黄）引火，现在，电磁炉、燃气灶进入了千家万户，做饭时烟熏火燎的情景已结束多年。燃料的彻底革命让森林得到了保护，水源清流不断。联络方式的变革更是惊人，从最早的书信往来到传呼机、小灵通、座机的使用，再到无线电话、老式手机打电话。特别是具有强大功能的智能手机普及，发达的网络下微信、抖音、快手、支付宝等各种功能的使用，真是一机在手，无所不能。隔着省打个视频电话，就像面对面讲白话；大田人在山箐里种的小青菜，竹篮上挂个绿色二维码小牌，买菜人扫码付款，省了零钱找补的麻烦。物质极大地丰富了，人的精神面貌随之改变，说来也奇怪，从前集市上那么多人，偶尔见到个漂亮的，瞬间感觉鹤立鸡群。现在满大街都是美女帅哥，相貌如"歪瓜裂枣"的反而难找了。立体交通让出行更加便捷，高速公路四面通达，动车连接省内外各地，澜沧江码头游船开行。临翔的"好日子天天都放在歌里过"，退休了的大叔大妈们组团旅游，饱览祖国大好河山已是寻常事。春天的早晨放眼四方，可见半城青山，一城鲜花，满城阳光。树木葱茏横无际涯，群山环抱，临翔城在绿海里，临沧茶享誉四方。

愿望随心而生，随年而长，在条件许可的时候，心愿自然逐级升华。新世纪的第一个十年，我了却了从台湾接父亲回家的心愿，当时是经济条件逐步好转，底气在于祖国的日益强大。我们有幸经历祖国发展的最好年代，是实现梦想的时代，亲眼看见了家乡70多年的巨大变化。我和同龄人的共同心声，就是祝愿伟大的祖国更加繁荣富强，人民生活更加幸福。

（萧德光）

做一个温暖的人

2019 年 11 月 3 日，有幸跟随张哥去拜访几位老前辈并将之前的样刊和稿费一并相赠，全程一直被他们的言行感动着，被一种情怀深深感染着。

马超老人是这次拜访中年龄最大的一位，86 岁高龄的老人，因为经历了 3 次严重的陈旧性脑梗，现在身体大不如前，眼睛也看不清了，听力也不是很好，但是他的家人鼓励他多讲话、多表达，以此锻炼他的听说能力。听说我们到访，老人步履蹒跚地从房间里走出来，甚是欣喜。张哥急忙上前搀扶，告知来意，这次是专程从临沧来，送上《临沧探索与实践》《临沧战事》两本书，并向老人一一讲解：《临沧战事》里面记载了临沧 500 多年的战事，是现今为止临沧记述战事中信息量最大、内容最完整、最系统的一辑史料。《临沧探索与实践》展现的是 70 年来，在党的光辉照耀下，一代代临沧人所作出的成绩和形成的宝贵经验。"马老，里面也有你们的功劳，我们采用了您的 3 篇稿件，稿费 1320 元。""稿费多少？"老人带着笑容调侃地问，张哥笑着答："马老，1320 元，钱不多，感谢您对我们工作的支持。"

听张哥说，他第一次去拜访马老时，他说话都困难，但仍反复说着："路线是根本，领导是保证，政策是动力，科技是关键，服务是基础……种甘蔗得酒得糖，得钱得粮，卖了甘蔗盖瓦房……"其实，我知道，对于耄耋之年的老人而言，稿费得与不得并不重要，稿费金额多少也不会计较，让他们真正开心的是还有人想要听他们的故事，还有人记得他们曾经流过的汗水，暮年的他们还能为家乡、为国家贡献力量、发挥余热，这种存在感和荣耀感才是最让他们欣慰的。

马老的妻子尹俊如老人也在一旁欣喜地对他说："你拿到稿费要请大家吃饭喔。"老两口幽默诙谐的对话引得在场的所有人哈哈大笑。尹俊如老人说："你看不清，我会慢慢把书里的内容读给你听。"尹俊如老人转过头来对我们说："老了，每天早上7点起来坐到下午，就局限于这个卧室和这个小客厅，电视已经看不清了，就只是听，爱听中央四台的今日关注和法律讲堂等，他还是爱学习，爱看书，只是看不清楚了。"好在细心的张哥为老人们送来的不仅是书，还有扫码就能听的光盘，解决了像马老一样视力变差的老人们读书难的问题。值此新中国成立70周年之际，张哥更是自费为各位老人购买了一套有纪念意义的70周年纪念邮票与书籍一并相赠。

看到此时的马老，我突然想起当时为了写70周年征文时我专诚拜访过的吴自华老人，当时的他已经非常虚弱，拖着病体、不断咳嗽却坚持为我讲述着他亲历的故事：1949年，年仅16岁的他在大寨李少才家当长工，巧遇耿马工作团团长张彭健一行12人来到大寨开展工作，团长张彭健广泛发动群众，并在贫苦农民和农村知识青年的积极分子中秘密进行组织发展工作。吴老积极响应加入工作团参加地方工作，后跟随工作团走出大寨来到耿马。解放后，仍跟随张彭健一起参与了耿马县的改革、发展。张彭健，这是在他生命中极为重要的名字，在讲述中，老人不止一次提到了他，因为他解救的不只是一名长工，而是一个鲜活的灵魂，从此，翻身农奴做主人，吴老与他一起为党为人民拼搏奋斗。

让人遗憾的是，《云南财政 献礼新中国70华诞特刊》寄到时，吴老已经去世，我一下子感慨良多，甚至油然而生一种神圣的使命感想要将这些散落耿马大地的历史拾掇起来。时间带走了老人，也带走了他们的记忆，但我想用文字将它永存。那些亲历过、见证过这个小城崛起的老人渐行渐远，他们太需要被惦记，因为你无法预知这些"活化石"什么时候会永远离开。

走出马老的家，抬头，是温柔的秋日暖阳，洒在身上暖暖的。马老说，我现在每天都在想着要如何好好活着，因为党的政策越来越好，愿所有的老人都沐浴在党的光辉下，慢慢变老。

拜访中让我印象颇为深刻的还有杨义旭大姐，热心、热情，是我对她的初印象。大姐50来岁，当张哥提出想要搜集一些关于耿马糖业发展的资料素材，寻找糖业发展过程中的亲历者时，大姐热心地找出自己收藏的资料，并为我们回想耿马糖业各个重要阶段的亲历者、见证者，为我们下一步搜集资料，寻找撰稿人指出了方向。我们希望，通过寻找那些曾经为耿马糖业亲力亲为作出贡献的人们，通过他们对自己宝贵经历的记述，展现耿马糖业从无到有的过程，还原一段珍贵的耿马糖业史。

一县一业，蔗糖产业作为耿马具有地方特色的支柱产业尤为来之不易。1950年耿马解放后，耿马大地一穷二白，如何改善贫困落后的面貌，成为必须攻克的难题。试验过种油茶、种咖啡、种水果、种剑麻、养奶牛、养马……试来试去，付出了昂贵的学费不说，感觉都不适合耿马，发挥不出耿马得天独厚的自然优势。耿马坝，气候炎热、日照充足、雨量充沛，非常适合亚热带经济作物甘蔗的生长。通过多次论证，1966年，终于争取到国家投资支持在耿马坝新建日处理甘蔗350吨的小型白糖厂。这一株香甜的甘蔗，是历史的选择，也是耿马人民自己的选择，从选择这株甘蔗开始，耿马人就选择了一条走上富裕的道路。这一株株甘蔗养活了多少耿马人，一片片蔗林让多少人因此生活富足。

张哥和杨大姐都是成长于糖厂大院的糖二代，对耿马糖厂，甚至对蔗糖产业有着挥之不去的情怀，我想杨大姐热心帮忙的原因也正是源于她骨子里那种对糖业对糖厂无法言语的深厚情谊。

耿马糖厂，一个小小的厂，却见证了耿马经济的发展变迁，带领人民群众"吃糖饭、说糖话、唱糖歌、办糖事、走糖路（弹石路）"，靠甘蔗逐步过上小康生活。还原一段曲折的糖业史，我想也是让所有被这甜蜜事业甜腻着的糖三代、糖四代和靠着糖业发家致富的耿马人，永远记得今天的辉煌也许曾有你的爷爷奶奶、父亲母亲辛勤的汗水和泪水。

作为一个局外人，看到张哥与老人们那种毫无间隙的信任，以及难能可贵的惺惺相惜的支持，我想正是这种信任与铭记，才能让老人们无比欣慰与温暖，也是老人们义无反顾支持帮忙的原因。一个有情怀的人，做起事情来必定是倾情投入的。

席间，张哥讲到了一个细节，好多老人接到征稿函后往往几夜睡不好觉，他们似乎又回到了那些激情燃烧的往昔，甚至亲力亲为，四处奔走查找真实的资料和数据，以确保能真实地还原历史、呈现历史。好多老人，将自己的手写稿交来，接到修改意见，一遍又一遍反复修改誊抄，其辛苦程度是用惯电脑的我们无法想象的。修改，对于我们而言，就是简单地复制粘贴，删减增加，修改几个字，增加几句话，就算是纸质材料的修改我们也只是在空白处添加而已。可是对于一辈子做事认认真真、一丝不苟的老人而言，他们只要有一丁点改动都要重新誊抄一遍，这样的行为在现在很多人看来是迂腐可笑的，是执拗偏执的，可在我看来，这是一种难能可贵的精神。好多年都不曾被什么感动了，可今天，我被老人们这种精神一直感动着——对待任何事情，不敷衍，不搪塞。席间，很多次我都眼睛湿润，我忍住了，因为我不想让老人们看到我浑浊的泪水，因为它已不再洁净晶莹，至少在老人们看来，这泪水已浸染太多世俗的污秽。致敬，向这些认真执着的老人，为信仰奋斗一生的老人，唯愿我的目光也能如他们一般无欲无俗，少些浮躁多些真诚。

有一位老人说得很好，他说，我们是在毛主席的思想光辉下成长起来的一代人，直到今天，我们做人做事仍然循规蹈矩，用实事求是的态度来思考和衡量问题，在我看来，用真诚做事，不敷衍不搪塞，认真做好每一件事情；用情怀做人，感恩时代良善为人，成为一个温暖而善良的人，是任何时代、任何时候也不应该改变的做人做事的态度。这是今天我在老人们那里看到的，也是此后多年甚至穷尽一生要坚持的朴素却真挚的道理。

（张燕燕）

我坦诚地告诉你，
政协真的是一个好地方

2005 年我有幸调到临沧市政协机关工作，从此以后让我感悟政协、认识政协、亲近政协。到政协工作后，从开始的不适应到适应，从不了解到爱上政协工作，一路上洒满了我对政协的深切情怀。我深深感到，政协不仅是一个陶冶情操、提高自身修养的好地方，更是一个学习交流、提高自己，调研视察、议政建言、展示才能，联络各方、广交朋友、展现才华、有效作为、施展才智的好地方。现在的我就一句肺腑之言："政协真的是一个好地方！"

到市政协机关工作后，某一天一位政协"老者"告诉我，政协机关工作有它自己的特点，可以借此机会好好学习一些东西，充实一下自己。于是，我在干好本职工作的同时，利用充裕的时间从容地展开了自己的学习计划。除了系统学习必须掌握的政协统战知识外，从党政方针政策、文件精神，到本市经济发展战略、政情通报；从公文写作、调查研究，到电脑操作，我都认真学习、仔细领悟，并所获颇丰。如今，我的本职工作得到同事及领导的认可。

政协是个相互学习，共同提升的好地方。政协人才荟萃，政协委员各有专长。政协人能把握政协工作着力点，找准工作切入点，深入基层、深入群众，了解民生，听取民意，掌握民情，收集和反映社情民意，将来自社会最基层的声音实事求是、原汁原味地反映给党政部门，为单位、企业办实事、办好事，努力使"人民群众得实惠"的要求在学习实践科学发展中得到体现。政协委员都是来自不同战线、不同行业、不同部门的精英人才、骨干力量。这些人知识丰富，信息通达，上能和党委政府保持一致，下能够体察民情，了解民意。在各个领域、各个方面都能很好地发挥自己的专长，形成自己独特的东西，再集中到政协这个大家庭，交流学习，研讨提高，因此，成为学习交流的好地方。

政协工作坚持党的领导，有党建引领更加有力。坚持中国共产党的领导，是人民政协必须恪守的根本政治原则，也是政协事业行稳致远的根本保证。做好新时代人民政协工作，需要牢固树立抓政协工作必须首先抓好党建的观念，以党的政治建设为统领，全面从严加强政协系统党的建设，以党建高质量引领履职高质量。坚守政治属性，旗帜鲜明讲政治，坚持党对政协工作的全面领导，增强"四个意识"、坚定"四个自信"、做到"两个维护"。发挥好政协党组作用，肩负起实现党对政协工作全面领导的政治责任，严格执行重大问题请示报告制度，坚决贯彻落实中央大政方针、省委决策部署和对政协工作的要求。

政协是个建净言献良策的好地方。政协工作多方面交流，善于集中各方面意见，注重调查研究，注意多方面联谊，容易形成人与人之间关系轻松宽厚，因而人们的话语权空间放开了，来自不同领域的委员们既能听到真实的群众心声，又具备积极建言献策的心理素质，加之政协有效发挥政协委员的主体作用，使委员们增强了履职的责任感和使命感。发挥政协统战联络的桥梁纽带作用，极大地调动了各界人士建言献策的积极性和热情，和谐融洽的环境让委员们敢于建言献策。

政协也是联络各方、广交朋友的好地方。在十几年的政协工作中，我结识了大批社会名流、实业精英及各行各业的杰出人士，从他们爱岗敬业、艰苦创业、回报社会的精神中学到了不少可贵之处，遇到了许多倾心相交的真心朋友，这怎能不算是人生中的一大幸事呢？政协委员来自各领域，专长各有特色，知识信息交流互补，素质相对较高，人缘较好。政协工作人员也好，委员也好，既有严肃认真的调研、反映社情民意；又有轻松活泼的各项联谊活动。把严肃认真的事情做好，这是彰显个体能力的好机会；把轻松活泼的事情做得体，既可以展示自己的才华，又可以把愉悦带给别人；作为政协人、政协委员应该荣幸有政协这个舞台，这个舞台是委员们交友的好平台；这个舞台是委员们发挥才华，展示才智，尽情愉悦的好地方。在这里，通过交流，会在轻松愉快中获得最大快乐。

政协是个能施展才智，有效作为的好地方。过去我们认为，政协是船到码头车到站，是老同志发挥余热的政治组织，没有多少任务可言，没有多少责任可担，也没有多少事情可做，政协是个养闲人的地方，这是对政协的不了解，也是不作为的人对政协的错误认识。从新中国成立第一次政治协商会议到现阶段，政协在各个时期都显示其重要的地位和作用，在新时期应该说政协的影响力和作用将越来越大，政协的作为将越来越有影响。人们的误解是因为我们的少数委员徒有虚名不作为，或者为个人利益乱作为。作为肩负光荣使命的政协委员，应该为政协正名，树立责任意识，为构造公平、树立正义、构建和谐而作为。为创业、创先、创优，为率先突破发展，建设临沧而作为。不要因为我们的不作为或者乱作为而影响政协的形象。市政协成立以来，政协委员们不断提高参政议政水平，紧紧围绕经济社会发展大局，积极建言献策，一条条建议、意见，一件件提案，为市委、市政府科学决策提供依据。政协委员用铁肩扛起道义，有效作为，做得名副其实，有目共睹，有口皆碑，这种作为是潜移默化的，似春风化雨，润物无声。

在市政协机关工作十几年，我最大的体会是人民政协工作有强烈的大局意识，做到了党委政府中心工作推进到哪里，政协工作就跟进到哪里，建言资政质量切实在社会实践中不断提高，履职实效在实际工作中不断增强，使政协工作在服务大局中有为有位、绽放光彩，为有效解决民生问题做了大量实际有意义的工作，真正发挥了人民政协为人民的作用。人民政协工作要紧紧围绕党委政府工作主线来思考履职、推进履职、检验履职，努力通过深度调研、广泛议政、有效监督，提出有理有据的建言、可行可用的对策，用实实在在的履职成果展现政协作为。

政协机关被人戏称为"清水衙门"，既不管人，也不管钱。但我觉得，在这里工作，正是淡泊名利、修身养性的好地方。这里彼此之间完全可以君子相交、坦诚相待，自己也可以坦然做人、清白做事。这岂不是人生之幸事！

（宇 力）

后 记

七十五载风雨兼程，七十五载春华秋实。中国共产党领导下的新中国由一穷二白到全面小康，地处祖国西南边疆的临沧书写了一步跨千年的人间奇迹。特别是党的十八大以来，在以习近平同志为核心的党中央坚强领导下，中共临沧市委带领全市各族人民砥砺前行，如期打赢脱贫攻坚战、如期全面建成小康社会。如今，在习近平新时代中国特色社会主义思想科学指引下，224万沧江儿女正沿着"三好"临沧的康庄大道，满怀激情地向着强国建设、民族复兴的光荣和梦想昂扬奋进。登高壮观天地间，万山朝宗定新航。搜集并整理展现新中国成立75年来临沧取得辉煌成就和经历深刻变革的史料，能够在漫漫历史长河中拾取并珍藏点滴历史片段，为全市各族各界群众更好地从历史经验中汲取智慧做些许工作，是本届临沧市政协文史资料工作者的至高荣耀。

苏格拉底"没有记录就没有发生"的名言强调了历史记录的重要性，"人在史在、人亡史亡"的遗憾不时发生更让我们深刻认识到征编出版文史资料的紧迫性。孟浩然《与诸子登岘山》中说："人事有代谢，往来成古今……羊公碑尚在，读罢泪沾襟。""羊公碑尚在"，意思就是说文史资料还在；"读罢泪沾襟"，是说看完羊公碑啊，眼泪都流出来了。所以，以政协的角度来讲，可以说是：人事有代谢，往来成古今。文史"三亲"在，政协大任深。为此，本书的策划、组织和编纂，始终得到临沧市政协党组和主席会议班子的高度重视，自2024年1月启动征编工作以来，市政协专门成立编委会及办公室，组织市、县（区）政协及广大政协委员撰写亲历、亲见、亲闻材料等历史资料，在《临沧日报》、临沧市政协网站等媒体刊登启事，向各级各部门和社会各界广泛征集史料线索。在广征博采的基础上，经过多轮审阅、修改、校正，最终选用了 43 篇文稿集辑成书，并邀请云南省政协文化文史和学习委员会原副主任、云南民族大学原校长、中国西南民族研究学会会长那金华教授为本书作序。

全书分综述、"三亲"、感怀三个篇章，其中，综述篇由全市及八县（区）综述组成，"三亲"篇收录了 22 篇由政协机关干部、政协委员及所联系的各界别群众撰写的亲历、亲见、亲闻材料，感怀篇则是各界人士对新中国成立 75 周年、人民政协成立 75 周年来临沧经济社会各方面取得的成绩的情感抒发。我们力求用不同形式、不同体裁、不同角度的文稿，记录临沧人民在新中国成立以来"建设好美丽家园、维护好民族团结、守护好神圣国土"的奋斗历程和辉煌成就，更反映出临沧人民对美好未来的向往和追求。

此书的付梓，得益于云南省政协的政治把关和业务指导，得益于中国文史出版社在内容核校、送审出版、设计印刷等方面的高效协作，得益于临沧市各县（区）政协和史志、档案、文联等部门在文稿撰写、内容组稿等方面的鼎力支持，得益于全市各级政协委员、政协工作者的和文史工作者的辛勤付出。在此，一并表示诚挚感谢！

政协文史工作任重道远、使命光荣，衷心期望得到各级政协委员、文史工作者及各界读者一如既往的支持和鼓励，纵使力有所不逮、智有所不及，我们必将奋楫笃行、全力以赴。由于时间仓促，加之编者水平有限，书中的疏漏和错误之处在所难免，期待广大读者不吝批评。

编者

2024 年 12 月